KORHERR / VON FREUD BIS DREWERMANN

Edgar Josef Korherr

Von Freud bis Drewermann

Tiefenpsychologie und Religionspädagogik

Verlagsanstalt Tyrolia

Nachweise betreffend der Rechte an Textzitaten bzw. Abbildungen:
S. 32 und 33f., Tabellen aus: Ch. Meves, Erziehen lernen aus tiefenpsychologischer Sicht, Verlag Herder, München 1975, 84 und 171f.
S. 39, Zitat aus: U. Nuber, Wahre Leidenschaft kann sich nicht an Normen halten, in: Psychologie heute, 10/88, 34–39, insb. 36f.
S. 72ff., Zitat aus: E. Drewermann/I. Neuhaus, Das Mädchen ohne Hände. Grimms Märchen tiefenpsychologisch gedeutet, Walter-Verlag, Olten–Freiburg 1981.
S. 74f., Zitat und Abbildung aus: D. Boßmann/G. Sauer/K. Deßecker, Wann wird der Teufel in Ketten gelegt? Kinder und Jugendliche stellen Fragen an Gott, Verlag Ernst Kaufmann, Lahr–München 1984, 28f.
S. 92f., Abbildungen aus: V. E. Frankl, Der leidende Mensch. Anthropologische Grundlagen der Psychotherapie, 2., erw. Aufl. von: Anthropologische Grundlagen der Psychotherapie, Verlag Hans Huber, Bern 1984, 126.
S. 94, Abbildung aus: V. E. Frankl, Der Wille zum Sinn. Ausgewählte Vorträge über Logotherapie, Piper, Bern, 3. Aufl. 1982, 154f.
S. 101, Abbildung aus: V. E. Frankl, The Will to Meaning, New York 1970.
S. 103, Abbildung aus: V. E. Frankl, Das Leiden am sinnlosen Leben. Psychotherapie für heute, Verlag Herder, Freiburg–Basel–Wien, 2. Aufl. 1977, 71.
S. 114, Abbildung aus: V. E. Frankl, Grundriß der Existenzanalyse und Logotherapie, in: V. E. Frankl, Logotherapie und Existenzanalyse, Piper, München 1987, 57–184, insb. 127.
S. 130, Tabelle aus: Erik H. Erikson, Kindheit und Gesellschaft. Aus dem Engl. von Marianne von Eckardt-Jaffé. Klett-Cotta, Stuttgart, 10. Aufl. 1991.
S. 133, Tabelle aus: F. Schweitzer, Lebensgeschichte und Religion. Religiöse Entwicklung und Erziehung im Kindes- und Jugendalter, Chr.–Kaiser–Verlag, München 1987, 196.

Gesamtherstellung: Verlagsanstalt Tyrolia
Satz und Layout: Wolfgang Weirer
Bestellnummer: ISBN 3-7022-1872-6

Inhalt

Vorwort

In religiöse Unterweisung und christliche Verkündigung strömen zunehmend Erkenntnisse und Denkschemata der Tiefenpsychologie(en) ein. Obwohl diese Erkenntnisse von den einzelnen tiefenpsychologischen Schulen oft sehr unterschiedlich gedeutet, bewertet und auch beschrieben werden, bestimmen sie zunehmend die Methoden (Bibliodrama, Psychodrama, Gesprächsführung), die Fachterminologie (z.B. Gestaltpädagogik) und auch die Inhalte (Symboldidaktik).

Häufig findet man im Zusammenhang mit religionspädagogischen Anliegen das Wort "Selbstfindung", ohne daß damit nur annähernd das gemeint ist, was die Komplexe Psychologie *C.G. Jungs*, der dieser Begriff entstammt, damit ausdrückt. Ähnliches gilt für Worte wie "Identität" oder "Urvertrauen", die aus der psychoanalytischen Tradition kommen. Viele Beiträge zur religionspädagogischen Fachdidaktik und manche pastoraltheologischen Bücher sind heute ohne tiefenpsychologische Vorkenntnisse nicht verstehbar.

Die vorliegende Einführung will eine Erstinformation bieten. Dabei geht es besonders darum, die *Wurzeln* der zahlreichen Schulen, Methoden und Standorte bewußtzumachen, exemplarisch die Geschichte der *Rezeption der Tiefenpsychologie* in die Religionspädagogik aufzuzeigen und *Hinweise auf weitere Quellen und weiterführende Literatur* zu geben.

Nicht beabsichtigt ist ein Vertrautmachen mit tiefenpsychologisch begründeten Methoden und Arbeitsweisen. Solches erfolgt heute zum Teil in den einschlägigen religionspädagogischen und pastoralpsychologischen Handbüchern. Zum andern Teil erfordern "tiefenpsychologische" Methoden eine umfassende praktische Einführung (einschließlich einer Selbstanalyse), ausführliche Übung (mindestens 500 Stunden! Vgl. *S. Laeuchli* 1988, 219) und langjährige Praxis in der Therapie. Ohne solche Voraussetzungen führt das Heranziehen "tiefenpsychologischer" Methoden allzu leicht und auch allzuoft zu nicht verantwortbarem Dilettantismus.

Wer etwa im Rahmen des schulischen Religionsunterrichtes "therapeutische" Prozesse initiiert, welche Kräfte aus dem sog. Unbewußten in Gang setzen, sollte nicht dem Zauberlehrling gleichen, der die Geister, die er rief, nicht mehr in der Hand hat. Noch weniger darf er oder sie die Frage der ethischen und auch rechtlichen Berechtigung zum Ingangsetzen solcher Prozesse aus dem Auge verlieren. Dieses Anliegen wird heute zu oft aus den Methodenreflexionen und aus der Katechetenbildung ausgeklammert.

Ingangsetzen solcher Prozesse aus dem Auge verlieren. Dieses Anliegen wird heute zu oft aus den Methodenreflexionen und aus der Katechetenbildung ausgeklammert.

Über den Kreis der Religionslehrer und Seelsorger hinaus will diese Einführung auch der theologischen Erwachsenenbildung dienen.

Leser, welche sich rasch einen Einblick in Grundanliegen und Grundbegriffe einzelner tiefenpsychologischer Schulen verschaffen wollen, finden beides in einer knappen Zusammenschau.

Dank für die Mithilfe bei der Drucklegung schulde ich meiner Gattin, Frau *Eleonore Korherr*, und meinen Mitarbeitern im Grazer Institut für Katechetik und Religionspädagogik: Frau *Mag. Barbara Birnhuber* für die Reinschrift des Manuskripts, Frau *Irmgard Swoboda* für die Mithilfe bei der Literaturbeschaffung und -kontrolle sowie bei den Korrekturen, Herrn *Mag. Christian Brunnthaler* für Literaturbeschaffung und -kontrolle, Herrn *Mag. Herbert Kohlmaier* und Frau *Andrea Weirer-Krenn* für die Hilfe beim Korrekturlesen, ganz besonders aber Herrn *Mag. Wolfgang Weirer* für die Erstellung des Layouts, die Durchführung der Korrekturen und die Druckbegleitung.

Als Ausdruck des Dankes für langjährige Zusammenarbeit über Grenzen hinweg widme ich diese Schrift meinen Fachkollegen an der Theologischen Fakultät Ljubljana: Herrn *Prof.em. Dr. Valter Dermota*, Herrn *Prof. Dr. France Skrabl* und Herrn *Prof. Dr. Alojzij Snoj*.

Edgar Josef Korherr

Die Psychoanalyse Sigmund Freuds (1856-1939) Wurzel und Ursprung der Tiefenpsychologie

1. Sigmund Freud, der Begründer der Psychoanalyse

Die Psychoanalyse ist untrennbar verbunden mit dem Leben und Werk *S. Freuds.*

M. Krüll (1979) zeigt an Hand von Urkunden aus dem ostjüdisch-galizischen Raum und aus dem mährischen Freiberg auf, daß *Freuds* frühe Lebensgeschichte nicht unwesentlich seine spätere Lehre bestimmte. Er war der Erstgeborene in der zweiten Ehe seines Vaters Jakob Freud, der sich vom streng patriarchalischen Ostjudentum zum aufgeklärten Liberalen wandelte. Aus erster Ehe waren zwei erwachsene Söhne da, einer von ihnen älter als *Freuds* Mutter. Der zweite sei nach England "verbannt" worden, möglicherweise um nicht Rivale gegenüber *Freuds* Mutter zu werden.

Die ersten drei Lebensjahre verbrachte *Freud* zusammen mit seinen etwa gleichaltrigen Neffen und Nichten und mit seinen Geschwistern in einer Art Großfamilie und in beengten Verhältnissen. Er hatte gleichsam neben dem Vater seine zwei älteren Brüder als weitere Väter und neben seiner Mutter seine um mehr als zwei Jahrzehnte ältere Schwägerin und eine tschechische Kinderfrau als zwei weitere Mütter. Einschneidend sei die Übersiedlung der Familie nach Wien gewesen. *Freud* war damals drei Jahre alt. In Wien wurde der früher "archaisch-patriarchalische" Vater *Freuds* zu einem schwachen Familienerhalter, seine Mutter erfuhr durch die Nähe ihrer eigenen, besser situierten Familie einen nicht unbeträchtlichen innerfamiliären Machtzuwachs. Der Vater übertrug nicht nur seine Erwartungen und Hoffnungen, sondern auch die Sorge für die neunköpfige Großfamilie dem jungen Sigmund. All dies habe nach *M. Krüll* die nachhaltigsten Einflüsse auf die späteren Theorien *Freuds* gehabt (vor allem die Moses-Studie sei eine Aufarbeitung von *Freuds* eigenem "Familienroman", eine Abrechnung mit dem eigenen Vater und ein Sich-Rechenschaft-Geben diesem gegenüber).

Freud studierte von 1873 bis 1881 Medizin an der Universität Wien. Seiner Tätigkeit als Arzt ging er um des Broterwerbs für seine Familie willen nach. Sein Interesse galt jedoch der wissenschaftlichen Forschung. Als Psychiater war er zunächst von der Hypnosebehandlung des Franzosen *J. Charcot* beeindruckt, wandte sich jedoch wegen der unerwünschten Nebenwirkungen der Hypnose (zu enge persönliche Abhängigkeit des Patienten vom Therapeuten) von der Hypnosetherapie ab. Starken Einfluß übte der Wiener Arzt *J. Breuer* auf *Freud* aus. *Breuers* Methode bestand im wesentlichen darin, daß der Patient über seine Symptome unter Anleitung des Therapeuten sprechen konnte, um sich von ihnen zu befreien. Da *Breuer* die Sexualität nicht so stark als Faktor der seelischen Antriebe einschätzte wie *Freud*, kam es zu einer Trennung, und *Freud* arbeitete allein weiter. 1900 veröffentlichte er sein erstes Werk über Traumdeutung. Mit diesem Werk, dem bald zahlreiche weitere Veröffentlichungen folgten, beginnt eine Strömung, die Psychotherapie, Psychiatrie, Psychologie und auch die Pädagogik des 20. Jhs. nachhaltig bestimmte. *Freud* wandte sich gegen die zu Ende des 19. Jhs. herrschende, positivistische Psychologie, die sich auf Tatsachenfeststellung und Ursachenforschung beschränkte und ihre Aufgabe vorwiegend in der Entdeckung der fundamentalen Elemente des Bewußtseins und in der Ableitung der komplexeren seelischen Phänomene aus diesen Elementen ansah. Nach *Freud* ist das bewußte Seelenleben bloß mit jenem kleineren Teil eines Eisbergs zu vergleichen, der sich über die Wasseroberfläche erhebt. Dem viel größeren unter der Wasseroberfläche liegenden Teil des Eisbergs entspricht im Seelenleben der viel größere Bereich der Psyche, welcher unter der Bewußtseinsschwelle liegt. In diesem unbewußten Teil liegen nach Freud die Triebe, die Gefühle, die Leidenschaften, die Motive und Wünsche, welche die bewußten Gedanken und Taten eines Menschen mitbestimmen. *Freud* wird so zum Entdecker des UNBEWUSSTEN.

Eine Einführung in die tiefenpsychologischen Grundlagen der Erziehung muß auch heute von *S. Freud* ausgehen, ohne allerdings zu übersehen, daß die Tiefenpsychologie heute weit über *Freud* hinausgekommen ist. Dies gilt nicht nur im Hinblick auf die Methode und das System, sondern auch im Hinblick auf die weltanschaulichen Voraussetzungen, von denen her Tiefenpsychologie betrieben wird. Die Kenntnis von *Freuds* System ist notwendig, weil es in gewisser Hinsicht einen Schlüssel zum Verständnis der anderen Systeme bildet, aber auch, weil heute noch viel *Freud'sches* Gedankengut weiterlebt.

S. Freud selbst war Jude und Atheist. In seinem persönlichen Leben war er ganz Kind seiner Zeit, beeinflußt von Positivismus, Materialismus, Biologismus (vgl. etw. *F. Nietzsche*: "Leib bin ich ganz und gar"; *L. Feuerbach*: "Der Mensch ist, was er ißt"; "Sonnenklar ist nur das Sinnliche"), aber auch von romantischer Naturphilosophie (vgl. *C.G. Carus*, gest. 1869) und von *A. Schopenhauers* Philosophie des Willens als Weltgrund. Aus dieser Haltung heraus wird manches in der Psychoanalyse auch zur Gegenbewegung zum damaligen Zeitgeist. Daraus kam aber auch manche Gegnerschaft zu *S. Freud* auf dem wissenschaftlichen Sektor.

Als Atheist wird *Freud* zum strengen Kritiker der Religion. Als Jude teilt er das Schicksal vieler seiner Volksgenossen, muß 1938 emigrieren und stirbt nach heldenhaft ertragenem Leiden (Krebs) 1939 in London. (Vgl. *E. Jones* 1960)

2. Die Lehre Sigmund Freuds

Sie ist heute jedem, der eine allgemeinbildende höhere Schule besuchte, in den Grundzügen bekannt. So seien nur die zum Verständnis der gegenwärtigen pädagogischen und auch religionspädagogischen Literatur notwendigen Begriffe und Fakten kurz rekapituliert.

2.1 Das Unbewußte

Es gibt ein zweifaches UNBEWUSSTES: das, was gerade nicht Inhalt meines Denkens ist, und das, woran man sich überhaupt nicht oder nicht mehr erinnert. Dem letzteren galt das Hauptinteresse *S. Freuds*. Er fand als Psychiater die Wurzel und Ursache vieler "seelischer" Erkrankungen (z.B. der Hysterie) in ihm. Den Weg zur Heilung sah er in der Bewußtmachung und Aufdeckung dieses UNBEWUSSTEN.

Dieses Bewußtmachen erfolgt durch eine sehr zeitaufwendige Behandlung. In der klassischen Psychoanalyse mußte man mit einer wöchentlichen Analysezeit von vier bis fünf Stunden über einen Zeitraum von drei bis fünf Jahren hin rechnen. Wegen dieses zeit- und geldintensiven Aufwandes geht man diesen klassischen Weg heute nur bei sehr schweren neurotischen Störungen. In der Regel liegt heute ein Patient pro Woche ein bis zwei Stunden auf der berühmten Couch oder sitzt seinem Analytiker gegenüber. Das dabei angewandte Gespräch folgt der Methode der freien Assoziation oder der Traumdeutung. Die Durchschnittsdauer beträgt heute ein bis drei Jahre; die Kosten belaufen sich auf öS 500,- bis 1.000,- pro Sitzung.
Daneben gibt es heute psychoanalytische Gruppen von etwa 10 Patienten, die sich ein- oder zweimal pro Woche zu einer zweistündigen Sitzung mit einem Psychoanalytiker zusammenfinden.

Für *Freud* erschloß sich die Bedeutung des UNBEWUSSTEN in seiner therapeutischen Erfahrung. "Unbewußt" kommt sowohl als Subjekt (das Unbewußte) als auch als Prädikat (unbewußt) vor. In ersterem Fall wird es häufig mit dem ES gleichgesetzt, ist aber nicht zur Gänze mit ihm identisch. Das UNBEWUSSTE umfaßt Mechanismen, Inhalte (*Freud*: Triebrepräsentanzen) und eine Energie, der das Bewußtwerden nur in "verschlüsselter", bildhafter Form möglich ist. Der "Königsweg" zur Entdeckung des UNBEWUSSTEN seien die Träume. Aber auch FEHLLEISTUNGEN (Versprechen, Vergessen...), PHANTASIEN, ZEICHNUNGEN u.a.m. lassen das UNBEWUSSTE entgegen unseren "bewußten" Absichten zutage treten. UNBEWUSSTES ist zu einem Großteil - aber wiederum nicht ausschließlich - Ergebnis einer Verdrängung. Es gibt jedoch einen Kern dieses UNBEWUSSTEN, der ererbt und nicht erworben ist. (Vgl. *D. Lagache - J.B. Pontalis* 1967; *E. Groß* 1975, 16ff.)

Zu unterscheiden ist das UNBEWUSSTE von dem VORBEWUSSTEN. *Freud* versteht darunter v.a. in seinen frühen Schriften jenes in einem Augenblick nicht Bewußte, das aber jederzeit aktualisierbar ist (Erinnerungen, Kenntnisse, Vorstellungen). Dieses VORBEWUSSTE wird ohne Verschlüsselung bewußt.

2.2 Es - Ich - Über-Ich

Grundlage der Persönlichkeit ist nach *Freud* das ES. Es umfaßt auch alles, was der Persönlichkeit angeboren ist, besonders die Triebe. So stellt es den Kraftspeicher für die beiden anderen Dimensionen und Systeme der Persönlichkeit, für das ICH und für das ÜBER-ICH dar. *Freud* nennt das ES die wahre psychische Realität. Die Tendenz des ES geht daraufhin, entsprechend dem LUSTPRINZIP (= materialistische Auffassung des menschlichen Glücksstrebens) eine sofortige Abreaktion entstehender Spannungen anzustreben. Damit Unlust vermieden und Lust gewonnen wird, stehen dem ES zur Reduzierung von Bedürfnisspannungen der angeborene Reflex und primäre Prozesse der Wunscherfüllung zur Verfügung. Eine Bedürfnisspannung ist jedoch nicht allein auf der Ebene des ES zu bewältigen. Es bedarf dazu einer Wechselbeziehung zwischen Individuum und realer Außenwelt. Man kann seinen Durst nicht stillen, indem man sich lediglich Wasser vorstellt. Der Mensch muß unterscheiden zwischen Gedächtnisvorstellung von Nahrung und der tatsächlichen Wahrnehmung dieser Nahrung. Die Wahrnehmung der objektiven Realität seiner Umwelt ist die vornehmste Leistung des zweiten psychischen Systems, des ICHs. Während das ES dem LUSTPRINZIP folgt, orientiert sich das ICH am REALITÄTSPRINZIP. Das ICH vermittelt so gleichsam zwischen den Ansprüchen des ES und den realen Gegebenheiten der Umwelt. Es wird durch kognitive und intellektuelle Funktionen aktiv. Mit diesen "geistigen" Funktionen muß es die oft widersprüchlichen Forderungen zwischen ES und ÜBER-ICH (s. S. 18 u.ö.!) zu integrieren versuchen.

2.3 Die Bedeutung des Kleinkindalters

Ein besonderes Augenmerk *Freuds* galt der INFANTILEN ENTWICKLUNG. Die bedeutendste Phase ist die kindliche Frühzeit (etwa bis zum 5. Lebensjahr). In dieser Frühphase durchläuft das Kind drei Perioden, die ORALE PHASE (Lustgewinn durch den Mund), die ANALE PHASE (Interesse an Fäkalien) und die PHALLISCHE PHASE (Interesse an den Geschlechtsorganen). In allen drei Phasen erlebe es, daß es aufgeben müsse, was ihm lustvoll ist (Lutschen, Nässen, Spielen mit dem Kot, voller Besitz der Mutter). Durch die dabei von den Erziehern angewandten Mittel komme es zur seelischen Verletzung, zum TRAUMA. Der angedrohte Liebesentzug etwa führe zur Angst, angedrohte körperliche Strafen (Daumen abschneiden bei Daumenlutschen; vgl. den Daumenlutscher Konrad im heute noch verbreiteten Struwwelpeterbuch) werden auch auf Genitalien übertragen ... (KASTRATIONSKOMPLEX). Unter dem Druck der Erwachsenen lernt das Kind nach *Freud*, auf Lusterlebnisse zu verzichten, und verdrängt diese aus seinem Gedächtnis (PROZESS DER VERDRÄNGUNG). Das Verdrängte wirkt jedoch weiter. Es macht sich bemerkbar etwa in FEHLHANDLUNGEN, in TRÄUMEN (hier verhüllt unter Symbolen) und in NEUROSEN. Durch Analyse der Fehlhandlungen, Träume und der neurotischen Handlungen will *Freud* das UNBEWUSSTE erforschen.

Bei der Verdrängung kommt es zur Bildung typischer Reaktionen, so zur PROJEKTION der unbewußten Wünsche, zur SUBLIMIERUNG oder zu krankhaften ERSATZHANDLUNGEN. Erlebnisse der frühen Kindheit werden vom Menschen zwanghaft im späteren Leben wiederholt (Beruf, Eheleben etc.).

2.3.1 Die Orale Phase

Schon der Ausdruck Säugling weist darauf hin, daß das Saugen in den ersten Monaten seines Daseins zu einer der wichtigsten Tätigkeiten des Kindes gehört. Die Psychoanalyse sieht für das Säuglingsalter den Mund (und die ihn umgebende Zone) als den für das Kind wichtigsten Teil seines Körpers an:

"Das Saugen an der Mutterbrust und das Einfließen der Nahrung in den Mund ist dem Kind angenehm und der Wunsch nach Fortsetzung und Wiederholung dieser lustvollen Empfindung bleibt in ihm bestehen, auch wenn es gesättigt ist. Es versteht bald, sie sich unabhängig von der Nahrungsaufnahme, auch unabhängig von der es Nährenden durch Saugen am eigenen Finger wieder zu verschaffen. Wir sagen, das Kind 'lutscht'. Sein Gesicht zeigt bei dieser Beschäftigung den gleichen befriedigten Ausdruck wie beim Saugen an der Brust, sodaß man sich über das Motiv dieser Lutschtätigkeit niemals im unklaren war. Man sieht: das Kind lutscht zum Vergnügen. Der Lustgewinn am Saugen, der früher nur ein Nebengewinn bei der Nahrungsaufnahme war, hat sich selbständig gemacht und ist zu einer vom Kind bevorzugten, von den Erwachsenen beanstandeten Tätigkeit, einer Unart des Kindes geworden. Dabei beschränkt sich die lustbringende Tätigkeit des Mundes zu dieser Zeit gar nicht auf die Nahrungsaufnahme und das Lutschen. Das Kind benimmt sich, als wolle es die ganze ihm erreichbare Welt mit dem Mund kennenlernen. Es beißt, beleckt und kostet alle ihm erreichbaren Gegenstände, was die erwachsene Umwelt wegen der schwierigen Reinhaltung und der daraus entstehenden Gefahren für die Gesundheit des Kindes gewiß nicht zu seinen wünschenswerten Eigenschaften rechnet. Diese bevorzugte Rolle des Mundes als Quelle lustvoller Empfindungen erhält sich ungefähr das ganze erste Lebensjahr." (*A. Freud* 1971[5], 30)

Die Psychoanalyse spricht daher von einer ORALEN PHASE als erster Stufe kindlicher Entwicklung.

Mit der Abwendung von Lusterlebnissen durch erzieherischen Druck beginne das Kind, diese Erlebnisse mit den damit verbundenen Gefühlen aus dem Gedächtnis zu verdrängen. Sie sinken ins "UNBEWUSSTE" ab, das also Ergebnis der VERDRÄNGUNG ist.

S. Freud versucht mit diesen Teilen seiner Theorie auch eine ganze Reihe von Faktoren zu erklären, mit denen die Moralpädagogik zu tun hat: Perversitäten - Steckenbleiben auf einer sehr wichtigen frühkindlichen Entwicklungsstufe; Intoleranz - Folge einer Verzichtleistung auf den Lustgewinn durch Drohung oder Angst vor Liebesentzug; Rauchen - Relikt aus der oralen Phase (Ersatzhandlung). Die Forderung, unter deren Druck das Kind gestanden habe, wende sich unnachsichtig gegen die Außenwelt und es werde intolerant gegen jene, die nicht das gleiche zustande gebracht haben und sich noch den Lusterwerb aus dieser Quelle gestatten. Die moralische Entrüstung, die ein Mensch bei solchen Gelegenheiten aufbringt, sei ein Maß für die "Arbeitsleistung", die er selber bei der Bewältigung seines kindlichen Trieblebens zu vollbringen gehabt habe.

2.3.2 Die Anale Phase

Es folgt die ANALE PHASE, in der - im Zusammenhang mit der Erziehung zur Reinlichkeit - eine andere Körperzone in den Vordergrund tritt.

Nach *S. Freud* ist die URETHRAL-ANALE PHASE (Urethra = Harnröhre, Anus = After) im zweiten und dritten Lebensjahr gekennzeichnet durch besondere Aufmerksamkeitszuwendung des Kindes zu Urinieren und Defäzieren. Das Kind kennt noch kaum

Ekelgefühle gegenüber den Ausscheidungsprodukten. In dieser Phase erfolgt die Reinlichkeitserziehung und im Zusammenhang damit zum ersten Mal die Forderung eines Aufschubes von Triebbefriedigungen. Man ist heute der Meinung, daß sich Tadel, Bestrafung und Beschimpfung und alle Äußerungen der Unlust und des Ekels ("Das ist garstig") nachteilig auswirken. Die Gefahr zu späterem zwangsneurotischem Verhalten (Reinlichkeitsfanatismus, Waschzwang etc.) ist gegeben. Umgekehrt wird durch geduldiges und langsames Wachsenlassen diese Phase von selbst überwunden, wenn die Reinlichkeitserziehung nicht zu früh beginnt (die organischen Voraussetzungen wie Schließmuskelbeherrschung müssen vorhanden sein), und wenn man es vermeidet, dem Urinieren und Defäzieren eine zu große Bedeutung zuzumessen.

Auch nach der ersten Zeit der Reinlichkeitserziehung, wenn das Kind an sich schon fähig wäre, sich sauber zu halten, verteidigt es sein Recht, den Stuhl dann und dort abzusetzen, wie es ihm gefällt.

> "Es zeigt ein auffälliges Interesse für seinen eigenen Kot; es versucht, ihn zu berühren, mit ihm zu spielen, ja, wenn es nicht rechtzeitig daran gehindert wird, ihn sogar in den Mund zu stecken... So wie der Säugling bei seiner Nahrungsaufnahme als Nebengewinn eine Lust an der Mundgegend verspürt hat, so zeigt sich hier als Nebengewinn bei der Exkretionstätigkeit eine Lust, die das Kind am After empfindet... Und wenn es von der Erziehung ganz energisch daran gehindert wird, so gelingt es ihm doch wenigstens, in dem erlaubteren Spiel mit Sand, Wasser, Straßenkot oder in dem späteren 'Schmieren' mit Farben, die Erinnerung an das einmal sehr hochgeschätzte Vergnügen festzuhalten." (*A. Freud* 1971[5], 31f.)

Die Psychoanalyse sieht nicht nur zwischen solchen Spielen und der ANALEN PHASE einen Zusammenhang. Eine Auswirkung dieser Phase in und durch verschiedene Berufe des späteren Lebens (Maler) wird ebenso behauptet, wie ein Zusammenhang mit der Einstellung eines Menschen zum 'Hergeben' und 'Behalten', zu Geiz und Freigebigkeit, zu Besitz und materiellen Gütern.

Wie die Psychoanalyse die gesamte spätere Einstellung zum Besitz (Festhalten, Hergeben, Loslassen, Teilen) mit der ANALEN PHASE zusammenbringt, so bringt sie Berufswünsche, Interessen und Vorlieben, ja den ganzen Komplex der Kultur mit dem Begriff SUBLIMIERUNG in Verbindung. Es ist die Ablehnung von Trieben und deren Verfeinerung auf ein von der Erziehung toleriertes oder sogar hochgewertetes Ziel. Anstelle von Beschäftigung mit dem Kot beschäftigt man sich mit Malfarben, mit Spielen in Sand und Wasser...

Unter dem Druck der Erziehung habe ein Kind gelernt, auf Lustgewinn zu verzichten, was freilich außer der VERDRÄNGUNG auch noch andere Folgen nach sich zieht. Eine davon ist die REAKTIONSBILDUNG: Gewohnheiten im Zusammenhang mit dem Lustgefühl werden gleichsam in das Gegenteil verkehrt. Die Lust am eigenen Kot führe zum Ekel, ja mehr noch:

> "Wenn wir an einem Kind in späteren Jahren ein besonders starkes Mitleid, eine besondere Schamhaftigkeit oder eine besonders leicht hervorzurufende Ekelreaktion feststellen können, so dürfen wir schließen, es sei in der ersten Kindheitsperiode ganz besonders grausam, schamlos oder schmutzig gewesen. Die Stärke seiner Reaktionsbildungen ist ihm notwendig,

um einen Rückfall in die früheren Gewohnheiten unmöglich zu machen." (*A. Freud* 1971[5], 39)

Ein weiterer Begriff in diesem Zusammenhang ist der der ÜBERTRAGUNG: Ein Kind überträgt Gefühlseinstellungen aus der Vergangenheit auf eine Person der Gegenwart.

2.3.3 Die Phallische Phase

Die Zeit zwischen dem zweiten und fünften Lebensjahr sieht die Psychoanalyse dominiert vom ICH. "Hier wird durch eine angemessene Führung und Reifung des Kindes... Durchsetzungsfähigkeit, Selbständigkeit, Produktivität und Verteidigungsfähigkeit, auch von Besitz, vorgebahnt... Dieser Werdegang bildet die Voraussetzung zu echter geistiger Eigenständigkeit, zu Kritikfähigkeit und damit zu Unabhängigkeit von Klischees, Meinungen, Manipulationen, Indoktrinationen und Moden." (*Ch. Meves* 1975[5], 167f.)

Wenn die Reinlichkeitserziehung ihr Ziel erreicht hat, verliert nach der Psychoanalyse die Zone um den After ihre Bedeutung für den Lusterwerb. An ihre Stelle tritt das Interesse an anderen Körperzonen: den Geschlechtsteilen. Kinder fangen an, mit ihren Geschlechtsteilen zu spielen. Ihr Wissensdrang richtet sich auf die Entdeckung der Unterschiede zwischen dem eigenen Körper und dem der Brüder, Schwestern oder Alterskameraden. Das Kind äußert Freude daran, sich anderen Kindern nackt zu zeigen, und seine Fragelust zielt immer wieder auf Unterschiede zwischen den Geschlechtern hin. *Freud* macht dabei keinen Unterschied zwischen dem Lustgewinn etwa am Lutschen und dem Spielen mit Geschlechtsteilen. Alle Lusthandlungen erstreben nach *Freud* die Befriedigung von Triebregungen. Diese wiederum werden von der Psychoanalyse alle mit dem Begriff des Sexuellen gleichgesetzt, unabhängig davon, ob sie sich an den eigentlichen Geschlechtsteilen, am Mund oder After abspielen.

Die Zeit vom 4. bis zum etwa 6. Lebensjahr nennt die Psychoanalyse die PHALLISCHE PHASE. Sie sei verbunden mit der "Entdeckung" der Geschlechtsorgane, zeige sich in frühkindlichem Exhibitionismus und sei charakterisiert durch Dinge wie die KASTRATIONSANGST beim Knaben und den PENISNEID beim Mädchen. *Freud* hat diese Phasen ausführlich beschrieben. Kennzeichnend sei eine sexuelle Neugierde, die sich auf den Unterschied der Geschlechter beziehe (Arztspielen).

Nach der Psychoanalyse fällt zwischen das fünfte und siebente Lebensjahr die ÖDIPUSSITUATION. Das Kind habe, wie überhaupt der Mensch, den Wunsch nach Lustbefriedigung. Die Befriedigung all seiner Bedürfnisse in der Frühzeit seines Lebens bringe die Mutter. Ab 1;00 erfahre das Kind, daß es die Liebe der Mutter mit Geschwistern (Geschwisterrivalität) und mit dem Vater teilen müsse. Der Vater werde zugleich als Vorbild und Rivale erlebt. Das Kind schwanke zwischen Angst vor dem Verlust seiner Liebe und dem Wunsch, ihn zu töten... (ÖDIPUS-KOMPLEX; bei Mädchen ELEKTRA-KOMPLEX). Der Bub sehe im Vater einen Rivalen, dessentwegen er den Alleinbesitz der Mutter missen müsse. Andererseits aber identifiziere er sich mit dem Vater. So komme es zu einer Ambivalenz der Gefühle von Ablehnung und Zuneigung, Liebe, Enttäuschung und Eifersucht. Beim Mädchen sei dies noch einmal anders. Es müsse sich von seinem ersten Liebesobjekt, der Mutter, abwenden, um sich dem Vater zuwenden zu können. Ergebnis beider Entwicklungslinien ist eine erste IDENTIFIKATION mit dem gleichgeschlechtlichen Elternteil. Dieses Identifizieren wird als wichtiger Schritt in der Gewissensentwicklung (ÜBER-ICH) und in der Entwicklung der eigenen Persönlichkeit angesehen. (Vgl. *H. Zulliger* 1952; 1969)

Diese führt zu einer Überwindung des Rivalisierens mit dem gleichgeschlechtlichen Elternteil, zur Bejahung der eigenen Geschlechtsrolle und zur IDENTIFIKATION mit dem gleichgeschlechtlichen Elternteil. *S. Freud* sieht darin die Entstehung des ÜBER-ICHs gegeben. Dieses wird zugleich auch Träger der Tradition und der zeitbeständigen Wertungen. Gelingt die normale Entwicklung dieser Phase nicht, könne es später zu Behinderungen oder Störungen der Partnerwahl und der Partnerbindung kommen.

Unter dem Druck der Erwachsenen entwickelt sich nach *Freud* etwas, das dem ICH des Kindes gleichsam feindlich und stets fordernd gegenübersteht, das ÜBER-ICH. *S. Freud* spricht in diesem Sinne von der ONTOGENETISCHEN GEWISSENSENTWICKLUNG. Das Kind nehme Gebote und Verbote, also ein Stück Vater oder Mutter, in sich hinein (INTERNALISIERUNG), sein ganzes Leben lang müsse es sich bemühen, die Forderungen dieser in sich aufgenommenen Ideale (des ÜBER-ICHs) zu erfüllen. Dieses ÜBER-ICH wird von *Freud* mit dem Gewissen gleichgesetzt.

> "Über die Herkunft dieser inneren Stimme oder des Gewissens, wie man sie gewöhnlich bezeichnet, besteht bei uns kein Zweifel. Sie ist die Fortsetzung der Elternstimme, die jetzt nur von innen, anstatt wie früher von außen her wirksam wird." (*A. Freud* 1971[5], 49).

Das ÜBER-ICH repräsentiert die Formen und Werte der Gesellschaft, wie sie dem Kind durch seine Eltern oder Ersatzeltern nahegebracht werden. Es kommt zu einer INTROJEKTION, indem die Erzieher jenes Verhalten des Kleinkindes (oft unbewußt) loben (verstärken), welches mit den Normen und Werten der Gesellschaft übereinstimmt, und jenes bestrafen, das im Gegensatz zu Normen und Werten steht. Das ÜBER-ICH wird so zur moralischen Instanz der Persönlichkeit. Es setzt sich zusammen aus dem Gewissen und aus dem ICH-Ideal. Beide entstehen durch Überwindung der Ödipussituation bzw. der Elektrasituation, in denen das Kind Vaterideal und Mutterideal in sich aufnimmt (introjiziert) und dadurch den realen Vater und die reale Mutter durch das ÜBER-ICH gleichsam überhöht. Das Gewissen wirkt nach *Freud* ab nun als strafende Instanz, indem es sich rührt, wenn der Mensch vor einer falschen Entscheidung steht. Das ICH-Ideal agiert hingegen als Verstärkung, wo immer der Mensch so handelt, daß er berechtigten Stolz auf sich selbst empfinden kann. Das ÜBER-ICH macht so den Menschen unabhängig von der elterlichen Kontrolle und unterwirft ihn den eigenen Forderungen. Es ist dabei so wie das ES irrational. Mit dem ICH hat es gemeinsam, Triebe zu kontrollieren. Im Gegensatz zum ICH will es aber die Triebregungen aus dem ES nicht nur zurückstellen, sondern sie *auf Dauer* blockieren. Bei Persönlichkeitsstörungen kommt es zu Verselbständigungstendenzen innerhalb der Systeme ES, ICH und ÜBER-ICH, sowie zu typischen Verhaltensstörungen.

W. Correll (1976, 16) schildert die Aufgaben des ÜBER-ICHs so:

1. Impulse aus dem ES zu verhindern, wenn diese mit den geltenden Gesellschaftsnormen im Widerstreit sind, d.h. also z.B. Impulse aus dem sexuellen und aggressiven Repertoire;
2. das ICH zu überzeugen, anstelle der realistischen Ziele moralische Ziele zu akzeptieren, und
3. nach Perfektion zu streben, indem es sowohl gegen das ES als auch gegen das ICH kämpft und das Verhalten nach seinem eigenen Maßstab gestaltet.

Neuerdings vertritt *C. Olivier* (1989) die These, daß die *Freud'sche* Theorie des ÖDIPUS-KOMPLEXES - jahrzehntelang Angelpunkt der Psychoanalyse - nicht analog auf die weibliche Sexualität übertragbar sei. Der "Neid" der Geschlechter richte sich immer auf die sexuellen Attribute des jeweils anderen. Jokaste, die nach *S. Freud* vernachlässigte Mutter des Ödipus, zeige sich dem Jungen gegenüber als Begehrende, verhalte sich aber dem Mädchen gegenüber unbewußt ambivalent. Der erwachsene Mann sei sein Leben lang auf der "Flucht" vor der alles verschlingenden Liebe seiner Mutter, das Mädchen aber suche zeit seines Lebens den Vater als Objekt seines kindlichen Begehrens, denn "Väter, die zu Hause bleiben und ihre kleine Tochter wiegen, sind rar".

Eine Kritik an der Lehre vom ÖDIPUS-KOMPLEX begründet *M. Krüll* (1979) biographisch: *Freud* habe als 41jähriger 1897 "unter dramatischen Umständen" die von ihm bis dahin vertretene Theorie der psychischen Entwicklung ("Verführungstheorie") aufgegeben. Nach dieser seien Neurosen auf sexuelle Verführungserlebnisse in der Kindheit zurückzuführen. Nach der Ödipustheorie aber werden sexuelle Erlebnisse von Kindern nur phantasiert. *M. Krüll* weist nach, daß *Freud* die "Verführungstheorie" aufgegeben habe, weil er seine eigenen neurotischen Symptome auf Kindheitserlebnisse hätte zurückführen müssen, was er aber aus Pietät gegenüber seinem eben verstorbenen Vater nicht vermochte.

Dennoch sieht *Ch. Meves* - eine der bekanntesten tiefenpsychologisch orientierten Autorinnen der Gegenwart - in der gesunden seelisch-geistigen Entfaltung von ES, ICH und ÜBER-ICH und bei einer Einfügung aller Teilbereiche der Psyche in die Person die Voraussetzung für den "Reifegrad echter Mündigkeit". In ihr wird beim erwachsenen Menschen die erreichte Reife in der Phase des ES, des ICHs und des ÜBER-ICHs integriert.

"Dann ist der Mensch in der Lage, aufgrund von Reflexion und Einsicht nach freiem Entschluß zu handeln und seine Kräfte überpersönlichen Aufgaben und Bindungen, v.a. bewußter religiöser Art einzufügen. Dieser höchste Status ist die Folge der Entwicklung und ausgeglichenen Zusammenfügung aller eben geschilderten Instanzen und Vorgänge." (*Ch. Meves* 1975[5], 168)

2.4 Die Latenzphase

Zwischen dem 6. und 12. Lebensjahr flaut nach der Psychoanalyse die Stärke der infantilen Triebregungen ab. Das Kind beginne seine Eltern allmählich in einem nüchternen Lichte zu sehen und sich von den ersten Liebesobjekten abzulösen. Allerdings gelinge eine solche Ablösung nur unter bestimmten Bedingungen:

> "Es ist so, als ob die Eltern sagten: Du kannst zwar weggehen, aber du mußt uns doch mitnehmen. Das heißt, der erzieherische Einfluß der Eltern endet nicht mit der Entfernung von ihnen und nicht einmal mit der Erkaltung der Gefühle für sie. Ihr Einfluß wird nur aus einem direkten zu einem indirekten." (*A. Freud* 1971[5], 48)

Es sei ein Kennzeichen der Latenzperiode, daß nun Eltern und Kinder sich nicht wie zwei feindliche Heerlager gegenüberstehen, sondern daß das Kind in seinem Inneren gespalten ist. Selbst dort, wo sein ICH noch auf Lustgewinn hinzielt, steht doch sein ÜBER-ICH dem in seinem Inneren als ständig präsenter Elternwunsch gegenüber. *A. Freud* meint nun, daß der Erzieher sich dieses ÜBER-ICH zum Verbündeten machen solle: "Gelingt es ihm, das ÜBER-ICH auf seine Seite zu ziehen und sich mit ihm zu verbünden, so arbeiten zwei gegen einen. Es wird ihm keine Mühe mehr machen, das Kind in irgendeinem von ihm gewünschten Sinne zu beeinflussen." (*A. Freud* 1971[5], 50)

Der Lehrer übernehme, solange er die Führung einer Gruppe in der Hand hat, für jeden einzelnen die Rolle eines ÜBER-ICHs und erwerbe auf diese Weise ein Recht auf seine Unterwerfung.

Gegen eine solche Auffassung ist heute allerdings nicht nur aufgrund der Sozialpsychologie, sondern auch aus entwicklungspsychologischen Erkenntnissen manche Einschränkung und Reserve anzumelden, ganz abgesehen davon, daß die Gleichsetzung von Gewissen und ÜBER-ICH eine Vereinfachung darstellt, die heute auch von vielen Psychoanalytikern als solche erkannt ist.

(Zur Weiterentwicklung der psychoanalytischen Entwicklungsstufen siehe den folgenden Abschnitt über *E. H. Erikson*, Seite 127 - 134 und die Tabelle Seite 130!)

2.5 Die psychoanalytische Trieblehre

Die Lehre von der kindlichen Triebentwicklung wird von der Psychoanalyse *Freuds* als das Hauptstück dieser Wissenschaft angesehen. Die Psychoanalyse verwendet den Fachausdruck LIBIDO, um die Energie, mit der der Sexualtrieb - in allen Zeiten des Lebens - tätig ist, zu beschreiben.

In seinen Alterswerken kennt *Freud* noch einen zweiten Grundtrieb: den TODESTRIEB. Zum Verständnis von *Freuds* Persönlichkeitslehre ist seine Auffassung von der DYNAMIK der Persönlichkeit wichtig. Drei Komponenten bestimmen diese Dynamik: die TRIEBE, die Verteilung und Anwendung der PSYCHISCHEN ENERGIE und die ANGST.

TRIEBE sind angeboren und äußern sich als Wunsch nach Befriedigung. Die körperliche Erregungskomponente, die mit einem Trieb verbunden ist, bezeichnet *Freud* als Bedürfnis. Triebe aktivieren das Verhalten und bestimmen dessen Richtung. Sie üben eine selektive Kontrolle aus, indem sie die Empfänglichkeit für bestimmte Reize steigern oder schwächen (ein durstiger Mensch ist empfänglicher für Reize aus flüssiger Nahrung). Alle Triebe zusammen bilden die Summe der PSYCHISCHEN ENERGIE, über die eine Persönlichkeit verfügen kann. Ihr Sitz ist im ES.

Das ES, das sich nicht zur Gänze mit dem UNBEWUSSTEN deckt, bildet das Reservoir der Triebenergie einer Persönlichkeit. Das UNBEWUSSTE enthält alle Triebe und Wünsche, welche unser Handeln bestimmen, ohne daß wir uns dessen bewußt sind. Seine Inhalte sind teils ererbt und angeboren, andernteils verdrängt und erworben. Die große Bedeutung, die *Freud* dem unbewußt bleibenden ES zumißt, liegt darin, daß mit diesem Begriff eine wesentliche Komponente des *Freud'schen* Menschenbildes ausdrückbar ist: Wir leben weniger, als wir "gelebt" werden. Da die Abwehrreaktionen des ICHs, die Verdrängungen, welche das erworbene UNBEWUSSTE zustande bringen, selbst unbewußt sind, deckt sich das ES nicht zur Gänze mit dem UNBEWUSSTEN. (Vgl. dazu auch *G. Groddeck* 1961; *D. Lagache - J.B. Pontalis* 1967, 97ff.; *E. Größ* 1975, 18f.)

Ziel eines Triebes ist es im wesentlichen, den Menschen auf den früheren Zustand zurückzubringen, in dem er war, bevor der Trieb in Erscheinung trat. *W. Correll* (1976, 18) vergleicht den Trieb mit einem Kreisprozeß, der von einem erregenden Anfang zu einem abschließenden Ruhezustand hintendiert. *Freud* spricht in diesem Zusammenhang auch von WIEDERHOLUNGSZWANG. Die Persönlichkeit steht unter dem Zwang, diesen Kreislauf von Erregung zu Beruhigung immer wieder und wieder zu durchlaufen.

Während die Triebe nach *Freud* immer gleich bleiben, es sei denn, sie verändern sich durch körperliche Reifung, verändern sich die Ziele, auf die ein Trieb gerichtet ist, im Laufe des Lebens nicht unwesentlich. Wenn z.B. ein Triebziel nicht erreichbar ist, kann sich die psychische Energie so lange auf ein anderes Objekt richten, bis sie ein erreichbares Ziel gefunden hat. So könne ein Baby die Manipulation mit eigenen Geschlechtsorganen als erstes Sexualobjekt aufgeben zugunsten anderer körperlicher Stimulationen wie Daumenlutschen oder Spielen mit den Zehen (ERSATZAKTIVITÄT).

Während vor allem in den frühen Schriften *Freuds* die LEBENSTRIEBE (Sexualität, Hunger und Durst) große Beachtung finden, wendet er sich später dem TODES- oder DESTRUKTIONSTRIEB zu. Eine wichtige Ableitung der Todestriebe ist der AGGRESSIONSTRIEB, wobei Aggression im letzten eine Selbstzerstörung darstellt, die sich auf ein äußeres Ersatzobjekt richtet. Weil die Lebenstriebe diese Selbstzerstörung verhindern, richtet sich der AGGRESSIONSTRIEB auf Objekte außerhalb der Persönlichkeit. Beim Essen etwa handelt es sich nach *Freud* um eine Fusion von Lebenstrieben und Todestrieben, die durch Beißen, Kauen und schließlich Schlucken befriedigt werden.

Zwischen den drei Systemen des ES, ICH und ÜBER-ICH bestehe eine Art Konkurrenz. Die Systeme des ICH und ÜBER-ICH erhalten ihre Energie gleichsam auf Kosten des ES. Das ICH bezieht die Energie aus dem ES über den Weg der Identifikation (Zusammenhang zwischen Vorstellung und Wirklichkeit wird hergestellt, so daß psychische Energie aus rein autistischen Prozessen des ES abgezogen werden kann und in die realistischen und logischen Prozesse des ICHs einfließt). Auch das ÜBER-ICH zieht Energie aus dem ES, indem das Kind eine Vater- oder Mutteridentifikation vornimmt und dadurch Lob und Tadel der Eltern zu subjektiven Normen idealisiert.

Jede Form von extremer Ausprägung der Energie in einem der drei Persönlichkeitssysteme bewirkt pathologische Symptome. Eine Übermacht des ÜBER-ICHs führt zur Handlungslähmung, eine Übermacht des ICH-Ideals zur Frustration und damit zur Depression.

In ihrem Wunsch nach Trieberfüllung ist die Persönlichkeit auf die Umwelt angewiesen. Die Umwelt kann allerdings nicht nur positiv, sondern auch negativ wirken, indem sie dem Anspruch der Persönlichkeit mit Ablehnung oder Gefahr entgegentritt. Die typische Reaktion darauf ist nach *Freud* die ANGST. Sobald das ICH die Ansprüche aus den Systemen der Umwelt nicht mehr kontrollieren kann, entsteht der Zustand der ANGST, den *S. Freud* in drei Typen unterteilt:

1. *Realitätsangst* (Furcht vor realen Gefahren der äußeren Welt);
2. *neurotische Angst* (Furcht, daß die Triebe unkontrollierbar werden und dadurch strafwürdige Handlungen entstehen können);
3. *moralische Angst* (Furcht vor dem ÜBER-ICH, welche dort entsteht, wo der Mensch etwas tut oder denkt, das im Gegensatz zu den Normen seines Gewissens steht).

Die reale Basis bei der Realitätsangst liegt in der Außenwelt. Die Basis der neurotischen Angst liegt in der Einwirkung der Eltern durch Lob und Tadel, die Basis der moralischen Angst liegt nach Freud in der Erfahrung von Lohn und Strafe bei Verletzung bzw. Erfüllung des moralischen Gesetzes. Die Funktion der Angst liegt somit darin, vor drohenden Gefahren zu warnen. Kann eine Angst durch entsprechende Handlungen nicht überwunden werden, spricht man von traumatischer Angst, die den Menschen in einen Zustand infantiler Hilflosigkeit geraten läßt. Der Prototyp dieser Angst ist das GEBURTSTRAUMA, das dadurch entsteht, daß das Neugeborene durch eine Fülle von unverständlichen Eindrücken geradezu überwältigt wird, da es ja vor der Geburt in einem Zustand absoluter Geborgenheit war. Vier der Ängste sind nach *S. Freud* primäre oder Grundängste: die TRENNUNGSANGST (des Kindes von der Mutter), die ANGST VOR LIEBESENTZUG, die KASTRATIONSANGST (der Inhalt vieler Drohungen - s. Struwwelpeter -, sei es, dem Kind einen wichtigen Körperteil, die Hand, die Zunge, das Glied abzuschneiden) und die unter 3. genannte ANGST VOR DEM ÜBER-ICH. Wenn das ICH im späteren Leben nicht mehr in der Lage ist, durch rationale Methoden Angst zu überwinden, setzt es nach *S. Freud* unrealistische Methoden ein, um zu überleben. Diese Methoden bezeichnet man als VERDRÄNGUNGS- oder ABWEHRMECHANISMEN. Zu diesen Mechanismen gehören neben der schon genannten SUBLIMIERUNG und IDENTIFIKATION die VERDRÄNGUNG, die PROJEKTION, die REAKTIONSBILDUNG, die FIXIERUNG, die REGRESSION, die RATIONALISIERUNG und die VERLEUGNUNG.

* *Sublimierung*: Primitive oder sozial nicht akzeptierte Formen der Befriedigung werden durch gesellschaftlich akzeptierte oder kulturell "höhere" ersetzt.
* *Identifikation*: Zur Minderung einer Frustration oder Motivdeprivation werden Motive anderer Personen übernommen (= *Introjektion*).
* *Verdrängung*: Das ICH verdrängt einen Inhalt in das ES. Verdrängt werden kann Wahrnehmbares wie auch Erinnerungen und Handlungsschemata.

* *Projektion*: Neurotische oder moralische Angst wird in eine objektive Realitätsangst verwandelt (Angst, daß jemand uns haßt, wird in die Vorstellung verwandelt, daß dieser Mensch uns mit Haß entgegentritt).
* *Reaktionsbildung*: Der die Angst hervorrufende Impuls wird in sein Gegenteil verwandelt (z.B. übertriebene Zuneigung zu einem Kind ist nach *S. Freud* häufig eine Reaktionsbildung, die an die Stelle der eigentlich vorhandenen unterschwelligen Ablehnung getreten ist).
* *Fixierung*: Ein Mensch bleibt auf ein bestimmtes Stadium seiner Entwicklung fixiert.
* *Regression*: Ein Mensch fällt infolge eines traumatischen Erlebnisses auf ein früheres Entwicklungsstadium zurück (z.B. ein Kind beginnt wieder zu stottern oder zu nässen). Während die klassische Tiefenpsychologie bei *S. Freud* oder auch bei *C.G. Jung* Regression als seelisches Zurückgehen zu frühkindlichen Erinnerungen und Erfahrungen versteht (vgl. *S. Freud* (1917) GW XI, 353; *C.G. Jung* (1930) GW XVI, 34), interpretiert etwa *E. Bloch* (1959, 1, 63-71 und 155-161) Regression als "Flucht" oder "Reaktion" rein negativ auch im politischen Kontext.
* *Rationalisierung*: Triebstrebungen werden durch Scheinbegründungen verdeckt und dadurch die eigentlichen Beweggründe verschleiert (Ich brauche eben dieses...).

Für die Entwicklung der Persönlichkeit spielt die IDENTIFIKATION eine besondere Rolle, wobei in der Entwicklung des ÜBER-ICHs die Identifikation mit geliebten Menschen eine zentrale Stelle einnimmt. (Vgl. *S. Freud* 1952-1968)

3. Die Religionskritik der klassischen Psychoanalyse

"Ganz nebenbei, warum hat keiner von all den Frommen die Psychoanalyse geschaffen, warum mußte man da auf einen gottlosen Juden warten?" - fragte *S. Freud* schon 1918 in einem Brief an seinen Freund, den protestantischen Schweizer Pfarrer *O. Pfister*. (Vgl. *S. Freud - O. Pfister* 1963, 64, zit. bei *J. Scharfenberg* 1965, 54-72, hier: 54)

Seither ist über *Freuds* Einstellung zur Religion und über seine psychoanalytisch begründete Religionskritik viel geschrieben worden.

S. Freud hat seine Vorstellungen über Religion vor allem in den folgenden Arbeiten niedergelegt:

1. 1907 im Aufsatz "Zwangshandlungen und Religionsübungen"
2. 1913 in der Schrift "Totem und Tabu"
3. 1919 in der "Vorrede zu 'Probleme der Religionspsychologie' von *Dr. Theodor Reick*"
4. 1927 im Aufsatz "Die Zukunft einer Illusion"
5. 1932 in der letzten Vorlesung der "Neuen Folge der Vorlesungen zur Einführung in die Psychoananlyse". Sie trägt den Titel "Über eine Weltanschauung"
6. 1932 im Aufsatz "Zur Gewinnung des Feuers"
7. 1936 in der Publikation "Der Mann Moses und die monotheistische Religion", die 1938 erstmals veröffentlicht wurde
8. 1952 im Buch "Das Unbehagen an der Kultur"

Im "Mann Moses" meint *S. Freud* im Zusammenhang mit der Entstehung der "einzigen" streng monotheistischen Religion: Die jüdische Religion sei eine Übernahme der revolutionär-monotheistischen Vorstellungen des ägyptischen Pharaos *Echnaton* (Amenophis IV; 14. Jh. v. Chr.). In die Gestalt des Mose der Bibel seien zwei Personen eingeflossen, ein ägyptischer und ein jüdischer Mose. Die Ermordung des ersteren führte zu Schuldgefühlen und in der Folge zur neuen sozialen und religiösen Ordnung des jüdischen Volkes.

Heute ist man generell der Auffassung, daß gerade "Der Mann Moses" *S. Freuds* eigene Problematik und Auseinandersetzung mit dem Vater widerspiegelt. (Vgl. *M. Krüll* 1979; *J. Scharfenberg* 1965, 57ff. und *Y.H. Yerushalmi* 1991)

Das Christentum, das *S. Freud* zuerst durch seine tschechische Kinderfrau kennengelernt hatte, sieht er als einen

> "...Schatz von Vorstellungen..., geboren aus dem Bedürfnis, die menschliche Hilflosigkeit erträglich zu machen, erbaut aus dem Material der Erinnerungen an die Hilflosigkeit der eigenen und der Kindheit des Menschengeschlechts. Es ist deutlich erkennbar, daß dieser Besitz den Menschen nach zwei Richtungen beschützt, gegen die Gefahren der Natur und des Schicksals und gegen die Schädigungen aus der menschlichen Gesellschaft selbst. Im Zusammenhang lautet es: das Leben in dieser Welt dient einem höheren Zweck, der zwar nicht leicht zu erraten ist, aber gewiß eine Vervollkommnung des menschlichen Wesens bedeutet." (*S. Freud*, GW XIV, 340).

In "Die Zukunft einer Illusion" findet sich auch die oft zitierte "klassische" Auffassung *Freuds* von der Religion als "Illusion":

> "Diese (= die christlichen Lehren), die sich als Lehrsätze ausgeben, sind nicht Niederschläge der Erfahrung oder Endresultate des Denkens, es sind Illusionen, Erfüllungen der ältesten, stärksten, dringendsten Wünsche der Menschheit; das Geheimnis ihrer Stärke ist die Stärke dieser Wünsche. Wir wissen schon, der schreckende Eindruck der kindlichen Hilflosigkeit hat das Bedürfnis nach Schutz - Schutz durch Liebe - erweckt, dem der Vater abgeholfen hat, die Erkenntnis von der Fortdauer dieser Hilflosigkeit durchs ganze Leben hat das Festhalten an der Existenz eines - aber nun mächtigeren Vaters - verursacht. Durch das gütige Walten der göttlichen Vorsehung wird die Angst vor den Gefahren des Lebens beschwichtigt, die Einsetzung einer sittlichen Weltordnung versichert die Erfüllung der Gerechtigkeitsforderung, die innerhalb der menschlichen Kultur so oft unerfüllt geblieben ist, die Verlängerung der irdischen Existenz durch ein zukünftiges Leben stellt den örtlichen und zeitlichen Rahmen bei, in dem sich diese Wunscherfüllungen vollziehen sollen. Antworten auf Rätselfragen der menschlichen Wißbegierde, wie nach der Entstehung der Welt und der Beziehung zwischen Körperlichem und Seelischem werden unter den Voraussetzungen dieses Systems entwickelt; es bedeutet eine großartige Erleichterung für die Einzelpsyche, wenn die nie ganz überwundenen Konflikte der Kinderzeit aus dem Vaterkomplex ihr abgenommen und einer von allen angenommenen Lösung zugeführt werden. Wenn ich sage, das alles sind Illusionen, muß ich die Bedeutung des Wortes abgrenzen. Eine Illusion ist nicht dasselbe wie ein Irrtum, sie ist auch nicht notwendig ein Irrtum." (*S. Freud*, GW XIV, 352)

Eine Illusion ist nach *S. Freud* dann gegeben, wenn eine Vorstellung in erster Linie von einem Wunsch herrührt, der so stark ist, daß man ihn durch bestimmte Vorstellungen (eben die ILLUSIONEN) symbolisch befriedigen müsse. (Vgl. zum Ganzen *D. Sandner* 1973, 759-768)

Mit diesem Ansatz setzte *S. Freud* die neuzeitliche Religionskritik fort, indem er Religion mit Kindheit und Erziehung vorab im Kleinkindalter verbindet, vor allem mit dem Ödipuskomplex. Für *Freud* ist Religion das Ergebnis eines Sublimierungsprozesses und sublimierte Vatersehnsucht, resultierend aus dem Wunschdenken und der Projektion von Vaterbeziehungen. Mit der These "Religion ist Illusion" führt *Freud* einen religionskritischen Ansatz des 19. Jahrhunderts fort. Nach dem Philosophen *L. Feuerbach* (gest. 1872) sind die Götter nichts anderes als Wunschvorstellungen der menschlichen Phantasie und Produkte des Glückstriebes: "Der Mensch schafft Gott nach seinem Bild und Gleichnis" (Grabinschrift *Feuerbachs* in Nürnberg).

P. Gay (1988) hat die Kontinuität der *Freud'schen* Religionskritik mit den großen "Aufklärern", darunter auch *Voltaire, Diderot, Darwin*, einleuchtend dargestellt.

Heute gehört die religionspädagogische Auseinandersetzung mit *Freuds* Thesen, auf welche die Theologie zunächst bloß ängstlich-abwehrend reagierte, zum Teil schon der Vergangenheit an.

Der Atheismus *S. Freuds* (vgl. *S. Freud* 1952, XIV, 325-380; XIV, 421-506; XVI, 101-246) wurde oft wenig differenzierend mit der gesamten Psychoanalyse gleichgesetzt.

Gleichsam "von innen her" wurde eine Gegnerschaft zwischen Psychoanalyse und Religion überwunden durch Schüler *Freuds*, die eigene Wege gingen. In diesem Zusammenhang ist vor allem auf *C.G. Jung* (vgl. dazu *V. White* 1957) und *V.E. Frankls* gesamtes Lebenswerk (vgl. v.a. *V.E. Frankl* 1948; 1959) hinzuweisen.

Ähnlich wie *V.E. Frankl*, der aus der jüdischen Tradition kommt, versucht *V.v. Gebsattel* vom christlichen Menschenverständnis her "das Menschenbild der Seelenheilkunde von Verzeichnungen zu reinigen und die psychotherapeutische Bemühung um den leidenden Menschen von innerweltlicher Begrenztheit zu befreien. Dabei vollzieht *V.v. Gebsattel* insbesondere die Auseinandersetzung mit *Freud* und *Jung*." (*L. Zarncke* 1960, 21)

Von der Warte der Individualpsychologie und zugleich von einer katholischen Anthropologie her hatte *R. Allers* (geb.1883) zuerst in Wien, dann in den USA "A Critical Study of Freudian Psychoanalysis" (1940) vorgelegt und die Beziehung zwischen ihr, der Individualpsychologie und dem katholischen Menschenbild untersucht.

Eine gewisse Zusammenfassung und zugleich auch den Abschluß der positiven Wende der Religionspsychologie zur Psychoanalyse bietet der Sammelband von *E. Nase* und *J. Scharfenberg* "Psychoanalyse und Religion" (1977). In diesem wird durch Originalbeiträge, die von den Jahren 1928 bis 1974 reichen, eindrucksvoll eine Entwicklung deutlich. *P. Ricoeur* (1977, 206-218 und 1966, 430-435) stellt lapidar fest: "Daß *S. Freud* einer der großen Atheisten unserer heutigen Kulturepoche ist, daran ist nicht zu zweifeln. Um dies zu erkennen, braucht man nur 'Die Zukunft einer Illusion' (1927), 'Das Unbehagen an der Kultur' (1952) und 'Der Mann Moses und die monotheistische Religion' (1937-1939) zu lesen. Wichtiger jedoch als dies ist, die *Art* des hier zum

Ausdruck kommenden Atheismus zu bestimmen und vor allem seine tatsächliche Beziehung zur eigentlichen Psychoanalyse." *P. Ricoeur* stellt in diesem Zusammenhang eine tiefe Ähnlichkeit *Freuds* mit *Feuerbach, Marx* und *Nietzsche* fest. War bei *Feuerbach* die Religion eine Projektion, so ist sie bei *Freud* eine Illusion. *Ricoeur* versucht sowohl der Bedeutung als auch den Grenzen einer Psychoanalyse der Religion gerecht zu werden. Noch weiter geht in diesem Band *P. Homans* (1977, 311-342), der ein Theologie-Psychologie-Modell entfalten will und dabei *Freuds* psychologisches Religionsverständnis mit Hilfe von dessen eigenem Übertragungsbegriff zu verstehen sucht.

F. Meerwein (1977, 343-369 und 1971, 363-380) spricht sogar von einer psychoanalytischen Religionspsychologie und kommt zum Schluß, daß im psychoanalytischen Dialog die Religionsfrage explizit nicht auftreten könne. Von Religion könne im Verlauf des psychoanalytischen Dialogs darum nur kritisch gesprochen werden. "Die Psychoanalyse deshalb aber als antireligiös oder atheistisch zu bezeichnen, entspränge einem Mißverständnis des Wesens solcher kritisch-emanzipatorischer Aufklärungsarbeit." (*F. Meerwein* 1977, 365)

E. Nase bietet auch eine ausführliche Bibliographie zur Beziehung Psychoanalyse und Religion. (Vgl. *E. Nase - J. Scharfenberg* 1977, 389-435) Die Literatur ist inzwischen weiter angewachsen und ist - bezieht man den angelsächsischen und französischen Sprachraum mit ein - selbst für den Spezialisten kaum mehr überblickbar.

Eine Auseinandersetzung mit den tiefenpsychologischen Schulen von *Freud* über *Adler* und *Jung* bis *Frankl* bringt ebenso *W. Keilbach* (1973, 68-87).

Nach *D. Jordahl* (1990) bejahen heute 52% der befragten Schweizer Psychotherapeuten, Ärzte und Tiefenpsychologen und 64% ihrer weiblichen Kollegen die Frage "Glauben sie an Gott?".

Bleibende Einsichten der Psychoanalyse wurden von Voraussetzungen, die in der eigenen Religiosität *Freuds*, vor allem in dessen lebenslanger Auseinandersetzung mit der Gestalt des Moses (vgl. *R.Schütz* 1977) wurzeln, unterschieden. Bleibende Einsichten *Freuds* werden auch von der Theologie akzeptiert, ohne daß dadurch das Fundament der Religion wankt. Als Beispiel sei der Vergleich von zwei Texten angeboten:

> *Sigmund Freud*:
> "Die Psychoanalyse hat uns den intimen Zusammenhang zwischen dem Vaterkomplex und der Gottesgläubigkeit kennen gelehrt, hat uns gezeigt, daß der persönliche Gott psychologisch nichts anderes ist als ein erhöhter Vater, und führt uns täglich vor Augen, wie jugendliche Personen den religiösen Glauben verlieren, sobald die Autorität des Vaters bei ihnen zusammenbricht. Im Elternkomplex erkennen wir so die Wurzel des religiösen Bedürfnisses; der allmächtige, gerechte Gott und die gütige Natur erscheinen uns als großartige Sublimierungen von Vater und Mutter, vielmehr als Erneuerungen und Wiederherstellungen der frühkindlichen Vorstellungen von beiden. Die Religiosität führt sich biologisch auf die langanhaltende Hilflosigkeit und Hilfsbedürftigkeit des kleinen Menschenkindes zurück, welches, wenn es später seine wirkliche Verlassenheit und Schwäche gegen die großen Mächte des Lebens erkannt hat, seine Lage ähnlich wie die in der Kindheit empfindet und deren Trostlosigkeit durch die regressive Erneuerung der infantilen Schutzmächte zu verleugnen sucht. Der Schutz gegen neurotische Erkrankung, den die Religion ihren Gläubigen gewährt, erklärt sich daraus, daß sie ihnen den Elternkomplex abnimmt, an

dem das Schuldbewußtsein des einzelnen wie der ganzen Menschheit hängt, und ihn für sie erledigt, während der Ungläubige mit dieser Aufgabe allein fertig werden muß." (*S. Freud*, GW VIII, 127 - 211)

Paul Tillich:
"*Freuds* Projektionstheorie, wie jede Projektionstheorie seit *Feuerbach*, verwechselt zwei Dinge: das was projiziert wird, und das worauf es projiziert wird, mit anderen Worten: das 'Bild' und die 'Projektionswand'. Es kann kein Zweifel darüber bestehen, daß, bildlich gesprochen, der Stoff, aus dem die Götter gebildet wurden, menschlichen Erfahrungen entstammt. Gute und böse Erfahrungen der Kindheit und des späteren Lebens waren dabei am Werke. Aber das bedeutet keineswegs, daß die 'Projektionswand' der letzte Grund alles Seins und Sinns, Grund und Ziel unserer Existenz, selbst eine Projektion ist. Darum ist es nicht die Sache der Theologie oder der Psychotherapie, die 'Projektionswand' zu beseitigen, sondern vielmehr die Symbole, die unsere Beziehung zum letzten Grund alles Seins zum Ausdruck bringen, zu erklären und von irreführenden Assoziationen zu befreien. An dieser Aufgabe können und sollen Psychoanalyse und Religion gemeinsam arbeiten." (*P. Tillich* 1971, 333)

J. Scharfenberg (1965, 57ff) untersuchte *Freuds* Anschauung von der Religion und versteht sie im Banne des Entwicklungsgedankens und der Auseinandersetzung mit der zu *Freuds* Zeit höchst modernen mythologischen Betrachtungsweise. Er setzte sich aber auch mit der These von Religion als Illusion auseinander und stellt fest, daß *Freud* sich von vornherein darüber im klaren gewesen sei, daß er mit dem Stichwort von ILLUSION dem Wesen der Religion in keiner Weise gerecht geworden sei, daß religiöse Vorstellungen nicht allein Wunscherfüllungen enthalten, sondern auch bedeutsame historische Reminiszenzen und "historische Wahrheiten". *J. Scharfenberg* weist darauf hin, daß das Bild, das *Freud* von der Religion hat und entwirft, zahlreiche "fundamenta in re" hatte (Religion als Wunschdenken, als Versicherung gegen Wechselfälle des Daseins, als Wirklichkeitsflucht und kompensatorische Hoffnung...), daß also manches sich gegen Un-Wesen der Religion und nicht gegen Religion im eigentlichen Sinn wende. Wie immer man es aber dreht, man muß die ablehnende Stellung *Freuds* zur Religion als historisches Faktum ernst nehmen und sollte nicht versuchen, sie umzudeuten.

Zur Religionskritik der Psychoanalyse vgl. auch:
K. Birk 1970; *E. Fromm* 1966; *E. Nase - J. Scharfenberg* 1977; *W. Pannenberg* 1983; *J. Scharfenberg* 1968 und 1973, 27; *E. Thaidigsmann* 1983; *A. Wucherer-Huldenfeld* 1974, 14-23 und 1967, 193-202;
Weitere gut kommentierte (auch angelsächsische) Literatur bei: *F. Schweizer* 1987.

Man sollte jedoch nicht übersehen, daß Religionskritik im Namen der Psychoanalyse keineswegs zur Gänze verstummt ist, wie *T. Mosers* Buch "Gottesvergiftung" (1976) zeigt. Katholische Religionspädagogik wertet diese Kritik heute als Anfrage und weniger als Angriff, wie der Beitrag von *A. Exeler* aus den Christlich-pädagogischen Blättern (siehe Anhang) zeigt.

Mit der Religionskritik *T. Mosers* setzt sich auch *B. Ringele* (1984) auseinander. *B. Ringele* sieht die Ursache von *Mosers* negativ bestimmter Religiosität in seiner frühkindlichen Entwicklung. Sie erkennt auch, daß *Mosers* Kritik berechtigte Anfragen an die Religionspädagogik bzw. an manche Formen religiöser Erziehung einschließt. Ausgehend von *S. Freuds* Meinung, Religion sei eine infantile, illusionäre Schutzmacht für den Menschen, zeichnet *B. Ringele* den Vorschlag von *H. Kohut* (1973; 1966) nach, demzufolge Narzißmus neu formuliert werden könne, womit sich möglicherweise eine Enttabuisierung der Religion in der Psychoanalyse ergebe. Durch die Rezeption des psychoanalytischen Narzißmuskonzeptes in die Religionspsychologie (*J. Scharfenberg* 1973) und durch eine psychoanalytische Interpretation der Gottesidee und ihrer Bedeutung für das Leben der Gesamtperson, wie sie *H. Müller-Pozzi* (1981) vornahm, versucht *B. Ringele* religionspädagogische Konsequenzen aufzuzeigen. Leider entging ihr die religionspädagogisch wohl bedeutsamste und fruchtbarste Auseinandersetzung mit *T. Mosers* Thesen, nämlich die von *A. Exeler* (1979, 76-88) vorgelegte. (Zur Thematik des "strafenden Gottes" unter psychoanalytischem Aspekt vgl. auch *R. Oberthür* 1986, 67-116)

Zusammenfassend kann man sagen, daß eine Hauptschwierigkeit zwischen Religion und Psychoanalyse heute manchmal noch im Ausschließlichkeitsanspruch der Psychoanalyse liegt. Man kann den Lebensbereich des Religiösen und Religion nicht allein mit psychologischen Denkmodellen erklären. Dies gilt auch für die im 5. Abschnitt genannten Arbeiten von *M. Leist.*

4. Psychoanalytische Pädagogik

Jeder Lehrer weiß, daß auch Schulanfänger - mehr noch natürlich Schüler aus höheren Schulstufen - wichtige Erfahrungen und Voraussetzungen für ihr menschliches Reifen schon gehabt oder versäumt haben. Auch die Kindergärtnerin stellt fest,

> "daß auch die dort untergebrachten Drei- bis Sechsjährigen schon lauter 'fertige Menschen' sind, daß jedes von ihnen eine Sammlung von Eigenarten mitbringt und auf seine bestimmte Weise auf das Benehmen der Kindergärtnerin reagiert, daß man bei jedem bestimmte Erwartungsvorstellungen und Ängste, Abneigungen und Vorlieben, seine eigene Form von Eifersucht und Zärtlichkeit, Liebesbedürfnis oder Abwehr feststellen kann. Es ist keine Rede davon, daß die Erzieherin hier einem noch ungeformten Wesen ihren eigenen Stempel aufdrücken kann. Sie bewegt sich zwischen lauter komplizierten Miniaturpersönlichkeiten, deren Beeinflussung alles eher als leicht ist..." (*A. Freud* 1971^5, 14)

Hier setzt das Bemühen der verschiedenen Schulen der Tiefenpsychologie ein, dem Lehrer zum Verstehen zu helfen. Allen tiefenpsychologischen Schulen ist gemeinsam, daß sie die Zeit der frühesten Kindheit - heute auch schon die pränatale Zeit - erforschen, um auf diese Weise das Gegenwärtige aus seinem Gewordensein heraus zu verstehen. Da kein Mensch und schon gar nicht ein Kind über seine frühkindliche Vergangenheit Auskunft geben kann, hat die Tiefenpsychologie eine Reihe von Methoden entwickelt, um Einblick in solche erste Erfahrungen der Menschen zu erlangen. Seit *S. Freud* setzt man dabei voraus, daß frühkindliche Erfahrungen im UNBEWUSSTEN ruhen, von dort heraus jedoch äußerst wirksam werden.

Die Psychoanalytiker hatten sich vor dem Ersten Weltkrieg ausschließlich auf die Therapie neurotischer Erwachsener konzentriert - ausgenommen die Kinderanalyse durch *H. Hug-Hellmuth*. (Vgl. *H.E. Lück* 1987; *A. Graf-Nold* 1988; *A. Bruder-Bezzel* 1991)

Nach *K. Dienelt* (1973) war der (ev.) Pfarrer *O. Pfister* der erste, der die Psychoanalyse in die Pädagogik einführte. Dieser sprach von Pädanalyse als einer von Fachleuten ausgeführten Erziehungskunst. (Vgl. *O. Pfister* 1917[1], 1929[3] und *W. Rehm* 1968)

In Österreich arbeiteten auf der Basis der Psychoanalyse schon ab 1918/19 der Heilpädagoge *A. Aichhorn* (1878-1949), der im Knabenerziehungsheim Oberhollabrunn vor allem Phänomene der Verwahrlosung und Jugendkriminalität studierte und seine Erkenntnisse später in Vorträgen, Vorlesungen und als Erziehungsberater breiten Kreisen bekannt machte (vgl. *A. Aichhorn* 1925[1], 1957[4]; 1959), sowie *S. Bernfeld*, der Leiter des Kinderheimes Wien-Baumgarten. (Vgl. *S. Bernfeld* 1969; *A. Bruder-Bezzel* 1991, 92f.)

Die Übertragung der Ideen *S. Freuds* auf Pädagogik und Kinderpsychologie wurde ab den zwanziger Jahren auch durch *Freuds* Tochter *A. Freud* (1895-1982) besorgt, zunächst in Wien, wo sie eine umfangreiche Vortragstätigkeit entfaltete und 1926 maßgeblich an der Herausgabe der "Zeitschrift für psychoanalytische Pädagogik" beteiligt war (Die Zeitschrift mußte in den dreißiger Jahren das Erscheinen einstellen.). Ab 1939 wirkte *A. Freud* in England, baute die HAMPSTEAD CHILD THERAPY CLINIC auf, erforschte zusammen mit *D. Burlingham*, ihrer Mitarbeiterin aus der Wiener Zeit, die Entwicklung von Kriegskindern und Anstaltskindern, widmete sich Problemen der Pubertät, des ICHs, der Diagnose und Therapie kindlicher Neurosen u.a.m. (Vgl. *R. Besser* 1977)

Aus der Wiener Zeit stammt ihr Erstlingswerk: "Einführung in die Technik der Kinderanalyse" (1927[1], 1948[3], 1966[4]). Bekannt wurde *A. Freuds* Diskussion mit der Berliner Psychoanalytikerin *M. Klein* (1882-1960), die ebenfalls die Psychoanalyse zur Erforschung der frühkindlichen Entwicklung heranzog und dabei besonders das kindliche SPIEL als Weg der Diagnose, der Therapie und der Erziehung betonte.

Neben *A. Freud* und *A. Aichhorn* ist im Hinblick auf das breite Eindringen der Psychoanalyse in den Bereich der Erziehung vor allem der Schweizer *H. Zulliger* (1893-1965) zu nennen.

> Aus seiner kinderpsychotherapeutischen Praxis sind eine große Zahl einschlägiger Publikationen erwachsen. (Vgl. *H. Zulliger* 1921; 1951; 1952; 1961; 1967; 1969; 1972) *H. Zulliger* befaßte sich auch mit Testverfahren und entwickelte u.a. Modifikationen des bekannten Rorschach-Tests. Obwohl *Zulliger* sehr stark von der Psychoanalyse *Freuds* beeinflußt ist, beachtet er v.a. in seinen späteren Arbeiten aber auch Ergebnisse von *A. Adler* und *C.G. Jung*. (Vgl. auch *A. Burger* 1992, 161-271)

Auf der Psychoanalyse bauen auch Theorie und Praxis der sog. "Antiautoritären Erziehung" von *A.S. Neill* auf. (Vgl. *A.S. Neill* 1965)

Eine weite Verbreitung fanden psychoanalytische Gedankengänge durch die Arbeiten *B. Bettelheims* (1903-1990), der 1939 aus Wien in die USA emigrierte und dort an der

Universität Chicago als Professor für Erziehungswissenschaften, Psychologie und Psychiatrie wirkte. Ins Deutsche wurde u.a. seine (psychoanalytisch fundierte) Untersuchung israelischer Kibbuzim-Erziehung übersetzt. (Vgl. *B. Bettelheim* 1971, amerikan. Erstaufl. 1969)

Eine kurze Darstellung der psychoanalytischen pädagogischen Auffassungen bietet *H. Füchtner* (1982, 44-64.).

Die mit Abstand beste Integration psychoanalytischer Erkenntnisse in eine ganzheitliche, von Einseitigkeiten und Ideologien Abstand nehmende Erziehungslehre legte *Ch. Meves* (1975[5]) vor.

Pädagogisch relevant erwiesen sich aber nicht nur Arbeiten zur Kinderanalyse im engeren Sinne oder die Anwendung psychoanalytischer Denkkategorien und Methoden im Bereich der Erziehung.

Durch die Psychoanalyse wurden nicht wenige - ehedem nicht bekannte - Fakten entdeckt. Zu maßgeblichen pädagogischen Verbesserungen führten etwa die Arbeiten von *R.A. Spitz* (1887-1974) über den PSYCHISCHEN HOSPITALISMUS, d.i. die dauernde psychische Störung bei Kindern, die im Säuglings- und Kleinkindalter in nicht entsprechend gestalteten Heimen leben. (Vgl. *E.J. Korherr* 1990, 86)

R. Spitz (geb. 1887) nahm an, daß das Kind völlig undifferenziert und ohne psychische Funktionen zur Welt kommt. Es sei ein Organismus ohne Bewußtsein und ohne psychische Funktionen. Auf diesem physiologischen Fundament baue sich die Psyche, das seelische Leben auf, und zwar durch Objektbeziehungen, d.h. Beziehungen zwischen dem Kind (Subjekt) und sachlichen oder personalen "Objekten", die ihm gegenüberstehen. Bei der Entwicklung werden drei Stufen durchlaufen:

1. Die objektlose oder Vorobjekt-Stufe
2. Die Stufe des Objekt-Vorläufers
3. Die Stufe des eigentlichen libidinösen Objekts (*R. Spitz* 1967, 60).

Psychische "Organisatoren" kennzeichnen die einzelnen Stufen und lösen ihre Weiterentwicklung aus. Der erste Organisator sei das Auftreten einer Reaktion des blickerwidernden Lächelns, der zweite ist gekennzeichnet durch die "Achtmonatsangst" (siehe entwicklungspsychologischer Teil), der dritte zeige sich durch die Fähigkeit, mit Geste und Wort zu verneinen.

Die Objektbeziehung "Mutter-Kind" sei für die Entwicklung einer gesunden Persönlichkeit von ausschlaggebender Bedeutung. Sie wird sowohl für die affektive als auch für die intellektuelle Entwicklung die Basis schlechthin. Gestörte Objektbeziehungen behindern und gefährden die weitere Entwicklung v.a. durch Entstehen von Aggressionen. (Vgl. zum Ganzen *W.K. Hochstetter* 1972[2])

S. Freud, A. Freud, M. Klein, R. Spitz, B. Bettelheim wirkten zuerst in Wien und später in London *(Freud, Freud, Klein)* bzw. in den USA.

Erziehungsschwierigkeiten und abartige Entwicklung sieht *Ch. Meves* (1975[5]) grundgelegt in einem Mißlingen der Entwicklung und Entfaltung in den ersten, wichtigen drei Lebensabschnitten.

Wenn im Säuglingsalter statt des Urvertrauens und des Geborgenseins eine Grundstimmung vorherrschend wird, die zwischen Resignation und Gier schwankt, so kann sich das im Schulalter als Passivität und Konzentrationsschwierigkeiten, im Erwachsenenalter als Angst vor Gier (Resignation) und im extremen und krankhaften Fall als depressive oder schizoide Neurose zeigen. Gier aber könne im Schulalter zu Leistungsstörungen durch umgerichtete Aktivität, im Erwachsenenalter zu oralen Süchten, zu Kontaktsucht, Vagabundieren und Eigentumsdelikten führen.

Gelinge zwischen zwei und fünf die Reifung des ICHs nicht, so sei die Folge Übergefügigkeit einerseits oder Hyperaggressivität andererseits. Das erstere könne zwischen dreizehn und zwanzig die Ablösungsprozesse behindern (Abhängigkeitsgefühle) und im Erwachsenenalter zu Angst und im krankhaften Fall zu Zwangsneurosen führen. Hyperaggressivität hingegen berge die Gefahr der Zerstörung der kindlichen Bindung zwischen dreizehn und zwanzig und der Fehlhaltung der Herrschsucht bzw. der Neigung zu Gewaltverbrechen im Erwachsenenalter.

Gelinge die ödipale Phase nicht, so seien die Folgen Minderwertigkeitsgefühle auf Grund von Unsicherheit in der Geschlechtsrolle, was später zum Mißlingen der Partnerbindung und zur Vereinsamung führt, im Krankheitsfall zur Angst vor Partnerbindung und Sexualität und zu Hysterie. Oder aber es führe ein Mißlingen dieser Phase zur Geltungssucht auf Grund von Unsicherheit in der Geschlechtsrolle, zum Suchen, Schweifen und zur Treulosigkeit und damit im Extremfall zur Gefahr von Promiskuität, Perversionen, Triebverbrechen, Prostitution und Hochstapelei.

Man darf diese Darstellung von *Ch. Meves* nicht als Mechanismus verstehen und den Menschen nicht einem Entwicklungsschicksal ausgeliefert sehen. Daß aber Tendenzen und Gefahren durch die geschilderten Zusammenhänge ein Fundament in der Realität haben, läßt sich auf Grund vieler psychotherapeutischer Erfahrungen nicht leugnen. Und so sieht *Ch. Meves* etwas Richtiges, wenn sie sagt:

> "Alle erwachsenen Neurotiker sind auch in ihrem Charakter in einer typischen Weise durch ihre frühkindlichen Antriebsstörungen geprägt. Die resigniert-Gierigen sind trotz ihrer Überbescheidenheit heimlich fressend und anspruchsvoll, beleidigt und beleidigend (denn sie glauben nicht an die Liebe), die Zwangsneurotiker sind trotz ihrer scheinbaren Übergefügigkeit voll Verlangen, schrankenlose Macht auszuüben (denn sie glauben nicht an ihre Stärke), die Hysteriker sind trotz ihres äußeren Brillierens, Kokettierens und Sich-zur-Schau-Stellens tief verunsichert in ihrer Geschlechtsrolle (denn sie glauben nicht an sich selbst als Mann oder als Frau). Die Gefahr zum Selbstmord ist bei den Menschen, deren Lebensaufbau in dieser Weise mißlang, immer größer als bei gesunden, denn der unzureichende Untergrund trägt nicht nur die Gefahr des Scheiterns bei der Existenzgründung in sich, sondern ist auch Schicksalsschlägen und Belastungssituationen sehr viel weniger gewachsen." (*Ch. Meves* 1975[5], 170f.)

Daß Erziehung hemmend oder fördernd wirken kann, versucht *Ch. Meves* (1975[5], 171f.) durch die folgenden Tabellen (Seite 32 - 34) bewußt zu machen. Die erste Tabelle zeigt den Gang der kindlichen Entwicklung im Lichte der Psychoanalyse und die daraus resultierenden Aufgaben für Erziehung und Selbsterziehung. *Ch. Meves* betont auch die durch die Psychoanalyse aufgezeigten Folgen bedenklicher Erziehungsmaßnahmen in der

Kindliche Entwicklung nach *Ch. Meves*

Lebensalter	*Stufen des Weltbildes*	*Entwicklungsaufgabe*	*Tiefenpsychologische Benennung der Entwicklungsphasen*
0-1 Säuglingsalter	Mundwelt	ersaugen und zupacken, sich an die Mutter binden	Orale Phase
1-4 Kleinkindalter	Magisches Weltbild	Trotzphase = selbständig werden, Beherrschung der Motorik, der Darm- und Blasenfunktion, behalten und hergeben, sprechen lernen	Anale Phase
4-6 Übergang zur schulfähigen Kindheit	Phantastischer Realismus	Annehmen der Geschlechtsrolle, Vor-Bild zur Partnerbeziehung	Ödipale Phase
6-9 Erste Phase der schulfähigen Kindheit	Naiver Realismus	arbeiten lernen, Realitätserfassung	Latenzzeit
9-11 Zweite Phase der schulfähigen Kindheit	Kritischer Realismus	Erfassen größerer Zusammenhänge, Ordnung und Orientierung in der Welt	
11-13 Vorpubertät	Negative Phase	Vorbereitung zu Ablösung von den kindlichen Bindungen durch das Entstehen zwiepältiger Einstellungen	Pubertät
13-16 Pubertät	Verinnerlichte Weltsicht	Ablösung von den kindlichen Bindungen	

frühen Kindheit (s. Tabelle unten). Zu bedenken ist dabei, daß nur bei krankhafter Situation im Erwachsenenalter die Verantwortlichkeit für die möglichen Folgen zur Gänze ausgeschaltet ist.

Mögliche Folgen frühkindlicher Erziehung im Erwachsenenalter nach *Ch. Meves*

Bedenkliche Erziehungsmaßnahmen in der Kindheit:		*Mögliche Folgen*	
		in der Kindheit:	*im Erwachsenenalter:*
1. Phase	*1. Lebensjahr:* Stundenlanges Schreienlassen des Säuglings Fütterungsweisen ohne Sauganstrengung des Säuglings (Überfüttern)	Jactatio capitis Bettnässen Daumenlutschen Gier im Essen u. Trinken Adipositas Anspruchshaltung Ungeduldshaltung Mangel an Ausdauer Passivität	*Neurotische Depression* Einschlafstörungen Mutlosigkeit, Arbeitsplatzwechsel Süchte: Alkohol-, Rauschgift- und Nikotinabusus, allgemeine Unersättlichkeit, Empfindlichkeit, Überbescheidenheit, Passivität, Selbstmord
2. Phase	*3. bis 18. Lebensmonat:* Mutter-Kind-Trennung über längere Zeit innerhalb der ersten eineinhalb Jahre. Das Kind ohne Haut- und Blickkontakt lassen. Nichtbeschäftigen mit dem Kind. Überstimulieren.	Passivität Desinteressiertheit Schweigsamkeit Hastigkeit Aufdringlichkeit Unkonzentriertheit Pseudoschwachsinn Haareausreißen, Kratzen Weglaufen Onanie Daumenlutschen Jactatio capitis	*Neurotische Kontaktnot:* Taktlosigkeit Einzelgängertum Versponnenheit Mißtrauen Vagabundentum
3. Phase	*2. bis 5. Lebensjahr:* Bewegungsbeeinträchtigung. Häufige harte Strafen: körperliche Züchtigung, Stubenarrest Bettarrest, Alleinlassen, den Sprechkontakt abbrechen, Liebesentzug. Dem Kinde Tätigkeiten abnehmen, die es allein tun kann und will. Das Kind ängstlich am Gängelband führen.	Tics Stottern Nägelbeißen Hautreißen Pavor nocturnus Jähzorn Phobien Eßverweigerung Nabelkoliken Enkopresis Quälsucht Bewegungsunruhe Leistungswiderstand	*Zwangsneurose:* Pedanterie Skrupelhaftigkeit Übergewissenhaftigkeit Umständlichkeit Einschränkung der Spontaneität und schöpferischen Produktivität Sauberkeitszwänge Rückversicherungszwänge, Starrsinn Herrschsucht

Bedenkliche Erziehungsmaßnahmen in der Kindheit:		Mögliche Folgen in der Kindheit:	im Erwachsenenalter:
	Weitgehende Unterdrückung aggressiver Handlungen und Äußerungen. Sauberkeitsgewöhung unter hartem Forderungsdruck. Übertriebenes Sauberhalten der Kleidung. Vermeiden jeder Unordnung im Spielzimmer	Perfektionismus motorische Unbeholfenheit Wehrlosigkeit Schmutzangst Daumenlutschen Jactatio capitis Onanie	Jähzorn Übergefügigkeit Radfahrertyp Geiz Sadismus Masochismus
	Bedenkliche Erziehungsmaßnahmen der Phasen 1 bis 3 kombiniert: Nicht zureichend versorgen, nicht zureichend beachten; gängeln und einengen	Störertum Eigentumsdelikte Vagabundieren Brandstiftung	*Neurotische Verwahrlosung:* Ablehnung jeder Ordnung Rebellentum Diebstahl, Einbruch Gewaltverbrechen Selbstmord
4. Phase	*3. bis 6. Lebensjahr:* Erotische Bindung an gegengeschlechtlichen Elternteil. Abgestoßensein durch angst- oder abscheuerregendes Verhalten eines Elternteils	Freiflotierende Ängste, Ohnmachten und andere Funktionsstörungen Geltungssucht neurotische Verlogenheit Wehleidigkeit Clownerie Koketterie	*Hysterie:* funktionelle Leiden Perversionen Homosexualität Fetischismus Transvestismus Sodomie sexuelle Verwahrlosung

Die Entwicklung der pränatalen Psychologie hat nicht unwesentliche Auswirkungen auch auf die psychoanalytischen Denkweisen, die möglicherweise in Zukunft zu mancher Revision psychoanalytischer Traditionen führen wird. So weist die Turiner Psychoanalytikerin *A. Piontelli* nach, daß das Kind bei seiner Geburt bereits eine höchst ausgeprägte Individualität besitzt, die auch mitbedingt wird durch mütterliche Einflüsse während der Gravidität. (Vgl. *A. Piontelli* 1992)

Die gegenwärtig vorliegende Interpretation psychoanalytischer Erkenntnisse hat über die Fachwelt hinaus große Popularisierung erfahren. Als ein Beispiel unter vielen sei auf das der Elternbildung dienende Buch von *J.S. Kestenberg* und *J. Kestenberg-Amighi* (1991) hingewiesen. Die beiden Autorinnen verbinden die Psychoanalyse mit in israelischen Kibbuzim gesammelten Erfahrungen und mit eigenen, aus der Tanzchoreographie gewonnenen Methoden und interpretieren von daher verbale und nonverbale kindliche Ausdrucksformen und charakteristische Reaktionen und Bewegungsmuster.

5. Die Rezeption der Psychoanalyse in die Religionspädagogik

Während man die Psychoanalyse schon in der Zwischenkriegszeit für die konkrete Erziehung fruchtbar zu machen suchte, stand ihr die Theologie und mit ihr Katechetik bzw. Religionspädagogik entweder ignorierend oder apologetisch-verteidigend-angreifend gegenüber. Als "Inhalt" ist die Auseinandersetzung mit der psychoanalytischen Religionskritik auch heute Teil der Lehrpläne für den Religionsunterricht an höheren Schulen. Dabei geht man aber differenzierend vor. (Vgl. *E. J. Korherr* 1974, 33f.)

Die oben skizzierte Entwicklung führte dazu, zwischen Psychoanalyse (als Therapie und Menschenverständnis) und dem durch *S. Freud* mit ihr verbundenen Atheismus zu unterscheiden und zu differenzieren. Damit erst war der Weg frei, psychoanalytische Erkenntnisse unmittelbar religionspädagogisch fruchtbar zu machen. Eine der ersten, die einer positiven Sicht der Tiefenpsychologie in der christlichen Erziehung zum Durchbruch verhalf, war *L. Zarncke* (1960). Sie fragt:

> "Wenn aber letztlich jedes seelenkundliche System irgendwie weltanschaulich bedingt ist - muß dann nicht mit dem Auftreten von Spannungen und Gegensätzlichkeiten, aber auch Begegnungen und Ergänzungen zwischen dem psychologischen (tiefenpsychologischen) und dem theologischen Verständnis des Menschen gerechnet werden?" (*L. Zarncke* 1960, 9f.)

L. Zarncke ist gegenüber der Psychoanalyse noch sehr kritisch. Sie findet *Freuds* Ergebnisse in der angewandten Kinderpsychologie nicht bestätigt. (*L. Zarncke* 1960, 45) Dennoch aber meint sie: "Außer acht gelassen werden darf sie niemals - auch wenn sie sich in manchen Fällen als unergiebig für die Erklärung einer seelischen Gedeihstörung des älteren Kindes erweist." (*L. Zarncke* 1960, 45)

L. Zarncke konnte in ihrer Zusammenfassung auf namhafte Philosophen (*R. Guardini* 1957; *M. Buber* 1958) und Psychologen hinweisen. Zu letzteren zählt *K. Stern*, der

> "in seinem Buch: 'Die dritte Revolution' (1956) die Psychoanalyse als eine Bewegung (versteht), die im Sinne von *A. Comte* den Menschen ausschließlich 'wissenschaftlich' verstehen wollte, um damit Offenbarung und Glauben überflüssig zu machen. Die Besonderheit des Sternschen Bemühens besteht nun darin, daß er, der selbst Psychoanalytiker ist, zugleich aber mit Entschiedenheit im katholischen Christentum steht, zunächst die schweren Gefahren der 'dritten Revolution' (=Psychoanalyse; Anm.d.R.)... nachweist, dann aber die noch unausgeschöpften Entwicklungsmöglichkeiten aufzeigt. Sein eigentlichens Anliegen besteht darin, die antireligiöse Haltung der orthodoxen Psychoanalyse ad absurdum zu führen, indem er verborgene religiöse Ansätze in ihr entdeckt. So ist er überzeugt, daß diese revolutionäre Bewegung allem Anschein zum Trotz auch Elemente enthalte, mit denen sie

'in den Hauptstrom der jüdisch-christlichen und hellenistischen Tradition' (*K. Stern* 1956, 130; hier zit. nach *L. Zarncke* 1960, 20) einmünden könne." (*L. Zarncke* 1960, 19f.)

M. Leist (1972, 9-44) hat - von der tiefenpsychologischen Entwicklungspsychologie und der Psychotherapie kommend - die These vertreten, daß - ausgenommen die Orgasmuserfahrung - bereits alle Grundakte und Grunderfahrungen im ersten Lebensjahr vorhanden sind, die als Kräfte auch "Glaubenserfahrung" (d.i. Religiosität; religiöse Erfahrung) ermöglichen und fundieren. Geschult durch die von *S. Freud* herkommende Tradition belegt sie ihre These an Beispielen von Grundakten und Grunderfahrungen. Für *M. Leist* liegt die Grundlegung der Glaubenserfahrung im Unbewußen. Für spätere Erfahrungen mit Gott seien früheste Erfahrungem im Säuglingsalter grundlegend. Das heiße aber zugleich, daß das Gottesbild nahezu ausschließlich in den ersten Lebensjahren durch die Mutter geprägt werde. Hierin stimmt *M. Leist* auch mit *J.H. Pestalozzi* überein.

Zu den *Grunderfahrungen und Grundakten* zählt *M. Leist:*

* *Lusterfahrung - Unlusterfahrung*
"Das ist die Welterfahrung des Kindes schlechthin. Die Welt bietet sich ihm lustvoll oder unlustvoll dar... Die große Welteinteilung in Gut und Böse, in Liebe und Haß, in Lust und Unlust bestimmt den Menschen zeit seines Lebens im Unbewußten. Sein Verlangen nach dem Paradies oder der ewigen Seligkeit ist das Verlangen der ständigen Unlustvermeidung... Die Unlust des Kindes betrifft lebensgefährliche Mangelzustände. Die Hilfe der Mutter, ihr Nahrungsspenden, ihre Pflege, ihre Liebeszuwendung ist immer eine Hilfe in äußerste Not hinein... Diese Extremsituation ist auch kennzeichnend für die Erfahrung des Menschen mit Gott und seiner Hilfe... Kann ein Mensch, der als Kind nie eine Situation der Gefährung erlebt hat - dem Tag und Nacht, jede Sekunde eine Pflegerin zur Seite stand, die seinen Bedürfnissen Abhilfe verschaffte - kann ein solcher Mensch je die Dringlichkeit erleben, einzig und allein auf Gottes Hilfe angewiesen zu sein?... Die Hl. Schrift ist voll von Beispielen, wie sich der Mensch vor Gott als ganz und gar hilfsbedürftig erfährt. Nur in der Kindheit sind diese Lebenserfahrungen allgemein. Im Unbewußten bleiben sie aber das ganze Leben hindurch lebendig." (*M. Leist* 1972, 9-11)

* *Haß und Zuneigung*
Wie das Kind seine Mutter in zwei Erfahrungen "aufspaltet", in eine gewährende und in eine sich versagende, so neige auch "der Mensch dazu, Gott in einen guten Gott und in den Teufel aufzuspalten, der dann, anstatt zum Diener, zum Widersacher Gottes wird". (*M. Leist* 1972, 119)

* *Hunger und Durst*
Einem Kind, das nie erlebe, was Durst heißt, gehe eine wesentliche Welterfahrung verloren. Dies treffe auch in übertragenem Sinne zu auf Bereiche des Verlangens, der Beziehung u.a. Der Sinn der Askese im späteren Leben liege darin, solcher Grunderfahrung wieder teilhaftig zu werden. Denn das Verhältnis des Menschen zu Gott sei von Ausschließlichkeit und Dringlichkeit: "Es dürstet meine Seele nach dir, mein Fleisch

verlangt nach dir..." (Ps 91). Die Antinomien von Hunger, Durst, Haß, Zuneigung, Kälte, Einsamkeit erlebe das Kind ohne Zutun des Erwachsenen ebenso wie die Möglichkeit zu fühlen, zu riechen, zu schmecken, zu hören. Wir brauchen sie nicht zu fördern. Wir müssen sie nur nicht verkümmern lassen. Überangebot läßt verkümmern. Das Verkümmern ist zugleich ein Verkümmern Gott gegenüber, das Überangebot hindert zugleich zu Gott." (*M. Leist* 1972, 15f.; vgl. dazu auch *R. Stecher* 1985, 91f.)

* *Sehen - hören - riechen - schmecken*

Jeder dieser Akte habe seine Korrelation zu Gott: Das Kind trinkt die Welt mit seinem Auge in sich hinein. Der Himmel ist uns nur im Bild beseligender Gottesschau (visio beatifica) zugänglich. Glaube als "ge-hor-sam-sein" beruht auf horchen und hören können. Wir können Menschen "nicht riechen", sprechen aber vom ewigen Leben als "Wohlgeruch himmlischer Freude". Und im Bild vom Gastmahl wird uns die tiefste Gottesbeziehung "anschaulich".

* *Atmen - fühlen - sich bewegen*

Atmen ist nicht nur Zeichen des Lebens, sondern auch des Gottesgeistes. Alle östlichen Meditationslehren wissen um die Wichtigkeit der Atemtechnik und der ständige Wechsel von Annehmen und Loslassen kommt "im besonderen Maße einer Gotteserfahrung gleich: seiner immer bedürftig und nie habhaft". (*M. Leist* 1972, 18) "Die Nähe der Mutter, das Auf-den-Arm-genommen-Werden, das Auf-dem-Schoß-Sitzen, das An-ihrer-Brust-Einschlafen, das allein schon... vermittelt Frieden und Ruhe, vermittelt die Gewißheit, daß alles gut wird... Die Erwartungen der kommenden Herrlichkeit... richten sich auf etwas ganz Ähnliches: Gottes Nähe erleben zu dürfen. Bei ihm zu wohnen, in seinem Haus zu sein." (*M. Leist* 1972, 19) Im "Sich Bewegen" aber liege immer ein "Etwas-erreichen-Wollen": "Das Kind begehrt von dem Augenblick an, da es auf die Welt kommt. Seine Hand ausstrecken nach dem Begehrten - das lernt es erst später. So lernt das Kind auch erst später, Gott zu begehren, indem es sich nach ihm ausstreckt; noch später, indem es sich zu ihm auf den Weg macht - an seiner Hand." (*M. Leist* 1972, 21) Geführt werden ist eine ursprünglichere Erfahrung als selbständig zu gehen. Nur wer dieses Geführt-Werden erfuhr, wird Gebete wie Ps 23,1f.; Ps 73,24; Ps 139,3.5 aus seiner innersten Tiefe heraus beten können.

* *Urinieren - defäzieren - fordern - sich einverleiben*

M. Leist wäre keine Psychotherapeutin, würde sie nicht auch die genannten Akte als bedeutsam für Mensch-Werden und Glauben-Können ansehen. Wer mit psychoanalytischen Traditionen vertraut ist, weiß um die Zusammenhänge, die seit *S. Freud* zwischen dem "Loslassen" von Darm- und Blaseninhalt (Sauberkeitserziehung) und dem Loslassen mit der Hand (2. Lebensjahr) bzw. dem Loslassen im übertragenen Sinne (jemanden seinen Weg gehen lassen können; sich selbst loslassen können; sich "verströmen" können) konstatiert werden. Wenn zwischen dem ersten "Los-lassen" und der Einstellung zu Besitz, Geld, Geiz, Verschwendung, Hingabefähigkeit u.ä.m. jene Zusammenhänge bestehen, die die Psychoanalyse behauptet, wäre es verwunderlich, würden hier nicht auch Parallelen zu jenen Kräften existieren, die die Religiosität und das Ethos bestimmen. Analoges trifft für "heischen", "sich-einverleiben" zu.

M. Leist versucht in ähnlicher Weise noch zahlreiche Grundakte und Grunderfahrungen auf das Glauben hin transparent zu machen: Mutterliebe, Du-Erfahrung, Annehmen, Sich-Freuen, Vertrauen, Benennen, Sprechen, Fragen, Antworten, Mitteilen, Schweigen, Stille-Sein, Trauer, Spielen, An-die-Grenze-Kommen, Scheitern, Teilen, Sich-Behaupten, Nachgeben, Verzeihen, Weinen...

Auch wer ihr nicht in allem folgen wollte oder könnte, wird ihre Überlegungen nicht gänzlich von der Hand weisen können.

Selbstverständlich partizipieren *M. Leists* Thesen an allen Grenzen und Voraussetzungen, die der Tiefenpsychologie, v.a. der Psychoanalyse, anhaften. Manches könnte man auf dem Deutungshintergrund der dynamischen Psychologie von *C.G. Jung* auch anders sehen und deuten. Vieles wird hinsichtlich "Angelegt-Sein" und "Erworben-Sein" unreflektiert und auch relativ unkritisch vorausgesetzt. Wenn aber Glaube, Religiosität und Ethos nicht etwas am Menschen sind (wie etwa Musikalität), sondern wenn der Mensch als ganzer glaubt, religiös ist, ethisch handelt, *dann* wäre es mehr als verwunderlich, wenn sich nicht Wurzeln seines "Glauben-Könnens" bis in die feinsten Verästelungen seines "Mensch-Werdens" zurückverfolgen ließen. (Vgl. zum Ganzen auch *R. Stecher* 1985, 91-98)

Für Seelsorge und Religionspädagogik macht auch *N. Scholl* (1980) psychoanalytische Ergebnisse fruchtbar im Hinblick auf Themenfelder wie Konflikt, Aggression, Angst, Schuldgefühl, Glaube, Ideologisierung, Erfahrung, Infantilismus.

6. Kritische Bewertung

Zur bleibenden Erkenntnis *S. Freuds* gehört es, daß das Seelenleben sich nicht bloß im bewußten Erleben erschöpft. Seine Ideen wurden zum Anstoß für neue Forschungen auf dem Gebiet der Diagnose und Therapie seelischer Störungen. Einseitigkeiten *Freuds* wurden relativ früh von seinen Schülern erkannt und zu überwinden versucht. So setzt *A. Adler* dem "Willen zur Lust" einen "Willen zur Macht" gegenüber und überwindet individualistische Einseitigkeiten durch die Beachtung der Gemeinschaft. Ein weiterer Schüler *Freuds*, *V.E. Frankl*, erkennt, daß der Mensch nicht primär vom "Willen zur Lust" oder "Willen zur Macht", sondern vom "Willen zum Sinn" bestimmt wird usw. Viele Autoren der Psychotherapie und der Pädagogik, welche sich heute der Terminologie *Freuds* bedienen, sind auch von seiner deterministischen Weltanschauung abgerückt. Ebenso erkennt man heute, daß *Freud* Einzelerlebnisse ungeheuer überbewertet hat und daß er vielfach sexuelle Probleme Erwachsener in kindliche Erlebnisse hineindeutete. Obwohl *Freud* in vielem dem "Unheil einer Verabsolutierung einer Teilwahrheit" (*H. Asperger*) verfallen ist, bleibt dennoch sein Verdienst der Erschließung einer bis dahin unbeachteten Dimension des Psychischen. *V.E. Frankl* sagte einmal: Man müsse heute zwar über *Freud* hinaus, keinem aber, der sich mit seelischer Therapie befasse, bleibe es erspart, durch ihn bzw. sein Werk hindurchzugehen.

S. Freuds Enkelin *Sophie Freud*, die Tochter seines Sohnes Martin, Universitätsprofessorin an der Simmons College School of Social Work in Boston USA, sagte 1988 in einem Interview mit der Zeitschrift "Psychologie heute":

"*Sophie Freud*: Ja. Allerdings hat mein Großvater eine widersprüchliche Erbschaft hinterlassen, glaube ich. Das mag auch der Grund dafür sein, daß so vieles an dieser Theorie unklar ist. Die eine Erbschaft ist die Betonung der überaus mächtigen Rolle der Triebe. Die andere Erbschaft ist die Aussage, daß die Eltern eines Kindes an allem schuld sind. Ich meine, daß diese zwei Erbschaften nie gut miteinander vereinbar waren und für viele auch verwirrend. Zum Beispiel ist man in den US-amerikanischen *child-guidance-clinics* nie damit fertig geworden, welche von beiden Erbschaften denn nun die wichtigere ist. Und auch die Frage blieb unbeantwortet: Wer ist eigentlich der Patient, das Kind oder die Eltern?
PH: Aber die Psychoanalyse liefert in ihrer Theorie doch auch Entlastungen für die Eltern. So ist *Freud* selbst doch abgerückt von seiner Verführungstheorie, das heißt, er hat die Berichte seiner Patientinnen von sexuellen Übergriffen der Eltern, die er zunächst für wahr hielt, als reine Phantasie abgetan.
Sophie Freud: Das ist richtig. Das ist das biologistische Erbe, das er uns hinterlassen hat. Aber gleichzeitig sind alle Menschen, die in diesem Bereich arbeiten, davon überzeugt, daß die Eltern an allem schuld sind, was jemals mit einem Kind passiert. Das ist eine sehr zwiespältige Angelegenheit.
Aber man kann es nicht ganz so einfach sagen, wie Sie es jetzt formuliert haben. Denn die Idee, daß die Eltern an allem schuld sind, kommt eben auch von der Analyse. Auch ich lernte in meiner Ausbildung zur Sozialarbeiterin, daß Eltern für alles verantwortlich zu machen sind. Und dieses hat mich auch dann in der Erziehung meiner eigenen Kinder, die ich bald nach der Ausbildung bekommen hatte, verfolgt. Ich muß das nochmals sagen: Es ist wirklich ein zwiespältiges Erbe, was mein Großvater hier hinterlassen hat. Ich glaube allerdings, daß viele Menschen gar nicht wissen, wie verwirrt sie davon eigentlich sind. Meist ist ihnen gar nicht so bewußt, welche dieser beiden Erbschaften von *Freud* sie jeweils vertreten.
PH: Diese Verwirrung müßte sich doch dann auch auf die Therapie auswirken. Halten Sie die Psychoanalyse überhaupt für eine geeignete Therapieform?
Sophie Freud: Ich bin mit einer Kritik sehr vorsichtig, da ich ja selbst nicht psychoanalytisch arbeite. Ich habe Menschen getroffen, die sagen, daß die Psychoanalyse *die* Veränderung in ihrem Leben gebracht hätte. Andere wieder gehen in eine psychoanalytische Behandlung und kommen heraus, als ob sie eine kalte Dusche erhalten hätten. Bei wieder anderen merkt man überhaupt nichts. Also, ich bin mit einer Einschätzung vorsichtig, denn - wie gesagt - ich bin eben keine Analytikerin.
Zudem gibt es inzwischen so viele Weiterentwicklungen in der Psychoanalyse, daß man von *der* Psychoanalyse, gar nicht mehr sprechen kann. Was die traditionelle Psychoanalyse angeht, so verliert sie in den USA zunehmend an Gewicht. Zum Beispiel spricht kaum jemand mehr von der Triebtheorie. An den Sozialarbeiterschulen, die in Amerika ein hohes akademisches Niveau haben, ist die Triebtheorie nur eine interessante Geschichte. Ich selbst verwende in meinem Unterricht kaum mehr als eine Unterrichtsstunde darauf. Das gleiche gilt für die Entwicklungsphasen: das Anale, das Orale, das Genitale. Es gibt inzwischen viele interessante Entwicklungstheorien, da kommt mir die psychoanalytische geradezu vorsintflutlich vor..." (*U. Nuber* 1988, 36f.)

Einwände gegen die Psychoanalyse gibt es nicht nur von tiefenpsychologischen Schulen, die aus ihr erwuchsen, sich aber später von ihr trennten.

Aus *grundsätzlichen Erwägungen* wird sie von den Vertretern der experimentellen, empirischen Psychologie seit ihren Anfängen abgeleht, weil sich ihre Ergebnisse exakten Überprüfungen entziehen.

Aus *methodisch-wissenschaftlichen Gründen* lehnt sie heute etwa der Psychologe *H.J. Eysenck* ab: Sie sei erwachsen aus dem Umgang "mit einer kleinen Zahl neurotischer Wiener und Wienerinnen der oberen Mittelklasse". Die daraus gewonnenen Erkenntnisse seien keineswegs auf die ganze Menschheit übertragbar. (Vgl. *E. Engelmann* 1970, Sp. 684f. bezugnehmend auf *H.J. Eysenck* 1960)

Der - heute von vielen Psychoanalytikern nicht geteilte - *Pansexualismus* reduziere die psychische Wirklichkeit auf ein zu vereinfachtes Grundschema von Lust/Unlust und erkläre die gesamte psychische Vielfalt einseitig kausal.

Die Ergebnisse *Freuds* seien Folgen seiner eigenen z.T. "neurotischen" Persönlichkeit und ihrer Entwicklung.

J. Habermas nannte die Vorstellung der Psychoanalyse als Naturwissenschaft ein "szientistisches Mißverständnis" und fordert daher eine "kritische" Rezeption der Psychoanalyse in das Mensch-, Welt- und Wissenschaftsverständnis der Gegenwart. (Vgl. *J. Habermas* 1968; *U. Eberenz* 1973, 342-349)

Seit *S. Freud* hat die Psychoanalyse eine Fortentwicklung nach mehreren Richtungen erfahren:

a) Sie erfuhr eine Differenzierung, Modifikation und Weiterentwicklung etwa bei *E. Erikson* (siehe unten), *W. Reich*, *B. Bettelheim* und *A. Mitscherlich* oder im Rahmen der sog. Neopsychoanalyse. (Zu letzterer vgl. *C. Haring - K.H. Leickert* 1968; *K. Horney* o.J.)
   In Österreich hat sie am tiefsten *I. Caruso* fortgeführt. Dieser gründete dazu eigene "Österreichische Arbeitskreise für Psychoanalyse", deren Kontaktadresse ein Zentralsekretariat in Salzburg ist.
   (*I. Caruso* teilt nicht das religionskritische Erbe des klassischen Freudianismus!)
b) Die Psychoanalyse wurde zum Auslöser für neue tiefenpsychologische Schulen, die von *Freud* ausgehen, aber zu anderen Ergebnissen, Systemen und Therapien kommen. (Vgl. *A. Adler*, *C.G. Jung*, *V.E. Frankl*, Neopsychoanalyse von *H. Schulte-Hencke* u.a.m.)
c) Sie beeinflußte das Entstehen spezifischer Therapieformen. (Vgl. z.B. Gestalttherapie, Psychodrama, Transaktionsanalyse von *E. Berne* u.a.m.)

Über das Weiterwirken der Psychoanalyse in den USA referieren *P.R. Hofstätter* (1959, 507ff.) und in Lateinamerika *W. Kemper* (1959, 226ff.). Zu *Freuds* Einfluß auf die Psychotherapie der Gegenwart siehe *A. Mitscherlich* (1956). Die geschilderten Tendenzen haben nicht zuletzt im Blick auf die Popularisierung der psychoanalytischen Denkweisen und auf die psychoanalytischen Wurzeln therapeutischer und pädagogischer Methoden (z.B. Psychodrama, Symboldidaktik) heute stark zugenommen.

Zum Einfluß von Frauen bei der Entstehung der Psychoanalyse siehe *I. Stephan* 1992.

Die Individualpsychologie Alfred Adlers (1870-1937) Wendung von der kausalen zur finalen Betrachtungsweise

Wie *S. Freud* kommt auch *A. Adler* zunächst vom Studium psychischer Krankheiten her. Die Wende von der Medizin zur Psychoanalyse ist schon ab 1904 in Aufsätzen zu erkennen. Im Gegensatz zu *Freud*, von dem er sich wegen Divergenzen u.a. auch über die Deutung und Rolle der Sexualität 1911 nach harten Auseinandersetzungen trennt, sieht er die Persönlichkeit nicht nur als Ergebnis des Zusammenspiels von Lebens- und Todestrieb, er erkennt vielmehr die Rolle der zwischenmenschlichen Beziehungen für das Werden einer psychischen Persönlichkeitsstruktur und führt schon dadurch über *Freud* hinaus. *Adler* sieht das Sexuelle als "Symbol" und nicht als die Grundkraft des Seelenlebens. Den Aggressionstrieb sieht er als zweiten übergeordneten Trieb neben der Libido.

1. Das Leben Alfred Adlers

A. Adler wurde am 7. Februar 1870 in Wien als zweites von sechs Kindern in eine jüdische Kleinkaufmannsfamilie hineingeboren, studierte Medizin und gehörte als Nervenarzt dem Schülerkreis *S. Freuds* an. Die Trennung von *Freud* erfolgte 1911 durch die Gründung des "Vereins für Individualpsychologie". Ab 1915 doziert *A. Adler* am Pädagogischen Institut der Stadt Wien. *Adler* war auch Lehrer an Wiener Volkshochschulen und ab 1929 Professor an der Columbia University in New York. Stark war *Adlers* Bindung an den Sozialismus, wenngleich der Standortwandel und die Entwicklung vom marxistisch-kommunistischen jungen (=frühen) *Adler* zum "metaphysisch" denkenden *Adler* der dreißiger Jahre eine sehr große ist. *A. Bruder-Bezzel* (1991, 10f., 130ff., 144ff.) nennt drei große Phasen dieser Entwicklung, die sich in *A. Adlers* drei Hauptwerken widerspiegeln:

1. Entwurf seiner individualpsychologischen Theorie vom *Fin de siècle* zur Moderne (*A. Adler* 1912 u. 1972);
2. Bewährung (und wohl auch Entfaltung, Anm.d.Ref.) der Theorie in der Praxis der zwanziger Jahre (*A. Adler* 1927 und 1966);
3. Ideologisierung der Theorie Anfang der dreißiger Jahre. (*A. Adler* 1933a u. 1973) (*A. Bruder-Bezzel* (1991, 11) nennt diese Epoche einen "Niedergang der Reform", was eine starke (sozialistische?) Standortgebundenheit zu verraten scheint, ebenso wie die etwas "negativ" klingende Interpretation des verwendeten Begriffs "Ideologisierung".)

A. Adlers Schriften wurden - ebenso wie die von *S. Freud* - als "schädlich" bei der NS-Bücherverbrennung im Mai 1933 mitverbrannt.

In Österreich fielen die individualpsychologischen Gruppen und Veranstaltungen nach 1934 wegen ihrer Verflechtung mit der Sozialdemokratie Beschränkungen anheim, ab 1938 wurden sie ihrer jüdischen Träger beraubt (Emigrationswelle) und der Individualpsychologische Verein aufgelöst. Schon im Mai 1945 konstituierte er sich wieder und entfaltete eine rege Tätigkeit, wobei u.a. *O. Spiel* und *E. Ringel* zu bekannten Repräsentanten wurden. (*A. Bruder-Bezzel* 1991, 215f. und 234f.)

A. Adler starb am 28. Mai 1937 in Aberdeen/Schottland auf einer Vortragsreise.

Adler betonte sehr stark den Zusammenhang seiner Individualpsychologie mit der Erziehung. Schon 1904 finden wir unter seinen ältesten Schriften eine kleine Arbeit "Der Arzt als Erzieher" (1904; auch in *A. Adler - C. Furtmüller - E. Wexberg* 1922^2 u. 1973). Er richtete die ersten Beratungskliniken in Wien ein und unterstützte die Gründung einer Versuchsschule, in der seine Theorien überprüft wurden. Der spätere pädagogische Leiter dieser Versuchsschule, *O. Spiel* (1947), trug viel zur Popularisierung der Erkenntnisse *Adlers* bei. *A. Adler* selbst befaßte sich mit dem Zusammenhang von "Individualpsychologie und Schule" (1929 u. 1973).

Philosophisch übte das Buch von *H. Vaihinger* "Die Philosophie des 'Als-Ob'" (1927) großen Einfluß auf *A. Adler* aus. *Vaihinger* vertritt in diesem Werk die Meinung, daß der Mensch mit Fiktionen lebt, obwohl diese keine Grundlage in der Wirklichkeit zu haben brauchen. Solche Fiktionen sind zum Beispiel die Vorstellung, daß alle Menschen gleich geschaffen seien oder daß Ehrlichkeit die beste Lebensart sei. Solche Fiktionen helfen, mit der Realität zurechtzukommen, sie können aber nicht immer überprüft und bestätigt werden. Darüber hinaus steht vor allem der junge *A. Adler* geistesgeschichtlich ganz im Bann der weltanschaulich-geistigen Aufbrüche und Umbrüche am Beginn des 20. Jahrhunderts. *M. Dieterich* (1989, 289) nennt im Anschluß an *M. Titze* (1984) als weitere Grundlagen für die Entwicklung *Adlers* die Ideen *I. Kants*, *F. Nietzsches*, *Ch. Darwins* und *J.B. de Lamarcks*.

2. Die Lehre Alfred Adlers

2.1 Finalität statt Kausalität im Psychischen

Im Gegensatz zur Psychoanalyse *Freuds* ist nach *Adlers* Individualpsychologie der Mensch weniger durch Erfahrungen während der frühen Kindheit als durch Zukunftserwartungen bestimmt. Das Streben nach einem Ziel (nicht das Erreichen desselben) bestimmt den FIKTIVEN FINALISMUS *Adlers*. *Adler* ist auf diesem Sektor von der o.g. Philosophie des "Als-ob" von *H. Vaihinger* beeinflußt. Aus dieser Position ergibt sich, daß sowohl Erziehung wie auch psychiatrische Therapie weniger auf Aufarbeiten von verdrängten Erlebnissen als im Blick auf dieses Streben konzipiert werden.

In seinem Bemühen, mechanistische Vereinfachungen auszuschließen, kam *A. Adler* in seinen späteren Werken zum Begriff des KREATIVEN SELBST. Dies ist die Quelle der subjektiven Lebensbedeutung, es entscheidet über Lebensziele und Mittel zu deren Erreichung. Es bewirkt, daß die Persönlichkeit sich selbst bestimmen kann, ist die Grundlage nicht nur für das Verhalten der Persönlichkeit, sondern auch für deren Freiheit. Es steht als Instanz gleichsam zwischen den Außenwelteinflüssen und den Reaktionen des Menschen. Durch diesen Begriff des KREATIVEN SELBST hat der alte *Adler* sich am stärksten von *Freud* abgesetzt. Nach *Freud* wird ja das gesamte Verhalten durch die Gesetze der Triebwelt und des Unbewußten determiniert. Nach *Adler* ist der Mensch nicht Opfer, sondern Gestalter seines Lebens und seines Schicksals. (Vgl. *W. Correll* 1976, 58ff., 64ff.)

Im Gegensatz zur Psychoanalyse ist für die Individualpsychologie

1. nicht das entscheidend für das Werden der Persönlichkeit, was auf ein Kind einwirkt, sondern das, was das Individuum daraus macht. D.h.: Anstelle der KAUSALEN Betrachtungsweise der Psychoanalyse tritt eine FINALE (= auf einen Zweck oder ein Ziel hin orientierte) Betrachtung. (Vgl. *M. Titze* 1979)
2. Als Triebkraft wird nicht die Sexualität gesehen, sondern das STREBEN NACH ANERKENNUNG UND SICHERHEIT und die Polarität GEMEINSCHAFT - MACHT.
3. Das Individuum ist "eine planvoll gerichtete einheitliche Persönlichkeit" (*A. Adler* 1912, Vorwort). "Sie ist eine einmalige Konfiguration von Motiven, Charakterzügen und Einstellungen" (*W. Correll* 1976, 57).
4. Therapeutisch (und pädagogisch) wird die Individualpsychologie zum "Pionier der Gruppentherapie" (und der gruppenorientierten Methoden). (Vgl. *R. Dreikurs* 1958, 845; *A. Bruder-Bezzel* 1991, 101; *F. Künkel* 1933 u. 1976)

2.2 Der Wille zur Macht

An zentraler Stelle steht im Menschenbild der Individualpsychologie das STREBEN NACH MACHT. *A. Adler* kommt zu seiner Theorie, indem er zunächst feststellt, daß die Aggressionen stärker und wichtiger seien als die Sexualität. Etwas später bezeichnet er die aggressiven Tendenzen als WILLEN ZUR MACHT. Nach 1910 gab *A. Adler* auch diesen Begriff des Willens zur Macht auf und ersetzte ihn durch GELTUNGSSTREBEN. Das Streben nach Geltung und Überlegenheit erfülle den Menschen mit Befriedigung. Unter Geltung versteht *Adler* jedoch mehr als bloßes Prestige und bloßen Gewinn an Image. *W. Correll* meint sogar, daß man dieses Geltungsstreben mit dem gleichsetzen kann, was *C.G. Jung* als "Selbst" bezeichnet. (*W. Correll* 1976, 60)

2.3 Gemeinschaft und Gemeinschaftsgefühl

Das Streben nach Macht ist bei *Adler* aber keineswegs ein Machtstreben wie bei *Nietzsches* "Übermenschen" oder im Sinn des "Überlebens des Tüchtigen" bei *Darwin*. *Adler* kennt nämlich neben dem Geltungsstreben eine zweite Grundtendenz, das GEMEINSCHAFTSGEFÜHL. Es handelt sich dabei nicht nur um ein Gefühl, sondern um eine Haltung, Einstellung und Strebensrichtung. Günstiger wäre es, hier ebenfalls von einem "Willen zur Gemeinschaft" zu sprechen. Vor allem in den späteren Schriften betont

Adler immer wieder die Bedeutung dieses Gemeinschaftsgefühls und der sozialen Gerechtigkeit. Das Individuum möchte durch dieses Gemeinschaftsgefühl der Gesellschaft helfen, eine vollkommene Gesellschaft zu werden. Diese perfekte Gesellschaft wäre zugleich die vollkommene Kompensation für die naturgegebene Minderwertigkeit des Individuums. Soziales Interesse ist nach *Adler* als Disposition angeboren. Es bedarf aber der Erziehung und der Übung. Daraus wird *Adlers* Interesse an pädagogischen Fragen verständlich. Erziehung ist ihm immer Gemeinschaftserziehung, die das persönliche Machtstreben in soziale Interessen umwandeln und die individuelle Minderwertigkeit zugunsten des Gemeinschaftswohles kompensieren helfen soll. Das Gemeinschaftsgefühl ist nicht nur Schranke für den Willen zur Macht. Es wird auch zur Korrektur und Umbildung der Zielsetzungen. Wird es nicht durch Erziehung entfaltet, so entstehen gewissermaßen Mißbildungen, weil sich der Wille nicht ungehemmt entfalten kann. (Vgl. *W. Correll* 1976)

GEMEINSCHAFT und GEMEINSCHAFTSGEFÜHL sind für die Individualpsychologie schon ab etwa 1918 von tragender Bedeutung. Im Schrifttum *A. Adlers* finden wir Modifikationen von deren Verständnis, nie aber ein Abrücken von der Bedeutung. Von Anfang an und bis heute werden diese Begriffe diskutiert und um ihr Verständnis wird gerungen.

GEMEINSCHAFT wird oft gleichsinnig mit Gesellschaft verwendet. Man subsumiert darunter alle sozialen Beziehungen, von der Familie angefangen bis zur weltumfassenden Menschheitsgesellschaft. Der Begriff kann soziologisch (= die gegenwärtige Gesellschaft) und final (= die ideale, zukünftig zu verwirklichende Gesellschaft) verstanden werden.

Daneben gibt es aber auch gelegentlich Tendenzen zu unterscheiden zwischen Gemeinschaft als politisch-ethischem Begriff und Gesellschaft. (Vgl. *A. Bruder-Bezzel* 1991, 189)

GEMEINSCHAFTSGEFÜHL wird u.a. umschrieben als "mit den Augen eines anderen zu sehen, mit den Ohren eines anderen zu hören, mit dem Herzen eines anderen zu fühlen... und wir sehen ...., daß diese Gabe teilweise zusammenfällt mit einer anderen, die wir Identifikation, Einfühlung (*Lipps*) nennen". (*A. Adler* 1928, 224 hier zit. nach *A. Bruder-Bezzel* 1991, 189)

GEMEINSCHAFTSGEFÜHL versteht *A. Adler* als Gefühl der Zusammengehörigkeit aus sozialem Interesse und sozialen Motiven. Es kann sich als Elternliebe, Kinderliebe, Geschlechterliebe, Vaterlandsliebe, Liebe zur Natur, Kunst und Wissenschaft und Menschheitsliebe realisieren, vor allem aber im Streben nach "einer Gemeinschaftsform, die für ewig gedacht werden muß. Es zeige sich bereits im Ausüben eines Berufes, im Führen einer Dauerehe, in der Bereitschaft zur Kindererziehung und in der Offenheit für gesellschaftliche Fragen." (Vgl. *A. Bruder-Bezzel* 1991, 61f., 190)

> "Aus der Stellung des Individuums in der Gemeinschaft lassen sich seine Charakterstruktur und sein Lebensstil ermitteln. Gemeinschaftsgefühl ist das tragende Element für die gesunde Bewältigung der Lebensaufgaben in allen Bereichen. Vom Gemeinschaftsgefühl her läßt sich die Neurosenlehre bestimmen, und es gibt auch die Grundlage für das Verständnis der Psychose." (*A. Buchholz-Kaiser* 1991, 29)

"*Adlers* Aussagen umfassen neben dem anthropologischen Aspekt und den psychologischen Darlegungen im engeren Sinne auch einen *ethischen Bereich*. Dieser beruht nun nicht etwa auf angenommenen oder vergebenen Normen, sondern ist vielmehr die zukunftsgerichtete Seite der Anthropologie. Die Ethik *Alfred Adlers* befaßt sich mit der immer besseren Verwirklichung der in der naturgegebenen Situation liegenden Notwendigkeiten und Möglichkeiten: Die Evolution weist in diesem Sinne auf eine 'vollkommene Form' der Gemeinschaft hin, analog zu dem allem Lebendigen immanenten Streben nach immer besserer Entfaltung der in der eigenen Art liegenden Möglichkeiten. Die beste Entfaltungsmöglichkeit für alle bezeichnet *Alfred Adler* als das 'Wohl der Allgemeinheit', das Kriterium, das darüber entscheidet, welche der Lösungsversuche von einzelnen oder von Gruppen Bestand haben können." (*A. Buchholz-Kaiser* 1991, 30f.)

Gemeinschaftsstreben und Geltungsstreben wirken quantitativ und qualitativ unterschiedlich zusammen und bestimmen die Art und das Gelingen der LEBENSAUFGABEN, d.i. Arbeit, Liebe, Gemeinschaft. (Vgl. *A. Adler* 1927 u. 1966)

Wie viele andere Begriffe erfuhr auch der des GEMEINSCHAFTSGEFÜHLS unterschiedliche Aktzentuierung und viele Diskussionen. (Vgl. *A. Bruder-Bezzel* 1991, 195-200; *A. Kaiser* 1981; *H.S. Sullivan* 1940; *F. Fromm-Reichmann* 1959 u.a.m.)

Der "metaphysische" Wandel im Verständnis von GEMEINSCHAFT und GEMEINSCHAFTSGEFÜHL wurde v.a. von den weltanschaulich sehr "links" stehenden Individualpsychologen (*M. Sperber* u.a.) nicht mitvollzogen.

Als "angeborene Möglichkeit" ist GEMEINSCHAFTSGEFÜHL bewußt zu entfalten. Es wird das eine Mal als Gegenkraft zum MACHTSTREBEN (Geltungsstreben), dann wieder als Eigenschaft, die das Machtstreben modifiziert, verstanden.

Der Grad von Gemeinschaftsgefühl ist Maßstab für seelische Gesundheit und auch für ethisches Verhalten.

2.4 Minderwertigkeit und Kompensation

A. Bruder-Bezzel (1991, 149) sieht die Lehre vom Minderwertigkeitsgefühl und dessen Kompensation im Sicherungs- und Machtstreben als "das eigentliche Kernstück der *Adler'schen* Persönlichkeits- und Neurosentheorie und zugleich als die psychologische Formulierung seiner Gesellschaftskritik" an:

Adler geht in seinen Frühwerken von der Untersuchung der Organminderwertigkeiten, der anlagemäßigen Schwäche einzelner Organe und deren seelischer Verarbeitung aus. Er beobachtet, daß Menschen mit Organstörungen oder Schwächen diese zu kompensieren versuchen, indem sie gerade diesen Bereich besonders stärken. *Adler* verweist in diesem Zusammenhang auf *Demosthenes*, der als Kind gestottert hat und durch Training zum berühmten Redner wurde. Später entdeckt *Adler* auch, daß das GEFÜHL der MINDERWERTIGKEIT (vgl. *A. Adler* 1912 u. 1972), die Erfahrung von Unfähigkeit und Frustration, Auslöser für das Streben nach Überlegenheit (KOMPENSATION) ist. Die Kompensation als Streben nach Überlegenheit muß sich nicht im minderbemittelten Bereich auswirken. Sie kann auch alle anderen psychischen oder körperlichen Bereiche betreffen.

Vom Begriff der MINDERWERTIGKEIT und der KOMPENSATION her versucht *Adler* auch die psychische Entwicklung zu verstehen: Das Kind fühle sich notgedrungen gegenüber dem Erwachsenen minderwertig, schon von der Körpergröße her. Es strebt deshalb nach Überlegenheit, und diese Kompensation ist nach *Adler* die wichtigste Triebkraft zur Weiterentwicklung. Minderwertigkeitsgefühle sind nach *Adler* die Wurzel für das Streben nach Vollkommenheit.

Beispiel: In Shakespeares Macbeth beschuldigt Lady Macbeth ihren Gatten, er sei kein Mann (thou art no man). Dies führt bei Macbeth zu einem "Minderwertigkeitsgefühl" und läßt ihn kompensatorisch nach der Königswürde streben. (Vgl. *W. Correll* 1976, 62)

Den Begriff KOMPENSATION hat *A. Adler* aus Medizin und darwinistisch-lamarckistischer Biologie übernommen. Er sah in der Tatsache der Kompensation zugleich eine Widerlegung der darwinistischen Auffassung vom Sieg des jeweils Stärkeren. (*A. Bruder-Bezzel* 1991, 150)

Kompensation verbindet *A. Adler* schon sehr früh mit der Lehre vom Aggressionstrieb. Dieser sei "Ausdruck der Kompensationstendenz". (1909, zit. nach *H. Nunberg - E. Federn* 2.Bd. 1977, 155f.)

Zweck der KOMPENSATION ist es, der Unsicherheit entgegen zu wirken und das Persönlichkeitsgefühl zu festigen. Wo sie über das Ziel hinausgehe, werde sie zur ÜBERKOMPENSATION.

MINDERWERTIGKEITSGEFÜHLE sind nicht auf Menschen mit Organminderwertigkeiten oder Defekten beschränkt. Nach der Individualpsychologie existieren unterschiedliche Formen der Minderwertigkeit:

"Minderwertig" erfahre sich zunächst das *Kind* gegenüber Erwachsenen, älteren Geschwistern und seiner Umgebung.

"Minderwertig" erfahren sich *Frauen* gegenüber Männern.

A. Adler war einer der Psychologen, der immer gegen die Geringachtung von Frauen und für ihre Gleichrangigkeit eintrat. Er erklärt "weibliche Charaktereigenschaften" als bedingt durch die soziale Stellung der Frau, nicht aber als angeboren. (Vgl. *A. Adler* 1927 u. 1966)

Im Kampf gegen die "Frauenrolle" (1927, 125; hier zit. nach *A. Bruder-Bezzel* 1991, 122) entwickle die Frau entweder eine aktiv-männliche Rolle oder eine passiv-weibliche Rolle. Aktiv-männliche Frauen kompensieren ihre Minderwertigkeitsgefühle, indem sie männliches Verhalten imitieren ("Mannweiber"). Passive Frauen entwickeln "einen unglaublichen Grad an Anpassung" an erwartetes Verhalten (Gehorsam, Demut). Ein dritter Typ füge sich in die traditionelle Frauenrolle und bejahe die Vorrangstellung der Männer. (Die gegenwärtige emanzipierte Frauenbewegung hat eine ihrer Wurzeln auch in der Individualpsychologie.) Eine "Schülerin" *Adlers* hat die Typologie schon 1932 differenziert und weiterentwickelt. (Vgl. dazu *A. Bruder-Bezzel* 1991, 122f.)

Minderwertigkeit ist grundsätzlich mit dem MENSCHSEIN an sich verbunden und universell. Vom WILLEN ZUR MACHT vorwärtsgetrieben, durch die Erfahrung der Unmöglichkeit, seine Ziele zu erreichen, zurückgeschreckt, durch den Anblick Mächtigerer entmutigt, sieht sich dann der Mensch genötigt, bei ungeleitetem, also auf eigensüchtige Ziele abgestelltem Machtwillen seine Unterlegenheit anzuerkennen. Dadurch entsteht zunächst das, was die Individualpsychologie als MINDERWERTIGKEITSGEFÜHL bezeichnet. Dies ist zugleich eine Beeinträchtigung des Selbstwerterlebens. Es entsteht aus dem Konflikt zwischen Machtwillen und Wirklichkeit.

Das Minderwertigkeitsgefühl wird vor allem vom "späten *Adler*" positiv gedeutet als Wesensmerkmal des Menschen, das Motor der Menschheitsentwicklung ist.

Zu MINDERWERTIGKEITSKOMPLEXEN und dadurch zu neurotischen Entwicklungen führen Minderwertigkeitsgefühle bei bestimmter psychischer Konstitution, nicht nur bei Organminderwertigkeiten, sondern auch durch verzärtelnde oder zu strenge, kalte Erziehung. Mangel an Ermutigung und Erfolgserlebnissen können das Kind prägen und seine Minderwertigkeitserfahrung vertiefen. Dies könne sich in unangemessenem Geltungsstreben auswirken. Besonders negativ sieht *Adler* die Verwöhnung im Kindesalter. Sie führt zum Ausbleiben von Forderungen und damit zur Unterdrückung des Leistungsmotivs, zu Egozentrik, zur Selbstsucht und zur Unfähigkeit im sozialen Einsatz. *Adler* meint, daß eine Generation der verwöhnten Kinder einmal eine ausgesprochen gefährliche Klasse in der Gesellschaft werden könnte. (Vgl. *A. Adler - C. Furtmüller - E. Wexberg* 1922^2; Kurzdarstellung: *A. Bruder-Bezzel* 1991, 164-166)

In ähnlicher Weise betont er aber auch den Zusammenhang von Vernachlässigung im Kindesalter und späteren asozialen Einstellungen. Solche Überlegungen führen *Adler* zur Forderung einer ERMUTIGUNGSPÄDAGOGIK. Zur Ermutigung gehören auch echte herausfordernde Aufgaben, die jedoch für das Kind noch lösbar sein müssen. (Vgl. *O. Spiel* 1947)

Es spielen dabei nicht nur die o.g. Momente in der Familienstruktur (Stellung des Kindes in der Geschwisterreihe) eine große Rolle. Dazu gesellt sich noch anderes, das in der Situation liegt und im Verhalten der Erwachsenen dem Kind gegenüber. Nur wenn bei ungestörtem Willen zur Gemeinschaft der Mensch die allseitige Verbundenheit mit der Gemeinschaft erfährt und sich ihrer bewußt wird, werde er überhaupt in die Lage versetzt, realisierbaren Zielen nachzustreben. Schwäche bedeutet in diesem Zusammenhang nicht persönliche Untauglichkeit, sondern gemeinmenschliches Schicksal. Eingliederung in die Gemeinschaft kann nicht stattfinden, wenn sich der Mensch nicht seines Eigenwertes bewußt ist. Daher sieht *Adler* die Aufgabe der Erziehung darin, den Willen zur Macht zu erhalten und ihn durch Pflege des Willens zur Gemeinschaft zu leiten.

2.5 Lebensleitlinie und Geschwisterreihe

Die Persönlichkeitsentwicklung folgt nach *Adler* einer LEBENSLEITLINIE. Eine LEBENSLEITLINIE, ein LEBENSPLAN oder LEBENSSTIL ist die Art, wie einer sich den Anforderungen des Lebens gegenüber verhält. Sie umfaßt die Einstellung zu sich selbst und zur Welt, welche zur Richtschnur des Handelns werde.

Jeder Mensch hat diese LEBENSLEITLINIE, sie ist einmalig, einzigartig und begründet die Einzelpersönlichkeit. Schon mit dem 4. oder 5. Lebensjahr sei diese Lebensleitlinie soweit vorgebildet, daß das Kind alle weiteren Erfahrungen unter dem Aspekt dieser Leitlinie macht. Es ist nach *A. Adler* nicht mehr möglich, diese Leitlinie später noch zu ändern. Der Lebensstil wird im frühkindlichen Alter bestimmt durch die echten oder auch nur eingebildeten Minderwertigkeitserfahrungen und das ausgleichende Streben nach Kompensation. (Vgl. *W. Correll* 1976, 63)

Die frühe Kindheit spielt bei *Adler* zwar eine große Rolle, weil sich in ihr die Lebensleitlinie aufbaut, doch ist die Stellung des Menschen in der GESCHWISTERREIHE von größerer Bedeutung.

Das älteste Kind sei in Gefahr, verwöhnt zu werden. Zudem werde es häufig zum Mithelfer der Eltern bei der Erziehung jüngerer Geschwister. Dies sei eine "Teilhabe" an der elterlichen Macht, und dadurch werden erstgeborene Kinder leicht zu konservativen Hütern überkommener Ordnung.
Das Zweitgeborene stehe ihm gegenüber weniger im Mittelpunkt der Eltern und sei so stärker Minderwertigkeitsgefühlen (und Kompensationsstreben) ausgeliefert.
Ein mittleres Kind müsse sich stärker behaupten als das älteste und jüngste und sei so durch stärkeren Ehrgeiz gekennzeichnet. Das jüngste Kind wiederum sei besonders in Gefahr, verwöhnt und dadurch neurotisch zu werden.
Unter den Jüngsten einer Familie unterscheidet *A. Adler* zwei Typen: Der eine sei "Schnellläufer", der alle anderen überflügeln wolle, der andere lebenslang von Minderwertigkeitsgefühlen geplagt.

A. Adlers Gedanke von einem Lebensstil begegnet uns heute in anderen Zusammenhängen, und zwar, wie *A. Bruder-Bezzel* (1991, 180) richtig beobachtet, einerseits in der soziologischen Erforschung der Lebenswelt, des sozialen Milieus, andererseits in Typologien wie etwa *E. Wexbergs* Beschreibung des unterschiedlichen Lebensstils von Stadt- und Landkind, bei Naturvölkern oder reichen Leuten, oder auch in Typenlehren, wie *E. Sprangers* "Lebensformen" (1930[7]) oder *H. Thomaes* "Daseinstechniken". Ausführlich - im Blick auf pastorale Anliegen - behandelt *M. Dieterich* (1989, 288-308) Lebensstil und Lebensplan. Er erkennt darin eine wichtige Voraussetzung für jede Therapie und versteht es als "enthüllenden Blick zurück", der hinzielt auf das Gewinnen neuer Orientierungen für die Zukunft (*M. Dieterich* 1989, 307), und dies sogar in Analogie zur biblischen Prophetie.

"Individualpsychologische Therapieverfahren können Christen helfen, zu entdecken, wie der bei der Bekehrung vollzogene Paradigmenwechsel im sekundären Bezugssystem mit den Prinzipien der privaten Logik im primären Bezugssystem kollidieren kann. Das Stehen in einer Lebens- und Leidensgemeinschaft mit Jesus Christus und der Weg der Heiligung eines bekehrten und wiedergeborenen Menschen sind nicht ohne Einfluß auf das primäre Bezugssystem eines Menschen." (*M. Dieterich* 1989, 307)
Kritisch wendet *M. Dieterich* ein: "Die Gabe des zielgerichteten Lebens wird nur dort zur vollen Entfaltung kommen, wo diese Ziele nicht nur auf Dinge der sichtbaren Welt gerichtet sind (wozu auch ideelle und geistige Ziele zu rechnen sind), sondern unter Einbeziehung der ganzen Wirklichkeit, der sichtbaren und unsichtbaren Welt Gottes, formuliert und angestrebt werden.
Durch die Begegnung mit Jesus Christus besteht die Chance, gerade auch im Blick auf das primäre Bezugssystem neue Ziele zu finden. Auch mag der enthüllende Blick zurück in die Vergangenheit dort eher getrost gewagt werden, wo man um die Vergebung der Schuld und

Sünde weiß und heute noch ein neues Leben in der Gemeinschaft mit Jesus Christus beginnen kann." (*M. Dieterich* 1989, 307f.)

2.6 Das Phänomen der Angst

In den tiefenpsychologischen Beiträgen zur Erziehung finden wir oft große Beachtung der kindlichen Ängste. Nach *A. Adler* werde "Minderwertigkeit" immer als Angst erlebt, diese aber sei von kompensatorischer Natur. Sie sei ein Mittel zur Macht (und weniger, wie bei *S. Freud*, Angst vor Trennung von der Mutter oder vor Verlust, wie es die Kastrationsangst ist).

Die "Schüler" *A. Adlers* haben das Studium der Angst weiterentwickelt. *E. Wexberg* (1930 u. 1987) sieht in der Angst den Kern jeder Neurose, und der Schriftsteller *M. Sperber* (1934 u. 1978) unterscheidet im Blick auf den Autoritarismus vier Ängste, die alle *final* gerichtet sind:

* die *sozial adressierte Angst* ist ein Signal an die Mitwelt, durch das man die Meisterung der eigenen Schwäche an andere abtreten will;
* die als *sekundäres Minderwertigkeitsgefühl sich manifestierende Angst* ist Schutzreaktion vor einem drohenden Versagen;
* die *aggressive Angst* ist Ausdruck des Erlebens, in einer Verteidigungsposition zu stehen und sich wehren zu müssen (durch Entwertung der anderen);
* die *Intensitätsangst* will das Bedürfnis nach Zuflucht in einem "leeren Leben" befriedigen.

2.7 Familie - Ehe - Sexualität

Angesichts des großen pädagogischen Interesses der Individualpsychologie ist es nicht verwunderlich, daß *A. Adler* zu diesem Fragenkomplex öfter Stellung genommen und eine Reihe von Arbeiten zur Sexualforschung publiziert hat.

Die Ehe bleibt für *A. Adler* eine der drei Lebensaufgaben und Ausdruck des Gemeinschaftsgefühls. Die eheliche Dauerbeziehung wird als Ideal angesehen. Kinderlose Ehen seien Ausdruck von Egoismus und mangelndem Gemeinschaftsgefühl. Die Familienerziehung sei die beste Form der Erziehung. Trotz seiner Verbindung zur marxistischen Bewegung v.a. in der ersten Periode seiner Tätigkeit ging *A. Adler* nie so weit - wie andere sozialistische Individualpsychologen -, die Kollektiverziehung als Ersatz für die Familienerziehung anzusehen.

In der Frage der Abtreibung nimmt *A. Adler* einen sehr freizügigen Standpunkt ein. Insgesamt decken sich die Auffassung der Individualpsychologen und die der Sozialdemokraten in der Zwischenkriegszeit in den einschlägigen Fragen vollständig. (Vgl. *A. Bruder-Bezzel* 1991, 116)

Die SEXUALITÄT nimmt in der Individualpsychologie nicht die überragende Stellung ein wie in der Psychoanalyse. *A. Adler* u.a. befaßten sich aber ausführlich mit vielen einschlägigen Fragen, so etwa auch mit der Frage der Homosexualität. Er betrachtet sie als "volksschädigende" Neurose und fordert "staatlichen Zwang zur Heilung", da sie "gegen den Gemeinsinn" sei (*A. Adler* 1930a, 24ff; hier zit. nach *A. Bruder-Bezzel* 1991, 113), wenngleich sie als Akt innerer Notwehr nicht bestraft werden dürfe. *A. Adler* spricht von Homosexualität als "Kompensation eines Minderwertigkeitsgefühls gegenüber dem überschätzten anderen Geschlecht". (*A. Bruder-Bezzel* 1991, 112)

3. Die individualpsychologisch fundierte Pädagogik

Die bisherigen Ausführungen zeigten bereits, daß die Individualpsychologie von ihrem Wesen (Finalität) her eine pädagogische Grundtendenz einschließt. *A. Adler* selbst begründet das pädagogische *Engagement in den Schulen* u.a. damit, daß der Kampf gegen die Verwahrlosung in der Schule beginne und nur in einer reformierten Schule gelingen könne. Beginne doch auch Verwahrlosung bei schulischen Mißerfolgen. Zudem seien Lehrer besonders für einschlägige Erziehungsfragen aufgeschlossen und für Reformen zu gewinnen. (*A. Adler* 1921, 340f., zit. nach *A. Bruder-Bezzel* 1991, 104; nachgedruckt in *A. Adler - C. Furtmüller - E. Wexberg* 1922[2])

Die Individualpsychologen waren tätig im Bereich der Praxis (Erziehungsberatung, Weiterbildung, Schulreformen) und der Theorie (Psychologische Begründung des Unterrichts und der Erziehung). Nicht wenige von ihnen waren Lehrer.

Ein Teil von *A. Adlers* Vorlesungen im Pädagogischen Institut der Stadt Wien erschien als "Individualpsychologie in der Schule" (1929 u. 1973), und schon 1904 publizierte er die kleine Schrift "Der Arzt als Erzieher" (1904, zit. nach *A. Bruder-Bezzel* 1991, 15). 1918 und 1920 folgte *A. Adlers* Schrift "Über individualpsychologische Erziehung" (1920a), 1922 das Werk "Heilen und Bilden" (zusammen mit *C. Furtmüller* und *E. Wexberg*). 1929 wurden *A. Adlers* Vorlesungen für Lehrer und Erzieher publiziert (1929 u. 1973). Eine umfangreiche 3-bändige Dokumentation der pädagogisch relevanten Aufsätze legten 1982-1983 *H.L. Ansbacher* und *R. Antoch* vor.

Durch die Nähe *A. Adlers* und vieler Individualpsychologen zur Sozialdemokratie finden wir in Deutschland wie in Österreich viele Sozialisten als Individualpädagogen, was vor allem vor dem 2. Weltkrieg den Dialog zwischen Individualpsychologie und anderen Richtungen nicht immer erleichterte.

Eine der bekanntesten Erzieherpersönlichkeiten, die in Österreich Schulreform und Individualpsychologie verbunden haben, ist *O. Spiel* (1947). Er organisierte und leitete eine Versuchsschule auf individualpsychologischer Basis (zusammen mit *F. Birnbaum* und *F. Scharmer*) in Wien. (Vgl. *A. Bruder-Bezzel* 1991, 98ff; *A. Burger* 1992, 51-160)

Der Anteil der Individualpsychologie besonders an den sozialdemokratischen Schulreformen ist in Wien und in deutschen Großstädten ein sehr großer gewesen.

A. Bruder-Bezzel (1991, 97) sagte im Hinblick auf Wien: "Individualpsychologie ist in ihrem pädagogischen Denken die Wiener Schul- und Erziehungsreform (Zwischenkriegszeit; Anm.d.R.) und umgekehrt. Wiener Schulreform ist Individualpsychologie." Beide wurzeln in mitteleuropäischen Reformtendenzen (Pädagogik vom Kinde aus, Kunsterziehungsbewegung, Arbeitsschule, Einheitsschule). Für alle diese Richtungen stand die Idee der Gemeinschaft im Zentrum, wenngleich keineswegs alle Positiva der

Schulreform der Individualpsychologie und Sozialdemokratie zugeschrieben werden dürfen, wie dies *A. Bruder-Bezzel* (1991, 98) tut.

Eng war auch die Beziehung zwischen Individualpsychologie und der sozialdemokratischen Organisation "Die Kinderfreunde", die auf ihrem Zenit (1929) in Österreich rund 100.000 Mitglieder in 387 Ortsgruppen hatte. (*A. Bruder-Bezzel* 1991, 108)

Heute versucht u.a. *G. Heisterkamp* (1982, 133-164), eine Volksschuldidaktik auf der Basis der Individualpsychologie zu entwickeln. Er geht dabei von der Überlegung aus:

> "Der Primarstufenlehrer begleitet für einen Zeitabschnitt von 4 Jahren die Identitätsentwicklung seiner Schüler. Für ihn ist von besonderer Wichtigkeit, diese 6- bis 10jährigen Kinder in ihrem Verhalten und Erleben verstehen zu lernen, möglichst frühzeitig auf Störungen der Entwicklung aufmerksam zu werden, ihnen vorzubeugen bzw. ihnen im Rahmen seiner Möglichkeiten als Pädagoge therapeutisch zu begegnen. Er möchte möglichst konkret und anschaulich erfahren, was er dabei falsch machen kann und wie er sich richtig verhalten soll."
> Diese Frage versucht *Heisterkamp* auf Grund der psychologischen Kategorien von *A. Adler* zu beantworten.

Zu den Grundsätzen der individualpsychologischen Pädagogik zählen u.a.:

* Es gibt keine angeborene Unbegabung.
* Strafe ist abzulehnen.
* Belohnen, Drohen, Mahnen sind zu vermeiden.
* Mit Kindern soll man viel sprechen (Einzelaussprache, Klassenbesprechung).
* Freies Schülergespräch ist zu pflegen als Erarbeitungs-, Auswertungs- und Wiederholungsgespräch im Dienst von Selbsterkenntnis, Selbsterziehung, Gemeinschaftserziehung.
* Die Schulklasse ist eine Arbeits-, Erlebnis-, Verwaltungs-, Aussprache- und Hilfeleistungsgemeinschaft; sie hat erziehende und heilende Funktion.
* Der Lehrer ist Beobachter, Erforscher, Deuter, Kontaktsucher, Entlaster, Enthüller, Trainer und Regisseur.
* Der Lehrer soll nicht in erster Linie direkt auf die Kinder einwirken, sondern wie ein Ingenieur "am Schaltbrett der Erziehung" (*O. Spiel* 1947) die ungeheuren Kräfte, die "im Klassenkollektiv" ruhen, richtig einschalten und verteilen. (*O. Spiel* 1947, 16-58; *F. Birnbaum* 1932, 176-183)

Nach *A. Burger* (1992, 279-317) ist der individualpsychologischen Erziehungsauffassung bei *O. Spiel* und der durch *H. Zulliger* vertretenen psychoanalytischen Sicht u.a. gemeinsam:

1. das Bemühen um eine Verbesserung der emotionalen Fähigkeiten des Lehrers und damit auch der Lehrer-Schüler-Beziehung;
2. die Erneuerungstendenz im Schulwesen in Richtung auf Verstehen und Lebenshilfe;
3. die Betonung von "Erziehung" gegenüber bloßer Wissensvermittlung;
4. die Beachtung von Gewissens- und Wertebildung durch die Schule.

Das erstgenannte Anliegen finden wir heute oft sogar in einseitiger Betonung in sog. "therapeutischen" Richtungen der Pädagogik. Die anderen Anliegen erhalten ihr Gewicht - dies sei kritisch vermerkt - durch die jeweilige Auffassung von "Wert", "Gewissen"... usw.

Nicht uninteressant ist, daß Individualpsychologen gerne technische Analogien für pädagogisches Tun verwenden. So schrieb *S. Lazarsfeld* eine "Technik der Erziehung" (1929), und *O. Spiel* nennt sein Hauptwerk "Am Schaltbrett der Erziehung" (1947 u. 1979). Darin spiegelt sich der pädagogische Optimismus, der die individualpsychologischen Erzieher kennzeichnet: Wer die rechten Methoden einsetzt, gelangt ans Ziel.

H. Nohl (1949, 157-160) sah den Einfluß der Psychoanalyse und der Individualpsychologie auf die Erziehung vor allem in folgenden Bereichen:

* Augenmerk und Zielrichtung werden auf den Zögling, auf das Subjekt gelenkt.
* Der pädagogische Bezug sei durch die Grundhaltung des Vertrauens zwischen Erzieher und Zögling bestimmt.
* Die Kenntnis der zu Erziehenden, ihrer innerseelischen, sozialen, milieubedingten und erziehlichen Situation wird als Voraussetzung für erziehliches Wirken betont.
* Man wendet sich der Schüleraktivität und der Selbsttätigkeit zu. Hier treffen sich individualpsychologische Pädagogik und pädagogische Reformbestrebungen am Beginn unseres Jahrhunderts.
* Strafen werden abgelehnt. (Für *Nohl* selbst in zu weit gehendem Ausmaß!)

Diese Beobachtungen *H. Nohls* könnte man heute - rückblickend - noch ergänzen durch den Hinweis, daß v.a. *gruppenorientierte Arbeitsweisen* durch die individualpsychologisch beeinflußte Pädagogik nach dem 2. Weltkrieg breiten Raum in Schule und Bildungsarbeit bekamen.

Analoges gilt für viele Forderungen sozialistischer Schulreform (Chancengleichheit - nicht Chancengerechtigkeit, allgemeine Mittelschule), deren individualpsychologische Wurzeln vielen heute nicht mehr bewußt sind. (Vgl. auch *V. Bleidick* 1959)

Beispiele, wie mit Hilfe der Individualpsychologie eine pädagogische Situation interpretiert wird, bietet u.a. *O. Spiel* (1951, 62ff.).

4. Individualpsychologie und Religion

Von der Praktischen Theologie ist die Individualpsychologie *A. Adlers* nicht in dem Maß rezipiert worden wie etwa die komplexe Psychologie von *C.G. Jung*, und dies unbeschadet der Feststellung von *E. Ringel* (1965, 87):

> "Die historische Wahrheit gebietet es, daran zu erinnern, daß *Adler* in seinen Schriften zu wiederholten Malen auf das religiöse Problem im Rahmen der Psychotherapie hingewiesen hat, und daß er der erste war, der es unter positivem Aspekt tat. Vielleicht noch deutlicher trat dies in den Behandlungen zutage, die er durchführte, und man darf bei dieser Gelegenheit nicht vergessen, daß *Adler*, ein wie guter Theoretiker er auch war, doch sein Leben vor allem in den praktischen Dienst am kranken Menschen stellte, wobei seine Bemühungen besonders den verschiedenen Spielarten der Neurose galten."

Die Tiefenpsychologie ist aus dem Umgang mit kranken Menschen erwachsen. So wundert es nicht, daß ihre Rezeption in die Seelsorge zuerst im Blick auf Kranke erfolgte. *E. Ringel - W. van Lun* (1953), ein Arzt und ein Seelsorger, zeigten anhand von konkreten Beispielen die Relevanz der Tiefenpsychologie für die Seelsorge im Rahmen der "Pastoralmedizin". Sie gehen davon aus, daß tiefenpsychologisches Wissen eine Notwendigkeit für den Seelsorger darstellt. Dabei knüpfen sie an *S. Freud* an, berufen sich aber ebenso auf *A. Adler*, *C.G. Jung* und andere Autoren. Starke Beachtung findet dabei die Individualpsychologie. Da die (katholischen) Seelsorger zur Zeit der Publikation von *Ringels* und *Luns* Studie primär Priester waren, sind die ersten Überlegungen noch stark vom Anliegen einer Zusammenarbeit zwischen Priester und Arzt bestimmt. (Vgl. dazu auch *J. Miller* 1947)

E. Ringel und *W. van Lun* betonen mit großem Nachdruck,

> "daß es für den Priester, selbst wenn wir voraussetzen dürfen, daß er völlig tiefenpsychologisch gebildet ist, doch eine unmögliche Aufgabe bleibt, die Analyse selber auszuführen", u.a. auch, weil die sogenannte "Übertragung" für den Priester große Gefahren mit sich bringt. "Der Patient überträgt im Laufe der Behandlung nicht selten seine Affekte auch auf den Therapeuten. Konfliktsituationen von früher kommen wieder zum Vorschein mit dem Unterschied, daß die Gegenpartei jetzt gesucht wird in der Person des Behandlers. Für den Priester könnte dies sehr schwierige Situationen heraufbeschwören." (*E. Ringel - W. van Lun* 1953, 47)

In ähnlicher Weise habe nach *E. Ringel - W. van Lun* auch *Ph. Dessauer* geurteilt:

> "Das Verhältnis des Patienten zu einem Priesterpsychologen wird hier häufig so komplex und undurchsichtig, daß eine echte Lösung der Übertragung geradezu unmöglich wird. Erfahrungsgemäß führt der Übertragungsvorgang auch in der Individualseelsorge zu einem Abbrechen der seelsorglichen Beziehung. Daß damit für den Patienten oder den seelsorglich Geführten ein bedeutender Schaden entstehen kann und gegebener Weise eine Vertiefung des neurotischen Zustandes, ist nicht zu bezweifeln." (*Ph. Dessauer* 1951; hier zit. nach *E. Ringel - W. van Lun* 1953, 48)

Heute sind solche Warnungen sehr zu beachten bei der Übertragung von Methoden aus der Psychotherapie in Seelsorge und Religionspädagogik (z.B. im Rahmen der Gestaltpädagogik).

> "Es wäre nicht leicht für den Priester, gleichzeitig Seelsorge und Psychotherapie an einem Patienten zu betreiben. Der Übergang zwischen diesen beiden Aufgabengebieten ist, besonders wenn sie von derselben Person durchgeführt werden, ein sehr fluktuierender, und eine saubere Trennung wäre wohl kaum zu erreichen. Weil wir aber prinzipiell die Behandlung durch einen Priester abweisen, brauchen wir nicht weiter auf diese Problematik einzugehen." (*E. Ringel - W. van Lun* 1953, 48)

Diesem Urteil des erfahrenen Psychotherapeuten ist nichts hinzuzufügen, es gilt heute noch!

Mit dem Beitrag zur Lösung von Problemen im Grenzgebiet von Medizin und Theologie erschöpft sich aber unsere Fragestellung nicht. Auf weltanschaulich-religiöse Fragen, die das Menschen- und Weltverständnis generell betreffen, kam vor allem der "späte *Adler*" zu sprechen. Seine Vorstellungen über Evolution, Höherentwickung der gesamten Menschheit, Bezug der Gemeinschaft zum Kosmos muten oft wie säkularisierte Religiosität an:

> "Ob einer das höchste wirkende Ziel als Gottheit benennt oder als Sozialismus, oder wie wir als reine Idee des Gemeinschaftsgefühls oder andere in deutlicher Anlehnung an das Gemeinschaftsgefühl als Ideal-Ich, immer spiegelt sich darin das machthabende, Vollendung verheißende, gnadenspendende Ziel der Überwindung" (*A. Adler* 1933b, 70 u. 1975).

E. Ringel gliedert in der Auseinandersetzung mit der Individualpsychologie die in der Psychotherapie auftauchende religiöse Problematik in vier Thesen:

"1. Nicht nur im Bewußten, sondern auch im Unbewußten setzt sich der Mensch mit religiösen Erfahrungen auseinander...
2. Dem Psychotherapeuten steht es zu, religiöse 'Arrangements', die der Patient im Rahmen seiner Neurosen durchführt, aufzudecken, ja er muß dies tun...
3. Es ist in der Psychotherapie oft unvermeidlich, die Faktoren zu analysieren, die zur Bildung einer bestimmten Weltanschauung, zur Bejahung oder Ablehnung eines bestimmten Glaubensbekenntnisses geführt haben...
4. Es wäre töricht zu übersehen, daß jede Psychotherapie mit einer moralischen Krise verbunden ist." (*E. Ringel* 1965, 88ff)

E. Ringel, der sich an einigen Stellen seines literarischen Werkes (und als Vortragender) immer wieder von tiefenpsychologischer Warte her mit religiösen und kirchlichen (einschließlich kirchenpolitischen) Fragen auseinandersetzte, steht stark - wenn auch nicht ausschließlich - im Rückbezug auf *A. Adlers* Individualpsychologie.

Es ließen sich noch eine Reihe weiterer Berührungspunkte zwischen Individualpsychologie und religionspädagogischen Anliegen nennen, so etwa die Anwendung individualpsychologischer Erkenntnisse auf Fragen der katholischen Anthropologie und Ethik durch *R. Allers* (1883-???). (Vgl. *R. Allers* 1929)

Da aber sowohl die Erkenntnisse der Moralpädagogik als auch die der Tiefenpsychologie sich weiter entfalteten und entwickelten, sind solche Beispiele heute weithin nur mehr Teil der Geschichte.

Leider nicht Geschichte ist eine in den letzten Jahren aufgeflammte Religions- bzw. Kirchenkritik, die zwar nicht ausschließlich, aber auch mit individualpsychologischen Denkkategorien arbeitet. Sie stammt vom Psychotherapeuten *E. Ringel* und vom Theologen *A. Kirchmayr*. Die beiden Autoren scheinen überzeugt zu sein, daß es zur Aufgabe der Therapeuten zählt, negative Auswirkungen und Entwicklungen im kirchlichen Bereich aufzuzeigen. Sie überschreiten jedoch häufig und auch zu unkritisch die tiefenpsychologischen Grenzen. Dies wird besonders ersichtlich am Buch von *E. Ringel* und *A. Kirchmayr* "Religionsverlust durch religiöse Erziehung" (1986^4).

W. Erasmo stellt in seiner ausführlichen Rezension (1986, 234-235) fest, daß es den beiden Autoren hier zwar um ein Anliegen geht, das jeden berühren müßte, der die Kirche liebt. Vieles werde aber einseitig gesehen und anderes mißverstanden. Es gäbe kaum ein heißes Eisen im Streit zwischen Progressisten und Konservativen in der gegenwärtigen Kirche, das die Autoren nicht in einer, die "offizielle" kirchliche Stellung kritisierenden Weise aufgreifen. *W. Erasmo* stellt die Frage, ob der Ersatz "religiöser" Heilswege durch psychotherapeutische einen "Reduktionismus" im Sinne *Frankls*, eine Einengung der Fülle eines mehrdimensionalen Tatbestandes auf die eine Dimension, welche die Tiefenpsychologen und Psychotherapeuten mit ihren Mitteln zu fassen vermögen, zur Folge hat.

Als Grenzüberschreitung bezeichnet der Rezensent die Art und Weise, wie *Ringel* (als Psychotherapeut!) den Willen Jesu zu erkennen glaubt (*E. Ringel - A. Kirchmayr* 1986[4], 139) und den "richtigen" Sinn des Neuen Testaments feststellt. Als Grenzüberschreitung muß man wohl auch die unrichtige Interpretation theologischer Termini (Beispiel: Natur, 1986[4], 223) sehen. *Ringel-Kirchmayrs* Arbeit hat auch eine Gegendarstellung provoziert (*A. Biesinger - G. Virt* 1986). Leider muß man dem Urteil über diese Gegendarstellung zustimmen:

> "Die Auseinandersetzung erweckt große Erwartungen, bringt aber manche Enttäuschung... Manches verbleibt im Grundsätzlichen und macht den Eindruck der Flüchtigkeit..." (*W. Erasmo* 1987, 300)

Die wohl gründlichste und tiefgehendste Auseinandersetzung mit *Ringel-Kirchmayrs* o.g. kritischer Schrift verdanken wir *M. Langer*. In der Fachzeitschrift *rhs* (Religionsunterricht an höheren Schulen) stellt er über dieses Buch fest:

> "Es erfüllt aber auch nicht den Anspruch einer wissenschaftlichen Arbeit zur Frage. Denn obwohl die Arbeit - die gleichermaßen 'tiefenpsychologisch und theologisch' argumentieren will (vgl. S. 23) - zu einem guten Drittel aus Zitaten besteht, wird kaum ein einziges belegt. Gerade an diesem Punkt lassen es die Autoren auch an Redlichkeit fehlen: Entweder werden nur Personen angeführt, welche die eigene Grundtendenz bestätigen (Freud, Greinacher, Heer, Mitscherlich usw.), oder einzelne Zitate werden so willkürlich aus dem Zusammenhang gerissen, daß das eigene Konzept stimmig erscheint." (*M. Langer* 1986, 399)
> "Nur zwei Passagen sind ausdrücklich dem Fragenkreis religiöser Erziehung gewidmet, der weit überwiegende Teil gilt anderen Problemzusammenhängen, bei denen die religionspädagogische Frage nur ganz am Rande auftaucht." (*M. Langer* 1986, 400)
> "Ebenso einfach machen es sich die Autoren bei ihren 'tiefenpsychologischen Erwägungen zum Religionsunterricht' (191f.), - einem Kapitel, wo man von den Autoren an sich größte Kompetenz erwartet hätte. Zwar werden 'positive Veränderungen der religionspädagogischen Theorie und Praxis' (191) zur Kenntnis genommen, jedoch seien aus tiefenpsychologischer Sicht noch erhebliche Schwachstellen vorhanden: So müsse man z.B. Noten allgemein und im Religionsunterricht besonders als 'unnötige Noten' definieren (192); wer nicht die Abmeldungsmöglichkeiten im Religionsunterricht fördere, setzt sich dem Verdacht 'religiöser Zwangsbeglückung' aus (193). Unter der Überschrift 'Der Religionsunterricht als Beitrag zur ganzheitlichen Bildung in der Schule' (195f.) wird allgemein von der schulischen Aufgabe gesprochen, Ort sozialen Lernens, der Gemeinschaftsfähigkeit und der ethischen Besinnung zu sein, über die Rolle und den Beitrag des Religionsunterrichts dafür wird jedoch

kein einziges Wort verloren. Lediglich die Betroffenheit darüber, daß 'viele Priester und Religionsvertreter' im 'Ruf völliger Verständnislosigkeit stehen' (201) und in der 'Kirche selbst echte Religiosität oft ebenso verdrängt wird wie in atheistischen Milieus' (202), wird artikuliert. Nicht zuletzt weil Theologiestudenten durchschnittlich 'verschlossen und depressiv' (206) und Religionslehrer entweder 'kirchlich-römisch-autoritär-zwanghaft' oder 'antikirchlich' oder 'resignierend' (207) sind, wollen die Autoren als Hilfe für die Religionslehrer einen 'Hymnus auf die Tiefenpsychologie' (205) anstimmen. 'Verständnis, Akzeptierung und Veränderung' werden dabei gleichermaßen als christlich-theologische wie tiefenpsychologische 'Schlüsselbegriffe für die kreative und verantwortungsvolle Gestaltung des menschlichen Zusammenlebens' gesehen (204). Auf ihre innere und interdisziplinäre Zuordnung wird verzichtet." (*M. Langer* 1986, 401)

"Hätten die Autoren ihr Anliegen umschrieben mit 'Provokation' zum Nach- und Überdenken traditioneller Religiosität und Kirchlichkeit, hätte man ihnen schwerlich widersprochen. Im Hinblick auf das hohe Selbstverständnis des Buches jedoch, wurde eine Chance zum wichtigen und vorurteilsfreien Dialog zwischen Theologie und Psychologie bzw. zwischen Psychoanalyse und Religionspädagogik vertan. Notwendigerweise muß er scheitern, wenn die 'Gesprächspartner' nicht nur nicht gleichberechtigt sind, sondern wenn der eine den anderen - zumindest der Tendenz nach - überflüssig machen will. (...)

Trotz aller gegenteiligen Behauptungen der Autoren: Das Buch wirkt verbissen zwanghaft und autoritär. Die selbsternannten Ärzte und Therapeuten der Kirche diagnostizieren mit Absolutheitsanspruch und Rigorismus. Die Diagnose selbst steht bereits vor der Untersuchung fest und lautet für alle, die den sogenannten 'traditionellen' religiös-kirchlichen Strukturen verhaftet sind, gleich: 'Neurose'. Damit aber werden nicht nur unüberwindbare Kommunikationsbarrieren errichtet, sondern, weitaus schlimmer, bei denjenigen illusionäre Hoffnungen erzeugt, die im 'Prozeß der menschlichen Entfaltung' sich 'heilen' lassen wollen. Wenn Tiefenpsychologie nämlich ein angstfreies und heiteres Leben garantieren will, alles Unglück, Leid und Versagen einschließlich des Bewährens an und in Krisen ausblendet, wird sie schließlich Menschen ärmer und neurotischer zurücklassen, als sie es vorher waren." (*M. Langer* 1986, 403)

Mit diesen ausführlichen Zitaten soll das polemische Werk von *E. Ringel - A. Kirchmayr* nicht eine Beachtung erfahren, die ihm leider nicht zukommt. Es sollen damit vielmehr Konturen und Grenzen eines echten, noch weithin ausstehenden Gesprächs zwischen Tiefenpsychologie und Religionspädagogik angedeutet werden.

Literaturhinweis: Eine Zusammenstellung von *A. Adlers* Publikationen findet man bei *A. Bruder-Bezzel* (1991, 252-255), ferner bei *R. Brunner - R. Kausen - M. Titze* (1985).

5. *Zur kritischen Beurteilung*

Im Verhältnis zu *S. Freud* kommt *A. Adler* einer ganzheitlichen Betrachtung des Menschen näher: Die Person wird als Träger der psychischen Phänomene vorausgesetzt. Die Zielstrebigkeit des Seelenlebens wird erkannt, die Verantwortlichkeit und Willensfreiheit wird nicht geleugnet (es wird nur festgestellt, daß niemand etwas darüber aussagen könne, ob der Wille durch uns unbekannte Kräfte bestimmt werde). Andererseits ist zu fragen, ob die Polarität von Machtstreben und Gemeinschaftsgefühl der

Vielfalt der Antriebe gerecht werden kann, ob Konstitution und Vererbung in der Lehre *Adlers* nicht unterschätzt werden u.a.m. Probleme ergeben auch die Sinnfrage und die Zielfrage bei *Adler*. "Sich behaupten in der Welt" ist das letzte von der Individualpsychologie angebbare Ziel. Die Norm- und Wertfrage sieht *A. Adler* bestimmt vom jeweiligen Kultur- und Zivilisationsstatus. Das Gewissen wird zwar tiefer gesehen als bei *S. Freud*, es bleibt jedoch relativ stark ein bloß "mahnendes Gemeinschaftsgefühl".

Es wäre verfehlt, würde man die heutige Individualpsychologie allein als ausschließliches Erbe *A. Adlers* ansehen. Als ein Beispiel für die Weiterentfaltung sei auf *A. Adlers* bekannten Schüler *F. Künkel* (1889-1956) hingewiesen.

F. Künkel ist einer der bekanntesten Individualpsychologen. Er war Mediziner, der sich neben der Psychotherapie auch der Sozialpädagogik (Fürsorge, Heimerziehung, Beratung) widmete. In der NS-Zeit wurde er als "Deutsch-Nationaler" und Protestant hoch geschätzt. Er trennte sich von *A. Adler* in nicht unwesentlichen Positionen:

* Mit *A. Adler* betonte er die Finalität. Die Zielstrebigkeit des Individuums weist über sich hinaus auf eine "Zweckhaftigkeit des Ganzen", die *F. Künkel* das INFINALE nennt und deren Inhalte dem einzelnen unerkennbar sind.
* Ein Unterschied besteht ferner in der Auffassung von der Einheit der Person. Zwischen Subjekt - Objekt, Individuum - Gemeinschaft, final - kausal, Mittel - Zweck existiert eine äußere oder innere, ursprüngliche oder abgeleitete DIALEKTIK, zu deren positivem Abschluß eine SYNTHESE (Einheit), zu deren negativem Abschluß eine KATATHESE (Hemmung) gehört. Während für *A. Adler* die Einheit der Person immer im Werden ist, ist sie nach *F. Künkel* immer ungestört gegeben.
* Ein wichtiger Begriff bei *F. Künkel* ist der der KRISE, d.s. die Leiden und Gefahren, die verbunden sind mit dem Weg des einzelnen und der Völker zum WIR, zur "wirhaften Gemeinschaft". *A. Adler* hingegen lehnt solche Denkweisen und *Künkels* "Seelsorge-Terminologie", die sich der aus der Dialektischen Theologie vertrauten Worte wie Bekehrung und Gnade bedient, ab.
* ICH-HAFTIGKEIT ist bei *Adler* ein Fehlen von Gemeinschaftsgefühl, bei *F. Künkel* "Dienst am Ich" als egozentrische, starre Ausrichtung an einem Ich-Ideal. Ihr Gegensatz ist die WIR-HAFTIGKEIT (auch SACHLICHKEIT genannt), der im Verständnis *F. Künkels* Elemente wie soziale Anteilnahme, Hoffnung auf eine bessere Zukunft u.a. fehlen.

  Die WIR-HAFTIGKEIT *F. Künkels* (Erziehung als Treueverhältnis zwischen Führer und Geführtem) wurde in Zusammenhang gebracht mit der NS-Ideologie. Dies aber wohl nicht ganz zu Recht, denn *F. Künkels* Anliegen war es, durch eine "Wir-Psychologie" die klassische Individualpsychologie weiterzuentwickeln: Im Erlebnis des Wir finde das berechtigte Interesse des Ich und die moralische Verpflichtung gegenüber der Gruppe ihren Ausgleich und ihre Vereinigung.

F. Künkel versuchte, Individualpsychologie und reformatorisches Menschenbild miteinander zu verbinden. Vom katholischen Standort war der in Wien geborene und in die USA berufene *R. Allers* kritisch um eine Auseinandersetzung mit der Individualpsychologie bemüht. (Vgl. zum Ganzen *A. Bruder-Bezzel* 1991, 84f., 243)

Wer sich heute mit psychologischen Grundlagen und Voraussetzungen für die Erziehung befaßt, baut kaum allein auf der Individualpsychologie auf. Meist werden mehrere

Schulen (*Freud, Adler, Jung* u.a.) "zusammengeschaut" und das eine Mal mehr diese, dann wieder jene Deutung herangezogen.

Nicht wenige Sichtweisen *A. Adlers* (so vor allem "Minderwertigkeitskomplex", "kompensieren") sind in die Alltagssprache eingegangen. Vieles, was die Individualpsychologie in den 20er und 30er Jahren entdeckte oder förderte, gehört heute zu den pädagogischen oder therapeutischen Selbstverständlichkeiten. Als Beispiel für vieles diene der Hinweis auf das therapeutische Puppenspiel (*K. Wüthrich - G. Gauda* 1990).

Es gibt auch heute individualpsychologische Publikationen (Fischer Verlag, rowohlt), Kongresse von internationalem Rang und Ausbildungsstätten. Und es gibt Psychologen und Schulen, die schwerpunktmäßig nach der individualpsychologischen Tradition arbeiten.

Zu ihnen zählen etwa die "Nachfolger" des Züricher Individualpsychologen *F. Liebling*, d.i. der Verein zur Förderung der Psychologischen Menschenkenntnis (VPM) in Zürich, eine Reihe von "Emigranten" in den USA, aber auch der bekannte Wiener *E. Ringel.*

In Deutschland existiert eine "Deutsche Gesellschaft für Individualpsychologie (DGIP)" und ein "Europäischer Verband zur Förderung der Psychologischen Menschenkenntnis e.V." mit Sitz in Köln.

In Österreich unterhält ein "Verein für Individualpsychologie" (Wien) eine Ausbildungsstätte. In der Tradition von *F. Liebling* arbeitet das "Institut für Psychologische Menschenkenntnis" (Wien).

Die Komplexe oder Analytische Psychologie nach Carl Gustav Jung (1875-1961) Ausweitung der Tiefenpsychologie auf das Kollektiv-Unbewußte und auf Entelechie hin

1. Biographische Anmerkungen

C.G. Jung war Professor für medizinische Psychologie in Basel, lebte dann in Küßnacht und starb 1961 in Bollingen am Züricher See. Nach diesem Ort ist die Bollingen-Foundation benannt, die das *Jung'sche* Gesamtwerk sammelt und herausbringt.

C.G. Jung wurde am 26.Juli 1875 in Kesswil am Bodensee geboren. Sein Vater war evangelischer Pfarrer (H.B.). Er absolvierte Studien in Basel und Paris und stand jahrelang in engem Kontakt zu *S. Freud.* Von 1906 bis 1914 war *Jung* dessen Schüler und Mitarbeiter. (Vgl. *C.G. Jung* GW IV 1979) Von der gegenseitigen Anerkennung und persönlichen Zuneigung beider legen 330 Briefe Zeugnis ab. Von 1911 bis 1914 kam es jedoch allmählich zum Bruch, wobei Jung selbst den Pansexualismus als Hauptmotiv dieses Bruchs anführt.

C.G. Jung unternahm ausgedehnte Reisen und hinterließ bei seinem Tod am 6. Juni 1961 in Küßnacht bei Zürich ein umfangreiches wissenschaftliches Werk.

Jung will nur Naturwissenschaftler bleiben und baut stark auf der Erfahrung als Erkenntnismittel auf. Erkenntnistheoretisch bezieht er Positionen *Kants* (Unerkennbarkeit metaphysischer Gegenstände). Dadurch bleibt er stark im Binnenraum des Psychischen stehen. Das Psychische selbst sieht er aber nicht nur in den bewußten seelischen Kräften und Funktionen: "Die reine Bewußtheitpsychologie ist unfruchtbar wie ein einziger Pol eines Akkumulators".

Jung will den Dualismus zwischen Rationalem und Irrationalem überwinden. Weil er in die Tiefen des nicht nur persönlich Unbewußten, sondern sogar des kollektiv Unbewußten vordringen will, nennt man seine Lehre auch TIEFENPSYCHOLOGIE i.e.S., aber auch ANALYTISCHE PSYCHOLOGIE, KOMPLEXE PSYCHOLOGIE oder DYNAMISCHE PSYCHOLOGIE.

(Zur Biographie vgl.: *D. Eicke* Bd. III, 1977; *P.J. Stern* 1977; *C.G. Jung* GW XIX, 1983.)

2. Die Lehre Jungs

C.G. Jungs Werke sind heute in mehr als 20 Weltsprachen übersetzt und bestimmen direkt und indirekt die einschlägigen Forschungen. (Vgl. etwa *D.J. Brockmann* 1991; *D.S. Wehr* 1990) Sie beruhen auf folgenden Ansichten:

> "Die Seele ist ein Gebiet für sich mit seiner ihm besonderen Eigengesetzlichkeit. Man kann das Wesen der Seele nicht aus den Prinzipien anderer Wissensgebiete ableiten, sonst vergewaltigt man die eigentümliche Natur des Psychischen. Es läßt sich weder mit dem Gehirn, noch mit Hormonen, noch mit irgendeinem der bekannten Instinkte identifizieren, sondern es muß wohl oder übel als ein Phänomen sui generis anerkannt werden." (*C.G. Jung* GW XVI 1958, 16f.)

Die PSYCHE umschreibt bei *Jung* die gesamte psychische Persönlichkeit. Die geistige Person ist im Menschen dabei in einen Schichtenbau eingefügt. Unter der geistigen Oberschicht wirken Mächte, die alle geistigen Tätigkeiten in Erkennen, Wollen, schöpferischen Gedanken und Bildern hintergründig beeinflussen und sogar steuern. Ihre unerbittliche Gesetzmäßigkeit verspürt vor allem jener, der von der "Mitte" abweicht. Dem ICH als persönlich Bewußtem steht in der Psyche das PERSÖNLICH-UNBEWUSSTE gegenüber. *Jung* meint damit das, was *Freud* in seinen ersten Schriften VORBEWUSSTES nannte, die Erfahrungen, die einst bewußt waren, aber inzwischen abgesunken sind und vergessen wurden. Nach *C.G. Jung* sind die Inhalte des PERSÖNLICH BEWUSSTEN dem Bewußtsein zugänglich und können in Erinnerung gerufen werden. Mit *S. Freud* geht auch *C.G. Jung* den Weg der Analyse v.a. der Träume (vgl. *C.G. Jung* GW VIII 1982; *C.A. Meier* 1979[3]; *H. Hark* 1982), dann aber auch der Mythen (vgl. *M. Wegener-Stratmann* 1990; *F. Alt* 1987), Sagen, Märchen (vgl. *H.v. Bait* 1975[5]) und ihrer Bildwelt. Er meint aber, das PERSÖNLICH-UNBEWUSSTE bis zu einem KOLLEKTIV-UNBEWUSSTEN weiter verfolgen zu können, in dem gleichsam die seelische Erfahrung der ganzen Menschheit gespeichert ist. (Vgl. *C.G. Jung* GW VII 1981, VIII 1982, IX 1983)

C.G. Jungs analytische Psychologie baut so auf "Erfahrungen und Beobachtungen" auf und versteht sich demnach als Ergebnis von Empirie, als mehr der Naturwissenschaft denn der Spekulation oder Phantasie zugehörig.

"Erinnerungen, Träume, Gedanken" (= Titel seiner Biographie), Mythen, Märchen u.a. sind der Inhalt dieser Erfahrungen. Vieles in der Lehre *C.G. Jungs* ist erwachsen aus dem Umgang mit Träumen (Selbst, Persona, Schatten...). Der TRAUM als "spontane Selbstdarstellung der aktuellen Lage des Unbewußten in symbolischer Ausdrucksform" (*C.G. Jung* GW VIII 1982; vgl. *J. Jakobi* 1987, 78) wird u.a. im Lichte symbolischer Motive gedeutet, die uns auch in Märchen und Mythen begegnen. (Vgl. *C.G. Jung* GW IX 1983; XI 1983; XVIII 1981)

Hatte *S. Freud* zwischen wörtlichen (= "manifesten") und verborgenen (= "latenten") Trauminhalten unterschieden, so bevorzugt *C.G. Jung* die Unterscheidung von:

* OBJEKTSTUFE (z.B. Personen im Traum bedeuten das, was sie im Leben sind, etwa: die konkreten Eltern) und

* SUBJEKTSTUFE (die geträumten Personen sind Ausdruck der Psyche des Träumenden).

Die einzelnen Träume können sich gegenseitig interpretieren und spiegeln den INDIVIDUATIONSPROZESS wider.

Dem Bewußtsein tritt nicht nur das PERSÖNLICH-UNBEWUSSTE, sondern ebenso das KOLLEKTIV-UNBEWUSSTE gegenüber. *Jung* zeigt dabei die wertvollen positiven Inhalte des gesamten Unbewußten auf und verwandelt die negative Bewertung des Unbewußten, das Gegensatz- und Konfliktverhältnis in ein Ergänzungsverhältnis.

Als SEELE bezeichnet *C.G. Jung* die "innere Persönlichkeit", d.i. die Art, wie sich einer zu den inneren psychischen Vorgängen verhält, die innere Einstellung, der dem Unbewußten zugekehrte Charakter, das aus sich selbst Lebende im Menschen. Das ist nur z.T. ident mit "Psyche", z.T. aber wird es davon unterschieden und hat einen engeren Bedeutungsinhalt. Sie ist weder das Bewußtsein noch das Unbewußte, sondern das "Lebendige im Menschen". (Vgl. *C.G. Jung* GW X 1981; VII 1981; VIII 1982)

Die PSYCHE ist die Gesamtheit der bewußten und unbewußten psychischen Vorgänge.

Das BEWUSSTSEIN ist die "Bezogenheit psychischer Inhalte auf das Ich, soweit sie als solche vom Ich empfunden wird" (*C.G. Jung* GW VI 1981, 758). Als Organ der Orientierung nimmt es wahr, empfindet, denkt, deutet, fühlt und wertet.

Das UNBEWUSSTE beinhaltet "alle psychischen Erfahrungen und Inhalte, die nicht auf das Bewußtsein sowie das Ich in wahrnehmbarer Weise bezogen sind". (*H. Hark* 1988, 135) Es ist das eigentlich "Handelnde". (Vgl. *C.G. Jung* G III, 1984)

2.1 Das Kollektiv-Unbewußte

Im Gegensatz zu *S. Freud* sieht *C.G. Jung* das Unbewußte nicht bloß als Frucht einer Verdrängung in der frühen Kindheit, sondern auch als Menschheitserbe. Erfahrungen im Laufe der Entwicklungsgeschichte haben sich als allen Menschen gemeinsame Ur-bilder, Ur-ideen (= Archetypen) verdichtet und sind als Wirkkräfte im Unbewußten und aus dem Unbewußten jedem Menschen von Natur aus mitgegeben. (Vgl. *E. Ringel - W. van Lun* 1953, 18)

Beim KOLLEKTIV-UNBEWUSSTEN handelt es sich um latente Erinnerungen aus der Menschheitsgeschichte und aus der vormenschlichen Entwicklungsphase. *C.G. Jung* sieht es als zweites psychisches System und "allgemeine Grundlage überpersönlicher Natur", die ererbt, nicht erworben wird. Was sich öfter im Laufe der Menschheitsentwicklung wiederholt hat, schlug sich im KOLLEKTIV-UNBEWUSSTEN nieder, so daß alle Menschen mehr oder weniger dasselbe KOLLEKTIV-UNBEWUSSTE haben. Dessen Inhalte sind nicht im engeren Sinn angeboren, sondern nur als Disposition vorhanden. (Vgl. *C.G. Jung* GW IX/1, 1983)

Jeder Mensch macht etwa die Erfahrung einer Mutter, eines Vaters, des Lichtes und seines Einflusses auf das Wachsen, der Dunkelheit, die als bedrohlich empfunden wird, usw. Daraus entstünden bestimmte Dispositionen, etwa die Disposition des Kleinkindes, auf die Mutter in spezifischer Weise zu reagieren. Da sich Dunkelheit im Lauf der

Menschheitsgeschichte immer wieder als gefährlich erwiesen hat, entsteht als gespeicherte Erfahrung im KOLLEKTIV-UNBEWUSSTEN eine Disposition, ein Erlebnisschema, eine Verbildlichung der Erfahrung "Dunkelheit - Schatten". Solche Verhaltensmuster und Dispositionen, die uns durch Bilder der Traumwelt, der Mythen und Märchen etc. faßbar werden, nennt *Jung* ARCHETYPEN.

ARCHETYPEN (= "Urbilder") sind

> "...typische Formen des Auffassens, und überall, wo es sich um gleichmäßige und regelmäßig wiederkehrende Auffassungen handelt, handelt es sich um einen Archetypus, gleichwohl ob dessen mythologischer Charakter erkannt wird oder nicht." (*C.G. Jung* GW VIII, 1982, 280)

Jung nennt Archetypen auch

> "Selbstabbildung des Instinkts", "in der unbewußten Psyche sich gleichbleibende Strukturdispositionen" (*C.G. Jung* GW XII 1980, 155ff), "Niederschläge stets sich wiederholender Erfahrungen der Menschheit" (*C.G. Jung* GW VII 1981; VIII 1982), "empirisch nachweisbare Entsprechungen der religiösen Dogmen". (*C.G. Jung* GW XII 1980)

Jung unterscheidet zwischen archetypischen Bildern und Archetypen selbst. Was sich in Märchen, Mythen u.a. "äußere", sind die archetypischen Bilder. Ihr Fundament sind die Archetypen als das unanschauliche psychische Substrat dieser Bilder. (Vgl. dazu *M. Kassel* 1980, 108)

Der Archetyp der Mutter ruft ein "Bild" einer Mutterfigur hervor, das später mit der tatsächlichen Mutter identifiziert wird. Der Archetyp "Licht - Leben" entstand nach *C.G. Jung*, indem viele Generationen erfahren haben, daß Sonne Licht und Leben spendet. Dieser Archetyp manifestiert sich nicht nur in mythischen Bildern des Sonnengottes, sondern auch in der schlichten Tatsache, daß Helles, Freundliches, Licht von uns im Gegensatz zum Dunklen, Bedrohenden, Überschattenden als positiv empfunden wird. Archetypen im KOLLEKTIV-UNBEWUSSTEN können sich nach *C.G. Jung* auch miteinander verbinden. So etwa der Archetyp des Helden und der des Weisen (= Philosophenkönig, Patriarch). *C.G. Jung* unterscheidet sehr viele solcher Archetypen, solcher zur bildhaften Manifestation neigenden Verhaltensdispositionen: Wiedergeburt, Geburt, Tod, Macht, König, Erlöser, Tier, Gottheit, Kind, Mutter etc. Von ganz besonderer Bedeutung sind jedoch die Archetypen ANIMA, ANIMUS, SCHATTEN und die PERSONA. (Vgl. *W. Obrist* 1990)

Unter ANIMA (beim Mann) bzw. ANIMUS (bei der Frau) versteht *Jung* (vgl. *C.G. Jung* GW IX 1983) das "Bild" eines gegengeschlechtlichen Partners, das jeder (im Prinzip bisexuell eingestellte) Mensch in sich trage. Durch das Zusammenleben der Generationen haben sich bei Männern feminine und bei Frauen maskuline Züge ausgebildet. Männer versuchen die Frauen auf Grund ihres Archetypes der ANIMA zu verstehen, die Frau strebt das Verständnis der Männer durch ihren Archetyp ANIMUS an.

Die Inhalte der ANIMA als des Bildes der Frau im Mann ergeben sich auch aus dem Kontrast zur PERSONA, zur Maske. ANIMA ist so auch das unbewußte Gegenstück zu einem an die sozialen Gegebenheiten und Forderungen angepaßten Ich. Da diese Erfordernisse auch überindividuell sind, ist auch die ANIMA nicht allein Teil des Individuellen, sondern des Kollektiv-Unbewußten. (*C.G. Jung* GW VII 1981, 207-232)

In gewisser Hinsicht kann dieser Archetyp auch blind machen (Liebe macht blind). Dann nämlich, wenn die Erwartungen des eigenen Wunschbildes und Idealbildes in einen anderen Menschen (etwa im Zustand der Verliebtheit) hineinprojiziert werden und damit dessen Wesen verfehlen. (Kritisch vgl. *U. Baumgardt* 1987; *C.G. Jung* G II 1984)

Zum Archetyp des SCHATTENS (*C.G. Jung* GW IX 1983; X 1981) zählt *Jung* das, was aus animalischen Instinkten vom Menschen im Lauf der Entwicklung übernommen wurde. Der "Schatten" bezeichnet nicht nur die animalische Natur des Menschen. Er steht auch in Zusammenhang mit dem Urgedanken des Fehltritts, der Sünde, des Urfeindes und des Teufels. Er ist gleichsam der Kontrapunkt des Sonnenarchetyps, gehört jedoch zum Menschen. Zum SCHATTEN zählt nach der Komplexen Psychologie auch das verdrängte, undifferenziert gebliebene, psychische Material des persönlich Unbewußten. (*C.G. Jung* 1943 u. 1958[6]; *ders.* GW VII 1981, 58)

2.2 Die Persona

Unter PERSONA versteht *C.G. Jung* (*C.G. Jung* GW VII 1981) eine Maske, welche die Person benützt, um den Anforderungen der Umwelt und der Tradition bzw. den Erwartungen der Mitmenschen gerecht zu werden. Vor allem bestimmte Berufe (Lehrer!) sind mit großen Rollenerwartungen verbunden, die an den Berufsträger herangetragen werden. Es kann nun dazu kommen, daß der Mensch eine Rolle spielt, gleichsam eine Persona, lat. Maske, aus dem antiken Theater (von personare = hindurchtönen), eine Fassade sich zu eigen macht. Wenn nun das ICH sich mit einer solchen PERSONA identifiziert, wird der Mensch von seinem eigentlichen Selbst abgelenkt und sich selbst entfremdet. Er wird bloß eine Widerspiegelung der Erwartungen, die man an ihn heranträgt, und verliert seine personale Reife.

2.3 Das Persönlich-Unbewußte

Es umfaßt sowohl das jederzeit ins Bewußtsein Rufbare wie auch das aus dem individuellen Leben, was der "Vergessenheit" anheimgefallen ist. Ist das KOLLEKTIV-UNBEWUSSTE der Sitz der Archetypen, so sind im PERSÖNLICH-UNBEWUSSTEN die KOMPLEXE beheimatet. Komplexe sind nach *C.G. Jung* eine bestimmte Konstellation von Gefühlen, Erinnerungen, Wahrnehmungen oder Gedanken, die einen einzigen Kern haben, der andere Erfahrungen "anzieht" wie ein Magnet. So etwa der Mutterkomplex. Sein Kern ist der Archetyp Mutter, in dem sich kollektiv unbewußte Menschheitserfahrung und individuelle Kindheitserfahrung verbinden. Gefühle und Erinnerungen, die sich auf die Mutter beziehen, werden von diesem Kern angezogen und formen sich zu einem Komplex. Je stärker die Einstellung zur Mutter ist, desto stärker wirkt nun auch dieser Komplex, so daß er schließlich einen steuernden Einfluß auf die ganze Persönlichkeit ausüben und diese für seine Zwecke "zweckentfremdet" benützen kann. Alles, was ein mit einem Mutterkomplex behafteter Mensch empfindet und tut, wird schließlich irgendeinen Bezug zu seiner Mutter haben. In ähnlicher Weise gibt es auch andere Komplexe, so etwa einen Machtkomplex.

2.4 Die Individuation

Die Synthese zwischen Bewußtem und Unbewußtem vollzieht sich nach *C.G. Jung* in einem Reifungsprozeß, den Jung INDIVIDUATION (vgl. *J. Jakobi* 1965) nennt. Individuation bedeute nach *C.G. Jung*, zum Einzelwesen werden, und insofern wir unter Individualität unsere innerste, letzte und unvergleichbare Einzigartigkeit verstehen, zum eigenen Selbst werden. Man könne Individuation darum auch als Verselbstung oder Selbstverwirklichung übersetzen. Mit anderen Worten: Individuation ist ein Reifungsprozeß, in dem Bewußtseinskräfte und das Unbewußte sich miteinander verbinden.

Damit aber zeigt sich nicht nur eine der *Jung'schen* Psychologie innewohnende pädagogische Intention, die das therapeutische Anliegen i.e.S. übersteigt. Insoferne Individuation auf das Selbst hingeordnet ist und eine Harmonie zwischen dem bewußten Ich und dem Unbewußten anstrebt, ist *Jungs* Konzept in einem anderen Sinn "final" als die Individualpsychologie. Sie ist auf etwas Vollendetes als Ziel, d.i. auf Entelechie hingeordnet.

Das ICH (*C.G. Jung*: "Ich-Komplex") ist als "Energiefeld" Voraussetzung, Bedingung und zentraler Inhalt des Bewußtseins. Es ist zu unterscheiden vom SELBST.

Das SELBST bezeichnet die Gesamtpersönlichkeit, die aus der Vereinigung von Bewußtsein und Unbewußtem hervorgeht. (*C.G. Jung* GW XI 1983, 503) Es ist das archetypische Bild für das vollständige Potential des Menschen, für die Einheit der Persönlichkeit als Ganzes. Bildhafte Darstellungen sind u.a. die Mandalas, die einen Mittelpunkt haben. Als "Personifizierung" in der Außenwelt wird auch Christus als gültiges Symbol des SELBST bezeichnet. Das SELBST steht in der *Jung'schen* Denkweise in Zusammenhang mit Vorstellungen von seelischer "Ganzheit", "Einheit", "Entelechie", "Totalität". (Kritisch dazu: *R. Keintzel* 1991, 78ff.)

Mit dem SELBST (*C.G. Jung* GW IX 1983) stehen wir vor einem zentralen Begriff der *Jung'schen* Psychologie. *Jung* selbst gibt zum Verständnis dessen, was das SELBST ist, einige Bilder an:

a) Das SELBST schwebt wie ein Vogel über dem Seelenland, das zum Teil erhellt (Bewußtsein, Ich), zum Teil im Dunkel (Persönlich-Unbewußtes und Kollektiv-Unbewußtes) liegt, mit einem dämmrigen Übergang (der veränderlichen Bewußtseinsschwelle). Mit einem Blick vermag es das Land der Seele zu überschauen, ist aber über den beiden anderen Seelenteilen, diese umfangend, ihre Einheit verbürgend, ihnen übergeordnet bleibend.
b) Eine andere Dimension des SELBST ist die des "Innen". Das SELBST thront gleichsam im innersten Thronsaal des Seelenschlosses. Seine Kunst besteht darin, als Haupt des seelischen Völkerbundes alle anderen Bewohner der Seelenräume (Bewußtes und Unbewußtes) sich ihm zuzuordnen und alles miteinander zu koordinieren, d.h.: das Selbst ist die innerste Instanz des Menschen, in ihm ist er "enthalten", ist er wirklich ganz er "selbst". Es ist das, was wir meinen, wenn wir einen anderen mit "Du"

ansprechen oder der Punkt, in dem ich ganz alleine "Ich" bin. Das Selbst ist der Personkern, die innerste Instanz des Menschen, Selbstfindung, Selbstverwirklichung, Individuation, ist demnach die Erarbeitung einer personalen Haltung, die Aktuierung der Person, das "Eigentlich-Werden" und als solches von immenser Bedeutung für jede Erziehung, einschließlich der religiösen Erziehung.

Im Prozeß der Individuation spielt die PSYCHISCHE ENERGIE (vgl. *C.G. Jung* GW VIII 1982) einer Persönlichkeit eine große Rolle. Mit diesem Begriff der psychischen Energie ersetzt *Jung* den Begriff der Libido bei *S. Freud*. Es besteht nach ihm eine Wechselwirkung zwischen physischer und psychischer Energie (Psychodynamik). *Jung* ist der Auffassung, daß gemäß einem ÄQUIVALENZPRINZIP die Summe der Energie immer gleichbleibt.

Jung überträgt somit das Prinzip von der Erhaltung der Energie (Helmholtz) auf die Psyche. Sobald ein Engagement verschwindet (etwa eine Lieblingsbeschäftigung aufhört), wenden sich die Kräfte einer anderen Beschäftigung (einem anderen Hobby) zu. Die Energie kann auch vom Ich abgezogen und auf die Persona übertragen werden usw.

Ein zweites Prinzip in der Persönlichkeitsdynamik ist das ENTROPIEPRINZIP. Hier übernimmt *Jung* einen Begriff aus der Thermodynamik. In der Thermodynamik bedeutet dieses Prinzip, daß, wenn zwei Körper mit verschiedenen Temperaturen sich berühren, die Wärmeunterschiede vom wärmeren zum kälteren ausgeglichen werden, bis beide dieselbe Temperatur haben. Auf das Psychische übertragen meint dieses Prinzip, die psychische Energie strebe immer nach einem Gleichgewichtszustand. Der Idealzustand, in welchem jeder seelischen Kraft das zukommt, was ihr zukommen müßte, ist im Selbst verkörpert. Wer sein Selbst gefunden bzw. zu sich selbst gefunden hat, dessen Psyche ist im Zustand des Gleichgewichts. Zu einem Konflikt kommt es überall dort, wo ein psychisches System energiemäßig stärker geladen ist als ein anderes. Wenn etwa das bewußte Ich sehr stark zu Lasten des Unbewußten aufgeladen ist, kommt es zu einem Konflikt.

Jungs Psychologie ist teleologisch, nicht kausal, wie die von *S. Freud*. Der Mensch ist nicht Gefangener seiner eigenen Vergangenheit, sondern Gestalter seiner Zukunft. Im Unterschied zu *Freud* kennt *Jung* keine speziellen Entwicklungsstadien (z.B. orale Phase). Nach ihm ist aber in den frühen Kindesjahren die psychische Energie hauptsächlich auf Aktivitäten ausgerichtet, die dem biologischen Überleben gewidmet sind. Um das 5. Lebensjahr herum entstünden sexuelle Werte, die während der Pubertät in den Vordergrund treten. Erst gegen Ende der dreißiger und am Anfang der vierziger Jahre vollzieht sich eine radikale Umwertung. Die jugendlichen Interessen verlieren ihren Wert. Biologische Inhalte werden durch kulturelle ersetzt. Der Mensch wird introvertierter, er wird zu einem geistigen Menschen, dessen Leben von gesellschaftlichen, religiösen und philosophischen Werten und Symbolen getragen wird. Dieser Übergang ist der große Wendepunkt im Leben der Persönlichkeit. Tritt in diesem Entwicklungsgang eine Störung ein, entsteht eine Frustration, auf die der Mensch mit Regression reagiert. In der regressiven Phase wendet er sich dem Unbewußten zu. Er kann hier Kontakt mit dem Kollektiv-Unbewußten gewinnen und die dort gespeicherte Weisheit benützen, um die

Frustration zu bewältigen. Die Beachtung der Träume ist in diesem Fall von größter Bedeutung.

Im Individuationsprozeß spielt auch die SUBLIMATION eine große Rolle. Wie *Freud* ist auch *Jung* der Meinung, daß durch Sublimation die psychische Energie aus einer mehr primitiven und instinktiven Richtung (etwa Biologisches, Sexuelles) abgezogen und geistigen Prozessen (Kulturelles, Religiöses) nutzbar gemacht werden kann. Im Gegensatz zur VERDRÄNGUNG, die die psychische Energie an ihrer Darstellung hindert und sie ins Unbewußte "verdrängt", gibt die Sublimation der psychischen Energie ein neues Betätigungsfeld auf höherer Ebene. Verdrängungen führen zu Störungen in der Persönlichkeit, Sublimationen führen zur Reife der Persönlichkeit.

2.5 Die Ganzheit

Sie ist bei *C.G. Jung* aber nicht identisch mit einer Einheit der Persönlichkeit im Sinne des christlichen Humanismus. Sie setzt im Sinne des Zen-Buddhismus, von dem *C.G. Jung* bis an sein Sterbebett hin fasziniert war, auch ein "An-den-Rand-Rücken" des Ich voraus, weil sie letztlich im Unbewußten erzielt wird.

Im Zusammenhang mit der Vorstellung der Ganzheit steht *C.G. Jungs* Lehre vom UNUS MUNDUS: Er bringt damit zum Ausdruck, daß jede Seinsschicht eng mit anderen Seinsbereichen zusammenhängt. Dies führt u.a. dazu, daß in der tiefsten Ebene des Unbewußten, die dem Bewußtsein vollständig verschlossen ist, Organisches und Psychisches im PSYCHOIDEN (= Seelenähnlichen) gleichsam zusammenfallen und dort weder ganz psychisch noch ganz physiologisch sind. Solche Thesen entziehen sich der Empirie ebenso wie der Nachprüfbarkeit und haben *C.G. Jung* den Vorwurf der Spekulation nicht erspart.

Zum Problem kann dies werden, wenn man Ganzheit auch im Sinne von "Gutes und Böses umfassend" versteht. Psychologisch ist Ganzheit ein Leben, in dem Denken, Fühlen, Empfinden und Intuition in ausgewogenem Gleichgewicht stehen. Der lange und mühsame Weg dazu ist die o.g. Individuation (Selbstfindung).

Ebenfalls mit den Vorstellungen von GANZHEIT, UNUS MUNDUS und PSYCHOIDEM verbindet sich der Begriff der SYNCHRONIZITÄT (= sinnvolles Zusammentreffen von zwei Ereignissen, die nicht kausal voneinander abhängen). Dies sei bei prophetischen Träumen oder WAHRTRÄUMEN der Fall. (Vgl. *C.G. Jung* G I 1984)

In der gesamten Persönlichkeitsentwicklung bei *Jung* spielen das Symbol und die Symbolisierung eine zentrale Rolle. Ein Symbol repräsentiert nach *Jung* den Versuch, "einen Energieimpuls, der frustriert worden ist, zu befriedigen, andererseits ist das Symbol eine Verkörperung von archetypischem Material." (*W. Correll* 1976, 52) Die Entwicklung des Tanzes als Kunstform ist nach *Jung* etwa ein Beispiel für den Versuch, auf symbolischem Weg den frustrierten Sexualtrieb zu verwirklichen. Die symbolische Repräsentanz kann einen Trieb jedoch nie total befriedigen, deshalb kommt es immer wieder zu direkteren Symbolisierungen der frustrierten Triebe. Dadurch gelangt man zur Entdeckung immer besserer Symbole, die immer mehr Energie binden und immer mehr Spannungen reduzieren. Dies wiederum wird zur Motivation für die Weiterentwicklung der Persönlichkeit. Die SYMBOLE werden von *Jung* sehr hoch eingeschätzt, weil er in ihnen auch eine Form der Sublimierung von Triebimpulsen erkennt. Das Studium der Symbole in den Mythen und Märchen etc. hat *Jung* nachhaltig in der Formulierung seiner Gedanken beeinflußt. In den Symbolen komme gerade das verborgene Wesen des Psychischen sinnbildlich zum Ausdruck. Das Mandala (Kreis) ist so für *Jung* das perfekte Abbild der vollständigen Einheit und Ganzheit des menschlichen Lebens, d.h. des zu seinem Ziel gekommenen Individuationsprozesses.

3. Komplexe Psychologie und Erziehung

Eine Brücke zwischen der Psychologie *C.G. Jungs* und der Pädagogik bzw. Seelsorge hat *J. Goldbrunner* in seinen beiden Büchern "Individuation. Die Tiefenpsychologie von *C.G. Jung*" (1949) und "Personale Seelsorge" (1954) zu bauen versucht.

J. Goldbrunner stellt die Komplexe Psychologie *C.G. Jungs* in einen geistesgeschichtlichen Zusammenhang: Bis in unsere Zeit habe das Menschenbild von Descartes unsere Überzeugung bestimmt. Eine Fähigkeit des Menschen - das Denken - wurde von Descartes herausgegriffen und das ganze Sein des Menschen danach ausgerichtet. Der Mensch wurde als res cogitans aufgefaßt und von der Welt als res extensa getrennt. Die Entdekkung der Entwicklungsgesetze durch *Ch. Darwin* lenkte das Interesse auf die Rückverbindung des Menschen zur Tierwelt. Anthropologie wurde nun ein Teilgebiet der Zoologie. Eine Reaktion auf das cartesische Menschenbild sei die Herausstellung des irrationalen Grundes im Menschen durch *S. Freud* und *L. Klages*. *Freuds* Psychoanalyse sei von vielen Einseitigkeiten belastet. Er entwerte das Unbewußte zum Archiv von Komplexen etc. *L. Klages* hingegen baue sein Menschenbild auf der Überzeugung eines grundsätzlichen Gegensatzes zwischen Geist und Seele auf. Demgegenüber wolle *Jung* den Dualismus zwischen Rationalem und Irrationalem überwinden. *Jungs* Menschenbild und seine Lehre von der Individuation sieht *J. Goldbrunner* so als wesentliche Hilfe für die Pädagogik und vor allem für die Seelsorge an. Die psychischen Schritte der Selbstfindung treiben die Aktuierung der Person voran, und dies sei eine Voraussetzung für jene personale Beziehung zu Gott, die Glaube genannt wird. Die Verwirklichung des Glaubens sei in dem Maß möglich, als jemand "reif" geworden sei und auch sich selbst gefunden hat, d.h. insoweit er alle seine seelischen Schichten mit personalen Kräften zu durchdringen vermag.

3.1 Die Dimensionen der Selbstverwirklichung

Ziel der Individuation ist die Einbeziehung aller Kräfte der Seele in die Oberhoheit des "Selbst". Inhaltlich geschieht dies nach *J. Goldbrunner* durch einen vierfachen Schritt, durch vier typische Aufgaben, die das äußere Leben jedem Menschen stellt. *J. Goldbrunner* bezeichnet sie mit den Worten:

1. Ich = Verwirklichung der persönlichen Eigenart
2. Du = Beziehungen zum anderen Geschlecht

3. Wir = Beziehungen zur Gemeinschaft
4. Gott = Beziehungen zu Gott, die Religion.

Diese vier Dimensionen der Individuation sind im Lebensgang untrennbar miteinander vermischt. Mangelnde Individuation sei mangelnde Reife und zugleich ein Versagen vor einer dieser typischen Lebensaufgaben. Sie läßt den Menschen unvollständig, kann ihn sogar neurotisch und krank machen.

Ad 1) Verwirklichung der persönlichen Eigenart

Das Ich steht immer in der Kommunikation mit der Außenwelt. *C.G. Jung* (GW VI 1981) kennt zwei typische Einstellungen zu dieser Außenwelt und damit zwei Persönlichkeitstypen: den EXTRAVERTIERTEN und den INTROVERTIERTEN Menschen. Bei beiden funktioniert die Verbindung zur Außenwelt aber keineswegs wie ein Apparat, sie wird vom Unbewußten her verändert. Sieht der Mensch die Außenwelt nicht richtig, so kann er dem Mitmenschen, etwa dem Schüler, nicht gerecht werden. Da das Unbewußte die Sinnesfunktionen steuert, kommt es zu einer "Relativität der Beziehungen zur Außenwelt".

Die Tiefenpsychologie weist auf verschiedene Möglichkeiten hin, welche den Standort des Ich in der umgebenden Wirklichkeit relativieren:
a) Das Berufsleben etwa zwingt der Seele eine Uniform über. Der Lehrberuf verlangt z.B. eine ständige Beachtung der Wirkung auf eine untergeordnete Gruppe.
Beispiel: Die Vorrangstellung des Lehrers, anfangs bewußt erarbeitet und zur rechten Zeit eingesetzt und am rechten Ort praktiziert, kann allmählich zur Gewöhnung werden. Es wird als selbstverständlich empfunden und auch am unrechten Ort gespielt: Alle werden geschulmeistert, die Familie und die Kollegen. Der Lehrer hat sich mit seiner Rolle so identifiziert, daß er nicht mehr weiß, daß er eine Rolle spielt. Er trägt ständig eine Maske vor dem Gesicht seiner Seele, so wie der antike Schauspieler seine "persona" = Maske. In ähnlicher Weise gebe es die PERSONA (nicht zu verwechseln mit "Person" im philosophischen Sinn!) des Beamten, des Geistlichen. Je eitler das Ich, umso größer die Gefahr einer Personabildung, die Gefahr, sich selbst mit der Persona zu verwechseln. Dann entfaltet sich Menschlichkeit nicht, die Fülle des Lebens bleibt ausgeschlossen.
b) In der Erziehung wirkt sich eine PERSONA des Pädagogen sofort auf die Umgebung aus. Er wird unfähig, den Kindern bei der Entfaltung ihrer eigenen Natur zu helfen, denn er sieht nicht die Wirklichkeit der ihm anvertrauten Schüler. Die Luft um ihn ist geschwängert mit seinen Wünschen und Plänen. Er sieht alles durch eine bestimmte Brille.
c) Die öffentliche Meinung ist ein weiterer Faktor in der Bildung einer PERSONA.
d) Die gefährlichste Bildung der PERSONA kann von der Selbsterziehung ausgehen. Man vermeint, daß ein selbstgezimmertes Ideal auch der Idee entspricht, die in einem selbst angelegt ist, und verfehlt dadurch sein Wesen. Man wird unecht, denn das Wunschbild schiebt sich zwischen Welt und Ich (= charakterologische Unechtheit).

Erziehung zur Echtheit ist daher ein wesentlicher Aspekt der Gesamterziehung. Der Erzieher soll seinen Zögling nicht dazu führen, ein fremdes Leben zu leben, sondern sein eigenes Leben in personaler Entscheidung anzunehmen. Mittel in der Erziehung zur Echtheit ist das Gespräch, wobei es nicht so sehr auf die Worte des Helfers ankommt als auf die Tatkraft dieser seiner Worte. Oft trifft nicht das intendierte Wort in die Tiefe, sondern eine nebensächliche Bemerkung. Das Helfenkönnen hat auf dieser Ebene drei Voraussetzungen:

* die eigene personale Existenz,
* die personale Stärke im Anvertrauten,
* eine geeignete Situation.

Es gibt Menschen, die seelsorglich nur weiterzuführen sind, wenn es gelingt, sie zur Einsicht ihrer Persona zu bringen, damit sie sich von ihr distanzieren und von ihr lösen. Aus solchen Überlegungen ergibt sich auch die sittliche Pflicht zur beständigen Selbstkontrolle und Selbsterziehung. Nur wer sein eigenes Wesen nicht verfehlt, kann anderen helfen: "Person ist auf Person resonant".

Ad 2) Die Du-Beziehung

Von ausschlaggebender Bedeutung für die Individuation ist die Begegnung mit anderen Personen in den verschiedenen Formen und Stufen: Elternliebe, Kindesliebe, Gattenliebe, Freundesliebe u.a.m. In diesem Bereich der Erziehung spielt die Projektion eine große Rolle. Wir projizieren Erwartungen, Wünsche und Idealbilder in den anderen hinein. Dies muß nicht negativ sein. Wir können den anderen auch so erblicken, wie er eigentlich gemeint ist (Rufcharakter der Begegnung).

Ad 3) Die Beziehung zur Gemeinschaft

Die dritte Dimension im Individuationsprozeß stellt die Person vor eine neue Aufgabe. In den verschiedenen Formen der Gemeinschaft trifft der Mensch auf den anderen, und zwar nicht wie in der Begegnung als "Du", sondern als "Wir", d.h. von einem vorgegebenen Gemeinschaftsbezug her und von diesem umfaßt. Verschiedene Gemeinschaftsformen (Familie, Lebenskreis, Nation, Staat, Menschheit, Kirche) entsprechen den ihnen zugeordneten Archetypen. Auch dem "Wir" sind ARCHETYPEN zugeordnet: Helfer, Konkurrent, Genius, König usw. Wie virulent solche Archetypen (z.B. des Königs) werden und ein ganzes Volk bestimmen können, zeigt die Begeisterung, mit der oft Diktatoren begrüßt werden. Während die "Begegnung" die Duhaftigkeit der Person aktiviert und hervorruft, zielt das Gemeinschaftserlebnis auf die "Kreatürlichkeit der Person" hin. Sie ist die existentielle Basis für das wahre Erleben der Archetypen Menschenbruder und Menschenschwester. Es geht hier darum, durch Durchstoßen der archetypischen Schicht zur personalen Haltung innerhalb der Gemeinschaft zu gelangen.

Ad 4) Die Gottesbeziehung

Religiöse Erfahrung und Lösungsversuche gehören zu diesem Bereich. Durch die Psychologie *C.G. Jungs* wurde das Anliegen der "religiösen Anlage" wieder hoffähig gemacht. In der Entscheidung für Gott (*J. Goldbrunner*: für Christus) erwacht die Person zu ihrer "Namentlichkeit". In der Bindung an ihn kommt sie zur vollen Aktivierung und findet ganz zu sich selbst.

J. Rudin (1965, 73-86) registriert eine Reihe von Grundhaltungen im Leben *C.G. Jungs*, Grundhaltungen zu Welt, Leben und Gott im allgemeinen, die dazu führen, *Jung* als einen Menschen zu bezeichnen, "dem die anima naturaliter religiosa kostbar war, weshalb er sie während vieler Jahrzehnte unablässig erforscht hat, als einen Paracelsus der psychischen Wirklichkeit". (*J. Rudin* 1965, 86) *Rudin* faßt eine Reihe von Stellungnahmen *Jungs* zu Fragen der Religion zusammen. Exemplarisch sei auf folgende hingewiesen:

> "Die Idee eines übermächtigen göttlichen Wesens ist überall vorhanden, wenn nicht bewußt, so doch unbewußt, denn sie ist Archetypus". (*C.G. Jung* 1943, 129)
> "Die entscheidende Frage für den Menschen ist: Bist du auf Unendliches bezogen oder nicht? Das ist das Kriterium seines Lebens." (*C.G. Jung* 1962, 327)
> "Die Ideen des moralischen Gesetzes und der Gottheit gehören zum unausrottbaren Bestand der menschlichen Seele. Darum hat sich jede ehrliche Psychologie, die nicht von einem banausenhaften Aufklärungsdünkel verblendet ist, mit diesen Tatsachen auseinanderzusetzen ... Gott und mit ihm die religiöse Anlage im Menschen sind psychologisch wirksam und damit wirklich und real ...
> Unter meinen Patienten jenseits der Lebensmitte, d.h. jenseits 35, ist nicht ein einziger, dessen endgültiges Problem nicht das der religiösen Einstellung ist." (*C.G. Jung* 1948, 29)
> "Das Christentum ist unsere Welt. Alles, was wir denken, ist Frucht des Mittelalters, und zwar des christlichen Mittelalters. Unsere ganze Wissenschaft, alles, was durch unseren Kopf geht, ist unweigerlich durch dieses Historische hindurchgegangen. Das lebt in uns, es ist uns eingeprägt für immer und für alle Zeiten und wird stets eine lebendige Schicht unserer Psyche bilden, ganz wie irgendwelche stammesgeschichtlichen Überbleibsel in unserem Körper..." (zit.n. *J. Rudin* 1965, 84)

Für *Jung* ist Religion nicht Verdrängung oder Sublimierung von Libido. Allerdings ist Gott ihm als Psychotherapeuten auch nicht ein Gott der Offenbarung, sondern das Gottesbild, das er in der Seele der Menschen vorfindet. Dieser Gott habe auch eine dunkle Seite, er könne "rachsüchtig, tyrannisch, launenhaft, empfindlich und kleinlich sein, ein Gott, der Angst einflößt und zu recht bizarrem und absurdem Zwangsritualismus treibt." (*J. Rudin* 1965, 82)

Es ist auch möglich, daß religiös-relevante Archetypen ("Erlöser" und dessen Widersacher etc.) den Menschen in die Irre führen. So kann ein "Archetyp" sich auf den verkündigten "Christus" stürzen und das Christusbild verzerren bzw. den verkündigten Christus durch eine bestimmt Brille hindurch sehen lassen. Nach *J. Goldbrunner* erfordert daher das Christentum eine "Bekehrung" der natürlichen "religiösen Anlage" im Sinne *C.G. Jungs*.

J. Goldbrunner verweist darauf, daß diese vier Dimensionen der Individuation psychologisch einen Zentrierungsvorgang bewirken, der zugleich ein sittlicher Vorgang ist. Selbstfindung im genannten Sinn ist immer auch Gewissensbildung. Im Hinblick auf den Religionsunterricht verweist er ferner auf die Gefahr der Personabildung für das religiöse Leben, vor allem aber auch für den Seelsorger und Religionslehrer.

J. Goldbrunner verweist ferner darauf, daß eine personale Haltung beim Kinde noch nicht vorauszusetzen ist, sondern sich nur in einzelnen (punkthaften) personalen Akten ankündigt. Religiöses Wissen wird nur realisiert, wenn sich Fragen existentiell erheben.

Der Glaube des Kindes ist ein "Glaube in Teilhabe" (am Glauben der Erwachsenen). Das Maß der Selbstfindung (= Reife) des Erziehenden bestimmt die Möglichkeit, daß in der Seele des Zöglings "etwas zum Klingen kommt".

Von hier aus zeigt sich nicht nur die Notwendigkeit einer permanenten, ganzheitlichen Selbstbildung jedes Lehrenden. Ebenso deutlich macht die Erkenntnis *Jungs*, daß etwa ein bloß "informierender" Unterricht, ohne personalen Einsatz und ohne personale Begegnung zwischen Lehrendem und Lernenden, zwar das Wissen vermehren, nicht aber Reife und Humanität fördern kann.

Von der Begegnung zwischen katholischer Religion und Komplexer Psychologie her kommt *J. Goldbrunner* auch zu einer starken Betonung des personalen Entscheidungs- und Begegnungscharakters des Evangeliums.

Die Bedeutung der Gotteserfahrung für die Selbstfindung und Sinnfindung stellt neuerdings *E.F. Edinger* (1986) besonders heraus.

Er knüpft dabei an *C.G. Jungs* Suche nach einem tragfähigen Mythos für den modernen Menschen an, vor allem an *Jungs* Einsicht, das anbrechende Zeitalter verlange nach "verbundener Erkenntnis", nach der Einheit von Logos und Eros. Anhand zahlreicher religiöser und alchemistischer Texte sowie von Mythen, modernen Träumen und von Konzepten der *Jung'schen* Psychologie entwickelt *E.F. Edinger* eine neue Welt-Sicht, die ein solches kreatives Zusammengehen wissenschaftlichen Erkenntnisstrebens und religiöser Sinn-Suche ermögliche. Nach *Jung* sei der neue Mythos nicht als eine "andere Religion" zu sehen, sondern als *psychologischer Standort*, von dem aus die essentielle Bedeutung jeder Religion verstanden und verifiziert werden könne.
Die Beziehung des Menschen zu Gott werde, tiefenpsychologisch gesehen, erfahrbar in der individuellen Begegnung mit dem Unbewußten, d.h. mit dem Archetyp der Ganzheit, dem Selbst als regulierendem Zentrum der Psyche. Von daher zeigt *Edinger*, was Bewußtwerden bedeutet: jenen Prozeß wechselseitigen Erkennens von Ich und Selbst, in dem beide ihrer dunklen Seite bewußt werden und zur Einheit gelangen. So gesehen hänge also Gottes "moralische Qualität" vom einzelnen Menschen ab! Für den einzelnen heute heiße dies, daß er sich nicht nur seiner schöpferischen Möglichkeiten, sondern auch seines dunklen, destruktiven Potentials bewußter werden müsse. Der Sinn menschlichen Lebens läge somit in der Erschaffung von Bewußtsein, von Licht aus der Finsternis, und Gott zu dienen hieße, an der Bewahrung der Schöpfung mitzuwirken.

4. Die pädagogische Rezeption von Methoden und Denkkategorien der Analytischen Psychologie

Einige Beispiele für das breite Einwirken der *Jung'schen* Denkkategorien seien genannt, um das Vorangegangene zu illustrieren. Dabei ist zu beachten: Selten schließen sich Autoren der Gegenwart nur einer einzigen Schule an. Immer wieder findet man auch Anklänge an andere tiefenpsychologische Schulen, so daß man in der Regel nur schwerpunktmäßig zuordnen kann.

So gehen etwa *E. Drewermann - I. Neuhaus* in ihrer Sammlung "Grimms Märchen tiefenpsychologisch gedeutet" stark von Positionen *Jungs* aus, währen *J. Rasche* die Prometheus-Sage (1988) im Rahmen der Reihe "Zauber der Mythen" (*R. Bog* 1987; *H. Jellouschek* 1987; *V. Kast* 1986; *L. Müller* 1987; *J. Rasche* 1988; *I. Riedel* 1986; *Th. Seifert* 1986; *A. Waiblinger* 1986) stark *Freud'sche* Denkweisen erkennen läßt. Die Interpretation der "Traumbilder" in der Reihe "Träume als Wegweiser" (*R. Ammann* 1987; *K. Anderten* 1986; *H. Hark* 1986; *V. Kast* 1986; *dies.* 1987; *M. Pouplier* 1986; *A. Raffay* 1986; *I. Riedel* 1986; *G. Riess* 1986; *G. Sauer* 1986) hingegen folgt wieder stark der *Jung'schen* Archetypenlehre. Stark symboldidaktisch interpretiert die von *Th. Seifert* herausgegebene Reihe "Weisheit im Märchen".

Ähnliches gilt für die symboldidaktische Aufbereitung von Bildern u.ä., die man heute in vielen religionsdidaktischen Werken findet. (Vgl. *I. Riedel* 1987, 1988a,b)

Das folgende Beispiel zeigt, wie *E. Drewermann* heute *Jung'sches* Gedankengut aktualisiert.

4.1 Beispiel einer Märchendeutung

Kurzbeschreibung von Grimms Märchen "Das Mädchen ohne Hände" (E. Drewermann - I. Neuhaus 1981)

Einleitung: Ein in Not geratener Müller verspricht dem Teufel bei materieller Hilfe das, "was hinter der Mühle steht". Es zeigt sich, daß dies aber nicht des Müllers Apfelbaum, sondern seine Tochter ist.

1. Bild: Als der Böse nach drei Jahren das Mädchen holen will, überlistet sie ihn. Er kann sie nicht mit sich nehmen, erreicht aber durch Drohung, daß der Vater dem Mädchen die Hände abschlägt, um nicht selbst vom Bösen mitgenommen zu werden. Das Mädchen zieht von zu Hause fort, um von der Mildtätigkeit der Menschen zu leben.

2. Bild: Am Abend kommt das Mädchen zu einem königlichen Garten. Ein Engel schließt die Schleusen des angrenzenden Wassergrabens und schafft ihm Zutritt zu den Früchten, von denen es mit dem Mund ißt.

3.Bild: Der König entdeckt den Diebstahl, vergibt aber und nimmt das Mädchen bei sich auf, läßt ihm silberne Hände machen und nimmt es zur Gemahlin.

4.Bild: Nach einem Jahr zieht der König ins Feld und vertraut seine Gemahlin seiner Mutter an. Diese sorgt gut für sie und meldet dem König durch einen Brief die Geburt eines Sohnes. Der Teufel aber vertauscht Brief(e) und Antwortbrief(e) und inszeniert dadurch eine Intrige, in der der Mutter befohlen wird, die Königin zu töten, da diese einen Wechselbalg zur Welt gebracht habe. Die Mutter kommt jedoch dem Befehl im unterschobenen Brief nicht nach. Sie bindet der Königin das Kind auf den Rücken und diese wandert fort in einen großen, wilden Wald.

5. Bild: Hier gelangt sie zu einem Häuschen mit dem Schild "Hier wohnt jeder frei!". Ein Engel in Gestalt einer schneeweißen Jungfrau nimmt sie auf und sorgt für sie und ihren Sohn, dem sie den Namen "Schmerzenreich" gibt. Sie bleibt sieben Jahre, und durch Gottes Gnade wachsen ihre Hände wieder nach.

6. Bild: Der König entdeckt nach seiner Rückkehr des Teufels Intrige und macht sich auf die Suche nach Frau und Kind. Er findet sie, sie kehren heim zur alten Mutter, feiern nochmals Hochzeit und leben vergnügt bis an ihr seliges Ende.

Deutung durch E. Drewermann (1981, 30-48)

E. Drewermann grenzt zunächst die tiefenpsychologische Interpretation von der bislang vorherrschenden naturphilosophischen Deutung ab. Nach dieser wäre das Märchen eine Lebensdeutung auf dem Hintergrund eines Mondmythos (Abschlagen und Nachwachsen der Hände spiegle das Ab- und Zunehmen des Mondes). Demgegenüber verlagere die tiefenpsychologische Interpretation die Motive des Märchens hinein in die Seele des Menschen: Der "Teufelspakt" sei Ausdruck des "Verlustes der Seele", die Begegnung mit dem Widersacher eine Begegnung mit dem eigenen Urbild "Schatten":

> "Es gibt Wege zu äußerem Lebensreichtum und scheinbarem Lebensglück, die wie ein Ausweg aus der Not erscheinen und die doch auf einen folgenschweren Lebensirrtum hinauslaufen: man bezahlt dafür um den Preis des 'göttlichen Mädchens', der eigenen Tochter, die all das symbolisiert, was an innerer Lebenshoffnung und -zukunft, an eigenen verschütteten Seelenkräften und Fähigkeiten leben könnte und möchte; man verliert, so reich man auch äußerlich dabei werden mag, seine Seele, seine 'anima', man verliert sein 'Selbst', man gerät unvermerkt unter einen magischen Zwang fortschreitender Selbstverstümmelung, und schließlich lebt man, um seinen Besitz nicht aufzugeben bzw. um nicht ganz dem Bösen anheimzufallen, weiter in einem Zustand der Seelenlosigkeit und der Unfreiheit." (*E. Drewermann - I. Neuhaus* 1981, 32)

Der Weg des Mädchens ist ein Bild der Individuation, der Selbstfindung, in der das Mädchen sich vom Vater löst, zunächst in eine traumhaft anmutende Wunschwelt (2. und 3. Bild: Garten des Königs und Aufnahme beim König) gerät, wobei ein erster Schritt der Gesundung in einem "umgekehrten Sündenfall" (Essen vom verbotenen Baum; Regression in die orale Phase) besteht.

> "Und dieses schuldhaft Erscheinende, animalisch Notwendige muß geschehen um der Möglichkeit einer Erlösung willen. Dieses Mädchen, dem die ganze Welt unter der Last von Schuldgefühlen verboten war, findet den Weg in die Welt hinein nur dadurch, daß es den Mut zum Schuldigwerden aufbringt." (*E. Drewermann - I. Neuhaus* 1981, 35)

(Man sieht in einer solchen Deutung bereits Schwierigkeiten im Dialog mit der Theologie "vorprogrammiert"!)

Da das Mädchen in ihrem Gemahl zunächst nur ein Gegenbild ihres Vaters sieht, hat die Beziehung keinen Bestand. Dies ist ausgedrückt im o.g. 4. Bild:

> "Die Müllerstochter kann das Schönste sagen und hervorbringen, und der 'König' kann das Liebste tun und antworten - es kommt am Ende durch die Intervention des alten Vaterdämons in einer völlig verzerrten und entstellten Form beim anderen an. ...
> Es gibt aus diesem Getto tödlicher Schuldgefühle keinen anderen Ausweg als denjenigen,

den das Mädchen ohne Hände tatsächlich wählt: es muß dieser ganzen Welt, in der es so glücklich hätte sein können, in der äußerlich ihm nichts auf Erden fehlte, den Rücken kehren und allein in sein Leben gehen. Es muß eine Welt, die ihm wie ein Paradies erschien, opfern, um selbst zu leben und sein 'Kind', das Bild seines Selbst, seiner eigenen Zukunft, zu retten. ... Gott kann durch seinen 'Engel', durch seine Art, in unsere Seele einzutreten, uns in dieser Welt zu einem Haus führen, an dessen Tür die Worte stehn: 'Hier wohnt ein jeder frei'. Und es ist möglich, darin ein neues, unschuldiges Leben zu beginnen, für das die Gestalt der weißgekleideten Jungfrau als Symbol gelten kann. ..
Die 'Frau Königin' erlebt jetzt in dem Haus des 'freien Wohnens', wie ihr die Fähigkeit allmählich zuwächst, ohne Schuld etwas in die Hand nehmen zu können, ohne Vorwürfe auch sich selbst einmal etwas herausnehmen zu mögen und selbständig handeln zu dürfen. Was der König, was Menschen überhaupt ihr schenken konnten, waren die Dauerprothesen eines Krüppeldaseins, die ihr Unvermögen von außen ersetzten und damit in Wahrheit als endgültig und unabänderlich festschrieben. Was sie aber von innen her leben und heil werden lassen kann, ist das Gefühl, leben zu dürfen in der absoluten Gnade Gottes. In diesem Umraum der Gnade ist die Welt wie ein Geschenk, und nichts ist von vornherein darin verboten; und also muß es möglich und erlaubt sein, zuzugreifen. Wenn es in der Bibel eine Erzählung davon gibt, wie an einem Teich im 'Haus der Gnade', in 'Beth-Chesda', ein ganz Vereinsamter, Gehunfähiger seine Bahre nach Hause tragen lernt (Joh 5,1ff.), so erzählt dies Märchen von dem 'Mädchen ohne Hände' von keinem geringeren Wunder; es erzählt, wie ein Mensch seine Hände wiedergebrauchen und seine angsterfüllten Gehemmtheiten überwinden lernt durch das Vertrauen in die Gnadenhaftigkeit seines gesamten Daseins." (*E. Drewermann - I. Neuhaus* 1981, 37ff.)

4.2 Beispiel einer Übertragung in die Entwicklungspsychologie

Ein ganz anderes Feld der "Anwendung" tiefenpsychologischer Thesen findet man in den vielfältigen und unterschiedlichsten Bemühungen, durch "Projektionen" Einblick in die Entwicklung des Kindes zu gewinnen. Dem Anliegen dienen eigens entwickelte Testverfahren (so der Sceno-Test) wie auch die Interpretation kindlicher Zeichnungen. Ein Beispiel für letzteres stellt eine religionspsychologisch-pädagogische Studie von *D. Boßmann - G. Sauer - K. Deßecker* (1984) dar. Das folgende Bild und seine Deutung möge dies illustrieren:

"Uwe stellt einen Gott dar, dessen archaisches Lächeln den in sich ruhenden Gott persönlich bezeichnet. Er ist das Mittelstück eines hierarchischen Aufbaues, dessen Spitze die Sonne und dessen Basis eine dreigegliederte Wolke bildet. Kugelform und Goldfarbe weisen auf Symbole der Ganzheit, wobei die Kugel in sich stärker den mütterlichen Charakter des Lebensanfangs hat. Dieses mütterlich weibliche Symbol findet sich wieder in der nachtblauen Wolke, so daß die menschliche Gottesgestalt von zwei natürlichen Symbolen umrahmt ist, die stärker mütterlichen Charakter tragen.
Zahlensymbolisch ist interessant, daß sich die Eins als Symbol des Anfangs, die Zwei als stärker weiblich und dem Gegensatz zugeordnet wie auch die Drei als Zahl einer dynamischen Ganzheit in diesem Bild finden läßt. Das Blau der Wolke mit ihrer Dreiergliederung findet sich in der Zweizahl der am Gesäß befestigten Flügel mit jeweils zehn Schwungfedern wieder.

Uwe (Grundschüler)

Flügel symbolisieren die Fähigkeit, überall anwesend sein zu können, nicht gebunden zu sein an die Raum- und Zeitgesetze, denen der Mensch unterworfen ist. Wir haben hier ein Gottesbild vor uns, das im Bereich der analytischen Psychologie als Selbstbild wahrgenommen und mit anderen Beispielen parallelisiert werden kann. Das Symbol selbst strahlt Ruhe aus. Die Ruhe einer Entwicklung, die eine gewisse Harmonie erreicht hat. Dabei ist die in sich ruhende geflügelte Gestalt auch verständlich als Ursache der Frage nach der Liebe der Eltern durch ein liebesbedürftiges und harmoniesuchendes Kind. Fühlt dieses Kind sich ernstgenommen, oder taucht hinter dem in sich ruhenden Vaterbild auch die kalte Unendlichkeit der Sphären und damit eines Gottes auf, der vielleicht für Uwes Frage nach der Liebe überhaupt keine Ohren hat?" (*D. Boßmann - G. Sauer - K. Deßecker* 1984, 28f.)

5. Die religionspädagogische Rezeption von Methoden und Denkkategorien der Analytischen Psychologie

Aus der Vielfalt möglicher Beispiele seien exemplarisch nur einige genannt:

a) Die Auseinandersetzung zwischen *Analytischer Psychologie und Theologie* (vgl. *F. Alt* 1989, dort die einschlägigen Quellen) impliziert immer auch Fragen der Anwendung auf dem Gebiet der Seelsorge und Verkündigung.

b) Eine konsequente Einbringung *Jung'scher* Ideen in *Katechetik und Pastoraltheologie* stellt das literarische Lebenswerk des em. Regensburger Pastoraltheologen *J. Goldbrunner* dar. Schon Titel seiner Hauptwerke lassen dies erkennen, so etwa:
- Seelenführung. Die Bedeutung der Tiefenpsychologie für die Seelsorge (1951)
- Religiöse Grunderfahrungen (1977)
- Individuation (1949)
- Personale Seelsorge (1954)

Grundlegende Gedanken daraus wurden oben schon dargelegt.

c) Eine *Erschließung des Kirchenjahres* mit Hilfe der Archetypenlehre versucht *J. Schlosser* (1981). Jeder Mensch besitze in seinem Unbewußten, mehr oder weniger stark ausgeprägt, eine natürliche religiöse Anlage. In ihm sind Urbilder, d.h. Figuren und Situationen, die als allgemein menschlich-typisch erfahren werden. Anhand solcher Urbilder versucht der Autor, die Feste des Kirchenjahres neu zu erschließen.

In ähnlicher Weise bemüht sich der evangelische Theologe und Seelsorger *U. Steffen* (1988), *Ursprung und Sinn der Taufe* als christlichen Einweihungsritus "symbolisch" zu verstehen.

d) *R. Kaufmann* (1983, 241-244) vergleicht die Grundzüge des Heilsweges nach Röm 1-8 mit dem Individuationsprozeß in der *Jung'schen* Psychologie und betreibt so *tiefenpsychologisch orientierte Exegese.*
Mit *E. Neumann* (1971) versteht *R. Kaufmann* die psychische Entwicklung des Menschen als Dreischritt:
a) Ursprungs-Einheit (= dämmrig-halbbewußte Ganzheit am Beginn);
b) Trennung in Persona und Schatten (Zweiheit als Aufspaltung der Psyche in Bewußtes und Unbewußtes);
c) Langsam bewußt werdende Vereinung der Gegensätze und der Ganzheit ab etwa der Lebensmitte;
Paulus habe diesen Entwicklungsweg im Römerbrief auf die Welt-Heilsgeschichte projiziert. Am Anfang stehe die Einheit und Ganzheit des Menschen mit Gott. In der zweiten Phase werden Trennung und Entzweiung zwischen Mensch und Gott, wie zwischen Juden und Heiden, bestimmend. Die Juden stünden "oben", sie entsprächen der "Persona-Existenz", dem rationalen Teil der Persönlichkeit, die Heiden hingegen

dem "Schatten". Die Versöhnung des Gegensatzes erfolge durch Eingriff des dem Ich vor- und übergeordneten Jenseits (= das "Selbst" im Sinne *C.G. Jungs*).

> "Modern formuliert, wurde also Paulus durch seine Christus-Vision auf die Schwelle zur dritten Entwicklungsphase im Menschenleben gestellt, welche zu jener Zeit ins Bewußtsein drängte. Da dies aber damals erst ganz langsam keimte und da in der Geschichte bald ganz andere kollektive Probleme akut wurden, wurden diese Keime durch die Rückkehr ins zweite Stadium (das für viele damals ein Fortschritt war!) bald wieder zertreten, und das damit gegebene Problem ist auf kollektiver Ebene erst in unserer Zeit wieder brennend geworden. Darum feiert der historische Jesus heute ein Comeback; denn heute muß der Schritt ins dritte Stadium gelingen; sonst bricht alles entzwei! Die Faszination weiter Kreise der Bevölkerung durch die Veröffentlichung der 'Sterbeerlebnisse' vieler Autoren dürfte mit dieser heute geforderten Mutation des Bewußtseins zusammenhängen. Der Archetyp des 'Stirb und Werde' ist weit herum konstelliert. Was bringt der Neuaufbruch, der uns erfaßt hat?" (*R. Kaufmann* 1983, 243)

R. Kaufmann stellt so eine Übereinstimmung zwischen den ersten acht Kapiteln des Römerbriefes und der *Jung'schen* Tiefenpsychologie fest und nimmt an,

> "...daß beide von derselben Sache reden, auch wenn das verwendete Sprachgewand nicht dasselbe ist. Es handelt sich beide Male um dasselbe für die menschliche Entwicklung arttypische Geschehen.
> Der Schluß, der daraus zu ziehen ist, dürfte klar sein: der Tiefenpsychologe *C.G. Jung* und der Theologe Paulus reden vom selben, nämlich davon, was unser seelisches Leben prägt und trägt." (*R. Kaufmann* 1983, 243)

Hier setzen kritische Fragen ein, die ins Grundsätzliche reichen: Stimmt es wirklich, daß beide vom selben sprechen? Wird hier nicht eine Psychologisierung von etwas vorgenommen, das das Psychische wesenhaft überschreitet? Haben wir nicht ein typisches Beispiel eines Reduktionismus vor uns?
Eine der zu beachtenden Grenzen scheint *R. Kaufmann* zu erkennen, wenn er schreibt:

> "Viele Theologen beginnen heute in dieser Richtung zu denken. Doch dabei ist nach meiner Erfahrung Vorsicht geboten; denn der Umgang mit den Gründen und Abgründen unserer Psyche ist eine Sache, die viel Behutsamkeit, Aufmerksamkeit, Standfestigkeit und Religiosität (im Sinne der Offenheit für transzendente Winke) erfordert. Etliche Theologen geraten leider bei der Beschäftigung mit ihrer Psyche zu Ansichten, die kaum mehr denjenigen eines Vertreters des jüdisch-christlich geprägten Traditionsgutes entsprechen, sondern eher denen eines matriarchal geprägten 'lieben' Kybele- oder Isispriesters, der in Mose und den Propheten Nestwärme verströmende Persönlichkeiten 'sieht', welche uns kindliche Geborgenheit im Mutterschoß der Natur vermitteln wollten. Diese 'verweiblichten' Priester und Pfarrer leben den Typ des entmannten 'ewigen Jünglings', dem das Zielstrebige, Entschlossenheit und Entscheidungsfreudigkeit fehlen." (*R. Kaufmann* 1983, 244)

Doch dies ist wohl bei weitem nicht die einzige Grenze.

e) Der bekannteste - wenngleich weder der erste, noch der einzige - tiefenpsychologische Interpret biblischer Texte ist wohl *E. Drewermann*, auf dessen Werk in anderem Zusammenhang noch verwiesen wird (vgl. Seite 153-174). Wer dessen o.g. Deutung des Grimm'schen Märchens mit der tiefenpsychologischen Interpretation der Tobit-Legende (*E. Drewermann - I. Neuhaus* 1985) vergleicht, entdeckt unschwer eines der Hauptprobleme in der gegenwärtigen Diskussion um und mit *E. Drewermann*: Es wird jeweils ein- und diesselbe Methode, ja Denkschablone auf Inhalte völlig unterschiedlicher Art angewendet. Dadurch kommt man zu dem, was *V.E. Frankl* (s. Seite 85-122) Reduktionismus nennt. (Vgl. dazu auch *R. Affemann* 1957 und *G. Lohfink - R. Pesch* 1987)

f) Schon lange vor *R. Kaufmann* und *E. Drewermann* wurden die drei Versuchungen Jesu in der Wüste tiefenpsychologisch von *G.H. Graber* (1976, 237f.) gedeutet. Die erste Versuchung deutet *H. Graber* im Hinblick auf eine Lösung der Nahrungssorgen. Die zweite Versuchung des Sich-Hinablassens und Fallens sei ein altes Traumsymbol für erotischen Genuß insbesondere mit der Mutter:

"Alles Fallen ist ein Fallen zur Mutter Erde, ein 'Verbinden' mit ihr. Daß auch Christus bei dieser Versuchung sich der Mutterverbindung versagt, geht deutlich aus seiner Antwort hervor." (*G.H. Graber* 1976, 237)

In der dritten Versuchung widerstehe Jesus der Identifikation mit dem Teufel, lehnt den Besitz der Welt und die ich-bezogene Weltbeherrschung ab, damit auch sein Ich und den dieses Ich vertretenden Satan. Dieser verläßt ihn dann auch, und es treten wie bei dem Künstler *Haitzmann* heilige Gestalten zu ihm und dienen ihm. *G.H. Graber* deutet so: Es gelang Christus eine Identifizierung mit dem das Lustverbot vertretenden Teil des Vater-Gottes und damit eine Gleichsetzung von Selbst und Gott. Ich-bin-Worte (einschließlich: Ich und der Vater sind eins) werden von *G.H. Graber* libidinös gedeutet.

Dies ist offensichtlich ein weiteres Beispiel für einen "Reduktionismus" und damit für ein Verfehlen der "eigentlichen" Aussage des Textes.

g) Während *E. Drewermann* und *G.H. Graber* in der *tiefenpsychologischen Bibelauslegung* nicht allein auf *C.G. Jung*, sondern auch auf *S. Freud* aufbauen, bindet sich *M. Kassel* (1980) ausschließlich an die Methoden der Analytischen Psychologie und deutet Abrahams Exodus (Gen 12,1-4a; 18,23-32) als Beispiel für die Identität von Selbstwerdung und Glauben; Abrahams Verlust und Finden der Frau (Gen 12,10-20; 20,1-18; 26,7-11) sei Ausdruck des Problems der geschlechtsspezifischen Identität; das Opfer des Isaak (Gen 22,-14) sei zu interpretieren als Lebens- und Glaubenskrise; Jakobs Kampf mit dem Engel (= Schatten) sei Selbsterfahrung als Eröffnung von Gotteserfahrung (Gen 32,23-33).

Warum erachtet man dies als legitim? *E. Deifel* (1991, 267) begründet und begrenzt die Anwendungen der Tiefenpsychologie in der Exegese so:

Innerhalb der tiefenpsychologischen Auslegung gibt es, entsprechend den verschiedenen tiefenpsychologischen Schulen, mehrere Auslegungsmodelle. Von diesen können nur die im

Rahmen einer mehrdimensionalen Schriftauslegung herangezogen werden, die sich ausdrücklich als Ergänzung der historisch-kritischen u.a. exegetischer Methoden verstehen: Während die historische Exegese durch das Bewußtmachen des historischen Abstandes und durch Beschränkung auf den Verstand uns die biblischen Inhalte fremder erscheinen läßt, will die tiefenpsychologische Auslegung den Graben zwischen Damals/Heute und zwischen Unbewußtem/Bewußtem überbrücken. Dafür muß eine menschliche Grundgemeinsamkeit angenommen werden, die im Anschluß an Jung in einem *Kollektiven Unbewußten* gesehen werden kann. Dieses ist durch Archetypen (Urbilder) strukturiert, die selbst unanschaulich sind, sich aber in Symbolen (archetypischen Bildern) veranschaulichen, wie sie im Traum, in Märchen, Sagen und Mythen, in Kunst und Religionen vorkommen. Da bei der Schriftwerdung der Bibel dasselbe Kollektive Unbewußte wirksam war wie heute bei der Schriftauslegung, erleichtert unser *Selbst*verständnis das Bibelverständnis und unser *Bibel*verständnis unser Selbstverständnis - die Bibel ist das Buch, das uns zutiefst angeht. Im einzelnen können unterschieden werden: *Spontanmethoden* (wie freie Assoziation, Identifikation, Malen etc.), die keine wissenschaftliche Vorbildung voraussetzen und aufgrund der Grundgemeinsamkeit des Kollektiven Unbewußten funktionieren, und *wissenschaftliche Methoden*, die das, was auf der Objektstufe als eigene Person erscheint (z.B. Esau als Bruder Jakobs), auf der Subjektstufe als psychische Funktion (Esau als 'Schatten' Jakobs) interpretieren." (*E. Deifel* 1991, 267)

h) Ein Beispiel eines *pastoraltheologischen Einsatzes* von Traumdeutung auf dem Hintergrund *Jung'scher* Kategorien legte der evangelische Seelsorger *H. Hark* (1987) vor. Er analysierte "Kirchen-Träume" und bietet dafür ein eigenes "Symbollexikon". (*H. Hark* 1987, 169-224; ders. 1988)

i) Nicht allein auf Grundlagen der Komplexen Psychologie, sondern auch auf solchen der Psychoanalyse und auf den Ansichten von *E. Fromm* (s. unten) baut die *psychotherapeutisch orientierte Deutung von Psalmen* durch *H. Jaschke* (1989) auf.

j) *V. Kast* (1990) hat den *therapeutischen Weg* in mehrere Richtungen hin weiterentwikkelt: Sie beschreibt etwa Ich-Komplex und Entwicklungspsychologie (vgl. dazu auch *D. Boßmann - G. Sauer - K. Deßecker* 1984) vom Ansatz *C.G. Jungs* her und entwikkelt (neue) Vorstellungen von Ich-Kohärenz. Sie sieht Archetypen und Symbole bewußt konstellierbar und betont die heilende Funktion derselben. Die Beziehung von Übertragungs- bzw. Gegenübertragungsgeschehen und Symbolbildung wird betont und ein neues Verständnis von psychosomatischen Symptomen dadurch angestrebt, daß diese konsequent als Symbole gedeutet werden. Darauf kann im Rahmen dieser Arbeit aber nicht näher eingegangen werden.

k) Eine der breitesten Straßen, auf denen heute *Jung'sche* Ideen in die Religionspädagogik einströmen, ist die *Symboldidaktik*.
Den Symbolen wird - wie oben schon gezeigt - in der Komplexen Psychologie große Bedeutung zugemessen. In gewisser Hinsicht könnte man sogar sagen, daß die *Jung'sche* Symbollehre sich nahezu verselbständigt hat und heute in mehrfacher Hinsicht didaktisch wirksam ist:

* durch den Einsatz von Märchen, nicht zuletzt um sie in den Dienst der Selbstfindung und damit auch in den Dienst der religionspädagogischen Propädeutik zu stellen;
* zur Interpretation religiöser (vgl. *U. Steffen* 1988) und v.a. biblischer Texte (s.u.: *E. Drewermann*);
* zur Meisterung didaktisch-inhaltlicher Fragen der Religionspädagogik. Hier verbinden sich meist Sichtweisen *C.G. Jungs* mit philosophischen oder theologischen Symbollehren etwa *P. Ricoeurs* oder *P. Tillichs*. Auf sie kann in unserem Zusammenhang nur verwiesen werden. Sie näher auszuführen, würde den Rahmen dieser Arbeit sprengen. (Vgl. zum Ganzen: *G. Büttner* 1985; *H. Halbfas* 1982; *W. Erasmo* 1991, 41-44.)

l) *A.A. Bucher* baut sowohl auf der kognitiven Entwicklungspsychologie (*F. Oser*, *J. Piaget*, *J. Fowler*) wie auch auf tiefenpsychologischen Arbeiten auf und sieht "Bibelpsychologie" in der Spannung von Psychologie und Theologie als Psychologie der Rezeption und hier als Anwalt des Subjekts, wobei als eine mögliche Konkretisierung das Bibliodrama genannt wird. (Vgl. *A.A. Bucher*, 1992, 167-174)

6. Kritische Hinweise

C.G. Jungs Lehre erlebt - auch im Zusammenhang mit dem sog. "New Age" - eine Renaissance unglaublichen Ausmaßes bis hinein in kirchliche Kreise (*E. Drewermann*; *H. Stenger* 1989[2], 19). Andererseits treffen auf sie alle seitens des Rationalismus und der Neo-Aufklärung geäußerten Vorbehalte (vgl. *R. Keintzel* 1991, 7 u. 13) zu.

Die katholische Theologie hat sich schon sehr früh mit dem Gesamtwerk *Jungs* beschäftigt. Im Gegensatz zu *S. Freud* sieht *C.G. Jung* in der Religion ja keine Illusion und keine Kindheitsneurose der Menschheit, sondern ein konstitutives Element der Psyche. (Vgl. *J. Christoffel* 1989)

Selbstverständlich folgt eine katholische Theologie in manchen Einzelheiten *Jungs* Auffassung nicht. Aber auch dort wird sie von *Jung* herausgefordert nachzudenken und vor allem die Querverbindungen zwischen einer Analytischen Psychologie und den traditionellen Glaubenslehren und Glaubenserfahrungen zu suchen. Letzteren stand *C.G. Jung* ja offen und aufgeschlossen gegenüber. Dazu ein Zitat:

> "Die christliche Doktrin von der Erbsünde einerseits und vom Sinn und Wert des Leidens andererseits ist daher von eminenter therapeutischer Bedeutung und für den westlichen Menschen unzweifelhaft viel geeigneter als der islamische Fatalismus. Ebenso gibt der Unsterblichkeitsglaube dem Leben jenes ungestörte Fließen in die Zukunft, dessen es zur Vermeidung von Stockungen und Regressionen bedarf..." (*F. Alt* 1989, 43)

J. Goldbrunner und *E.F. Edinger* sind oben beispielhaft für viele angeführt, die die Komplexe Psychologie *C.G. Jungs* für religionspädagogisch relevant und hilfreich halten. Diese Relevanz dokumentiert auch *F. Alt* (1989). Anhand zahlreicher Briefe *C.G. Jungs* belegt er u.a. dessen Sicht der Beziehung von Psychotherapie und Seelsorge

(*F. Alt* 1989, 51-85), die psychologische Deutung der Meditation (178-200), des Geistes (201-245), des Gewissens (267-292), des Lebens nach dem Tod (293-323) und des Phänomens Gut - Böse (246-266).

C.G. Jung unterscheidet sich von *S. Freud* nicht zuletzt dadurch, daß in seinem Denken das Transzendente, das "Numinosum", als Haupteigenschaft von Archetypen und als im Psychischen wirkende Kraft eine große Rolle spielt. Ob und wie weit dieses Transzendente und Numinose identisch ist mit dem christlichen Verständnis von Religiosität oder gar Glaube, muß hier dahingestellt bleiben.

Nicht zu übersehen ist auch, daß es *Jung* überall dort, wo er von Gott spricht, nicht um Gott an sich, sondern um das Gottesbild in der Psyche des Menschen geht.

In seiner Stellung zur Religion will *C.G. Jung* auf dem Boden der Erfahrung bleiben. Gott ist für ihn Realität, weil er ihn in der Psyche der Menschen findet. *Jung* meint auch, daß das Gottessymbol wesentlich am Gottesbegriff beteiligt sei. Die Mutter symbolisiert Gott mindestens ebensosehr wie der Vater, denn Religion lebe zutiefst vom Wunsch des Menschen, neu geboren zu werden und sich in reinster Vollkommenheit wiederzufinden. Gerade die Mutter aber ist es, die diese Wiedergeburt schenke. Man hat *Jung* oft eine Psychologisierung des Religiösen vorgeworfen. *A. Vergote* meint sogar, daß die *Jung'sche* Psychologie einem personhaften Gott keinen Raum gebe. Auf dem Weg zur Selbstwerdung finde das Individuum das Zentrum seiner Wirklichkeit in sich selbst, und damit gelangt es in den Besitz des ganzen Seins. *A. Vergote* fragt in diesem Zusammenhang: "Was bedeutet auf dieser Stufe der Erfüllung und des Selbstgenügens noch eine lebendige Beziehung zum Ganz-Andern?" (*A. Vergote* 1970, 213)

Kritische Anfragen an *C.G. Jungs* Auffassungen kommen nicht nur von der Religionspsychologie, sondern ebenso von theologischen Disziplinen selbst. Dies erklärt die spannungsvolle Diskussion, die *C.G. Jung* sein Leben lang mit Theologen geführt hat (vgl. *F. Alt* 1989) und die mitbestimmt ist von *C.G. Jungs* Auffassung "Gott ist eine allgemeine Erfahrung, die nur von einem blöden Rationalismus und einer entsprechenden Theologie verdunkelt wird". (*C.G. Jung* GW II, 1980, 208; vgl. auch *C.G. Jung* GW XI, 1971, 125-218)

Gerade diese Diskussion erweist *C.G. Jung* als "Pfadfinder einer Psycho-Theologie" (*F. Alt* 1989, 7), unbeschadet der berechtigten Fragen und Einwände an ihn.

W. Bernett (1955, 59ff.) macht aufmerksam, daß *C.G. Jung* unterscheidet zwischen mittelbarer (indirekter) und unmittelbarer (direkter) religiöser Erfahrung.

> "Dogma und Ritus bilden für bestimmte Menschen, welche unmittelbare religiöse Erfahrung in ein seelisches Chaos stürzen würde, die einzige legitime Möglichkeit, zu religiöser, wenn auch nur indirekt religiöser, Erfahrung zu gelangen." (*W. Bernett* 1955, 60)

Unmittelbare (direkte) religiöse Erfahrung sieht *C.G. Jung* darin:

> "Wenn ein Protestant den vollständigen Verlust seiner Kirche überlebt und doch noch Protestant bleibt, d.h. ein Mensch, der Gott gegenüber schutzlos ist und nicht mehr geschirmt durch Mauern oder durch Gemeinschaften, so hat er die einzigartige geistige Möglichkeit der unmittelbaren religiösen Erfahrung." (*C.G. Jung* 1940, 91; vgl. dazu auch *J. Goldbrunner* 1977; *B. Maurer* 1975, 211)

Theologisch wäre im letztgenannten Zitat schon zu hinterfragen, was denn Gotteserfahrung wirklich sei angesichts des verhüllten Gottes, den wir nur "in einem Spiegel... in rätselhaften Umrissen" (1 Kor 13,12) "erfahren" können. Denn "religiöse" Erfahrung meint doch letztlich "Gotteserfahrung".

Das eigentliche Problem einer Begegnung von Analytischer Psychologie und christlichem Glauben liegt tiefer und ist bislang nicht einmal noch in Ansätzen erkannt - unbeschadet der im folgenden Abschnitt genannten Bemühungen, mit *Jung'schen* Kategorien Theologie zu betreiben. Auf die Schwierigkeiten machte jüngst *R. Keintzel* (1991, 147-185) aufmerksam. Er fordert eine "Theologie des Unbewußten", die "noch nirgends bewußt in Angriff genommen wurde. Sie wäre eine Voraussetzung für eine Wertung von *C.G. Jung*, die noch weiter führt..." (*R. Keintzel* 1991, 152f.). Elemente einer solchen Theologie müßten sich der von *C.G. Jung* geforderten offensichtlichen Identifikation mit dem Bösen durch Integration desselben stellen.

> "Als erster Schritt wäre darum möglichst deutlich herauszuarbeiten, wie ein 'Unbewußtes', das sich dem medizinisch-diagnostischen Beobachten des Arztes und der organmedizinisch geprägten Vorstellung von 'gesund' und 'krank' verdankt, sich unterscheidet von einem 'Unbewußten', das erlebbar und wißbar wird innerhalb des Schutzraums, Spielraums und Wirkraums des fürbittenden und der Vergebung Raum schaffenden christlichen Miteinander. Und davon noch einmal zu unterscheiden wäre das, was 'coram deo' - vor Gott und nur vor ihm - aufleuchtet. Ich schlage vor, es das Verborgene zu nennen, um es nicht mit dem Unbewußten zu verwechseln und irrigerweise zu glauben, es sei mit rein psychologischen Mitteln erschließbar." (*R. Keintzel* 1991, 156)

Es sei aus kritischen Erwägungen abzuleiten,

> "...daß für die Erforschung von Unbewußtem Begegnungsphilosophie, Soziologie und Ethik (in der Form der Frage, wie weit ich dem anderen vertrauen kann und er wie ich die Wahrheit sucht), aber auch Diakonie, Seelsorge, Beichte, theologische Anthropologie und gelebter Glaube wichtiger sind als Mythenforschung und vieles andere, womit Jung allzuviel Zeit vertan hat." (*R. Keintzel* 1991, 157)
>
> "Wer bin ich? Der, der am Tag handelt und sich seiner selbst und seines Lebens bewußt ist bis zurück zu einem Geburtsdatum? Oder der, der träumt und träumend Distanz von der Welt des Tages bekommt, die im Wachen zu aufdringlich ist und ihn darum durch ihre Nähe blind macht? Oder bin ich noch einmal ein anderer? Der, den Gott allein kennt bis in die tiefste Tiefe? 'Wer bin ich?' - so fragt auch Dietrich Bonhoeffer in einem berühmt gewordenen Gedicht, und er kommt zum Schluß: 'Einsames Fragen treibt mit mir Spott. Wer ich auch bin, du kennst mich, dein bin ich, o Gott!'
>
> Das ist kein Ersatz für Tiefenpsychologie, und es schließt eigenständige psychologische Forschung auch nicht aus - wie das leider Bonhoeffer und seine Anhänger denken -, aber es ist notwendiger Rahmen, Grenze und Hintergrund aller Tiefenpsychologie." (*R. Keintzel* 1991, 158)

Sehr diffizile geisteswissenschaftliche Fragen führen *R. Keintzel* zurück zur jahrzehntelangen Diskussion um *C.G. Jungs* Buch "Antwort auf Hiob", auf die näher einzugehen hier leider der Raum fehlt.

Im besonderen wäre vom Dogmatischen her kritisch auf *C.G. Jungs* Idee einer *"Quaternität"* zu verweisen, wonach die traditionelle christliche Trinitätslehre eine Ausformung einer vierten Macht des Bösen erfordere. (Vgl. *C.G. Jung* GW XI, 1971, 196-204; *W. Nigg* 1974^2)

Der US-amerikanische Jungianer *M. Stein* (1988) deutet *Jungs* "Therapiekonzept für das Christentum" so: Das Christentum stehe an einer entscheidenden Wende. Es müsse den "Schatten" Gottes und Christi, das Böse, das Weibliche, die Erde in sein Gottesbild integrieren, wenn es Bestand haben wolle. *C.G. Jung* habe mit dieser Diagnose dem Christentum helfen wollen.

Die Stellung *Jungs* zu Jesus Christus ist von der Archetypenlehre her bestimmt. Für *Jung* veranschaulicht Christus den Archetyp des Selbst. (Vgl. *C.G. Jung* GW IX/2 1951, 64) *J. Rudin* bezeichnet das Christusbild *Jungs* im Anschluß daran folgerichtig als "nicht mehr gemäß dem Paulusbrief, sondern auch psychologisch der zweite Adam, damit ein neuer Urmensch, ein neues Urbild des Menschlichen". (*J. Rudin* 1964^2, 84; vgl. *ders.* 1963)

Ein ungelöstes Problem stellt die Frage dar, wie man sich nach *Jungs* Vorstellungen das "Jenseits" zu denken hat:

> "Und es ist ganz gewiß nicht dasselbe, ob man antwortet: Die Leere, bzw. die Bewußtlosigkeit, bedingt durch das Zusammenfallen von Ich und Mitte, also die All-Einheit; oder ob man antwortet: das 'Reich Gottes', die Gemeinschaft derer, denen Gott die Lippen geöffnet hat zu ewigem Lob und Anbetung. Hier, in der verschiedenen Bestimmung des 'Jenseits' trennen sich zwei Welten, die aber auch auf das Diesseits gar nicht zu unterschätzende Auswirkungen haben. Und ein weiterer Unterschied ergibt sich durch die christliche Überzeugung, daß die Ewigkeit in die Zeit eingebrochen ist, indem Gott Mensch wurde, so daß die Aufgabe, die Grenze zwischen Gott und Mensch zu bestimmen, sich neu stellt, indem gesucht werden muß nach einer Möglichkeit einer nichtlinearen Abgrenzung." (*R. Keintzel* 1991, 85f.)

Jung selbst hat sich gegen den Vorwurf, alles Religiöse auf das Psychische zu reduzieren, zur Wehr gesetzt. Erstens sei das Psychische genauso Realität wie die äußere reale Welt. Zweitens sei seine Aufgabe aber eben die Beschäftigung mit der Psyche. Daraus sei noch nicht auf eine Leugnung der metaphysischen oder außerpsychischen Realität auch im Bereich des Religiösen zu schließen.

Neben viel Zustimmung hat die Analytische Psychologie eine Fülle von Widerständen und theologischen, philosophischen, erkenntnistheoretischen und auch psychologischen Fragen und Einwänden hervorgerufen. Umso verwunderlicher ist es, wie "kritiklos" heute *Jung'sches* Gedankengut in religionspädagogische und pastorale Anliegen einfließt und wie oft dabei zahlreiche einschlägige Arbeiten (*R. Hostie* 1957; *R. Affemann* 1957, *H. Harsch* 1965; *R. Keintzel* 1976; *ders.* 1991; *G. Lohfink - R. Pesch* 1987; *W. Nigg* 1974^2; *J. Rattner* 1986; *ders.* 1972; u.a.m.) unbeachtet bleiben.

Die Beschäftigung mit *C.G. Jungs* Thesen wird heute nicht selten ohne die notwendige Beachtung kritischer Einwände betrieben. So übersehen viele Autoren, daß Unbewußtes, das sich in Träumen äußert, nur durch das "Medium des Bewußtseins" erkannt wird (vgl.

R. Keintzel 1991, 55) und daß sehr unterschiedliche Deutungen und Bedeutungen des "Unbewußten" gebraucht werden.

Schon der Religionspsychologe *W. Gruehn* (vgl. *R. Keintzel* 1991, 16) hat *C.G. Jung* "willkürliche Interpretation" und Irrtümer vorgeworfen. Auch die heute so beliebte Interpretation der Märchen mit Hilfe *Jung'scher* Denkweisen begegnet seitens der Märchenforscher nicht wenigen Einwänden. (Vgl. etwa *W. Laiblin* 1972, 373-393; *E. Lenk* 1983, 71; *R. Keintzel* 1991, 16)

Der Theologe *B. Grom* äußerte in den "Stimmen der Zeit" (206 (1989)9/10, 604-612) die Meinung, *Jung* hätte - wäre er noch am Leben - schon mehrere theologische Ehrendoktorate erhalten. Dennoch vertritt *B. Grom* die Auffassung, daß die Archetypenlehre selbst, wie auch die sich in ihr artikulierende Metaphysik des Unbewußten und dessen "Sakralisierung" eine Sackgasse darstellen. Sind doch Archetypen erfahrungswissenschaftlich weder nachzuweisen noch zu widerlegen. Bei der Auseinandersetzung mit der zunehmenden Anwendung *Jung'scher* Methoden in der Religionspädagogik ist daher kritische Wachsamkeit geraten.

> "Es ist sehr schwer, *Jungs* Bedeutung für die Gegenwart abzuschätzen. Es ist nicht weniger schwer, Prognosen für die Zukunft zu stellen. Das ist deshalb so schwer, weil er in verschiedenen Kreisen sehr verschieden beurteilt wird. Und man kann sich auch, dank seiner Vielfältigkeit, aussuchen, was man an ihm und seinem Denken bewundern will. Weist der Theologe ihm Mißverständnisse nach, dann kann er ihn dort ernst nehmen, wo er, der Theologe, weniger zu Hause ist, etwa in der Psychologie. Weist der Fachpsychologe ihm Kurzschlüsse nach, so bewundert er ihn vielleicht als Religionsphilosophen. Findet man, er habe die neueste Entwicklung der Naturwissenschaften nicht zur Kenntnis genommen, dann kann man ihn preisen als denjenigen, der die angeblich naturwissenschaftliche Methode *Freuds* korrigiert habe, indem er den Geist und das Geistige ernst genommen habe. Oder dann rühmt man ihn als den Erforscher von Alchimie, Märchen und Mythologie, oder als den großen Traumforscher. Bei allen hier aufgezählten Gebieten handelt es sich zweifellos um Forschungsrichtungen, deren Bedeutung neu entdeckt wurde." (*R. Keintzel* 1991, 21)
> "Man wird *Jung* eher gerecht, wenn man sich klar macht, daß er Grenzgänger ist und bleibt, lebenslang." (*R. Keintzel* 1991, 22)

C.G. Jungs Diagnose des neuzeitlichen Christseins sollte man dessen ungeachtet sehr ernst nehmen:

> "Der Christ hat in seiner Seele mit der äußerlichen Entwicklung nicht Schritt gehalten. Ja es steht äußerlich alles da in Bild und Wort, in Kirche und Bibel. Aber es steht nicht innen. Im Inneren regieren archaische Götter wie nur je." (*C.G. Jung* GW XII 1952, 24)

Jungs Kritik am Christentum (es biete eine einseitige und darum ungesunde Diät) findet man auch in: GW VII 1981, 258.

Die Existenzanalyse Viktor Emil Frankls (geb. 1905) Öffnung der Tiefenpsychologie zur Transzendenz

Harald Simonitsch

Stark gekürzte Fassung einer Diplomarbeit in Katechetik und Religionspädagogik an der Karl-Franzens-Universität Graz über die religionspädagogische Bedeutung der Existenzanalyse (1992)

1. Das Leben Viktor Emil Frankls

Viktor Emil Frankl wurde am 26. März 1905 als Sohn eines Ministerialdirektors in Wien geboren. Seine Kindheit verbrachte *V.E. Frankl* in aus dem Milieu der Eltern geprägter Geborgenheit und beschreibt sich selbst als einen bereits im Kindesalter konsequenten "Zu-Ende-Denker". (*V.E. Frankl* 1981a, 146)

Bereits während seiner Mittelschulzeit begann sich *V.E. Frankl* für Philosophie und Psychotherapie zu interessieren. Er besuchte an der Volkshochschule die Philosophische Arbeitsgemeinschaft, wo er bereits im Alter von 16 Jahren den Grundgedanken des Übersinnes - des letzten Sinnes, der über uns hinausgeht - faßte und in einem Referat vortrug. Aus seinem Interesse für die Psychotherapie resultierte auch ein Briefwechsel mit *S. Freud*. Noch während der Mittelschulzeit entschloß sich *Frankl*, beides - nämlich seinen kindlichen Berufswunsch, Arzt zu werden, und sein Interesse an der Psychoanalyse - in seiner Berufswahl umzusetzen, er entschied sich, Medizin zu studieren und Psychiater zu werden. Noch zu seiner Maturazeit war *Frankl* stark psychoanalytisch ausgerichtet, aber bereits 1925 geriet *Frankl* in die Einflußsphäre von *A. Adler*, der damals einen Artikel *Frankls* zur Veröffentlichung bestimmte, nachdem *Freud* dies schon einige Jahre vorher mit einem Artikel des jungen *Frankl* gemacht hatte. Das Verhältnis zu *A. Adler* spitzte sich in den kommenden Jahren aber immer mehr zu, bis *Frankl* letztlich aus dem Verein für Individualpsychologie ausgeschlossen wurde.

Zwei Männer sind hier zu erwähnen, von denen *Viktor E. Frankl* selbst sagt, sie seien seine Lehrer gewesen: *Rudolf Allers* und *Oswald Schwarz*. Auch sie standen mit ihren Anschauungen im Widerspruch zu *A. Adler* und wurden aus dem Verein für Individualpsychologie ausgeschlossen. Parallel zu diesen beiden war für *V.E. Frankl* auch

M. Scheler wichtig geworden, dessen Gedanken man immer wieder von *V.E. Frankl* zitiert findet. (Vgl. *H. Spiegelberg* 1985, 58)

Von nun an konnte sich *V.E. Frankl* mehr für die Praxis interessieren, richtete in verschiedenen Städten Jugendberatungsstellen ein und durfte schon - dies war eine große Ausnahme - vor seiner Promotion selbständig psychotherapeutisch arbeiten. 1930 promovierte *Frankl* an der Universität Wien zum Doktor der Medizin, ließ sich speziell neurologisch ausbilden, arbeitete im Psychiatrischen Krankenhaus "Am Steinhof" und richtete 1937 eine Privatpraxis als Facharzt für Neurologie und Psychiatrie ein. *V.E. Frankl* leitete während des Krieges von 1940 bis 1942 die Nervenstation des Rothschild-Spitals in Wien, was ihm und seinen alten Eltern nach eigener Aussage "einen gewissen Schutz vor dem Transport in ein Konzentrationslager gewährte". (*V.E. Frankl* 1981a, 158)

1943 wurde *V.E. Frankl* dann doch nach Auschwitz und von dort in weitere Konzentrationslager verschleppt. Sein Buch "... trotzdem Ja zum Leben sagen" (1986[5]), das über seine Erlebnisse in den Konzentrationslagern aus psychologischer Sicht berichtet, ist in Amerika in 62 Auflagen erschienen. *H. Weigel* beschreibt im Vorwort zur 5. Auflage einen Gesichtspunkt dieses Buches:

> "... und wie *Viktor Frankl* seine Lager-Zeit überwand, das ist inzwischen anwendbar geworden auf viele nicht nur deutsche Situationen, die Zweifel am Sinn des Lebens nahelegen." (*V.E. Frankl* 1986[5], 9)

Frankl erlebte also selbst, was er auch in seiner Lehre immer wieder betont, daß man den Sinn im Leben nie zu verlieren braucht, auch wenn die Situation noch so menschenunwürdig ist, wie er sie im oben zitierten Buch beschreibt.

Nach dem Krieg kehrte *V.E. Frankl* nach Wien zurück, wo er nach dem Verlust seiner Eltern und seines Bruders jetzt auch noch vom Tod seiner ersten Frau im Konzentrationslager erfuhr. In dieser tragischen Stunde stürzte er sich in seine Arbeit, diktierte in nur neun Tagen das oben erwähnte Buch über das Konzentrationslager und arbeitete an der "Ärztlichen Seelsorge". Mit diesem Buch war die dritte Wiener tiefenpsychologische Schule nach der Psychoanalyse *S. Freuds* und der Individualpsychologie *A. Adlers* aus der Taufe gehoben.

Von 1946 bis 1970 war *V.E. Frankl* Vorstand der Neurologischen Abteilung der Wiener allgemeinen Poliklinik, seit 1947 ist er an der Universität Wien Privatdozent für Neurologie und Psychiatrie und ab 1955 tit. ao. Universitätsprofessor. 1949 promovierte *V.E. Frankl* zum Doktor der Philosophie.

V.E. Frankl unternahm unzählige Vortragsreisen auf Einladung von Universitäten aus allen Erdteilen, allein in die USA über 50. Neben seiner Professur in Wien hatte *V.E. Frankl* mehrere Gastprofessuren inne, so 1961 an der Harvard University, 1966 an der Southern Methodist University in Dallas und 1972 an der Duquesne University in Pittsburgh. Als Krönung seines Lebenswerkes bezeichnet *V.E. Frankl*, daß die United States International University in San Diego in Kalifornien 1970 eine Professur für Logotherapie schuf und mit ihm besetzte. (*V.E. Frankl* 1981a, 169f.) Inzwischen wurde außerdem an der Universität von Messina das "Centro Psicologico Vittorio Frankl" gegründet, und in Berkeley in Kalifornien wurde das "Frankl Library and Memorabilia"-Dokumentationszentrum geschaffen, wodurch *Frankl* bereits zu seinen Lebzeiten Denkmäler durch Forschungsstätten der Psychologie gesetzt wurden.

Die vielen Ehrendoktorate von Universitäten aus der ganzen Welt bezeugen *V.E. Frankls* hohen wissenschaftlichen Stellenwert, die hohen Auflagezahlen und die Übersetzung seiner 28 Bücher in 20 Sprachen bestätigen die Popularität von *Frankls* Werken auch in der breiten Masse der Leser. 1987 erhielt *V.E. Frankl* die hohe amerikanische Auszeichnung "Livetime Achievement Award" für sein Lebenswerk, und in Österreich ist er Ehrenmitglied der Österreichischen Akademie der Wissenschaften.

(Vgl. zum Ganzen *V.E. Frankl* 1981a; A. *Längle 1985a, 208; Ch. Orgler* 1988, 5-14)

2. *Ausgewählte Themen der Lehre Viktor Frankls*

2.1 Viktor E. Frankls Intention

Viktor E. Frankl möchte eine Psychologie lehren, die über die beiden ersten Wiener Schulen der Tiefenpsychologie hinausgeht. Er möchte die menschliche Existenz nicht nur in ihrer Tiefe sehen, sondern auch in der Höhe, diese Höhendimension soll eine Erweiterung zur "traditionellen" Tiefenpsychologie sein. (Vgl. *V.E. Frankl* 1983, 14; *ders.* 1988[7], 99; *J.B. Fabry* 1973, 183)

V.E. Frankl hat die Menschenbilder der Psychoanalyse und der Individualpsychologie kennengelernt und betrachtet sie kritisch, er möchte mit der Existenzanalyse und Logotherapie die bisherige Psychotherapie nicht ersetzen. Er versucht vielmehr, das der Psychotherapie

> "...immer schon zugrunde gelegte Menschenbild zu er-gänz-en zu einem ganzen Bild vom wahren Menschen, einem Bild, das insofern plastisch ist und ein Relief hat, als es der volldimensionalen Wirklichkeit des Wesens Mensch gerecht zu werden versucht, jener Wirklichkeit, die den Menschen und ihn allein auszeichnet; denn die Psychotherapie bedarf eines korrekten Menschenbilds,..." (*V.E. Frankl* 1959, 29)
> Vgl. dazu auch *V.E. Frankl* 1983, 25; *V.E. Frankl* 1951, 77; *K. Dienelt* 1955, 12 u. 22; *K. Dienelt* 1973, 45; *K. Dienelt* 1967, 50; *E. Lukas* 1986, 29.

V.E. Frankls Werk geht wirklich von einem fundiert aufgearbeiteten und ausführlich beschriebenen Menschenbild aus, dies zeichnet die Logotherapie gegenüber den anderen tiefenpsychologischen Schulen aus.

2.2 Gesellschaftliche Voraussetzungen heute

V.E. Frankl möchte dort ansetzen, wo er die Problematik in der heutigen Zeit sieht. Er geht davon aus, daß die Psychoanalyse und die Individualpsychologie ebenfalls von Problemen ihrer Zeit geleitet und geprägt waren. *V.E. Frankl* meint, wir müssen uns eingestehen,

"...daß Sigmund Freud zutiefst dem Naturalismus seiner Epoche verhaftet war. Das heißt, er sah im Menschen letztlich nur ein Naturwesen, übersah aber die Geistnatur des Menschen. Gewiß: der Mensch hat auch Triebe; aber sein Eigentlichstes läßt sich unmöglich von diesen Trieben herleiten, und Dinge wie der Geist, die Person, das Ich können unmöglich auf Triebe zurückgeführt werden." (*V.E. Frankl* 1952, 10)

D. h. *Sigmund Freud* sah einen Teil richtig, aber er sah nicht alles.
Die heutige Psychotherapie muß sich den heutigen Nöten der Menschen stellen, diese sind nicht primär im sexuellen Bereich zu suchen, sondern in ihrer

"...existentiellen Unerfülltheit: mit der Sehnsucht der Menschen nach einem Lebensziel und Daseinszweck, nach einer konkreten Aufgabe und einem persönlichen Auftrag - mit einem Wort: mit dem Ringen um einen Daseinssinn." (*V.E. Frankl* 1952, 11; vgl. *ders.* 1987b, 117ff.)

V.E. Frankl sieht das Hauptproblem der heutigen Zeit im Sinnlosigkeitsgefühl, das sich des Menschen von heute mehr und mehr bemächtigt. Er meint, der Mensch leide heute nicht mehr "unter den Folgen ödipaler Situationen" und auch nicht mehr "so sehr unter den Nachwirkungen von Minderwertigkeitsgefühlen" (*F. Kreuzer* 1982, 8; vgl. *V.E. Frankl* 1979[5]a, 141), wie sie von *Adler* beschrieben wurden.
Dieses Sinnlosigkeitsgefühl beschreibt *V.E. Frankl* mit Hilfe der folgenden drei eng zusammenhängenden Fachausdrücke.

2.2.1 Die existentielle Frustration

Den Begriff hat *V.E. Frankl* aus der Beobachtung heraus geprägt, da ihm aufgefallen war, daß sich immer mehr Patienten an den Psychiater wenden, "weil sie am Sinn ihres Lebens zweifeln oder gar daran verzweifeln, einen Lebenssinn überhaupt zu finden." (*V.E. Frankl* 1983, 19) *V. Frankl* meint aber, daß das an und für sich nichts Pathologisches ist, es zeichnet im Gegenteil den Menschen sogar aus, sich nach dem Sinn im Leben zu fragen. Der Arzt muß daher diese Zweifel am Lebenssinn ernst nehmen, nicht einfach billigen Trost spenden, sondern sich ihnen widmen. (Vgl. *V.E. Frankl* 1983, 19f.) Wir sind heute "mit einer existentiellen Frustration konfrontiert", und der typische psychotherapeutische Patient von heute leidet "an einem abgründigen Sinnlosigkeitsgefühl, das mit einem Leeregefühl vergesellschaftet ist". (*V.E. Frankl* 1977a, 11; vgl. *ders.* 1992, 19) Diese Aussage bezieht sich aber nicht nur auf psychotherapeutische Patienten, sondern auf unsere ganze Gesellschaft. Ja, unser ganzes Zeitalter leidet unter dieser existentiellen Frustration. (Vgl. *V.E. Frankl* 1977a, 72)

2.2.2 Das existentielle Vakuum

Im Zusammenhang mit diesem Sinnlosigkeitsgefühl spricht *V.E. Frankl* von einem existentiellen Vakuum. Er erklärt "die Heraufkunft dieses existentiellen Vakuums" mit folgender Kurzformel:

"Im Gegensatz zum Tier sagen dem Menschen keine Instinkte, was er muß, und im Gegensatz zum Menschen von gestern sagen dem Menschen von heute keine Traditionen mehr, was er soll. Nun, weder wissend, was er muß, noch wissend, was er soll, scheint er

oftmals nicht mehr recht zu wissen, was er im Grunde will. So will er denn nur das, was die anderen tun - Konformismus! Oder aber er tut nur das, was die anderen wollen - von ihm wollen - Totalitarismus."(*V.E. Frankl* 1977a, 13)
(Vgl. auch *V.E. Frankl* 1983, 19; *ders.* 1979[5]a, 142; *ders.* 1982[3]c, 12; *K. Dienelt* 1984, 155; *ders.* 1973, 48; *M. Dieterich* 1989, 310; *J.B. Fabry* 1973, 106ff.)

Man kann also mit *J.B. Fabry* wohl sagen, daß weitergegebene Werte und Traditionen für die Sinnfindung eine Bedeutung haben bzw., wenn man die heutige Situation anschaut, hätten, aber die Entscheidung liegt eben beim Menschen, ob er diese Werte und Traditionen annimmt und deren Bedeutung zur Sinnfindung erkennt. (Vgl. *J.B. Fabry* 1973, 29)

In den Raum des existentiellen Vakuums stellt *V.E. Frankl* auch die Aggression. Er meint, daß aggressive Impulse dort zu wuchern beginnen, wo es ein existentielles Vakuum zu spüren gibt (vgl. *V.E. Frankl* 1977a, 23), denn der existentiell frustrierte Mensch findet nichts sinnvoll, mit dem er sein Vakuum auffüllen könnte. (Vgl. *V.E. Frankl* 1977a, 75)

Es kann sich auch noch eine dritte Folgeerscheinung ergeben, nämlich die sogenannte "noogene Neurose".

2.2.3 Die noogene Neurose

Diese Neurose geht "auf Gewissenskonflikte, auf Wertkollisionen und ... auf eine existentielle Frustration" (*V.E. Frankl* 1977a, 13) zurück. Es ist eine ganz spezielle Neurose, die auftritt, obwohl man in großem Wohlstand und mit besten Erfolgen im Berufsleben lebt; es kommt zu Krisen, die sich auf den Sinn des Lebens beziehen. Untersuchte Personen suchten persönliche, tragende Werte, sie klagten darüber, daß sie durch ihr Leben nicht das Gefühl hatten, einzigartige, unersetzliche Beiträge für die Menschheit zu leisten. Es fehlte ihnen so etwas wie Berufung. (Vgl. *V.E. Frankl* 1983, 19)
So meint *V.E. Frankl* von der Überflußgesellschaft, daß sie

> "...zwar Gelegenheit zu sinnvoller Lebensgestaltung böte, in Wirklichkeit aber das existentielle Vakuum nur noch mehr zutage treten läßt, ..." (*V.E. Frankl* 1977a, 32; vgl. auch *J.B. Fabry* 1973, 101f.)

Wir sind soweit, daß ein geringer Prozentsatz an arbeitenden Menschen reichen würde, um die Menschheit mit dem Nötigsten zu versorgen, aber für die anderen wäre die Sinnlosigkeit nur noch dramatischer.

Die einen, wie z. B. Manager, haben zu viel zu tun, um zu sich selbst zu kommen, andere hingegen, wie z. B. die Frauen solcher Manager, haben zu viel Zeit, wissen mit dieser Zeit nichts anzufangen. Im einen Fall können sich die Menschen wie besessen in ihre Arbeit, im anderen Fall in Trunksucht, Tratschsucht oder Spielsucht stürzen. "All diese Menschen sind auf der Flucht vor sich selbst, ..." (*V.E. Frankl* 1977a, 77; *ders.* 1959, 50; *ders.* 1987b, 118)

2.3 Das Menschenbild

Bei *V.E. Frankls* Menschenbild haben wir es mit drei Konstituentien zu tun, die irreduzibel und indeduzibel sind. Geistigkeit, Freiheit und Verantwortlichkeit sind Urphänomene und keine Epiphänomene. (Vgl. *V.E. Frankl* 1959, 99) Diese so wichtigen Gesichtspunkte des Menschenbildes der Existenzanalyse, die das Menschenbild zu einer Komplexität formen, die vorher in der Psychotherapie noch nicht vorhanden war, sollen in den verschiedensten Ausprägungen in diesem Kapitel behandelt werden.

2.3.1 Das Geistige

U. Böschemeyer weist darauf hin, daß *V.E. Frankl* in den neueren Werken den Begriff des "Geistigen" aus didaktischen Gründen durch den Begriff des "Noetischen" ersetzt. (Vgl. *U. Böschemeyer* 1976, 4.)

V.E. Frankl gibt sich bei seinem Menschenbild mit der üblichen Leib-Seele-Trennung nicht zufrieden.

"Zur Ganzheit des Menschen gehört vielmehr noch ein Drittes, gehört das Geistige wesentlich mit hinzu." (*V.E. Frankl* 1949, 2; vgl. auch *K. Dienelt* 1955, 10f.; *G. Funke* 1985, 103)

Das Geistige - sowohl bewußt, als auch unbewußt - muß mitgedacht werden, um zu einem wahren Bild vom Menschen zu kommen. So kritisiert *V.E. Frankl* auch, daß sich die Tiefenpsychologie vor der Existenzanalyse um die eigentlich menschliche Person - als das Zentrum geistiger Existenz - nicht gekümmert hat. Daher geht es *V.E. Frankl* "um eine Psychotherapie 'vom Geistigen her'." (*V.E. Frankl* 1983, 17; vgl. auch *E. Lukas* 1986, 27)

In diesem Punkt schafft *V.E. Frankl* etwas ganz Neues. Er beschreibt die Psychoanalyse *S. Freuds* - um ihr dann die Existenzanalyse entgegenzustellen - als atomisierende, energetische und mechanistische Konzeption. (Vgl. *V.E. Frankl* 1988[7], 9-13) Die Psychoanalyse sieht

"...im Menschen letztlich die Automatie eines seelischen Apparates. Hier klinkt die Existenzanalyse ein. Sie stellt der psychoanalytischen Konzeption eine andere entgegen: An Stelle der Automatie eines seelischen Apparats sieht die Existenzanalyse die Autonomie der geistigen Existenz." (*V.E. Frankl* 1988[7], 13; vgl. auch *V.E. Frankl* 1987b, 87; *ders.* 1951a, 81; *ders.* 1947, 14; *K. Dienelt* 1955, 11; *ders.* 1967, 50)

Wir haben also eine Dreidimensionalität des Menschen, wobei aber "das eigentlich Menschliche erst aufscheinen kann, sobald wir uns in die Dimension des Geistigen hineinwagen." (*V.E. Frankl* 1987b, 65)

Eine Neuerung in der Existenzanalyse ist die Erkenntnis der unbewußten Geistigkeit. Die Existenzanalyse kennt also nicht nur das triebhaft Unbewußte, sondern auch das geistig Unbewußte, in dem sie den tragenden Grund aller bewußten Geistigkeit sieht. "Das Ich ist nicht beherrscht vom Es; aber der Geist ist getragen vom Unbewußten."

(*V.E. Frankl* 1987b, 76) Anders ausgedrückt kann man sagen, daß eigentliches Menschsein erst dort gegeben ist, wo der Mensch nicht von einem Es getrieben wird, sondern wo er sich als ein Ich selbst entscheidet. (Vgl. *V.E. Frankl* 1988^7, 18) Aus diesem Grund kann *V.E. Frankl* seine Lehre auch als "die eigentliche Tiefenpsychologie" bezeichnen, da "sie nicht nur bis ins triebhaft Unbewußte, sondern auch bis ins geistig Unbewußte hinabsteigt." (*V.E. Frankl* 1987b, 86) Von daher kommt *V.E. Frankl* auch zu einer Prognose; er sieht das Wesen des zeitgenössischen Nihilismus im Geistesüberdruß des heutigen Menschen. (Vgl. *V.E. Frankl* 1987b, 86)

Das Geistige ist also das schlechthin Notwendigste und Wichtigste für das Menschsein. Der Mensch ist nur dann Mensch, wenn er als geistiges Wesen über sein leibliches und seelisches Wesen hinaus existiert (vgl. *V.E. Frankl* 1987b, 93), erst diese geistige Person macht die Ganzheit und Einheit des Menschen aus. (Vgl. *V.E. Frankl* 1988^7, 20; *ders.* 1951a, 60; *ders.* 1952, 105)

Das Menschliche am Menschen macht nach *V.E. Frankl* aus,

> "...daß sich der Mensch von den Trieben distanzieren kann und nicht mit ihnen identifizieren muß - was das Tier keineswegs kann; ... weil es sozusagen mit ihnen bereits identisch ist. Das Tier 'hat' nicht Triebe - es 'ist' seine Triebe. ... an Stelle der leiblich-seelischen Einheit des Tieres finden wir am Menschen die leiblich-seelisch-geistige Ganzheit." (*V.E. Frankl* 1049, 104f.; vgl. *ders.* 1987b, 89)

Der Mensch ist also seinen Trieben nicht verfallen, er kann sich von ihnen lösen, ja er wird sich von ihnen lösen müssen, um wirklich Mensch zu sein.

So kann man also sagen, daß das Geistige die spezifisch menschlichen Phänomene meint. Nicht die Ratio oder der Intellekt sind gemeint, sondern die dahinter liegende Dimension, also z. B. die Sinnstrebigkeit des Menschen, seine Freiheit und Verantwortlichkeit, seine Selbst-Transzendenz. Und es bleibt grundsätzlich dabei, "daß das Geistige vom Seelischen geschieden werden muß; beide stellen zwei wesensverschiedene Bereiche dar". (*V.E. Frankl* 1983, 26)

2.3.1.1 Die Dimensionalontologie

V.E. Frankl hat sich stets bemüht, die geistige Dimension seines Menschenbildes zu verteidigen. Er hat sich bereits in seinem Werk "Zeit und Verantwortung" 1947 gegen die psychologistischen Versuche gewehrt, das Geistige falsch zu "projizieren". Dieses falsche Prinzip liegt darin, daß Phänomene "aus ihrem geistigen 'Raum' in die Ebene des Psychologischen hinabprojiziert" (*V.E. Frankl* 1947, 6; vgl. *ders.* 1951a, 36, 55f; *A. Längle* 1985b, 83) werden. D. h. also, daß der Psychologismus die geistige Dimension im Menschen ignoriert (vgl. *V.E. Frankl* 1984^{2}b, 169), daß er keinen weiteren Seinsbereich gelten läßt, der über bloß Physisches, Biologisches oder Psychologisches hinausgeht. (Vgl. *V.E. Frankl* 1953, 186)

Was *V.E. Frankl* unter psychologistischem Vorgehen versteht, hat er, aus didaktischen Gründen bewußt karikierend, folgendermaßen beschrieben:

Um nun diesem Psychologismus entgegenzutreten und seine obige Aussage zu bekräftigen, hat *V.E. Frankl* seinen so viel zitierten, bekannten Vergleich gebracht:

"Es ergeht dem Psychologisten eben genau so wie einem, der aus dem dreidimensionalen Raum eine ebene Kreisfigur, oder aber ein dreidimensionales Gebilde wie einen zylindrischen oder kegelförmigen oder kugeligen Körper in die (zweidimensionale) Ebene hineinprojiziert: in dieser Projektion, im 'Grundriß', wird auf jeden Fall nur ein Kreis herauskommen und immer derselbe Kreis, und nie wird es aus dieser Projektion klar werden, um was es sich ursprünglich gehandelt hat." (*V.E. Frankl* 1947, 6; vgl. *ders.* 1951a, 37; vgl. *J.B. Fabry* 1973, 30f.)

Diesen Vergleich hat *V.E. Frankl* später geometrisch veranschaulicht und als zwei Gesetze der Dimensionalontologie formuliert.

(Erstmals dürfte diese Veranschaulichung aus dem Jahre 1953 stammen, denn in folgenden Werken wird auf *V.E. Frankl* 1953, 186ff. verwiesen: *V.E. Frankl* 1983, 31; *ders.* 1979^5b, 23; *ders.* 1984^2a, 125. Der Begriff "Dimensionalontologie" findet sich dort allerdings noch nicht. Vgl. weiters *V.E. Frankl* 1987b, 63ff.; *ders.* 1990, 6f, 11f.)

Bei der Dimensionalontologie handelt es sich um den Versuch, "ein Menschenbild zu skizzieren, das mit geometrischen Analogien operiert." (*V.E. Frankl* 1983, 31; vgl. weiters alle in obigem Absatz genannten Werke)

Das erste Gesetz der Dimensionalontologie ist folgendermaßen veranschaulicht und formuliert:

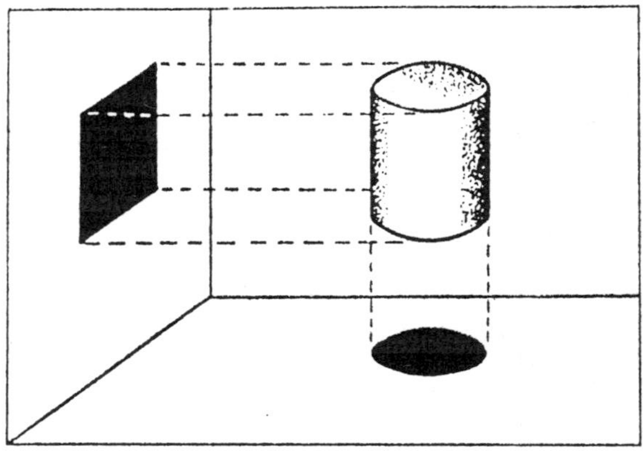

(Abbildung aus: *V.E. Frankl* 1984^2a, 126; vgl. weiters *V.E. Frankl* 1953; *ders.* 1983; *ders.* 1979^5b; *ders.* 1984^2a; *ders.* 1987b; *ders.* 1990; *E.J. Korherr* 1974, 21.)

"Ein und dasselbe Ding, aus seiner Dimension heraus in verschiedene Dimensionen hinein projiziert, die niedriger sind als seine eigene, bildet sich auf eine Art und Weise ab, daß die Abbildungen einander widersprechen. Projiziere ich beispielsweise das Trinkglas da, geome-

"Ein und dasselbe Ding, aus seiner Dimension heraus in verschiedene Dimensionen hinein projiziert, die niedriger sind als seine eigene, bildet sich auf eine Art und Weise ab, daß die Abbildungen einander widersprechen. Projiziere ich beispielsweise das Trinkglas da, geometrisch ein Zylinder, aus dem dreidimensionalen Raum heraus in die zweidimensionalen Ebenen des Grund- und Seitenrisses hinein, dann ergibt dies im einen Falle einen Kreis, im andern Falle jedoch ein Rechteck. Darüber hinaus ergibt die Projektion aber auch insofern einen Widerspruch, als es sich in jedem Falle um eine geschlossene Figur handelt, während das Trinkglas doch ein offenes Gefäß ist." (*V.E. Frankl* 1983, 31f.; vgl. weiters *V.E. Frankl* 1953; *ders.* 1979[5]b; *ders.* 1984[2]a; *ders.* 1987b; *ders.* 1990; *E.J. Korherr* 1974, 21.)

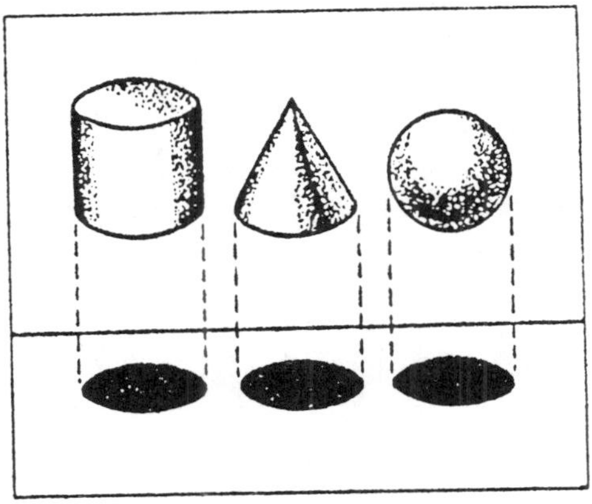

(Abbildung aus: *V.E. Frankl* 1984[2]a, 126; vgl. weiters *ders.* 1983; *ders.* 1953; *ders.* 1979[5]b; *ders.* 1984[2]a; *ders.* 1987b; *ders.* 1990; *E.J. Korherr* 1974, 21.)

Beim zweiten Gesetz der Dimensionalontologie geht es um folgendes:

"(Nicht ein und dasselbe, sondern) verschiedene Dinge, aus ihrer Dimension heraus (nicht in verschiedene Dimensionen, sondern) in ein und dieselbe Dimension hinein projiziert, die niedriger ist als ihre eigene, bilden sich auf eine Art und Weise ab, daß die Abbildungen (nicht einander widersprechen, sondern) mehrdeutig sind. Projiziere ich beispielsweise einen Zylinder, einen Kegel und eine Kugel aus dem dreidimensionalen Raum heraus in die zweidimensionale Ebene des Grundrisses hinein, dann ergibt dies in jedem Falle einen Kreis. Nehmen wir an, es handle sich um die Schatten, die der Zylinder, der Kegel und die Kugel werfen, dann sind die Schatten insofern mehrdeutig, als ich aus ihnen, die ja die gleichen sind, nicht darauf schließen kann, ob es ein Zylinder, ein Kegel oder eine Kugel ist, was sie wirft." (*V.E. Frankl* 1983, 32; vgl. weiters *ders.* 1953; *ders.* 1979[5]b; *ders.* 1984[2]a; *ders.* 1987b; *ders.* 1990; *E.J. Korherr* 1974, 21.)

Dieses Gesetz hat *V.E. Frankl* noch ausgebaut und mit weiteren Veranschaulichungen verdeutlicht. (Vgl. *V.E. Frankl* 1979[5]c, 51ff.; *ders.* 1982[3]b, 247ff.) *Böschemeyer* findet *Frankls* Lehre von der Dimensionalontologie im Werk "Der Wille zum Sinn" am prägnantesten dargestellt (vgl. *U. Böschemeyer* 1976, 54), wobei er sich dabei auf die weitere Ausformung bezieht. Die beiden weiterführenden Veranschaulichungen machen folgenden, bereits in früheren Werken beschriebenen Tatbestand deutlich. (Vgl. *V.E. Frankl* 1983, 32ff.; *ders.* 1979^5b, 26f.; *ders.* 1984^2a, 126f.)

V.E. Frankl möchte aufzeigen, daß einzelne Wissenschaften die Wirklichkeit verschieden abbilden, und zwar sogar völlig widersprechend. Die Einheit der Wirklichkeit bleibt aber trotzdem bestehen. (Vgl. *V.E. Frankl* 1979^5c, 51; ebenso in: *V.E. Frankl* 1982^3a, 153)

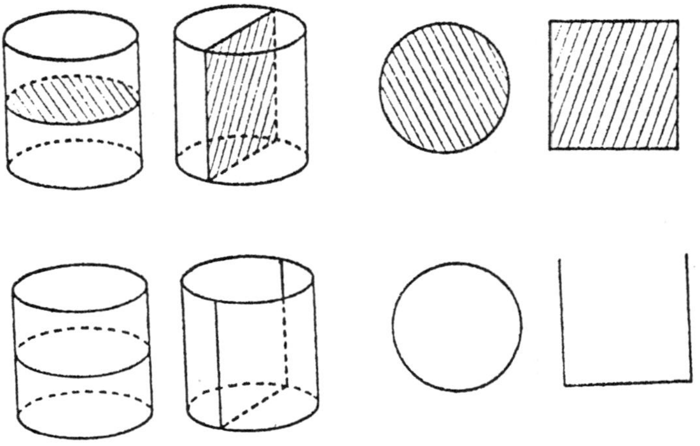

(Abbildung aus: *V.E. Frankl* 1982^3a, 154f.)

Betrachten wir nun obige Abbildung, dann können wir uns vergegenwärtigen,

> "...daß sich jede einzelne Wissenschaft als ein ganz bestimmter Querschnitt auffassen läßt, der durch die Realität hindurch geführt wird. Schneiden wir nun aus einem Zylinder, dessen Durchmesser ebenso groß ist wie seine Höhe, einen horizontalen Querschnitt heraus, dann ergibt sich ein Kreis, während ein vertikaler Querschnitt ein Quadrat ergibt. Nun gibt es bekanntlich keine 'Quadratur des Kreises'. Ebensowenig läßt sich aber auch die Kluft überbrücken, die den somatischen und den psychischen Aspekt menschlichen Daseins voneinander trennt." (*V.E. Frankl* 1979^5c, 51; ebenso in: *V.E. Frankl* 1982^3a, 153f.)

In der Ebene kann aber die Einheit gar nicht mehr hergestellt werden, dies kann nur im dreidimensionalen Raum geschehen. Das gleiche gilt für menschliche Phänomene, diese können nur in der richtigen menschlichen Dimension wahr zu einer Einheit zusammengefügt werden und nicht rein in der biologischen oder psychologischen Schnittebene. Daher kann man zusammenfassend sagen, daß es sich "nicht um eine Einheit in der Mannigfaltigkeit, vielmehr so recht um eine Einheit trotz der Mannigfaltigkeit" handelt. (*V.E. Frankl* 1979^5c, 51f.; ebenso in *V.E. Frankl* 1982^3a, 154)

Die zweite Zeile der obigen Abbildungen zeigt uns aber auch, daß dasselbe auch für die Offenheit des Menschen gilt.

"Stellen wir uns zunächst einmal vor, der Zylinder, durch den wir die beiden Querschnitte führen, sei ein offenes Gefäß, dann ist der horizontale Querschnitt nach wie vor ein geschlossener Kreis, der vertikale hingegen ist offen. Sobald wir in den beiden Figuren aber Querschnitte aus einem Zylinder sehen, sind Geschlossenheit und Offenheit durchaus miteinander kompatibel." (*V.E. Frankl* 1979^{5}c, 52; ebenso in *V.E. Frankl* 1982^{3}a, 154f.)

Im Kapitel über die Selbst-Transzendenz des Menschen sollten wir uns an diese Veranschaulichung erinnern.

So meint *M. Titze*, *V.E. Frankls* Dimensionalontologie kulminiere

"...letztendlich in der These, daß es nicht die objektivierbaren Bestandteile des Wesens Mensch sind, die sein einmaliges Sosein, seine Persönlichkeit hervorbringen. Letztere sei vielmehr eine Funktion seiner Geistigkeit, die sich niemals verobjektivieren läßt." (*M. Titze* 1985, 46)

Durch die Existenzanalyse werden wir davor bewahrt, die menschliche Existenz um eine Dimension, nämlich um die Dimension des Geistigen, niedriger zu sehen. (Vgl. *K. Dienelt* 1955, 25; *ders.* 1984, 157f.) *E. Lukas* folgert aus der Dimensionalontologie die Tatsache, daß die Logotherapie eine ergänzende Psychotherapie ist, denn davor war die Psychotherapie eine "geistlose". (Vgl. *E. Lukas* 1986, 26ff.; vgl. auch 2.1)

2.3.2 Die Freiheit

Beim Versuch, die besondere Dimension des Menschseins aufzuzeigen, bringt *V.E. Frankl* einen Vergleich:

"Ein Flugzeug hört nicht auf, genauso wie ein Auto, auf dem Flughafengelände, also in der Ebene, umherfahren zu können; aber als ein wirkliches Flugzeug wird es sich erst dann erweisen, wenn es sich in die Lüfte, also in den dreidimensionalen Raum erhebt. Genauso ist der Mensch auch ein Tier; aber er ist auch unendlich mehr als ein Tier, und zwar um nicht weniger als eine ganze Dimension, nämlich die Dimension der Freiheit." (*V.E. Frankl* 1983, 3; vgl. *ders.* 1983, 34; *J.B. Fabry* 1973, 29)

Und diese besondere Dimension, die Freiheit des Menschen, bedeutet nicht Freiheit von etwas, sondern sie bedeutet Freiheit zu etwas, der Mensch ist frei "zu einer Stellungnahme gegenüber all den Bedingungen." (*V.E. Frankl* 1983, 3)

Diese Freiheit des Menschen ist nun eine Freiheit gegenüber dreierlei, nämlich gegenüber den Trieben, dem Erbe und auch gegenüber der Umwelt. (Vgl. *V.E. Frankl* 1987b, 88)

Bezüglich der Freiheit gegenüber den Trieben können wir in Fortsetzung des Beispieles aus Kapitel 2.3.1 festhalten, daß in der Geistigkeit des Menschen die Triebhaftigkeit des Menschen eingebettet liegt. Immer wenn es um die Triebe geht, hat der Geist mitgespielt, entweder hat er dreingeredet, oder aber er hat geschwiegen, letzteres dann, wenn die Triebe enthemmt ausgelebt wurden. (Vgl. *V.E. Frankl* 1987b, 89) Selbstverständlich verneint die Existenzanalyse nicht die Triebe, aber sie betont, daß der Mensch etwas aus seinen Trieben macht, und nicht die Triebe etwas mit ihm machen. (Vgl. *V.E. Frankl* 1987b, 88; *R.E. Carter* 1985, 72)

Bezüglich der Freiheit gegenüber dem Erbe und der Umwelt kann *V.E. Frankl* verschiedene Beispiele aus Forschungstests anführen, die glaubhaft bestätigen, daß immer der Mensch derjenige ist, der aus sich etwas macht, der, aus wertneutralen Eigenschaften schöpfend, sich in Freiheit entscheiden muß. (Vgl. *V.E. Frankl* 1987b, 97) Was ist also letztlich der Mensch?

> "Er ist das Wesen, das immer - entscheidet. Und er entscheidet immer wieder, was er ist, was er im nächsten Augenblick sein wird. In ihm sind die Möglichkeiten zum Engel und zum Teufel." (*V.E. Frankl* 1951b, 7)

Die Existenzanalyse spricht den Menschen aber nur bedingt frei, denn einerseits ist menschliche Freiheit nicht mit Allmacht gleichzusetzen, da "ja der Mensch nicht alles tun kann, was er tun will" (*V.E. Frankl* 1987b, 97), andererseits vergißt die Existenzanalyse nicht, "ihn zu gleicher Zeit auch verantwortlich zu sprechen. Und das heißt, daß menschliche Freiheit ... auch nicht mit Willkür identisch ist." (*V.E. Frankl* 1987b, 97f.; vgl. auch *J.B. Fabry* 1973, 148) Dieser letzte Punkt ist denn auch derjenige, in dem sich die Existenzanalyse von der Existenzphilosophie, im besonderen vom französischen Existentialismus unterscheidet.

2.3.3 Das Verantwortlich-sein

Nach *V.E. Frankl* scheint es so zu sein, daß sich der Mensch ständig bemüht,

> "...seiner Verantwortlichkeit zu entgehen und, statt sich zu verantworten ..., sich zu entschuldigen. Das Bewußtsein seines Verantwortlichseins unterdrückt er; seine Freiheit verleugnet er, und zwar dadurch, daß er ständig den Gegenpart der Freiheit: das Schicksal, gegen die Freiheit ausspielt - und damit seine Freiheit verspielt." (*V.E. Frankl* 1947, 11)

Gegen diese Schicksalsgläubigkeit des Menschen zieht *V.E. Frankl* immer wieder ins Feld. Es ist für unser ganzes Leben wichtig, daß wir die uns auferlegte Verantwortung auch wirklich tragen und uns nicht vom Schicksal vereinnahmen lassen. Als prägnanten Satz formuliert, heißt das: "... was 'das Schicksal gefügt hat' - darüber hat der Mensch erst zu ver-fügen!" (*V.E. Frankl* 1949, 113)

Es wird also schon klar, daß das Verantwortlich-Sein aus dem Thema Freiheit, wie wir es im obigen Kapitel kennengelernt haben, notwendigerweise folgt. Diese Freiheit muß nun auch ambivalent gesehen werden, nämlich als "Freiheit vom Sosein und Freiheit zum Dasein. Dieses Dasein des Menschen aber ist im letzten: Verantwortlichsein." (*V.E. Frankl* 1947, 14; vgl. *J.B. Fabry* 1973, 128) Oder umgekehrt ausgedrückt: "das Verantwortlich-Sein ist der Sinn des menschlichen Seins!" (*V.E. Frankl* 1947, 15; vgl. *K. Dienelt* 1984, 181)

Diese Verhaltensweise des Verantwortlich-seins, daß nämlich die geistige Existenz des Menschen völlig autonom ist und nicht wie in der Psychoanalyse als Automatie des seelischen Apparates betrachtet wird (vgl. *V.E. Frankl* 1988[7], 13; *ders.* 1987b, 87; *ders.* 1951a, 81; *ders.* 1947, 14; *K. Dienelt* 1955, 11; vgl. auch 2.3.1), nennt man Existenzanalyse, wobei in der Lehre *V. Frankls* das Wort Analyse "im Sinne eines Herausstellens desjenigen, was im Wesen von Existenz implicite bereits enthalten ist" (*V.E. Frankl* 1951b, 34; vgl. auch *ders.* 1987b, 58), gebraucht wird.

Bleiben wir kurz bei der Begriffsbestimmung von Existenzanalyse und Logotherapie. Diese beiden Begriffe

> "...sind je eine Seite ein und derselben Theorie. Und zwar ist die Logotherapie eine psychotherapeutische Behandlungsmethode, während die Existenzanalyse eine anthropologische Forschungsrichtung darstellt." (*V.E. Frankl* 1987b, 57f.)

Mit anderen Worten und ein wenig vereinfacht könnte man also sagen, daß die Logotherapie die therapeutische Ausgestaltung der Existenzanalyse ist. Sieht man die Logotherapie und die Existenzanalyse als eine "am Geistigen orientierte Psychotherapie" an, dann "gliedert sich diese Psychotherapie auf einerseits in die Logotherapie als Therapie 'vom Geistigen her' und andererseits in die Existenzanalyse als Analyse 'auf Geistiges hin'." (*V.E. Frankl* 1984^2b, 172; vgl. *K. Dienelt* 1967, 47) Die Logotherapie geht also vom Geistigen aus und die Existenzanalyse leitet zum Geistigen hin.

Logos im Wort "Logotherapie" meint zweierlei: "einmal den Sinn - und zum anderen Mal das Geistige, und zwar in zumindest heuristischem Gegensatz zum bloß Seelischen." (*V.E. Frankl* 1987b, 58) Logos meint also genau das, was wir im Kapitel "Das Geistige" schon kennengelernt haben, aber auch den Begriff der Logotherapie schlechthin, den wir in einem späteren Kapitel noch gesondert behandeln werden, nämlich "Sinn". Die Existenzanalyse ist "der Versuch einer psychotherapeutischen Anthropologie, einer Anthropologie, die aller Psychotherapie vorgängig ist" (*V.E. Frankl* 1987b, 59), verstanden in dem Sinn, daß Existenz "die Eigenart des Menschseins" (*V.E. Frankl* 1987b, 58) bedeutet, wie sie oben beschrieben ist. Es werden also die Bedingungen analysiert, die Grundlage für die Existenz sind, die Existenzanalyse ist somit eine Analyse auf ein lebenswertes Leben hin.

H. Spiegelberg meint, daß Existenzanalyse "mehr den zu behandelnden Patienten und dessen individuelle Existenz" betont, während Logotherapie "auf die anzuwendende Behandlungsmethode hinweist." (*H. Spiegelberg* 1985, 56) Das scheint eine recht verständliche Interpretation dieser beiden Begriffe zu sein. *Spiegelberg* stellt aber auch fest, daß es nicht immer klar ist, inwieweit diese Begriffe verschieden oder doch gleichbedeutend gebraucht werden. (Vgl. *H. Spiegelberg* 1985, 56)

Von Anfang an hat sich die Existenzanalyse dem Verantwortlich-Sein im Bewußtsein der Wichtigkeit dieses menschlichen Spezifikums verpflichtet gefühlt. (Vgl. *V.E. Frankl* 1988^7, 13; *K. Dienelt* 1955, 13, 33) Und darin liegt auch der bezeichnende Unterschied zur Psychoanalyse.

> "... das eigentliche Menschsein ist - in striktem Gegensatz zur psychoanalytischen Auffassung - eben nicht Getrieben-sein; ...; es ist in unserem eigenen, existenzanalytischen Sinne Verantwortlich-sein: Es ist existentielles Sein." (*V.E. Frankl* 1988^7, 18)

Der Mensch wird nicht von Triebhaftem getrieben, sondern von Werthaftem gezogen. (Vgl. *V.E. Frankl* 1987b, 106) Die Existenzanalyse ist der Überzeugung, daß eigentliches

Menschsein erst dort beginnt, "wo nicht ein Es den Menschen treibt, sondern wo ein Ich sich entscheidet." (*V.E. Frankl* 1988^{7}, 18)

Das heißt aber auch, daß die Daseinsverantwortung immer ganz konkret die Person betrifft, und das wiederum in einer ganz konkreten Situation. "So ist für uns Daseinsverantwortung immer Verantwortung 'ad personam' und - 'ad situationem'." (*V.E. Frankl* 1988^{7}, 14; vgl. *ders.* 1984^{2}b, 200) Diese Daseinsverantwortung ist also auch auf etwas ausgerichtet, sie ist nicht zum bloßen Selbstzweck da, auch nicht zur Selbstbefriedigung. Daher warnt *V.E. Frankl* auch vor den gerade in der heutigen Zeit so gängigen Schlagworten Selbsterfüllung und Selbstverwirklichung. Wir erfüllen und verwirklichen uns nur dann selbst, wenn wir Aufgaben bzw. Forderungen erfüllen. (Vgl. *V.E. Frankl* 1959, 58; *ders.* 1987b, 103; *J.B. Fabry* 1973, 94) Eigentlich liegt direkt eine Verkehrung der Tatsachen bei manchen Aufrufen zur Selbstverwirklichung vor. Wir müssen Werte verwirklichen und Sinne erfüllen, dann stellt sich Selbsterfüllung und Selbstverwirklichung ein, und nicht umgekehrt,

> "...wenn getan wird, als ob ... Sinnerfüllung und Wertverwirklichung bloße Mittel zum Zweck von Selbsterfüllung und Selbstverwirklichung wären." (*V.E. Frankl* 1959, 59; vgl. *ders.* 1983, 77)
> *E. Lukas* weist darauf hin, daß auch *A. Maslow* eingestanden hätte, daß eine Selbstverwirklichung nur über eine Wertverwirklichung möglich sei. (Vgl. *E. Lukas* 1986, 59)

Es ist also notwendig, die jeweilige Situation in ihrer Einmaligkeit zu erfassen und sie verantwortlich zu meistern, denn jede menschliche Person ist einzigartig und jede Lebenssituation ist einmalig. (Vgl. *V.E. Frankl* 1983, 55) D. h. also:

> "Will ich werden, was ich kann, so muß ich tun, was ich soll. Wenn ich ich selbst werden will, dann muß ich konkrete und persönliche Aufgaben und Forderungen erfüllen." (*V.E. Frankl* 1987b, 103)

So erweist sich Logotherapie "als eine Erziehung zur Verantwortung ..." (*V.E. Frankl* 1987b, 154; vgl. den Titel von *K. Dienelts* Werk: Erziehung zur Verantwortlichkeit) Diese Tatsache wird in der Maxime ausgedrückt, in der *V.E. Frankl* nochmals aufzeigt, wie groß die Verantwortung ist, die ein Mensch in jeder Stunde seines Lebens trägt:

> "Lebe so, als ob du zum zweiten Mal lebtest und das erste Mal alles so falsch gemacht hättest, wie du es zu machen im Begriffe bist." (*V.E. Frankl* 1983, 83; *ders.* 1984^{2}b, 198)

Die Existenzanalyse gibt der Frage nach dem Sinn des Lebens eine kopernikanische, eine dialektische Wendung:

> "...sie erklärt, daß nicht der Mensch es sei, der da eine Frage stellen dürfte, sondern daß es paradoxerweise das Leben selber ist, das den Menschen befragt. Sodann zeigt sie auf, daß wir die Fragen, die uns das Leben stellt, nur dadurch beantworten können, daß wir unser Leben ver-antworten." (*V.E. Frankl* 1947, 15; vgl. *ders.* 1983, 72; *K. Dienelt* 1984, 181; *A. Längle* 1985b, 84)

Das gilt auch und besonders für gänzlich menschenunwürdige Situationen, wie sie *V.E. Frankl* aus der Erfahrung seiner Konzentrationslagerzeit immer wieder erzählt. Es liegt also nicht am Menschen, Fragen oder Anforderungen an das Leben zu stellen, sondern es ist das Leben, das an uns durch Schicksalsschläge oder Zufälle seine Fragen stellt. Die Aufgabe des Menschen ist es, darauf verantwortlich zu reagieren.

Bis jetzt haben wir nur die eine Seite des Verantwortlich-Seins gesehen, nämlich wofür man verantwortlich ist. Das Wovor unserer Verantwortung ist das Gewissen.

2.3.4 Das Gewissen

Es gibt eine Freiheit Wovon und eine Freiheit Wozu.

> "Alle Freiheit hat ein Wovon und ein Wozu: das, 'wovon' der Mensch frei sein kann, ist das Getriebensein - sein Ich hat Freiheit gegenüber seinem Es; das aber, 'wozu' der Mensch frei ist, ist das Verantwortlichsein. Die Freiheit des menschlichen Willens ist also Freisein 'vom' Getriebensein 'zum' Verantwortlichsein, zum Gewissen-haben." (*V.E. Frankl* 1988[7], 45; vgl. *ders.* 1951a, 43; *K. Dienelt* 1955, 15; *ders.* 1967, 50; *A. Längle* 1987, 86)

V.E. Frankl zitiert als wohl beste Zusammenfassung des oben beschriebenen Tatbestandes *Maria von Ebner-Eschenbach*: "Sei deines Willens Herr und deines Gewissens Knecht!" (*V.E. Frankl* 1988[7], 45)

V.E. Frankl meint, das Gewissen sei "ein praemoralisches Wertverständnis, das aller expliziten Moral wesentlich vorgängig ist." (*V.E. Frankl* 1988[7], 26) Auf jeden Fall ist das Gewissen über-rational, weil es immer erst im nachhinein rational erschließbar ist. (Vgl. *V.E. Frankl* 1988[7], 26)

> "Dem Bewußtsein erschließt sich Seiendes - dem Gewissen jedoch erschließt sich nicht ein Seiendes, vielmehr ein noch nicht Seiendes: ein erst Sein-sollendes. Dieses Sein-sollende ist also nichts Wirkliches, sondern bloß Mögliches." (*V.E. Frankl* 1988[7], 27; vgl. *ders.* 1987b, 77; *B. Wicki* 1985, 170)

Da das Gewissen Wertmöglichkeiten intuitiv zu erschließen versucht, ist man geneigt, es als Instinkt zu sehen, "als ethischen Instinkt". (*V.E. Frankl* 1988[7], 28) Aber das kann nicht sein, denn ein Instinkt zielt immer auf etwas Allgemeines hin, mit Hilfe des Instinktes kann man nur schematisch reagieren, es kann also sein, daß man sich zu sich selbst unvernünftig verhält. Durch den Instinkt wird das Individuelle vernachlässigt (vgl. *V.E. Frankl* 1988[7], 29), genau gegensätzlich verhält es sich aber mit dem Gewissen.

Das Gewissen zielt vielmehr auf das Individuelle, auf das Konkrete ab.

> "...; denn das Gewissen allein vermag das 'ewige', allgemein gefaßte 'moralische Gesetz' gleichsam abzustimmen auf die jeweilige konkrete Situation einer konkreten Person. Ein Leben aus dem Gewissen heraus ist nämlich immer ein absolut persönliches Leben auf eine absolut konkrete Situation hin - auf das hin, worauf es in je unserem einmaligen und einzigartigen Dasein ankommen mag:..." (*V.E. Frankl* 1988[7], 29; vgl. *ders.* 1987b, 78f.)

Das Gewissen ist also dem Instinkt genau entgegengesetzt, kann unmöglich auf irgendeine Weise als Instinkt gesehen werden.

2.3.4.1 Die Transzendenz des Gewissens

Das oben genannte Zitat von *Maria von Ebner-Eschenbach* leitet *V.E. Frankl* ganz von selbst zur Transzendenz des Gewissens. Knecht seines Gewissens kann man erst sein, wenn man seine Existenz von der Transzendenz her versteht.

> "'Knecht meines Gewissens' kann ich also eigentlich nur dann sein, wenn die Zwiesprache mit meinem Gewissen echtes Zwiegespräch ist, also mehr ist als mein Ich: wenn es Sprachrohr ist von etwas anderem." (*V.E. Frankl* 1988[7], 46)

Aufgrund der Transzendenz können wir nicht sagen, welche Instanz das ist, die durch das Gewissen zu uns spricht, aber wir können sagen, daß diese Instanz notwendigerweise von personaler Seinsart sein muß, dann könnte man aber auch dahin zurückschließen, was man Ebenbildlichkeit der menschlichen Person nennt. (Vgl. *V.E. Frankl* 1988[7], 46f.) Das bedeutet für *V.E. Frankl* schließlich:

> "...: zur Erklärung menschlichen Frei-seins genügt die Existentialität - zur Erklärung menschlichen Verantwortlich-seins jedoch muß ich zurückgreifen auf die Transzendentalität des Gewissen-habens." (*V.E. Frankl* 1988[7], 47; vgl. *ders.* 1987b, 119)

Entscheidend ist, daß es selbstverständlich keinen Moraltrieb im Sinne eines Sexualtriebes gibt, denn vom Gewissen wird man nicht getrieben, sondern man muß sich vor seinem Gewissen jeweils entscheiden. (Vgl. *V.E. Frankl* 1959, 87) Man ist also frei, sich für oder gegen sein Gewissen zu entscheiden, im Menschen stecken die Möglichkeiten zum Teufel und zum Engel. (Vgl. *V.E. Frankl* 1951b, 7; vgl. auch Kapitel 2.3.4.2)

"Mein Sollen muß vorgegeben sein, sofern ich wollen soll." (*V.E. Frankl* 1988[7], 52; vgl. *K. Dienelt* 1955, 11, 21, 26f.) Mit diesem Satz faßt *V.E. Frankl* zusammen, daß das Wovor unserer Verantwortung immer schon uns voraus sein muß, das heißt, daß "hinter dem Gewissen das Du Gottes" steht, "denn nie und nimmer könnte das Gewissen ein Machtwort sein in der Immanenz, wäre es nicht das Du-Wort der Transzendenz." (*V.E. Frankl* 1988[7], 52; vgl. *K. Dienelt* 1955, 15) *V.E. Frankl* bezweifelt auf das Heftigste, daß das Gewissen nur irgendwie ein Vorbild sein könnte, würde es aus dem Ich selbst stammen und nicht aus der Transzendenz. Der Mensch würde nicht auf sein Gewissen hören. Dem Gedanken der Transzendenz ist ein eigenes Kapitel gewidmet (vgl. 2.5).

2.3.4.2 Gewissen und Wertekonflikte

> "Das Gewissen kann den Menschen auch irreführen. Mehr noch: bis zum letzten Augenblick ... weiß der Mensch nicht, ob er wirklich den Sinn seines Lebens erfüllt oder sich nicht vielmehr nur getäuscht hat: ignoramus et ignorabimus." (*V.E. Frankl* 1988[7], 83f.; vgl. *ders.* 1983, 56; *ders.* 1979[5]a, 156; *J.B. Fabry* 1973, 78)

Trotzdem gilt, daß es nur eine Wahrheit geben kann, jedoch weiß niemand, ob er selbst oder nicht vielleicht ein anderer sie besitzt. (Vgl. *V.E. Frankl* 1988[7], 84) Es kann passieren, daß der Mensch in Situationen gestellt wird, in denen er sich zwischen verschiedenen Werten entscheiden muß. In solchen Situationen gilt für den Menschen, daß er auf das Gewissen angewiesen ist, um seine Wahl nicht willkürlich zu treffen.

Der Mensch ist zwar gegenüber dem Gewissen frei, diese Freiheit besteht aber nur darin, "auf das Gewissen zu hören oder dessen Warnung in den Wind zu schlagen." (*V.E. Frankl* 1988[7], 85; vgl. *ders.* 1983, 59) Eine weitere Wahlmöglichkeit, mehr Freiheit gibt es für den Menschen nicht.

Bei der Erklärung, daß Wertekonflikte nicht unbedingt wahre Wertekonflikte sein müssen, bringt *V.E. Frankl* wieder einmal einen Projektionsvergleich. Er meint, es könne sein, daß Werte nur in eine andere Dimension projiziert wurden und sich erst dort schneiden. In unten stehender Abbildung sieht man gut, daß die beiden in die Ebene projizierten Kugeln sich erst in der Ebene überschneiden, aber noch nicht im Raum. (Vgl. *V.E. Frankl* 1983, 59; *ders.* 1988[7], 85f.)

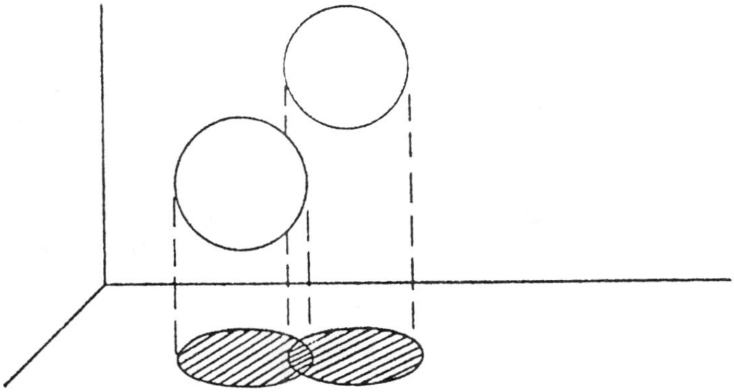

(Abbildung aus: *V.E. Frankl* 1988[7], 85.)

Auch im Kapitel über den Sinn werden wir noch eine weitere Definition des Gewissens kennenlernen, nämlich das Gewissen als Sinn-Organ.

2.4 Die Sinnfrage in der Existenzanalyse

Die Sinnfrage zieht sich durch die meisten der Werke *V.E. Frankls*, zu recht kann man diese Frage als die bedeutendste Frage seiner Lehre ansehen, steckt doch auch in "Logos" von Logotherapie Sinn, ist die Existenzanalyse doch die Analyse auf ein sinnerfülltes Leben hin. (Vgl. *G. Simms* 1985, 12)

Oben haben wir gesehen, daß Verantwortung in der Existenzanalyse immer "Verantwortung gegenüber einem Sinn" (*V.E. Frankl* 1983, 39) bedeutet; und diesen Sinn gilt es zu finden, denn als Leitmotiv der Logotherapie bezeichnet *Frankl* folgenden Satz: "Der Geist braucht den Sinn - der Nous den Logos - und die noo-gene Erkrankung ihre logo-therapeutische Behandlung." (*V.E. Frankl* 1983, 81) Aber *V.E. Frankl* sieht noch einen weiteren Aspekt. Er hält es nicht nur für human, nach dem Sinn des Lebens zu fragen, für ihn gehört zum Menschsein auch dazu, diesen Sinn in Frage zu stellen; dies gilt besonders für den jungen Menschen, ja für diesen ist es sogar ein Vorrecht. (Vgl. *V.E. Frankl* 1983, 39ff.; *ders.* 1977a, 26; *ders.* 1988[7], 100)

Entscheidend aber ist, daß ich Sinn nicht aufpfropfen kann, daß ich niemandem meinen Sinn aufzwingen kann, sondern daß ich schauen muß, daß der andere den für sich persönlich geltenden Sinn zu finden bereit ist. "Sinn kann nicht gegeben, sondern muß gefunden werden." (*V.E. Frankl* 1977a, 28; *ders.* 1979[5]a, 155; *ders.* 1977c, 22; *ders.* 1988[7], 79, 80) Für diesen zu findenden Sinn gilt aber, daß er ein wahrer Sinn sein muß, ein wirklich vorhandener Sinn, kein auf irgendeine Art und Weise erzeugter Sinn.

> "Sinn muß gefunden, kann aber nicht erzeugt werden. Was sich erzeugen läßt, ist entweder subjektiver Sinn, ein bloßes Sinngefühl, oder - Unsinn." (*V.E. Frankl* 1977a, 28; *ders.* 1979[5]a, 155; *ders.* 1977c, 22; *ders.* 1988[7], 81; *M. Dieterich* 1989, 311; *J.B. Fabry* 1973, 58ff.; *F. Kreuzer* 1982, 46; *A. Längle* 1985b, 53)

So kann es also geschehen, daß sich Menschen in Drogen bzw. wirklichen Unsinn stürzen - als Beispiel für letzteres gibt *V.E. Frankl* das Absurde Theater an (vgl. *V.E. Frankl* 1977a, 28; *ders.* 1979[5]a, 155; *ders.* 1977c, 22; *ders.* 1988[7], 81) -, um so Sinn zu finden, der aber gar nicht gefunden werden kann, da er gar nicht existiert.

V.E. Frankl geht es bei der Frage um Sinn in erster Linie nicht um den Sinn des Lebens, sondern um den Sinn im Leben. Es geht in erster Linie um die Verwirklichung ganz konkreter Werte, für die ich mich entscheide. Welche Wertekategorien wir dabei unterscheiden, wird im Anschluß zu behandeln sein.

2.4.1 Das Gewissen als Sinn-Organ

> "Sinn muß aber nicht nur, sondern kann auch gefunden werden, und auf der Suche nach ihm leitet den Menschen das Gewissen. Mit einem Wort, das Gewissen ist ein Sinn-Organ. Es ließe sich definieren als die Fähigkeit, den einmaligen und einzigartigen Sinn, der in jeder Situation verborgen ist, aufzuspüren." (*V.E. Frankl* 1977a, 29; *ders.* 1979[5]a, 156; *ders.* 1977c, 23; *ders.* 1988[7], 83; vgl. *ders.* 1983, 56; *K. Dienelt* 1984, 194; *J.B. Fabry* 1973, 73; *E. Lukas* 1986, 41)

Wir haben hier also eine weitere, eine ergänzende Sichtweise des Gewissens.
Es geht um das Gewissen, das zu einer gewissen Art von Toleranz führt, weil niemand sicher sein kann, die letzte Wahrheit, die es gibt, für sich zu haben. Deshalb muß es in unserer Zeit wichtig sein,

> "...das Gewissen zu verfeinern, so daß der Mensch hellhörig genug ist, um die jeder einzelnen Situation innewohnende Forderung herauszuhören. In einem Zeitalter, in dem die Zehn Gebote für viele ihre Geltung zu verlieren scheinen, muß der Mensch instand gesetzt werden, die 10 000 Gebote zu vernehmen, die in den 10 000 Situationen verschlüsselt sind, mit denen sein Leben ihn konfrontiert." (*V.E. Frankl* 1977a, 30; *ders.* 1977c, 23; *ders.* 1988[7], 86; *ders.* 1979[5]a, 157; *ders.* 1982[3]c, 27; *K. Dienelt* 1984, 202f.; *J.B. Fabry* 1973, 77f.)

So wird jetzt aber auch klar, was die Existenzanalyse unter Sinn versteht. Sinn meint immer genau das, was uns als Aufgabe im Leben gestellt wird.

"Sinn ist also jeweils der konkrete Sinn einer konkreten Situation. ... Jeder Tag, jede Stunde wartet also mit einem neuen Sinn auf, und auf jeden Menschen wartet ein anderer Sinn. So gibt es einen Sinn für einen jeden, und für einen jeden gibt es einen besonderen Sinn." (*V.E. Frankl* 1977a, 30; *ders.* 1979[5]a, 157; vgl. *ders.* 1988[7], 101; *B. Wicki* 1985, 169)

2.4.2 Der Wille zum Sinn

Das motivationstheoretische Konzept der Logotherapie "Der Wille zum Sinn" meint nichts anderes, als daß

"...der Mensch eigentlich - und dort, wo er es nicht mehr ist, so doch wenigstens ursprünglich - darauf aus ist, in seinem Leben einen Sinn zu finden und diesen Sinn zu erfüllen." (*V.E. Frankl* 1977a, 15; vgl. *K. Dienelt* 1973, 47)

Denn der Mensch strebt über sich hinaus, es geht dem Menschen letztlich um Sinnerfüllung. Das nennt die Logotherapie den Willen zum Sinn. Der Mensch ist "für die Erfüllung eines Sinnes verantwortlich." (*V.E. Frankl* 1977a, 93) Um zu beschreiben, was *Viktor Frankl* genau meint und von wo er ausgeht, ist es notwendig, ein wenig auszuholen.

Bei *S. Freud* haben wir den Willen zur Lust und bei *A. Adler* den Willen zur Macht kennengelernt. *V.E. Frankl* geht ganz im Sinne seiner Intention einen Schritt weiter, denn "noch viel tiefer verwurzelt ist im Menschen, was ich als den Willen zum Sinn bezeichne: sein Ringen um bestmögliche Sinnerfüllung seines Daseins." (*V.E. Frankl* 1977a, 70; vgl. *E. Lukas* 1986, 51ff.) Letztlich ist das, was der Mensch wirklich will, "nicht das Glücklichsein an sich, sondern ein Grund zum Glücklichsein." (*V.E. Frankl* 1977a, 70; *ders.* 1977c, 15; vgl. *A. Längle* 1987, 78)

Diesen Aspekt bezeichnet *J.B. Fabry* als einen, den er aus dem Studium der Lehre *V.E. Frankls* gezogen hat. Es geht nicht darum, in seinem Leben Glück zu finden, es geht mehr darum, Sinn zu finden, denn man wird im Leben bald draufkommen, daß das Leben nicht immer nur angenehm ist, es verlangt von jedem Verantwortung und Verpflichtungen. (Vgl. *J.B. Fabry* 1973, 18)

Warum wendet sich der Mensch jetzt aber von diesem Grund zum Glücklichsein ab? Die Antwort liegt in einer forcierten "Zuwendung zum Glück selbst, zur Lust selbst." (*V.E. Frankl* 1977a, 70f.; *ders.* 1977c, 15f.) Der Mensch versucht abzukürzen, er versucht direkt zur Lust zu kommen, den Grund auszulassen, und so wird die Lust "zum alleinigen Inhalt und Gegenstand der Aufmerksamkeit" (*V.E. Frankl* 1977a, 71) des Menschen.

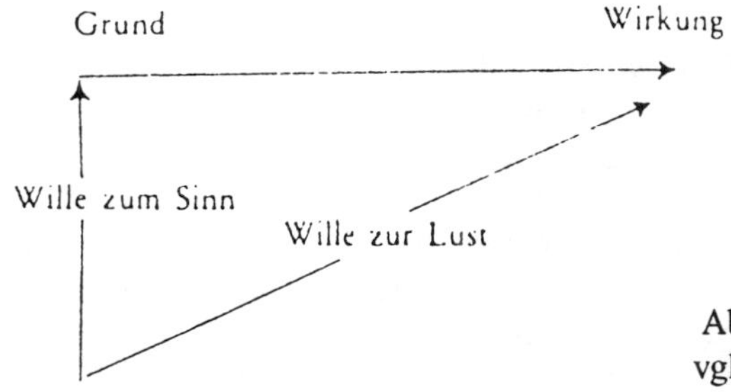

Abbildung aus: *V.E. Frankl* 1977a, 71; vgl. *ders.* 1979[5]a, 101; *ders.* 1977c, 16; *A. Längle* 1987, 71)

Die Lust ist also eigentlich eine Nebenwirkung der Sinnerfüllung, die Macht hingegen ist in gewissem Sinne ein Mittel zum Zweck, denn die Sinnerfüllung ist an gesellschaftliche und wirtschaftliche Bedingungen geknüpft. (Vgl. *V.E. Frankl* 1977a, 72; *ders.* 1977c, 17) Wenn aber der Wille zum Sinn frustriert wird, dann kommt es "zur Ausbildung des Willens zur Lust beziehungsweise des Willens zur Macht". (*V.E. Frankl* 1977a, 72; vgl. *G. Simms* 1985, 12; *B. Wicki* 1985, 168f.)

Besonders weist *V.E. Frankl* darauf hin, daß auch der Wille zum Sinn, d. h. "der menschliche Anspruch auf ein möglichst sinnerfülltes Dasein" (*V.E. Frankl* 1977a, 78), keineswegs etwas Krankhaftes bzw. Anormales ist. Im Gegenteil, es ist das "Allermenschlichste am Menschen", und wir dürfen es ja nicht "zu etwas bloß allzu Menschlichem machen, beispielsweise zu einer Schwäche, zu einer Krankheit, zu einem Symptom, zu einem Komplex." (*V.E. Frankl* 1977a, 78; *ders.* 1959, 51; *ders.* 1987b, 119; *A. Längle* 1987, Buchrücken)

Für *V.E. Frankl* ist es ganz klar, daß es so etwas gibt "wie ein Vorwissen um den Sinn; ... der Mensch glaubt an einen Sinn, solange er atmet." (*V.E. Frankl* 1983, 221; *ders.* 1977a, 94; vgl. *ders.* 1981b, 94; vgl. *A. Längle* 1985, 89)

Wir müssen diesen letzten Sinn einfach annehmen, "weil bei dem Versuch, die Frage nach dem Sinn von Sein zu beantworten, das Sein von Sinn immer schon vorausgesetzt ist." (*V.E. Frankl* 1988^7, 73) Auch der Selbstmörder glaubt noch an einen Sinn, nämlich an den Sinn des Sterbens, sonst könnte er keinen Finger zum Selbstmord rühren. (Vgl. *V.E. Frankl* 1988^7, 74) Es gibt nur eines, das befähigt, das Schlimmste zu ertragen, das ist "der Appell eben an den Willen zum Sinn und an das Wissen darum, daß der Mensch für die Erfüllung dieses seines Lebenssinns verantwortlich ist." (*V.E. Frankl* 1952, 11)

In erster Linie geht es der Logotherapie daher darum, "den Sinnwillen zu mobilisieren" bzw. "ihn überhaupt erst zu wecken" (*V.E. Frankl* 1977a, 79; vgl. *W. Kurz* 1985, 161f.), also "das Wertgesichtsfeld des Patienten zu erweitern, so daß er der Fülle von Sinn- und Wertmöglichkeiten, sozusagen des ganzen Wertspektrums gewahr wird." (*V.E. Frankl* 1959, 54; vgl. *E.A. Gasquères* 1985, 28)

Nach *V.E. Frankl* ist die Logotherapie sogar legitimiert, sich "mit dem Willen zu einem letzten Sinn, einem Über-Sinn" (*V.E. Frankl* 1977a, 95) zu beschäftigen. Der religiöse Glaube ist letztlich für *Viktor Frankl* ein Vertrauen auf diesen Übersinn. (Vgl. *V.E. Frankl* 1977a, 95f.; *ders.* 1988^7, 75) Damit sind wir aber bereits bei der Frage nach der Religiosität bei *V.E. Frankl* (vgl. 2.5.2).

2.4.3 Die Wertekategorien

Der Mensch kann seinen Sinn auf drei Wegen finden, nämlich darin, etwas zu tun, darin, etwas zu erleben bzw. jemanden zu lieben, aber auch darin, einer hoffnungslosen Situation mit der rechten Einstellung zu begegnen. (Vgl. *V.E. Frankl* 1977a, 31; *ders.* 1988^7, 87f.)

Wir unterscheiden daher drei Wertearten: schöpferische Werte, Erlebniswerte und Einstellungswerte, wobei letztere dem Wert nach den vorangegangenen höher einzustufen sind, wie noch zu zeigen sein wird. Bei Einstellungswerten geht es darum, wie ein Mensch sein Kreuz trägt, wie er unabänderlichen Schicksalsschlägen gegenübersteht. Zu den Einstellungswerten zählt *V.E. Frankl* Werte wie Tapferkeit im Leiden und Würde im Scheitern. (Vgl. *V.E. Frankl* 1983, 60ff.; *ders.* 1987b, 126f.; *ders.* 1947, 19; *M. Dieterich* 1989, 311; vgl. zum Ganzen: *J.B. Fabry* 1973, 47ff; *A. Längle* 1987, 40ff.) Um die Verwirklichung dieser Einstellungswerte geht es bei der Frage nach dem Sinn des Leidens.

2.4.4 Sinn des Leidens und die rechte Haltung

Auf die Frage nach der rechten Haltung stoßen wir in verschiedensten Abschnitten der Lehre *Viktor Frankls*. Insbesondere aber bei der Frage nach dem Sinn des Leidens begegnet uns die Frage nach der richtigen Einstellung.

> "Es war nicht zuletzt die Lektion, die ich aus Auschwitz und Dachau mit nach Hause nehmen konnte: daß diejenigen noch am ehesten fähig waren, sogar noch solche Grenzsituationen zu überleben - diejenigen, sage ich, die ausgerichtet waren auf die Zukunft, auf eine Aufgabe, die auf sie wartete, auf einen Sinn, den sie erfüllen wollten." (*V.E. Frankl* 1977a, 26f.)

Im Leiden schafft es der Mensch, einen Zustand, der nicht sein soll, als einen solchen zu empfinden. Indem sich der Mensch im Leiden mit seinem leidvollen Zustand identifiziert, baut er die Distanz ab, die zwischen diesem Zustand, den der Mensch natürlich ablehnt, und dem Zustand, den der Mensch gerne hätte, liegt. (Vgl. *V.E. Frankl* 1983, 115) Wenn man sich seinem Leid, seiner Trauer, seiner Not aber stellt, dann löst man ein Problem. Gegensätzlich dazu verhält es sich bei dem Menschen, der sich irgendwie zu betäuben versucht, denn dieser

> "...löst kein Problem, schafft ein Unglück nicht aus der Welt; was er aus der Welt schafft, ist vielmehr eine bloße Folge des Unglücks: der bloße Gefühlszustand der Unlust." (*V.E. Frankl* 1983, 117)

So kommt *V.E. Frankl* zum Schluß, daß "der Sinn, den das Leiden dem Menschen offeriert, der höchstmögliche ist." (*V.E. Frankl* 1977a, 81) Das versucht er zu begründen und zu belegen. Auf jeden Fall kommt es beim Tragen des Leidens auf die Haltung, die rechte Einstellung an.

> "Das Wie des Tragens notwendigen Leidens birgt möglichen Sinn. ... aufs Tragen kommt es an - darauf, wie man das Schicksal trägt, sobald man es nicht mehr in die Hand nehmen, vielmehr nur noch auf sich nehmen kann. Mit anderen Worten: Wo keine Handlung mehr möglich ist - die das Schicksal zu gestalten vermöchte -, dort ist es nötig, in der rechten Haltung dem Schicksal zu begegnen." (*V.E. Frankl* 1977a, 80f.; vgl. *ders.* 1987b, 131; *ders.* 1977b, 149)

Um die Feststellung, daß der Sinn des Leidens der höchstmögliche Sinn ist, zu verifizieren, geht *V.E. Frankl* davon aus, daß der Homo sapiens in einen Homo faber, "der schaffend seinen Daseinssinn erfüllt" (*V.E. Frankl* 1977a, 81; *ders.* 1959, 61), in einen Homo amans, "der erlebend, begegnend und liebend sein Leben mit Sinn anreichert" (*V.E. Frankl* 1977a, 81; *ders.* 1959, 61) und in einen Homo patiens aufgegliedert werden kann. (Vgl. *B. Wicki* 1985, 170) Diese Aufgliederung entspricht also genau der Einteilung in die Wertekategorien, die sich dem Menschen auftun, um sein Leben sinnvoll zu erfüllen. Der Homo faber ist z. B. der Erfolgsmensch oder der Künstler, der in den Kategorien Erfolg - Mißerfolg denkt. Der Homo patiens denkt in den Kategorien Erfüllung - Verzweiflung, und diese Dimension steht über der Dimension der Erfolgsethik des Homo faber, denn "der Homo patiens kann sich noch im äußersten Mißerfolg, im Scheitern erfüllen." (*V.E. Frankl* 1977a, 82; *ders.* 1959, 62; vgl. *ders.* 1987b, 132ff., 145; *P. Becker* 1985, 193; *H. Spiegelberg* 1985, 65ff.)

Andererseits ist aber sofort festzuhalten, um einer meiner Meinung nach möglichen Gefahr des Mißverständnisses vorzubeugen, "daß der Möglichkeit, schöpferische Werte zu verwirklichen" (*V.E. Frankl* 1977a, 82; *ders.* 1959, 64), der Vorrang zu geben ist gegenüber einer alles Aktive ausschließenden Haltung, "das Schicksal auf sich zu nehmen." (*V.E. Frankl* 1977a, 82)

> "Wenn auch die Sinnmöglichkeit, die das Leiden birgt, dem Wertrang nach überlegen ist der Sinnmöglichkeit des Schaffens, also wenn auch noch so sehr dem Leidenssinn der Primat zukommt - dem Schaffenssinn eignet die Priorität; denn nicht schicksalhaft notwendiges, sondern unnötiges Leiden auf sich zu nehmen[,] wäre keine Leistung, vielmehr Mutwille." (*V.E. Frankl* 1977a, 82; *ders.* 1959, 64; (nur im zweiten Werk ist der in [] gesetzte Beistrich); vgl. *V.E. Frankl* 1983, 118f., 236; *ders.* 1981, 67; *ders.* 1987b, 134; *ders.* 1984²b, 213)

Keineswegs darf man also die Lehre *Frankls* in die Richtung mißdeuten, daß man behaupte, um Sinn zu erfüllen, müsse man unbedingt leiden. Es gilt vielmehr nur das Gegenteil, nämlich daß man auch im Leiden Sinn erfüllt. (Vgl. *G. Funke* 1985, 110f.; *F. Kreuzer* 1982, 34f.)

V.E. Frankl beschreibt auch sehr interessant den Sinn eines Opfers. Er bringt in seinen Büchern immer wieder Beispiele, die seine Theorien verdeutlichen sollen. Ein solches Beispiel soll hier exemplarisch angeführt werden. Es soll aufzeigen, wie man in rechter Weise seine Haltung verändern kann, um so Leid sinnvoll ertragen zu können, um auch in einem Opfer wahren Sinn zu erkennen:

> "An mich wendet sich ein alter praktischer Arzt; vor einem Jahr ist ihm seine über alles geliebte Frau gestorben, und über diesen Verlust kann er sich nicht hinwegsetzen. Ich frage den schwerst deprimierten Patienten, ob er sich überlegt habe, was geschehen wäre, wenn er selbst früher als seine Frau gestorben wäre. 'Nicht auszudenken', antwortete er, 'meine Frau wäre verzweifelt gewesen.' Nun brauchte ich ihn nur darauf aufmerksam zu machen: 'Sehen Sie, dies ist Ihrer Frau erspart geblieben, und Sie haben es ihr erspart, freilich um den Preis, daß nunmehr Sie ihr nachtrauern müssen.' Im gleichen Augenblick hatte sein Leiden einen Sinn bekommen: den Sinn eines Opfers. Am Schicksal konnte nicht das geringste geändert werden; aber die Einstellung hatte sich gewandelt! Das Schicksal hatte ihm abverlangt, sich von der Möglichkeit, durch Lieben Sinn zu erfüllen, zurückzuziehen; aber die Möglichkeit war ihm geblieben, sich auch diesem Schicksal zu stellen, sich richtig einzustellen." (*V.E. Frankl* 1977a, 83f.; vgl. *ders.* 1987b, 136)

Damit ist meines Erachtens die Sinnhaftigkeit eines Opfers im völlig profanen Bereich eindrucksvoll beschrieben. In Liebe kann man Opfer bringen und dieses in der rechten Haltung als sinnvoll erkennen.

So ist es für *V.E. Frankl* nicht anders zu erwarten, als daß er meint, daß der Sinn einer Krankheit "nicht im Daß des Krankseins, vielmehr im Wie des Leidens" (*V.E. Frankl* 1977a, 88; *ders.* 1959, 72) liegt. Der Mensch muß draufkommen, daß sein·Leben - eben auch trotz Leidens - immer sinnvoll ist. Letztlich ist also die Leidensfähigkeit die Fähigkeit, Einstellungswerte zu verwirklichen. (Vgl. *V.E. Frankl* 1959, 59) Diese Möglichkeit zeichnet nun wiederum den Menschen aus, denn:

> "Die Haltung und Einstellung gestattet ihm, Zeugnis abzulegen von etwas, wessen der Mensch allein fähig ist: das Leiden in eine Leistung umzugestalten." (*V.E. Frankl* 1988[7], 88; vgl. *P. Becker* 1985, 194; *R.E. Carter* 1985, 78; *E. Lukas* 1981, 49)

Somit ruht die Lehre der Logotherapie auf drei Säulen: auf der Freiheit des Willens, auf dem Willen zum Sinn und auf dem Sinn des Leidens. *Viktor Frankl* spricht im Zusammenhang dieser Dreiheit von einer tröstlichen Trias. (Vgl. *V.E. Frankl* 1983, Anm. 30, 250)

> Was hat aber nun ein Arzt zu machen, der sich eines Patienten auch menschlich, seelsorglich annimmt? Er hat den Menschen angesichts eines wirklich notwendigen Leidens leidensfähig zu machen; das ist der Auftrag der ärztlichen Seelsorge. (Vgl. *V.E. Frankl* 1987b, 125) Wie Psychotherapie und Seelsorge zusammenhängen bzw. worin sie sich wesenhaft unterscheiden, behandelt das Kapitel "Religiosität und die Gottesfrage".

Aber das Leiden selbst hat auch eine andere, eine weitere Dimension. Durch das Leiden kommt man an einen umfassenderen Sinn heran, für einen solchen aber gilt: "...: je umfassen[d]er der Sinn ist, um so weniger faßlich ist er auch." (*V.E. Frankl* 1988[7], 104; [] dieser offensichtliche Druckfehler wurde vom Verfasser richtiggestellt; vgl. *ders.* 1981, 73) Um die Andersdimensionalität der Herkunft des Leidens zu beschreiben, bringt *V.E. Frankl* ein Beispiel aus einer Therapie, in der er einer Gruppe folgende Frage stellte: "Stellen Sie sich einmal vor, einem Affen werden schmerzhafte Injektionen gegeben, um ein Serum gegen Poliomyelitis zu gewinnen. Vermöchte der Affe jemals zu begreifen, warum er leiden muß?" (*V.E. Frankl* 1988[7], 105; vgl. *ders.* 1983, 46) Die Gruppe dementierte einhellig, "...; denn die menschliche Welt ist ihm nicht zugänglich. An sie reicht er nicht heran, in ihre Dimension langt er nicht hinein." (*V.E. Frankl* 1988[7], 105) Daraufhin stellt *Frankl* die Frage, ob wir nicht auch annehmen müssen, "daß die menschliche Welt selber und ihrerseits überhöht wird von einer nun wieder dem Menschen nicht zugänglichen Welt,...?" (*V.E. Frankl* 1988[7], 105)

Auch dieses Beispiel führt uns wieder hinein in die Thematik der Gottesfrage und Transzendenz. Obiges Beispiel könnte sicherlich Menschen, die Gott, allgemeiner ausgedrückt: eine uns überragende Dimensionalität ablehnen, dazu dienen, ihnen eine Zugangsmöglichkeit zu Gott zu bieten. Es zeigt auch gut, wie wir im Leid Sinn sehen können, ohne zu verstehen, warum wir leiden müssen.

Auch im Leiden muß der Mensch antworten und damit sein Leben verantworten (vgl. 2.3.3.).

> "Wer - diesseits der Gläubigkeit an einen Übersinn - nach dem Sinn des Leidens fragt, der geht daran vorbei, daß das Leiden selber eine Frage ist, daß wieder wir es sind, die da gefragt werden, daß der leidende Mensch, der Homo patiens, der Befragte ist: er hat nicht zu fragen, sondern er hat zu antworten, er hat die Frage zu beantworten, ... er hat das Leiden zu leisten." (*V.E. Frankl* 1984^2b, 241)

Somit hat *V.E. Frankl* die Theodizeefrage insofern beantwortet, daß er sagt, hinter dem Leiden werden wir den Sinn niemals sehen können.

Leiden heißt also, mit der rechten Einstellung einem Schicksal begegnen. Darum heißt Leiden aber auch wachsen und reifen. "Denn der Mensch, der über sich hinauswächst, reift zu sich selbst heran." (*V.E. Frankl* 1984^2b, 207) Ein leidender Mensch erfährt, "daß menschliches Sein zutiefst und zuletzt Passion ist - daß es das Wesen des Menschen ist, ein leidender zu sein: Homo patiens." (*V.E. Frankl* 1984^2b, 208)

G. Funke schreibt:

> "Es ist das große Verdienst *V.E. Frankls*, die Frage nach der Erfahrung und Realisierung von Sinn auch im Leiden der Vergessenheit und der Verdrängung entrissen zu haben. Dies aber bedeutet, des leidenden Menschen neu ansichtig zu werden, gerade ihn zum Thema des anthropologischen Nachdenkens und des therapeutischen Arbeitens zu erheben." (*G. Funke* 1985, 109)

Dies macht die Existenzanalyse für die christliche Religionspädagogik ebenfalls bedeutend (vgl. 3.2).

2.4.5 Die Liebe

Es gilt nicht: Liebe macht blind; vielmehr gilt: echte Liebe macht sehend. Sie eröffnet uns eine neue Dimension des anderen Menschen, Werte werden uns aufgetan, die man nur liebend sehen kann. (Vgl. *V.E. Frankl* 1983, 148; *ders.* 1977b, 87) In den Kapiteln über die Liebe kommt die wundervolle Sprache *V.E. Frankls* besonders zum Tragen.

Auch die Liebe übersteigt den Menschen. Wir haben schon oben vom Homo amans gesprochen, er ist für *V.E. Frankl* sehr wichtig. Im Feld der Liebe werden gerade die Erlebniswerte in einer besonderen Dimension sichtbar. "Liebe ist nachgerade das Erleben des andern Menschen in dessen ganzer Einzigartigkeit und Einmaligkeit!" *(V.E. Frankl* 1983, 131; vgl. *ders.* 1977b, 86) Im Geliebt-werden wird der Mensch

> "...ohne eigenes Hinzutun, ohne eigenes 'Verdienst' - gleichsam im Gnadenwege - ... wesentlich als das in seinem Da-sein einmalige und in seinem So-sein einzigartige Wesen erfaßt, das er ist; er wird als Du erfaßt und als solches in ein anderes Ich aufgenommen." *(V.E. Frankl* 1983, 132)

Liebe ist also mehr als ein Gefühlszustand, sie ist ein "intentionaler Akt" *(V.E. Frankl* 1983, 136). Was in ihr erkannt wird, ist das So-sein eines andern Menschen; dieses ist vom Dasein unabhängig, ist über das Dasein erhaben.

Damit ist auch geklärt, warum Liebe den Tod eines geliebten Menschen überdauern kann, jetzt wird verständlich, "daß Liebe 'stärker' sein kann als der Tod, ...". *(V.E. Frankl* 1983, 136) Da echte Liebe das intendiert, was der Andere "ist", nicht was der Andere "hat", führt sie, "und nur sie, zur monogamen Einstellung. Denn die monogame Einstellung setzt voraus, daß der Partner in seiner unverwechselbaren Einzigartigkeit und unaustauschbaren Einmaligkeit erfaßt wurde, also in seinem geistigen Wesen und Wert, ..." *(V.E. Frankl* 1983, 144), und nicht nur in seinem Typus, innerhalb dessen jeder Mensch austauschbar wäre. (Vgl. *V.E. Frankl* 1983, 143f.)

Die Liebe erschließt die einzigartigen Möglichkeiten der jeweils geliebten Person, also das absolute Individuum des anderen. (Vgl. *V.E. Frankl* 1988[7], 30; *ders.* 1987b, 76) Diese Funktion der Liebe, die *V.E. Frankl* mit "kognitiver Funktion" (*V.E. Frankl* 1988[7], 30) bezeichnet, also die Möglichkeit der Liebe, in seinem geliebten Gegenüber Ansätze zu erschauen, die noch nicht verwirklicht sind, hält *Frankl* schon im Hebräischen für gewürdigt, da dort "der Liebesakt wie der Erkenntnisakt mit dem gleichen Wort belegt wurde." (*V.E. Frankl* 1988[7], 30)

Es geht *V.E. Frankl* darum aufzuzeigen, daß wahre Liebe nur in freier Entscheidung verwirklicht werden kann. Wobei es natürlich um das Sich-frei-Machen von den Trieben geht, nicht um irgendwelche von außen kommenden Zwänge.

> "Solange ein Ich von einem Es zu einem Du 'getrieben' wird, ebenso lange kann von Liebe nicht die Rede sein: In der Liebe wird kein Ich von einem Es getrieben - in der Liebe 'entscheidet' sich ein Ich für ein Du." (*V.E. Frankl* 1988[7], 30)

V. E. Frankl kommt auf das Geheimnis des Lebens, auf "das Wunder der Liebe" zu sprechen.

> "Wird doch durch sie (die Liebe, Anm. d. Verf.) das irgendwie Unbegreifliche vollbracht, daß - auf einem Umweg über das Biologische - eine neue Person ins Leben tritt, ihrerseits voll des Geheimnisses der Einzigartigkeit und Einmaligkeit ihrer Existenz: das Kind!" (*V.E. Frankl* 1983, 132; vgl. *ders.* 1951a, 51)

In diesen Kontext paßt auch das in unserer Zeit allzu oft vermiedene und verschwiegene Wort Scham, dem sich *V.E. Frankl* sehr wohl widmet. Er verweist darauf, daß wir seit *M. Scheler* wissen, daß Scham zu unserem Schutz da ist. Sie schützt davor, daß etwas zum Objekt von Zuschauern wird. Das gilt besonders für alles dem Menschen Heilige, also für die Liebe und auch für Religiöses. (Vgl. *V.E. Frankl* 1988[7], 40)

> "Die Liebe scheut das Geschautwerden. So flieht sie auch vor aller Öffentlichkeit; denn ... von der Öffentlichkeit fürchtet der Mensch, daß ein ihm Heiliges entweiht werde." (*V.E. Frankl* 1988[7], 40)

Wollte man es stärker tiefenpsychologisch formulieren, kann man sagen: "...: durch die Fremd- oder Selbstbeobachtung würde die Liebe ent'ich't und ver'es't." (*V.E. Frankl* 1988[7], 41)

Auch Heiliges in der Religion stellt eine wahre Intimität für den Menschen dar. Der religiöse, gläubige Mensch hat Angst, daß er das ihm Heilige und im Glauben Verständliche anderen preisgibt, die es nicht verstehen und als etwas anderes hinstellen, als es in Wirklichkeit ist. (Vgl. *V.E. Frankl* 1988[7], 41; *ders.* 1947, 32)

Ganz eindrucksvoll beschreibt *V.E. Frankl* durch seine eigene Erfahrung, wie der Gedanke an die Liebe einen durch die größten Strapazen und das größte Leiden hindurch aufrichten kann. Er beschreibt das kilometerweite Gehen bei eisiger Kälte während eines Arbeitseinsatzes im KZ und kommt durch die einsetzenden Gedanken an seine Frau zu dem Schluß:

> "Das erstemal in meinem Leben erfahre ich die Wahrheit dessen, was so viele Denker als der Weisheit letzten Schluß aus ihrem Leben herausgestellt und was so viele Dichter besungen haben; die Wahrheit, daß Liebe irgendwie das Letzte und das Höchste ist, zu dem sich menschliches Dasein aufzuschwingen vermag. Ich erfasse jetzt den Sinn des Letzten und Äußersten, was menschliches Dichten und Denken und - Glauben auszusagen hat: die Erlösung durch die Liebe und in der Liebe!" (*V.E. Frankl* 1986, 65)

Liebe im übertragenen Sinn, also nicht im Sinn von Eros, ist für *Frankl* der emotionale Weg zu Gott. (Vgl. *V.E. Frankl* 1984[2]b, 234) Jede unserer Ideen, einem anderen auf seinem Weg zu Gott zu helfen, muß von der Liebe getragen sein, denn wie soll jemand Gott, der doch die Liebe ist (vgl. 1 Joh 4,16), erkennen, ohne Liebe.

2.5 Transzendenz - Ein Leitwort bei V.E. Frankl

Im Zusammenhang mit dem Gewissen wurde bereits die Transzendenz bei *V.E. Frankl* gestreift. Er kommt zum Schluß, daß man sich das Gewissen nur aus dem Transzendenten her vorstellen kann, daß das Gewissen daher auf die Transzendenz verweist und daß der Partner des Zwiegesprächs mit dem Gewissen nur von personaler Seinsart sein kann. (Vgl. 2.3.4.1; vgl. *J.B. Fabry* 1973, 181ff.) Die Transzendenz wird bei *Frankl* in erster Linie als Selbst-Transzendenz des Menschen gesehen.

2.5.1 Die Selbst-Transzendenz des Menschen

Einleitend sei nochmals auf die Dimensionalontologie *V.E. Frankls* verwiesen (vgl. 2.3.1.1), durch die er aufzeigt, daß Offenheit und Geschlossenheit durchaus zusammengehen können. Obwohl von vielen Wissenschaften einfach nicht aufgezeigt, geht *V.E. Frankl* davon aus,

> "...daß Menschsein allemal über sich selbst hinausweist auf etwas, das nicht wieder es selbst ist - auf etwas oder auf jemanden: auf einen Sinn, den zu erfüllen es gilt, oder auf anderes menschliches Sein, dem wir da liebend begegnen. Im Dienst an einer Sache oder in der Liebe zu einer Person erfüllt der Mensch sich selbst. Je mehr er aufgeht in seiner Aufgabe, je mehr er hingegeben ist an seinen Partner, um so mehr ist er Mensch, um so mehr wird er er selbst. Sich selbst verwirklichen kann er also eigentlich nur in dem Maße, in dem er sich selbst vergißt, in dem er sich selbst übersieht." (*V.E. Frankl* 1977a, 18; *ders.* 1979[5]a, 147; vgl. *ders.* 1983, 33, 160; *ders.* 1984[2]a, 47, 171; *ders.* 1988[7], 98; *ders.* 1979[5]c, 52f. u. 1982[3]a, 155; *ders.* 1981, 38; *ders.* 1990, 8; *J.B. Fabry* 1973, 43; *G. Kovacs* 1985, 96; *F. Kreuzer* 1982, 32f.; *E. Lukas* 1981, 40; *ders.* 1986, 56; *M. Titze* 1985, 48; *B. Wicki* 1985, 169)

Ganz Mensch sein, ganz zu seinem eigentlichen Wesen vordringen, kann der Mensch nur, wenn er sich selbst transzendiert. Die Selbst-Transzendenz gehört zu den wesentlichen anthropologischen Merkmalen des Menschen. (Vgl. *R. Kühn* 1985, 153)

Die Selbst-Transzendenz vergleicht *V.E. Frankl* mit dem Auge, womit er anschaulich macht, was er meint. "Ist es nicht wie beim Auge, dessen Sehtüchtigkeit davon abhängt, daß es nicht sich selbst sieht?" (*V.E. Frankl* 1977a, 18; *ders.* 1979[5]a, 147) Und wenn das Auge krank ist, wenn das Auge selbst eine Linsentrübung wahrnimmt und Regenbogenfarben sieht wie beim grauen bzw. grünen Star, dann wird auch die Fähigkeit beeinträchtigt, die Umwelt wahrzunehmen.

(Vgl. *V.E. Frankl* 1983, 160f.; *ders.* 1977a, 18; *ders.* 1979[5]a, 147; *ders.* 1979[5]c, 155; *ders.* 1990, 8; *P. Becker* 1985, 195; *M. Dieterich* 1989, 315; *F. Kreuzer* 1982, 33.)

Ganz gleich verhält es sich auch beim Menschen.

Wenn *V.E. Frankl* von Transzendenz spricht, dann spricht er von ihr zumeist im Sinn der Selbst-Transzendenz des Menschen. Der Mensch geht über sich hinaus. Von dort aus verweist er aber auch auf eine über ihm stehende Dimension; das soll im folgenden ausgeführt werden.

2.5.2 Religiosität und die Gottesfrage

Die Religion kann dem Menschen etwas geben, das er sonst nirgends bekommen kann, nämlich "die Geborgenheit und die Verankerung in der Transzendenz, im Absoluten." (*V.E. Frankl* 1959, 55) Dazu muß man aber in diese Religiosität gerufen werden. Diesen Ruf zu hören, ist nicht leicht. Als Beispiel, daß sogar ein Prophet einen Ruf aus dem Transzendenten falsch hört, bringt *V.E. Frankl* 1 Sam 3,2-9. Er meint, aufgrund dieses Beispiels kann man von einem gewöhnlichen Menschen auch nicht verlangen, daß er die Stimme aus der Transzendenz immer eindeutig hört. (Vgl. *V.E. Frankl* 1988[7], 48f.)

Der irreligiöse Mensch wird als derjenige gesehen, der das eigentlich Vorletzte, nämlich das Gewissen, als das Letzte ansieht. Im Kapitel über "Die Transzendenz des Gewissens" haben wir gesehen, daß das Gewissen auf das Transzendente verweist, aber nicht mehr. Dort ist der irreligiöse Mensch stehengeblieben.

> "Vorzeitig hat der irreligiöse Mensch auf seiner Wegsuche zur Sinnfindung haltgemacht, wenn er über das Gewissen nicht hinausgeht, nicht hinausfragt. Er ist gleichsam erst auf einem Vorgipfel angelangt. Warum aber geht er nicht weiter? Weil er den 'festen Boden unter den Füßen' nicht missen will; denn der eigentliche Gipfel - der ist seiner Sicht entzogen, der ist vom Nebel verhüllt, und in diesen Nebel, in dieses Ungewisse, wagt er sich eben nicht hinein. Dieses Wagnis leistet eben nur der religiöse Mensch." (*V.E. Frankl* 1988[7], 49)

Das ist jetzt auch der Punkt, an dem *V.E. Frankl* bei der Kritik am religiösen Menschen ansetzt, an dem er eindringlich zur Beachtung der Toleranz und der Freiheit jedes Menschen aufruft. Auf keinen Fall darf sich beim religiösen Menschen eine Überheblichkeit gegenüber dem irreligiösen einstellen. (Vgl. *V.E. Frankl* 1951a, 45) Denn gerade ein religiöser Mensch müßte die negative Entscheidung eines Mitmenschen, die Entscheidung gegen Gott, respektieren können. Gerade der religiöse Mensch müßte wissen, daß die Freiheit zu einer solchen Entscheidung zum Nein eine gottgeschaffene ist. Wir sind von unserem Schöpfer so geschaffen, daß wir den Schöpfer auch ganz verleugnen können. (Vgl. *V.E. Frankl* 1988[7], 49) So kritisiert *V.E. Frankl* auch die triebhaft gesehene Religiosität bei *C.G. Jung*. Religiosität ist selbstverständlich immer freie Entscheidung. (Vgl. *V.E. Frankl* 1988[7], 57ff.; *ders.* 1951a, 82)

Für den religiösen Menschen gilt also, daß ihm in "der Zwiesprache mit seinem Gewissen - in diesem intimsten Selbstgespräch, das es gibt - ... sein Gott der Partner" (*V.E. Frankl*, 1983, 73) ist.

(Diesen Gedanken hat *V.E. Frankl* nach eigener Aussage bereits mit 14 Jahren erlebt und erfahren, erstmals dann 1946 veröffentlicht: vgl. *V.E. Frankl* 1984[2]b, 219.)

Einen weiteren Wesenszug des Homo religiosus sieht *V.E. Frankl* darin, daß dieser neben einer konkreten Aufgabe immer auch die Instanz sieht, die diese Aufgabe stellt. Diese Menschen "erleben die Aufgabe als Auftrag. Das Leben erscheint dann in der Transparenz auf einen transzendenten Auftraggeber hin." (*V.E. Frankl* 1983, 71)

"Mein Sollen muß vorgegeben sein, sofern ich wollen soll." (*V.E. Frankl* 1988[7], 52; vgl. *K. Dienelt* 1955, 11, 21, 26f.) Mit diesem Satz faßt *V.E. Frankl* zusammen, daß das Wovor unserer Verantwortung immer schon uns voraus sein muß, das heißt, daß "hinter dem Gewissen das Du Gottes" steht, "denn nie und nimmer könnte das Gewissen ein Machtwort sein in der Immanenz, wäre es nicht das Du-Wort der Transzendenz." (*V.E. Frankl* 1988[7], 52; vgl. 2.3.4.1) *V.E. Frankl* bezweifelt aufs heftigste, daß das Gewissen nur irgendwie ein Vorbild sein könnte, würde es aus dem Ich selbst stammen und nicht aus der Transzendenz.

Aus dieser Tatsache können wir schließen, "daß wir eine, wenn auch unbewußte, so doch intentionale Beziehung zu Gott immer schon haben. Und diesen Gott eben nennen wir den unbewußten Gott." (*V.E. Frankl* 1988[7], 55) So lautet ja auch der Titel des Werkes *V.E. Frankls*, in dem er sich am ausführlichsten mit der Frage nach dem Verhältnis von Psychotherapie und Religion auseinandersetzt. Mit dem Begriff "unbewußter Gott" meint *V.E. Frankl* also, daß uns unsere Relation zu Gott unbewußt sein kann, nämlich verdrängt und dadurch für uns selbst verborgen. (*V.E. Frankl* 1988[7], 55) Wahr ist aber jedenfalls, daß der Mensch nur von Gott her verstanden werden kann.

Wie kann man aber den Zugang zu Gott finden? *V.E. Frankl* ist davon überzeugt, daß man bei der Wegweisung zu Gott nicht über das Rationale, sondern nur über das Emotionale gehen kann, denn in unserem Innersten, am "Grunde unseres Seins liegt eine Sehnsucht, die dermaßen unstillbar ist, daß sie gar nichts anderes meinen kann als Gott." (*V.E. Frankl* 1984[2]b) Das ist direkt ein Tip und ein Ansporn für jeden Religionspädagogen. Lassen wir uns durch den Kopf gehen, wie wir die Emotionen ansprechen können, damit der in jedem schlummernde Drang zu Gott offen herausbricht!

Das unbewußte Element bezieht sich aber nicht nur auf Gott, sondern auf den ganzen Bereich der Religiosität.

"Es gibt unbewußte Geistigkeit, unbewußte Sittlichkeit und unbewußte Gläubigkeit. Solche Gläubigkeit ist nun meines Erachtens unbewußt recht oft im Sinne von verdrängter Religiosität." (*V.E. Frankl* 1959, 86)

Die unbewußte Religiosität "gehört nicht dem Bereich des triebhaft Unbewußten an, sondern dem des geistig Unbewußten. Zu Gott werde ich nicht getrieben, sondern für - oder gegen - ihn habe ich mich jeweils zu entscheiden." (*V.E. Frankl* 1959, 87)

Im Sinn eines Sexualtriebes gibt es auch keinen Moraltrieb, denn vom Gewissen wird man nie getrieben, man kann sich immer nur dafür oder dagegen entscheiden (vgl. 2.3.4). *V.E. Frankl* verweist auf die Psalmen und auf die hellenistische Antike, wo man schon ähnliche Formeln von unbewußter Gläubigkeit kannte. (Vgl. *V.E. Frankl* 1988^7, 56)
Die Apostelgeschichte z. B. verwendet das Wort vom "unbekannten Gott", es wird berichtet, daß Paulus in Athen einen Altar mit der Aufschrift "EINEM UNBEKANNTEN GOTT" sah (vgl. Apg 17,23).

> "In der Psychoanalyse ist es aber nicht nur so, daß ganz allgemein das Über-Ich eine introjizierte Vater-Imago darstellt, vielmehr wird dies im besonderen auch vom Gottesbegriff ausgesagt; für die Psychoanalyse ist auch Gott eine bloße Vater-Imago.
> Wir aber behaupten gerade das Umgekehrte: In Wirklichkeit ist NICHT GOTT EINE VATER-IMAGO, SONDERN DER VATER EINE IMAGO GOTTES. Für uns ist NICHT DER VATER DAS URBILD ALLER GÖTTLICHKEIT, vielmehr ist genau das Gegenteil richtig: GOTT IST DAS URBILD ALLER VATERHAFTIGKEIT. Nur ontogenetisch, biologisch, biographisch ist der Vater der Erste - ontologisch jedoch ist Gott das Erste. Psychologisch ist also die Beziehung Kind - Vater der Beziehung Gott - Mensch zwar vorgängig, ontologisch ist sie aber nicht vorbildlich, sondern abbildlich. Ontologisch gesehen ist mein leiblicher Vater, der mich leiblich gezeugt hat, der gleichsam nur zufällig erste Repräsentant dessen, der alles erzeugt hat; ontologisch gesehen ist also mein natürlicher Schöpfer nur das erste Symbol und damit gewissermaßen die Imago für den übernatürlichen Schöpfer aller Natur." (*V.E. Frankl* 1948, 86f.)

Für die Existenzanalyse ist Gott keine Vater-Imago, sondern es verhält sich genau umgekehrt,

> "...der Vater ist ein Imago, will heißen, das erste konkrete Bild, das sich das Kind von Gott macht." (*V.E. Frankl* 1987b, 113; vgl. 3.4)

2.5.2.1 Das Verhältnis von Existenzanalyse und Religion

Was hat jetzt Existenzanalyse mit Religiosität bzw. Transzendenz zu tun? Die Religiosität des Menschen ist "eine Realität im strengsten empirischen Sinne; eine Realität freilich, die auch unbewußt bleiben oder unbewußt werden, die auch verdrängt worden sein kann." (*V.E. Frankl* 1988^7, 61; *J.B. Fabry* 1973, 168ff.) In einem solchen Fall setzt aber dann die Existenzanalyse ein. Sie soll versuchen, diese Realität in die Gegenwart hereinzuholen. Denn gerade beim neurotischen Menschen läßt sich oft nachweisen: "Seine Beziehung zur Transzendenz ist gestört." (*V.E. Frankl* 1988^7, 61)

Bei der Frage nach dem Verhältnis von "Psychotherapie und Religion" (das ist der Titel eines eigenen Kapitels im Werk "Der unbewußte Gott") meint *V.E. Frankl*, daß der religiöse Arzt "das höchste Interesse daran haben" wird "müssen, daß diese Religiosität zu einem spontanen Durchbruch gelangt. Und diesen Durchbruch wird er daher auch ruhig abwarten." (*V.E. Frankl* 1988^7, 65) Aber ärztliche Seelsorge kann sich immer nur diesseits aller Religiosität bewegen. (Vgl. *V.E. Frankl* 1981, 64; *ders.* 1987b, 129) Denn zu einer echten Religiosität kann niemand gedrängt werden. *Frankl* legt darauf Wert, daß die unterschiedlichen Funktionen von Psychotherapeuten und Priestern scharf getrennt werden.

"Und so wie der irreligiöse Arzt dem religiösen Patienten das lassen soll, was der Patient hat: seinen Glauben - so muß der religiöse Arzt dem Priester lassen, was des Priesters ist: dessen Amt." (*V.E. Frankl* 1988[7], 67)

Ein religiöser Arzt darf nur aufgrund seines Glaubens, seines Gläubig-Seins darauf bedacht sein, daß sich die transzendente Dimension seines Patienten entfaltet, niemals als Arzt, so wie ein irreligiöser Arzt die Religion nicht mißbrauchen darf für therapeutische Zwecke. Anders ausgedrückt meint *V.E. Frankl* immer wieder: "Für die Logotherapie kann Religion nur ein Gegenstand sein - nicht aber ein Standort." (*V.E. Frankl* 1977a, 91; *ders.* 1988[7], 70; vgl. zum Absatz *J.B. Fabry* 1973, 43)

Die Abgrenzung zwischen Logotherapie und Theologie kann man ganz gut umreißen: "Das Ziel der Psychotherapie ist seelische Heilung - das Ziel der Religion jedoch ist das Seelenheil." (*V.E. Frankl* 1983, 219; *ders.* 1977a, 91; *ders.* 1959, 55; *ders.* 1988[7], 79; vgl. *ders.* 1987b, 128; *M. Dieterich* 1989, 312; *J.B. Fabry* 1973, 155) Schematisch veranschaulicht *Viktor Frankl* diesen Zusammenhang folgendermaßen:

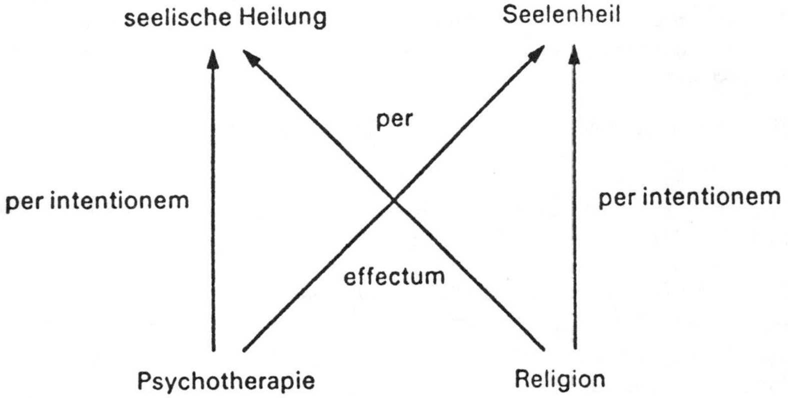

(Abbildung aus: *V.E. Frankl* 1987b, 127)

Die Ziele der Psychotherapie und der Religion liegen natürlich auch nicht auf derselben Seinsebene.

"Die Dimension, in die der religiöse Mensch vorstößt, ist eine höhere, will heißen umfassendere, als die Dimension, in der sich so etwas wie Psychotherapie abspielt. Der Durchbruch in die höhere Dimension geschieht aber nicht in einem Wissen, sondern im Glauben." (*V.E. Frankl* 1977a, 91f.; *ders.* 1988[7], 72; *ders.* 1983, 220)

Um das Verhältnis der humanen zur divinen, oder wie *Frankl* sagt, ultra-humanen Dimension zu bestimmen, wählt er zwei Vergleiche. Einerseits den "Goldenen Schnitt", bei dem sich "der kleinere Teil zum größeren so wie der größere zum Ganzen" (*V.E. Frankl* 1983, 46; *ders.* 1977a, 92; *ders.* 1988[7], 72; *ders.* 1984[2]b, 235f.) verhält. Andererseits bringt er den sehr verständlichen Vergleich mit dem Tier. "...: ebensowenig wie das Tier imstande wäre, aus seiner Umwelt heraus den Menschen und dessen Welt zu verstehen, ebensowenig ist es möglich, daß der Mensch Einblick hat in die Überwelt." (*V.E. Frankl* 1977a, 92; *ders.* 1988[7], 72; vgl. *ders.* 1951a; 63)

Einerseits läßt sich der Schritt in diese ultra-humane Dimension nicht forcieren, schon gar nicht durch die Psychotherapie. Andererseits hält *V.E. Frankl* folgendes, auch aus der Abbildung Seite 114 Ersichtliche fest:

> Mag sich die Religion "sekundär auch noch so günstig auswirken auf Dinge wie seelische Gesundheit und seelisches Gleichgewicht: Ihr Ziel ist nicht seelische Heilung, ihr Ziel ist das Seelenheil. ... Religion verschafft dem Menschen mehr als Psychotherapie - und sie verlangt auch mehr von ihm. Jede Kontamination dieser beiden Bereiche, die zwar im Effekt einander decken mögen, je ihrer Intention nach einander aber fremd sind, ist grundsätzlich abzulehnen." (*V.E. Frankl* 1988[7], 68)

Das gilt in beide Richtungen. Denn die Theologie kann von einer Wissenschaft nur dann profitieren, wenn sie zu völlig unabhängigen Ergebnissen kommt, wenn sie nicht von vornherein einen Weg festlegt. (Vgl. *V.E. Frankl* 1988[7], 69) Die Religion liegt der Logotherapie aber sehr am Herzen, denn "im Zusammenhang mit Logotherapie meint Logos Sinn" (*V.E. Frankl* 1988[7], 73; vgl. *ders.* 1977a, 93; vgl. 2.4), und wir müssen aus aller wissenschaftlicher Konsequenz heraus einen letzten Sinn annehmen.

M. Dieterich zitiert zwar *Frankls* Meinung zu den Unterschieden zwischen Religion und Psychotherapie, kann dem Schritt *Frankls*, "eindeutige Grenzen zwischen Theologie und Therapie ziehen zu können" (*M. Dieterich* 1989, 312), aber nicht folgen. Andererseits schreibt er im übernächsten Absatz selbst, daß ein Mensch letztlich mehr braucht als nur einen "fundierten innerweltlichen 'Über-Sinn', denn der Mensch sucht 'Seelenheil', Friede mit Gott und die Lösung seiner Schuldfrage" (*M. Dieterich* 1989, 312), und das geht nur durch den von Jesus Christus geschaffenen Weg.

So ist auch festzuhalten, daß die Existenzanalyse keinesfalls eine Endstation zur letzten Sinnfindung des Menschen darstellt.

> "Denn sie gibt keine letzten Antworten, zumindest im Aspekt der Religion keine letzten. Aber von jener Station aus, bis zu der sie den Menschen ... hinzuführen vermag, von dort aus vermag der religiöse Mensch ohne weiteres auch 'direkten Anschluß' zu finden zu seiner letzten Station", denn "der Endpunkt des existenzanalytischen Weges" liegt "genau 'auf der Linie' zum Religiösen." (*V.E. Frankl* 1947, 53)

Ganz klar ist, daß sich die Psychotherapie diesseits eines Offenbarungsglaubens bewegen muß, "denn daß jemand die Offenbarung als solche überhaupt anerkennt, setzt eine Glaubensentscheidung immer schon voraus." (*V.E. Frankl* 1988[7], 73) Es kann aber überhaupt nicht negativ sein, gegenüber einem Ungläubigen auf eine Offenbarung zu verweisen und ihm zu sagen, daß es sie gibt.

Die Psychotherapie faßt "das Phänomen der Gläubigkeit nicht als ein Glauben an Gott, sondern als den umfassenderen Sinnglauben" (*V.E. Frankl* 1988^{7}, 74f.) auf. *V.E. Frankl* behauptet schließlich, daß die Logotherapie dazu legitimiert ist,

> "...sich nicht nur mit dem Willen zum Sinn zu befassen, sondern auch mit dem Willen zu einem letzten Sinn, einem Über-Sinn, wie ich ihn zu nennen pflege, und der religiöse Glaube ist letztlich ein Glauben an den Übersinn - ein Vertrauen auf den Übersinn." (*V.E. Frankl* 1988^{7}, 75; vgl. *ders.* 1977a, 95f.; *ders.* 1981, 75; vgl. zum ganzen Absatz: *ders.* 1983, 220f.; *M. Dieterich* 1989, 311; *J.B. Fabry* 1973, 56ff.)

Da der Mensch aber nicht imstande ist, den absoluten Sinn zu erfassen - "es gibt für ihn keine Erkenntnis des Absoluten" (*V.E. Frankl* 1984^{2}b, 200; vgl. *ders.* 1987b, 142; *A. Längle* 1985b, 86), denn der "unendliche Sinn ist für ein endliches Wesen überhaupt nicht faßlich" (*V.E. Frankl* 1988^{7}, 86; vgl. *ders.* 1983, 44) -, kann er ihn, den Übersinn, nur mehr glauben.

2.5.2.2 Die religiöse Zukunft aus der Sicht *V.E. Frankls*

V.E. Frankl wehrt sich dagegen, daß "eine Kirche von mir verlangt, daß ich glaube. Ich kann doch nicht glauben wollen ..." (*V.E. Frankl* 1988^{7}, 75, 113) *Frankl* beschreibt, wie er den Trend in religiösen Fragen sieht. Der Trend führt

> "...nicht von der Religion weg, sehr wohl aber von jenen Konfessionen, die anscheinend nichts anderes zu tun haben, als gegeneinander zu kämpfen und sich gegenseitig die Gläubigen abspenstig zu machen." (*V.E. Frankl* 1988^{7}, 76)

Andererseits sieht *V.E. Frankl* aber die Konfession als notwendig für den durchschnittlichen religiösen Menschen an, um der Wahrheit so nahe wie möglich zu kommen. *Frankl* vergleicht dies mit der Sprache, von der er sagt, daß man in seiner Muttersprache der durch die vielen Sprachen ausgedrückten Realität näher kommen wird als in irgendeiner anderen Sprache, da man in seiner Muttersprache über einen größeren Nuancenreichtum verfügt. So verhalte es sich auch mit den Konfessionen. (Vgl. *V.E. Frankl* 1988^{7}, 76; *ders.* 1947, 47; *J.B. Fabry* 1973, 189)

Aber:

> "...wir gehen nicht auf eine universale, vielmehr auf eine personale - eine zutiefst personalisierte Religiosität zu, eine Religiosität, aus der heraus jeder zu seiner persönlichen, seiner eigenen, seiner ureigensten Sprache finden wird, wenn er sich an Gott wendet." (*V.E. Frankl* 1977a, 96; *ders.* 1988^{7}, 76)

Letztendlich gelangt *Frankl* zu folgendem - im Sinne einer für alle offenen Psychotherapie verständlichen - Schluß: So kann jeder "durch das Medium jeder Religion hindurch zu Gott finden - zu dem einen Gott." (*V.E. Frankl* 1977a, 96; *ders.* 1988^{7}, 76) Christen werden diese Schlußfolgerung wohl im Sinne von Nostra aetate des II. Vatikanischen Konzils zu interpretieren haben. (Vgl. *K. Rahner - H. Vorgrimler* 1987[20], 349-360)

3. Die religionspädagogische Bedeutung

Die bisherigen Darlegungen haben die allgemeine pädagogische Relevanz der Existenzanalyse deutlich werden lassen. Ausführliche weiterführende Literatur zum Thema "Existenzanalyse - Pädagogik" bietet *K. Dienelt* (1973, 145). Im Hinblick auf die spezifisch religionspädagogische Relevanz der Existenzanalyse sei eigens noch herausgehoben:

3.1 Einheit von Lehre und Leben

> "Es gibt wenige Menschen, die uns besser als *Viktor Frankl* aus eigener Erfahrung darüber Auskunft geben können, daß Leben im Wechsel von Anspannung und Entspannung, von Bedrohung und Befreiung, von Kampf und Frieden geschieht." (*W. Butollo* 1985, 113)

Diese Einheit bei *V.E. Frankl* zeigt die Vorbildwirkung *Frankls*. *V.E. Frankl* hat einen Hauptpunkt seiner Lehre, nämlich das Leiden, selbst erlebt. Dadurch wirkt er überzeugender als manch reiner Theoretiker. Das sollte eine zweifache Wirkung auf den Religionslehrer haben.

Erstens muß es für jeden wichtig sein, seine Glaubens- und Lebensüberzeugungen nicht nur zu unterrichten, sondern auch vorzuleben und damit durch seine Lebenshaltung zu bestätigen. Diese Vorbildwirkung wird auch von Jesus Christus in der Bergpredigt gefordert, wenn er vom Licht der Welt spricht (vgl. Mt 5,14-16). Diese Forderung ist natürlich eine sehr hohe, denn jeder Mensch, eben auch ein Religionspädagoge, wird von seinem Leben gezeichnet, wird Rückschläge und negative Erlebnisse erfahren. Im Vertrauen auf Jesus Christus gilt aber, durch unser Vorbild das zu leben, wofür wir einstehen...

Zweitens werden wir durch diese Vorbildforderung *Frankls* auf Jesus Christus verwiesen. Bei Jesus Christus waren Leben und Lehre eine Einheit. Er ist für das eingestanden, was er seinen Jüngern und uns vorgelebt hat. Die Radikalität Christi ist wahrscheinlich unnachahmlich, aber sie muß ein Ansporn sein. Gerade aber in Extremsituationen kommen Christen immer wieder nahe an ihr Vorbild, ihren Herrn heran, dies gilt nicht nur für Märtyrer vergangener Zeitepochen, auch Beispiele unseres Jahrhunderts sind hierfür anführbar, nennen wir exemplarisch Pater Maximilian Kolbe. Dazu muß man sich aber in "Normalsituationen" in dieses christlich-vorbildhafte Verhalten einüben, sonst wird eine Haltung extremer Art kaum durchzustehen sein. Dieses Einüben verlangt große Konsequenz, die Hinführung von Schülern zu solcher Konsequenz bedeutet für Pädagogen viel Kreativität und Geduld, eigene Vorbildwirkung und die Kraft, sich mit kleinsten Erfolgserlebnissen zufriedenzugeben.

Hierzu eine Hilfe bekommt man wieder von *V.E. Frankl*. Wenn wir schon frühzeitig den Sinn im Leben trotz Leidens erfahren haben, wenn uns durch kleinste Rückschläge im Leben bewußt wurde, daß Leid immer sinnvoll getragen werden kann, dann werden wir für Extremsituationen gewappnet sein, dann wird sich uns möglicherweise der Blick auftun für einen allgemeineren Sinn, für einen Übersinn, wie ihn *Frankl* nennt, für Gott. Greifen wir diesen Ansatz *Frankls* auf und haben wir den Mut, Schülern die Sinnhaftigkeit von schwierigen, "leidvollen" Situationen aufzuzeigen.

3.2 Die Ganzheitlichkeit des Menschenbildes

In der Lehre von der Dimensionalontologie zeigt sich der Einsatz *V.E. Frankls* gegen ein verkürztes Menschenbild, das eben nicht alles vom Menschen, nicht sein ganzes Wesen sieht. Aber *Viktor Frankl* grenzt sich auch bewußt von Formen des Humanismus ab, "die den Menschen in den Mittelpunkt stellen" (*V.E. Frankl* 1984[2]b, 221; vgl. ebd. 222f.), anstatt ihn nur in den Vordergrund zu rücken. Denn dabei passiert, daß sich der Mensch zu seinem eigenen Maßstab macht, daß die Anthropologie zu einem Anthropologismus erstarrt. (Vgl. *V.E. Frankl* 1984[2]b, 221) Das gilt es auch für Religionspädagogen zu bedenken. Wir können mit Hilfe der Dimensionalontologie von *Frankl* den Menschen in seiner ganzen Daseinsweise aufzeigen, nicht verkürzt betrachtet aus dem Winkel nur einer Wissenschaft. Das den Schülern bewußt zu machen, ist in der heutigen Zeit, in der oft eindimensionaler Wissenschaftlichkeit Vorschub geleistet wird, von großer Bedeutung. Aber wir dürfen wohl nicht vergessen, ja mehr noch, wir müssen bewußt davon sprechen, daß eben "Gott das Maß aller Dinge ist" und nicht wir. Das zu betonen heißt, gegen den Zeitgeist zu schwimmen, denn der heutige Mensch glaubt allzu oft, alles ist durch die menschlich geschaffene Technik machbar; oder religiös gesehen, der Mensch kann durch Meditation und Eintauchen in höhere geistige Sphären selbst Gott, also letztlich selbst zum Maß aller Dinge werden.

Die oben angesprochenen Strömungen hat auch das Zweite Vatikanische Konzil erkannt. (Vgl. *K. Rahner - H. Vorgrimler* 1987[20], 465 (Gaudium et spes))

V.E. Frankl sieht den Menschen als verantwortliches, gerufenes, herausgefordertes, aber doch völlig freies Wesen. (Vgl. *W. Kurz* 1985, 165; vgl. 2.3) Die Logotherapie sieht im Menschen auch den leidenden Menschen. Er wird nicht ausgespart, wie so oft in unserer Gesellschaft. Im Gegenteil, er bekommt einen besonderen Stellenwert. Und damit rückt die Existenzanalyse in mehreren Dimensionen nahe an die christliche Religion und bietet der Religionspädagogik Ideen und Aufgaben an.

Wir sind auch aufgerufen, den Menschen leidensfähig zu machen. Gerade in unserer Gesellschaft, in der durch Verkehrsunfälle körperliches Leid den Menschen plötzlich treffen kann, in der aber der Mensch gerade seelischem Leid durch ständiges Verdrängen völlig unvorbereitet begegnet, wird es zunehmend wichtiger, den Menschen zu einem Glauben an den christlichen Gott, der uns durch Jesus Christus zum Heil vorherbestimmt hat und der der Grund ist, warum alles sinnvoll ist, hinzuführen. Im Hinblick auf und für den leidenden Menschen wird der Blick auf Gott besonders wichtig. Das betont auch *V.E. Frankl*, wenn er schreibt:

> "Erst im Angesicht Gottes, erst im Hinblick darauf, daß er es ist, vor dem der Mensch verantwortlich ist für die ihm abverlangte Erfüllung eines konkreten und persönlichen

> Lebenssinns, der auch noch den Sinn des Leidens mit in sich einbegreift, wird das menschliche Dasein in eine Dimension hineingerückt, in der es bedingungslos lebenswürdig ist: unter allen Bedingungen und unter allen Umständen." (*V.E. Frankl* 1987b, 145)

Vor Christen steht Jesus Christus. Er hat gezeigt, daß auch der leidvollste Weg ein Weg mit Sinn, ja ein Weg direkt auf Gott zu ist.

Religionspädagogen ist es aufgetragen, schrittweise von konkreter Sinnhaftigkeit, von "wissenschaftlicher Beweisbarkeit" der Sinnhaftigkeit zum Glauben an den Übersinn, wie ihn *Frankl* nennt, zu führen, denn der gläubige Mensch kann Gott zuliebe Ja zum Leiden sagen:

> "Zwar blüht der Feigenbaum nicht, an den Reben ist nichts zu ernten, der Ölbaum bringt keinen Ertrag, die Kornfelder tragen keine Frucht; im Pferch sind keine Schafe, im Stall steht kein Rind mehr. Dennoch will ich jubeln über den Herrn, und mich freuen über Gott, meinen Retter." (Hab 3, 17-18; vgl. *V.E. Frankl* 1987b, 146)

3.3 Verantwortlichkeit des Menschen

Eine "Rückbesinnung auf den Wesensgrund menschlichen Daseins, auf das Verantwortlichsein als Grundlage menschlicher Existenz" (*V.E. Frankl* 1983, 38; vgl. *K. Dienelt* 1984, 187f.) tut heute not. Wenn wir unsere Schüler zur Verantwortlichkeit erziehen, dann machen wir dabei mit Sicherheit ein Stück Gewissensbildung (vgl. *K. Dienelt* 1955, 33), wir erfüllen damit auch das theologische Richtziel österreichischer Lehrpläne für den katholischen Religionsunterricht: "...aus christlicher Verantwortung heraus zu handeln" (Lehrplan AHS 1983, 4) und das Erziehungsanliegen der österreichischen Schule: "Erziehung zu verantworteter Haltung in Wirtschaft, Technik, Verwaltung und Freizeit". (Lehrplan AHS 1983, 7)

3.4 Gottesebenbildlichkeit des Menschen

Der Mensch kann sich nur von der Transzendenz her verstehen, ja noch mehr:

> "... er ist auch nur Person in dem Maße, als er von der Transzendenz her personiert wird: durchtönt und durchklungen vom Anruf der Transzendenz." (*V.E. Frankl* 1951a, 64)

Dieses bereits aus dem Jahre 1950 stammende Zitat soll alles oben Gesagte nochmals zusammenfassen. Wir stammen von Gott ab, der das Wunder der Geburt eines neuen Lebewesens ermöglicht, und wir erfüllen uns nur dann, wenn wir auch auf ihn hin leben. Genaugenommen wäre dieses Anliegen wohl ein Anliegen aller Unterrichtsfächer in der Schule, aber in besonderer Weise wird die Erhellung dieser Tatsache doch wohl dem Religionsunterricht zukommen. In ganz besonderer Weise erfüllt sich diese imitatio dei in der Liebesnachfolge Jesu Christi.

3.5 Glaubensoffenheit, Freiheit, Toleranz

Diese Begriffe findet man gut zusammengefaßt bei *W. Kurz*. Er meint, daß es mehrere Gründe gibt, warum zwischen der Logotherapie und der Theologie so viele Zusammenhänge sichtbar werden. Es geht um die glaubensoffene Haltung *V.E. Frankls*, aber vor allem auch um den Horizont, in dem der so wichtige Begriff Sinn gesehen wird. Die Logotherapie

> "...zwingt niemanden, sich in demjenigen Horizont zu verstehen, der dem Glaubenden als letztgültig erscheint. Und doch überzeugt sie gerade auch Menschen, die in der Betroffenheit von einer Macht stehen, die alles, was ist, transzendiert, trägt, gebiert, erhält, vollendet." (*W. Kurz* 1985, 161)

Die Existenzanalyse kann uns und will uns natürlich nicht den Schritt abnehmen, daß wir uns für den Offenbarungsglauben entscheiden müssen. Dieser Schritt kann niemandem abgenommen werden, dieser Schritt kann aber, um ihn leichter gehen zu können, bewußt gemacht werden.

Man muß aber auch die Freiheit des Menschen respektieren, sich gegen einen Glauben entscheiden zu können. So ist es jedem religiösen Menschen und im besonderen dem Religionslehrer, vom Gebot der Toleranz und der Liebe her gesehen, geboten, das Nein zum Glauben, zu Gott oder zur Religion zu akzeptieren. Im Sinne einer positiven Wirkung durch das Erfahren von Lehrer- oder Mitschülerüberzeugungen erscheint mir ein Religionsunterricht, in dem von seiten der Schüler offen über das Nicht-Glauben gesprochen werden kann, besser, als ein Unterricht, in dem solche Sätze von nicht-gläubigen Schülern ausgeschlossen bleiben.

W. Kurz meint, daß Jesus Christus, der uns das Maß vorgibt, damit wir uns richtig orientieren, nicht kopiert werden darf, sondern daß Jesus Christus übersetzt gehört, und zwar "unter Berücksichtigung des einmaligen Gepräges von Person und Situation". (*W. Kurz* 1985, 164) Insoferne können wir von der Logotherapie lernen, denn sie verliert sich nie im Abstrakten, sie gibt immer den ganz konkreten Sinn vor, der Mensch wird angeleitet, sich auf die Suche nach dem Sinn im Leben zu machen. Versuchen wir im eigenen Leben, aber besonders auch im Religionsunterricht immer wieder den Sinn im Leben aufzuzeigen, um so die Religion und das Christentum transparent zu machen.

Was *V.E. Frankl* als letzten Absatz seines Buches "Zeit und Verantwortung" schreibt, könnten und sollten wir uns für die Erziehung zur Ökumene merken, womit wir außerdem eines der theologischen Unterrichtsprinzipien beachten. (Vgl. Lehrplan AHS, 1983, 5) *V.E. Frankl* geht der Frage nach, wie man von seinem eigenen Glauben überzeugt sein und trotzdem die Überzeugung eines anderen gelten lassen kann.

> "Im Sinne einer echten Toleranz bin ich einer andern Überzeugung und dem Glauben eines Andern gegenüber ja nicht deshalb tolerant, weil ich ihn nur im geringsten etwa teile, vielmehr nur deshalb, weil ich ihn achte. Und ich achte ihn deshalb, weil der Glaube des Andern immerhin der Glaube, die Überzeugung eines Andern ist, und weil dieser Andere eben ein Mensch ist, und seine Überzeugung eine menschliche Überzeugung, und sein Glaube der Glaube eines Menschen; als solchen jedoch muß ich ihn achten. Denn ich achte

ja den Glauben eines Andern nicht deshalb, weil ich ihn teilen kann, sondern deshalb, weil ich den Andern selbst - lieben muß." (*V.E. Frankl* 1947, 59f.)

Festzustellen gilt es jetzt noch, daß der Begriff "Gewissen" bei *V.E. Frankl* noch unbestimmt ist. Das Gewissen ist für ihn zwar ein praemoralisches Wertverständnis, mit ihm soll etwas Noch-nicht-Seiendes "geschaut" werden und dieses Sollen ist uns vorgegeben. Nach *Frankl* steht hinter dem Gewissen das Du Gottes, das die letzte Wahrheit ist, die es geben muß. Wir Menschen haben die Freiheit, uns für oder gegen die Stimme unseres Gewissens zu entscheiden (vgl. 2.3.4 und 2.4.1).

Aber *V.E. Frankl* bleibt in der Frage des Gewissens doch unbestimmt. Wie können wir jetzt dieser letzten Wahrheit näher rücken? Als gläubige Menschen werden wir sagen müssen, daß das Gewissen auf den sich uns offenbarenden Gott ausgerichtet gehört. Wir wissen zwar niemals, ob wir jetzt die letzte Wahrheit gefunden haben oder nicht, aber ein nach der Offenbarung Gottes ausgerichtetes Gewissen wird dieser näher sein.

Als Arzt kann *V.E. Frankl* keine Antwort geben, in welche Richtung die letzte Wahrheit geht. Er kann als Psychotherapeut und Wissenschafter, wie oft angeführt, nicht aus einem Offenbarungsglauben kommen. Für Religionspädagogen geht es hier einen Schritt weiter. Wir sollen das Gewissen der Schüler auf Gott hin ausrichten, ausgehend von der Offenbarung der Heiligen Schrift. Wir können das tun, was nach *V.E. Frankl* in der heutigen Gesellschaft fehlt, nämlich die 10 Gebote und die Traditionen der Kirche aufgreifen, um sie zur Gewissensbildung der Schüler zu verwenden. Es bleibt eigentlich die Frage, wie *V.E. Frankl* die 10 Gebote als Ausrichtung auf das Gewissen anführen kann. Hat er sich doch nicht ganz aus der Offenbarung herausgehalten? Mit *V.E. Frankl* zusammen werden wir jedenfalls darauf achten, daß wir im Religionsunterricht einer Sensibilisierung des Gewissens dienen, die den Schülern hilft, ihr Leben in Gottes- und Nächstenliebe zu leben.

Wo könnte also unser Religionsunterricht hinführen? Wenn man es mit *K. Dienelt* zu formulieren versucht, werden wir davon ausgehen müssen, daß hinter unserem erzieherischen Tun die Absicht steht, "die Voraussetzungen zu schaffen, die notwendig sind, daß der Zögling werde, was er werden soll." (*K. Dienelt* 1955, 27) Für uns Religionspädagogen wird das letztlich heißen, daß wir versuchen werden, die Grundlagen zu schaffen, daß unsere Schüler zum Heil gelangen.

Weitere "Anwendungen" und "Übertragungen" logotherapeutischer Erkenntnisse auf pädagogische und seelsorgliche Fragen (Meditation, Bildung, Erzählen u.a.m.) behandelt *W.K. Kurz* in kleineren Aufsätzen (*W.K. Kurz* 1991).

4. Anhang: Gesprächsnotiz vom 20. Februar 1992

Es ist 8.45 Uhr. Vor 10 Minuten hat mich Herr Univ.-Prof. Dr. *Frankl* als Antwort auf meinen Brief zurückgerufen und mir telefonisch mitgeteilt:

Das Kapitel "Der Mensch auf der Suche nach einem letzten Sinn" im Buch "Der unbewußte Gott" ist eigentlich die letzte und endgültige Bearbeitung und Antwort meiner Anfrage, an diesen Vortrag soll ich mich halten.

Herr Prof. Dr. *Frankl* war sehr freundlich und hilfsbereit, wiederholte mir gegenüber nochmals, daß er als Arzt natürlich einen neutralen Standpunkt beibehalten müsse, wie er das ja immer wieder geschrieben hat. Er verwies mich auf Prof. Wessely, der die neuesten Dissertationen über Logotherapie im Computer hat, falls diese für mich interessant wären. Im oben genannten Buch ist die Bibliographie am Stand von 1988, da sind inzwischen allerdings einige Dissertationen dazugekommen.

Prof. *Frankl* fragte, ob er mir noch anderweitig helfen könne. Da habe ich ihn sofort auf seine zweite Promotion angesprochen. Er war sich im ersten Moment auch nicht ganz sicher, ob er 1948 oder 1949 zum Doktor der Philosophie promovierte, überlegte kurz und meinte, es müsse 1949 gewesen sein. Zur Sicherheit gab er mir den Tip, bei der Wiener Akademie der Wissenschaften anzurufen, um dort zur Kontrolle diese Jahreszahl bestätigen zu lassen. Mir erscheint so die Jahreszahl im Buch von *Alfried Längle* mit 1949 die richtigere zu sein und nicht die in der Diplomarbeit von *Orgler*.

Ich habe mich bei Herrn Univ.-Prof. Dr. *Frankl* recht herzlich bedankt, und er hat mir für meine weitere Arbeit viel Glück gewünscht.

Die Schicksalsanalyse Leopold Szondis (geb. 1893) Einbeziehung des familiären Unbewußten

Der ungarische Psychiater *L. Szondi* versuchte einen Brückenschlag zwischen der Psychoanalyse *S. Freuds* und der Komplexen Psychologie *C.G. Jungs*, wie auch zwischen der Genealogie und der Tiefenpsychologie. Er war also bemüht um eine ganzheitliche "Zusammenschau", die das Richtige aller Wissenschaften vom Menschen integriert. *Szondi* versucht nachzuweisen, daß im Unbewußten drei Schichten zu unterscheiden sind:

1. Das persönliche Unbewußte mit der Schicht der infantilen Verdrängung (vgl. *S. Freud*);
2. das familiäre Unbewußte, in dem die latenten familiären Triebstrebungen beheimatet sind und
3. das kollektive Unbewußte (vgl. *C.G. Jung*). (Vgl. *L. Szondi* 1948; 1954; 1965[3])

Die menschliche Person sei konfrontiert gleichsam mit einem Zwangs-Schicksal, welches bestimmt ist von den im familiären Unbewußten ruhenden, verborgenen Ahnenansprüchen. Daneben existiert aber das ICH-SCHICKSAL (auch WAHL-SCHICKSAL). Durch die Analyse wird der Person die Kraft und Macht ihres eigenen Ichs, die Freiheit dieses Ichs in bezug auf die Wahl oder Integration der möglichen Ahnenansprüche, Ahnenfiguren und Ahnenschicksale bewußt gemacht.

L. Szondi gebraucht für familiäre, erbbedingte Hintergrundbestrebungen, die Wahlzwänge ausüben und von (stärkeren) gegensätzlichen Triebkräften und -richtungen überlagert werden, den Ausdruck HINTERGÄNGER. Er korrespondiert mit dem, was *C.G. Jung* auch unter SCHATTEN subsumiert. (Vgl. *L. Szondi* 1952, 26f.) HINTERGÄNGER ist jedoch genetisch bedingt und nicht Folge etwa einer Verdrängung. (Vgl. auch *E. Drewermann* 1981[3], Bd. II, 257-262)

Umstritten ist ein gewisser erbbedingter Wahlzwang, den *Szondi* postuliert (Partnerwahl, Berufswahl, Todesart u.a.), der durch das FAMILIÄRE UNBEWUSSTE determiniert sei. *Szondi* selbst hat seine Schicksalsanalyse im Lauf seiner perönlichen Entwicklung modifiziert. Man spricht heute auch von einer Alt-Anankologie (von griech.: ananke = Schicksal) und von einer Neu-Anankologie. Während die Alt-Anankologie das FAMILIÄRE UNBEWUSSTE erforscht und Schicksal ausschließlich als unabänderliches Naturgesetz aus dem Erbe des Blutes versteht, erkennt *Szondi* in der zweiten Phase seines Wirkens eine "Lenkbarkeit des Schicksals", was dazu führt, daß er dem "Zwangs-Schicksal" ein "Wahl-Schicksal" gegenüberstellt. Dadurch wird die Bedeutung des Ichs aufgewertet und der Person ein bestimmtes Maß an Freiheit und Verantwortlichkeit gegeben. *Szondi* selbst nennt die höchste Instanz, auf die das Ich seine mitgebrachte Macht zum Sein überträgt, auch "Geist".

Kritische Hinweise

L. Szondi macht auf prägende Einflüsse der Familie aufmerksam. Katholische Familienerziehung wurzelt aber weniger in seinen Überlegungen als in erziehungswissenschaftlichen und theologischen Voraussetzungen. In einschlägigen wissenschaftlichen Arbeiten ist aber eine kritische Auseinandersetzung mit *L. Szondis* Thesen (v.a. mit dessen späteren Ansichten; vgl. *L. Szondi* 1954) noch notwendig, zumal Autoren wie *E. Drewermann* gelegentlich auf sie (kritisch) zurückgreifen.

(Zum Ganzen: *W. Correll* 1976; *K. Dienelt* 1973)

Die Daseinsanalyse Ludwig Binswangers (1881-1966)
Kritische Verbindung von Psychoanalyse und Ontologie

Der Schweizer Psychiater *L. Binswanger* (1962; 1973[3]) ist der Begründer der Daseinsanalyse. Sie wurde entwickelt in der Auseinandersetzung mit der Lehre *S. Freuds* einerseits und mit *Heideggers* Fundamentalontologie andererseits. Womit es Psychiatrie und Psychotherapie als Wissenschaften zu tun hätten, sei nicht der kranke Mensch, sondern der Mensch an sich. Ein neues Verständnis des Menschen, das die Daseinsanalytik *Heideggers* brachte, liegt darin, daß der Mensch im Gesamtgefüge seines In-der-Welt-Seins verstanden wird. Auf Grund empirisch-phänomenologischer Analysen und Methoden (auch unter Rückgriff auf *C.G. Jung*) versucht *Binswanger* eine Analyse faktischer Daseinsweisen und Daseinsgestalten. Er zeigt die Liebe als eine "Urbestimmung" des Menschen auf. Damit bringt er eine ganz wesentliche Kritik an der Psychoanalyse an. Wie *V.E. Frankl* und der Psychiater *V.E. von Gebsattel* betont auch *Binswanger* die Eigengesetzlichkeit des Geistigen und hat damit Anteil an der Abwendung der Tiefenpsychologie von einem reinen Psychologismus. (Vgl. *K. Dienelt* 1973, 41-43)

In "Grundformen und Erkenntnis menschlichen Daseins" (1973[5]) widmet *L. Binswanger* dem liebenden Miteinandersein großes Augenmerk bis hin zu Fragen der Zeitlichkeit und der Ewigkeit der Liebe, der Phänomene von Liebe und Tod, Liebe und Sprache und der Verfallsmöglichkeiten der Liebe. Wer *Binswangers* "Greifendes Nehmen-bei-etwas" (die "Hand") und die Zusammenhänge von Nehmen, Wahrnehmen und Benennen sowie *Binswangers* "Mitweltliches Nehmen-bei-etwas" und dessen Ausformung als "Nehmen-beim-Wort" (Verantwortlichkeit) oder "Nehmen-beim-Namen" (Historizität) mit Ausführungen *Freuds* vergleicht, ahnt ein wenig von den strukturellen Unterschieden zwischen Tiefenpsychologie und Höhenpsychologie.

Kritische Hinweise

L. Binswanger überwindet den Naturalismus der Psychoanalyse, indem er ähnlich wie *V.E. Frankl* das Ungenügen der postulierten Triebmechanismen aufzeigt. Ohne sich von *S. Freud* zu trennen, bemüht er sich, die Liebe als Ausdruck des "dualen Modus des Menschseins" zu verstehen. Da er diese Liebe als etwas Geistiges versteht, erkennt er auch psychische Beeinträchtigungen wie Neurosen als existentielles und nicht als bloß biologisches oder "psychologisches" Problem. In diesem Sinne bezeichnet *K. Dienelt* die Daseinsanalyse als "Verbindung von psychologischem und existenzanalytischem Forschungsgut". Mit manchen Vertretern der Erziehungswissenschaft hat daseinsanalytisches Denken Berührungspunkte mit der Philosophie *M. Heideggers*.

(Zum Ganzen: *W. Correll* 1976; *K. Dienelt* 1973)

Erik H. Eriksons (geb. 1902) epigenetische Theorie

E.H. Erikson (geb. 1902) hatte weder eine medizinische noch sonst eine akademische Ausbildung, als er durch seinen Klassenkameraden *P. Blos*, der später ein bekannter Psychoanalytiker wurde, in Wien mit *S. Freuds* Psychoanalytischem Institut in Kontakt kam. Er erhielt dort eine analytische Ausbildung. Der Stiefsohn eines jüdischen Arztes (vor dem Zweiten Weltkrieg noch mit dem Namen *Homburger*) wurde in der Zwischenkriegszeit von der Tochter *S. Freuds, A. Freud*, an eine in Wien gegründete Privatschule berufen und konnte hier Anschluß zu *S. Freud* und dessen Schülern, darunter auch *A. Aichhorn*, finden.

Nach der Machtergreifung durch die Nationalsozialisten emigrierte er in die USA, wo er unter anderem auch mit *M. Mead* zusammentraf. Er erforschte dort die Erziehungsgewohnheiten einer Reihe von Indianerstämmen (vgl. *E.H. Erikson* 1961, 85-162) und entwickelte eine Theorie der Persönlichkeitsentwicklung, an deren zentraler Stelle der Begriff "Identität" steht. Nach einer akademischen Lehrtätigkeit in Kalifornien war er von 1960-1969 an der Harvard University tätig. (Vgl. dazu *J. de Wit - G. van der Veer* 1982, 143; *R. Coles* 1970) Der Begriff "Identität" wird in den letzten Jahren sowohl im pädagogischen als auch im religionspädagogischen Schrifttum immer wieder verwendet. (Vgl. *J. de Wit - G. van der Veer* 1982, 142-159)

E.H. Erikson zählt zu den bedeutendsten Psychoanalytikern und hat wahrscheinlich am folgerichtigsten die Ansätze *Freuds* weiterentwickelt. *Erikson* baut auf der klassischen Psychoanalyse auf, geht aber in vielen Dingen über sie hinaus. So ergänzt er die psychoanalytische These von der Bedeutung der ersten Lebensjahre für die gesunde Bildung der Persönlichkeit durch soziologische Erkenntnisse und kommt dadurch nicht nur zu einer Überwindung des naturalistischen Determinismus, sondern zu einer "epigenetischen Theorie der Lebensphasen", derzufolge eine frühere Phase zwar entscheidend auf eine spätere einwirkt, selbst aber in jeder späteren Phase neu koordiniert, integriert und damit auch verändert werden kann. *Erikson* betont die Einflüsse der Kultur und trägt so zu einer Versöhnung von Biologismus und Kulturanthropologie bei. Nach ihm ist zwar der Ödipus-Komplex ein biologisches Phänomen, dies schließe aber eine spezifische Ausformung in verschiedenen sozialen und kulturellen Umwelten nicht aus. Die interessanten Belege dafür liefert *E.H. Erikson* durch den o.g. Vergleich der Entwicklung in zwei unterschiedlichen Indianerstämmen. *E.H. Erikson* erweitert die Grundlagen nicht nur hinein in den sozialen und kulturellen Bereich. Er kommt auch zu einer neuen Sicht der kulturellen Normen und Werte und sieht es als auch für die Psychotherapie unabdingbar, nach ethischen Möglichkeiten und Verpflichtungen sowohl des einzelnen als auch der Gesellschaft zu fragen. *E.H. Erikson* überwindet Einseitigkeiten und Stereotypien in der Auffassung des Gewissens, die bei manchen Epigonen *Freuds* zu finden waren, indem er zwischen dem frühen moralischen Gewissen, das durch die von außen übernommenen Inhalte des Über-Ich bestimmt ist, und einer späteren ethischen Gesinnung unterscheidet. (Vgl. in diesem Zusammenhang auch *H. Müller-Pozzi* 1975; *M. Klessmann* 1980)

Die sehr starre Wechselwirkung von Es, Ich und Über-Ich bildet bei *Erikson* keineswegs mehr die entscheidende Grundlage des Menschenverständnisses. Das Ich wird integrativ und nicht mehr nur als Abwehrinstanz gegenüber Es und Über-Ich gesehen. Aus solchen Gründen ist *M. Klessmann* (1980, 47) zuzustimmen, wenn er *E.H. Erikson* "eine so eigenständige Position" zuspricht, daß eine "Rubrizierung" zu einer "Ich-Psychologie" wieder relativ nichtssagend werde.

Der größte pädagogische Einfluß kommt *E.H. Erikson* vermutlich durch sein Entwicklungsmodell zu.

E.H. Erikson registriert in der Entwicklung des Menschen 8 Phasen, von denen jede durch ein polares Begriffspaar charakterisiert und verstanden werden kann:

1. Ur-Vertrauen gegen Ur-Mißtrauen
   Von der Wechselbeziehung zwischen Mutter und Kind hängt die Entstehung der Ich-Funktion ab, aber auch die Entwicklung einer Hoffnung, die zur Grundlage eines "Glaubens" werden könne. (Vgl. *E.H. Erikson* 1961, 228-231)

2. Autonomie gegen Scham und Zweifel
   Die anale Zone mit den Modalitäten des Zurückhaltens und Loslassens steht nur symbolhaft für Konflikte dieser Phase. Von der Reaktion der Mutter hänge es ab, ob Reinlichkeit und Ordnung zur Fähigkeit der Selbstbeherrschung ohne Verlust des Selbstgefühls führe. In dieser Phase lerne der Wille, das zu wollen, was sein kann, und auf das zu verzichten, was nicht sein kann. (Vgl. *E.H. Erikson* 1961, 231-234)

3. Initiative gegen Schuldgefühl
   Am Ende des 3. Lebensjahres, wo Bewegungs- und Sprachfähigkeit einen hohen Entwicklungsgrad erreicht haben, siedelt die Psychoanalyse den klassischen Ödipus-Komplex an. In dieser Phase dringt das Kind durch Vorstellungskraft und Neugierde in neue Lebensbereiche ein (= Phase des "Sich-an-etwas-Heranmachens"), es beginnt aber auch, sich von den Eltern zu trennen, wobei deren Wertordnung internalisiert wird (Gewissensbildung). (Vgl. *E.H. Erikson* 1961, 234-237)

4. Leistung gegen Minderwertigkeitsgefühl
   Das Spielalter wandelt sich zum Schulalter. Das Kind will gebraucht sein und lernt, sich auf sich selbst zu verlassen. Es bedarf aber auch der Erfahrung des Erfolges. Die Schule bekommt eine wichtige Aufgabe, auch hinsichtlich des Reifens eines Gefühls der Tüchtigkeit, durch das eine Vorwegnahme des Erwachsenseins gegeben ist. (*E.H. Erikson* 1961, 237-238)

5. Identität gegen Rollendiffusion (Identitätsverwirrung)
   Identitätsfindung steht bei *E.H. Erikson* im Zentrum aller Überlegungen. Im Übergang vom Kindsein zum Erwachsenen soll der junge Mensch die ihm und seiner Kultur

angemessene Identität finden. Dies verlaufe über mehrere Phasen hin zum Ziel der Identität, die *L. Elhard* so definiert:

> "Vier Komponenten, die untrennbar zueinander gehören, machen die Identität aus. Erstens, Identität ist ein durchgehendes inneres Selbstgefühl von Einheit, Kontinuität und Können inmitten der Verwirrung unmittelbarer Erfahrung. Zweitens, dieses Identitätsgefühl entsteht nur in Beziehungen zu anderen. Drittens, eine Anzahl polarer Spannungen sind in den Beziehungen gegenwärtig. Viertens, dieses Identitätsgefühl bindet sich dauernd 'im Prozeß', der durch jene Spannungen vorangetrieben wird." (zit.n. *M. Klessmann* 1980, 63)

Die Grundtugend dieser Phase ist nach *E.H. Erikson* die Treue. (Vgl. *E.H. Erikson* 1961, 238-240)

6. Intimität gegen Isolierung
Sie umfaßt die Phasen des Erwachsenenlebens und ist als Utopie der "Genialität" gekennzeichnet durch:
1. Wechselseitigkeit des Orgasmus, 2. mit einem geliebten Partner, 3. des anderen Geschlechts, 4. mit dem man wechselseitiges Vertrauen teilen will und kann und 5. mit dem man imstande und willens ist, die Lebenskreise der a) Arbeit, b) Zeugung, c) Erholung in Einklang zu bringen, um 6. der Nachkommenschaft ebenfalls alle Stadien einer befriedigenden Entwicklung zu sichern. Der Mensch sollte potentiell zu wechselseitigem genitalem Orgasmus fähig sein, aber auch Versagungen auf diesem Gebiet ertragen können, wenn Realitäts- oder Treuepflichten dies von ihm verlangen, ohne dadurch in unangemessene Regression zu verfallen. (Vgl. *E.H. Erikson* 1961, 240-243, hier: 242f.; *ders.* 1973)

7. Zeugende Fähigkeit gegen Stagnation
Es geht hier um die Wechselseitigkeit der Generationen, v.a. der Eltern-Kind-Relation. Letztere ist nicht nur eine biologische Gegebenheit, sondern Generativität ist immer auch die Liebe des Menschen zu seinen Werken, zu seinen Ideen und zu seinen Kindern. Mit dem korrespondiert die Grundtugend dieser Phase, nämlich die Fürsorge. (Vgl. *E.H. Erikson* 1961, 243)

8. Ich-Integrität gegen Verzweiflung

> "Nur derjenige, der die Sorge für Dinge und Menschen in irgendeiner Weise auf sich genommen hat und sich den Triumphen und Enttäuschungen angepaßt hat, die damit zusammenhängen, daß man nolens volens zum Ursprung anderer Menschenwesen und Schöpfer von Dingen und Ideen geworden ist - nur solch ein Mensch kann allmählich die Frucht dieser sieben Phasen ernten. Ich weiß kein besseres Wort dafür als 'Ich-Integrität'. Mangels einer klaren Definition möchte ich wenigstens einige Bestandteile dieses seelischen Zustandes andeuten. Es ist die wachsende Sicherheit des Ichs hinsichtlich seiner natürlichen Neigung zu Ordnung und Sinnerfülltheit. Es ist eine post-narzistische Liebe zum menschlichen Ich - nicht zum Selbst - ein Erlebnis, das etwas von einer Weltordnung und einem geistigen Sinn vermittelt, gleichgültig wieviel diese Erkenntnis gekostet haben mag. Es bedeutet die Hinnahme dieses unseres einmaligen und einzigartigen Lebensweges als etwas Notwendigem und Unersetzlichem; es bedeutet daher auch eine neue, andere Liebe zu den

Die Stadien des Lebenszyklus nach ERIK ERIKSON

Reife								Ich-Integrität versus Verzweiflung	Weisheit
Erwachsenenalter							Zeugende Fähigkeit versus Stagnation		Fürsorge
Frühes Erwachsenenalter						Intimität versus Isolierung			Liebe
Pubertät und Adoleszenz					Identität versus Rollendiffusion				Treue
Latenzphase				Leistung versus Minderwertigkeitsgefühl					Kompetenz
lokomotorisch genital			Initiative versus Schuldgefühl						Absicht
muskulär anal		Autonomie versus Scham und Zweifel							Wille
oral sensorisch	Urvertrauen versus Urmißtrauen								Hoffnung

J. Kagan - E. Haveman fassen die in der o.g. Tabelle angeführten Stufen so zusammen:

Stage	Crisis	Favorable outcome	Unfavorable outcome
First year of life	Trust versus mistrust	Faith in the environment and future events	Suspicion, fear of future events
Second year	Autonomy versus doubt	A sense of self-control and adequacy	Feelings of shame and self-doubt
Third through fifth years	Initiative versus guilt	Ability to be a "self-starter," to initiate one's own activities	A sense of guilt and inadequacy to be on one's own
Sixth year to puberty	Industry versus inferiority	Ability to learn how things work, to understand and organize	A sense of inferiority at understanding and organizing
Adolescence	Identity versus confusion	Seeing oneself as a unique and integrated person	Confusion over who and what one really is
Early adulthood	Intimacy versus isolation	Ability to make commitments to others, to love	Inability to form affectionate relationships
Middle age	Generativity versus self-absorption	Concern for family and society in general	Concern only for self – one's own well-being and prosperity
Aging years	Integrity versus despair	A sense of integrity and fulfillment; willingness to face death	Dissatisfaction with life; despair over prospect of death

(*J. Kagan - E. Haveman* 1976[3], 487)

Eltern. Es umfaßt zugleich ein kameradschaftliches Gefühl der Verbundenheit mit den Ordnungen ferner Zeiten und Strebungen, so wie sie in den einfachen Werken und Worten jener Zeit ausgedrückt sind. Obwohl der integere Mensch sich der Relativität all der vielen verschiedenen Lebensformen bewußt ist, die dem menschlichen Streben einen Sinn verleihen, ist er bereit, die Würde seiner eigenen Lebensform gegen alle physischen und wirtschaftlichen Bedrohungen zu verteidigen. Denn er weiß, daß das Einzelleben die zufällige Koinzidenz nur eines Lebenskreises mit nur einem Geschichtsabschnitt ist, und daß für ihn alle menschliche Integrität mit dem einen Integritätsstil steht und fällt, an dem er teilhat...

Mangel oder Verlust dieser gewachsenen Ich-Integrität ist durch Todesfurcht gekennzeichnet: der einzige, einmalige Lebensablauf wird nicht als die ultima ratio des Lebens anerkannt. Verzweiflung entspricht einem Gefühl, daß die Zeit zu kurz ist, zu kurz für den Versuch, ein anderes Leben zu beginnen und andere Wege der Integrität zu suchen. Hinter dem Lebensüberdruß lauert die Verzweiflung." (*E.H. Erikson* 1961, 244f.; vgl. auch *Ch. Perry* 1992, 46-52)

Nach *M. Klessmann* (1980, 70) fügt *E.H. Erikson* damit der Psychoanalyse einen Aspekt der Finalität hinzu: Das Ende des Lebens wird nicht nur als Reflex der Anfänge verstanden.

"Wenn in der Zeit des mittleren und hohen Alters Vergangenheit und Zukunft Sinn und eine gewisse Ordnung gefunden haben, wenn die Gegenwart als der eine und einzige Lebenskreis, auch angesichts des Todes, verantwortlich akzeptiert wird, dann kann man von der Integrität der Person sprechen. *Erikson* bringt sie mit dem alten Attribut der Weisheit als der Grundtugend dieser Phase in Verbindung: Letzte Betroffenheiten werden deutlicher und als solche angenommen, es ist ein Gefühl der Verpflichtung für die nächste Generation da, das sich in dem Willen, zu führen, zu lehren und zu beraten ausdrückt. Der Begriff 'Integrität' weist daraufhin, daß die früheren Phasen und Krisen ihre angemessene Integration gefunden haben... Wo eine derartige Integration nicht zustande kommt, zerfällt die Person quasi in Bruchstücke; Verzweiflung, Angst und Todesfurcht können sich ausbreiten. So zeigt sich gerade in dieser Phase, welche Bedeutung den frühkindlichen Erfahrungen, v.a. dem Vertrauen und der Hoffnung zukommt; der alte Mensch ist darauf angewiesen, ihre tragende Kraft gerade jetzt, wie am Anfang des Lebens zu erfahren..." (*M. Klessmann* 1980, 70).

Religionspädagogische Relevanz

In die deutschsprachige religionspädagogische Literatur wurde vor allem *E.H. Eriksons* Verständnis von IDENTITÄT aufgenommen.

J. de Wit - G. van der Veer machen allerdings darauf aufmerksam, daß *Eriksons* Werk den Begriff Identität in unterschiedlichen und sich zum Teil überlappenden Bedeutungen enthält:

"- im Sinn eines individuellen Kerns, der trotz aller Veränderungen der Person und seiner Umwelt bestehen bleibt;
- im Sinn eines Gleichklangs von im Prinzip veränderlichen sozialen Rollen;
- im Sinn eines auch in vorangehenden Phasen gewachsenen Lebensstils, der bestimmt, wie soziale Rollen ausgefüllt werden;
- im Sinne von speziellen Errungenschaften der Adoleszenzperiode, aber auch als etwas, das sich ständig verändert und erneuert;
- als eine Erfahrung innerer Kontinuität;
- als eine Kontinuität im Umgang mit anderen." (*J. de Wit - G. van der Veer* 1982, 143f.)

F. Schweitzer (1987, 196) stellt zwischen *E.H. Eriksons* Entwicklungsstufen und religiösen Symbolen folgende Relationen fest:

Psychosoziale Krisen (nach E. Erikson)	religiöse Symbole	Stufen der Symbolfunktion (J. Fowler)
1 Grundvertrauen gegen Grundmißtrauen	das Numinose (Gott, Muttergottheiten) das (verlorene) Paradies und die Hoffnung auf das Reich Gottes	
2 Autonomie gegen Scham u. Zweifel	Gut u. Böse, Gnade, Gehorsam u. Exodus, Symbole des Essens u. Trinkens	magisch-numinos
3 Initiative gegen Schuldgefühl	liebender u. strafender Vater Vatergottheit Sünde u. Erlösung, Umkehr	
4 Werksinn gegen Minderwertigkeitsgefühl	Beruf(ung), Schöpfungsauftrag, Werke	eindimensional-wörtlich
5 Identität gegen Identitätskonfusion	Glaube, gemeinsame Überzeugungen, der (im Leiden) solidarische Gott, Entfremdung u. Erlösung	mehrdimensional-symbolisch
6 Intimität gegen Isolierung	Gemeinschaft, christologische Themen	symbolkritisch
7 Generativität gegen Stagnation	Schöpfung, Beruf(ung), Fürsorge für das Kommende	nachkritisch
8 Integrität gegen Verzweiflung u. Ekel	das Heilige, die letzten Dinge	

Von solchen Relationen aus dürften sich in den kommenden Jahren weitere religionspädagogische und religionspsychologische Fragestellungen ergeben, etwa:

Wie verhalten sich die genannten religiösen Symbole de facto in bestimmten Erziehungssituationen und Kulturen zu den psychosozialen Krisen? Welche Funktion sollte ihnen zukommen?

Darüberhinaus existieren auch gegenüber dem Entwicklungsmodell von *E.H. Erikson* alle jene grundsätzlichen Anfragen, die Erziehungswissenschaft und Religionspädagogik immer wieder an Entwicklungsmodelle stellen müssen: die Frage nach dem Verhältnis von Anlagebedingtem und Vorgegebenem zu den Möglichkeiten einer Beeinflussung durch Umweltfaktoren und die Frage, welche Möglichkeiten, Aufgaben und "Rollen" innerhalb der Entwicklung für die Selbstbestimmung des Individuums verbleiben. (Vgl. *E.J. Korherr* 1990, 19-72)

Die Analytische Sozialpsychologie von Erich Fromm (1900 - 1980)
Versuch einer Revision der Psychoanalyse

1. Biographische Anmerkungen

E. Fromm wurde 1900 in Frankfurt geboren, lebte ab 1933 in den USA und starb 1980 in der Schweiz. Die Werke dieses "deutsch-amerikanischen Psychoanalytikers jüdischer Herkunft" hatten nachhaltigen Einfluß auf die akademische Generation um und nach 1968. (Vgl. *W. Correll* 1976, 68-71)

2. Fromms Lehre

E. Fromm ging besonders von den Schriften *Karl Marx'* aus, in denen er Prinzipien einer humanistischen Tiefenpsychologie zu erkennen glaubte. Er verglich *Marx* mit *S. Freud*, dessen Psychoanalyse er jedoch nur benutzen wollte, um das auszufüllen, was *Marx* nicht behandelt hat. Er sieht *K. Marx* als den bedeutenderen Denker an. (*E. Fromm* 1961)

Das zentrale Thema bei *E. Fromm* ist die Isolation und Einsamkeit des Individuums durch dessen Loslösung von Natur und Mitmensch. Freiheit erwerbe der Mensch um den Preis der Geborgenheit, indem er sich von den Eltern loslöst. Der Mensch fühle sich "frei", befinde sich aber in einer "fremden Welt", was zum Konflikt zwischen Freiheit und Vereinsamung führt. *Fromm* betont die Gespaltenheit des Menschen, der einerseits "Tier" (physiologische Bedürfnisse), andererseits "Mensch" (Fähigkeit zu Gefühlen der Liebe, des Mitleids, der Verantwortung) sei. Wer sich der animalischen Seite seines Wesens überlasse, degeneriere in seiner menschlichen Seite. Die Folge sei Egoismus des einzelnen oder des Staates (Diktatur, Faschismus).

E. Fromm unterscheidet fünf grundlegende Bedürfnisse, die sich aus der menschlichen Existenz ergeben:
a) das Bedürfnis nach Transzendenz;
b) das Bedürfnis nach Verwurzelung;
c) das Bedürfnis nach Zugehörigkeit zu einer Gruppe;
d) das Bedürfnis nach persönlicher Identität;
e) das Bedürfnis nach einem Bezugssystem, welches eine sinnvolle Deutung der Welt und des Lebens ermöglicht.

Diese Bedürfnisse sind nicht aus der Gesellschaft abgeleitet, sondern mit der menschlichen Entwicklung mitgegeben. Jedoch erst durch das Zusammenleben und in der menschlichen Gesellschaft und Gemeinschaft sei die Erfüllung dieser Bedürfnisse möglich.

Für die Persönlichkeitsentwicklung sei die jeweilige Verfaßtheit der Gesellschaft von Bedeutung. Die Anpassung des Menschen an seine gesellschaftliche Umwelt stelle einen Kompromiß zwischen den individuellen Bedürfnissen und den Außenanforderungen dar.

Von diesen Überlegungen her kommt *Fromm* zu fünf CHARAKTERTYPEN in der heutigen Gesellschaft:

1. der rezeptiv empfangende Charakter;
2. der ausbeutende Charakter;
3. der hortende Charakter;
4. der marktorientierte Charakter;
5. der produktive Charakter.

Nur letzterer ist nach *Fromm* der gesunde Charakter, der eine bewußte Aktivität ermöglicht. (Vgl. *E. Fromm* 1947; 1977 und 1990)

In neueren Schriften hat *Fromm* noch den Charaktertyp des Nekrophilen und des Biophilen hinzugefügt. Der Nekrophile tendiert zu Tod und Destruktion, der Biophile zum Leben. (Vgl. *E. Fromm* 1968)

Aufgabe der Eltern sei es, bei ihren Kindern diejenige Charaktereinstellung zu fördern, die mit dem zu erhaltenden Gesellschaftssystem übereinstimmt. Wenn jedoch die Gesellschaft Forderungen stelle, die gegen die Natur des Menschen sind, komme es zu Frustrationen und zur Entfremdung. *Fromm* verweist in diesem Zusammenhang sowohl auf Kapitalismus wie auch auf Kommunismus. Beide versuchen nach ihm, den Menschen in einen funktionierenden Roboter zu verwandeln. Besonders gefährdet sei der Mensch, wenn sich eine Gesellschaftsordnung plötzlich wandelt, indem etwa das Produktionssystem verändert oder der einzelne zum Berufswechsel gezwungen wird. Als ideale Gesellschaft sieht *Fomm* einen "Communitarian Socialism". Er versteht darunter eine Gesellschaftsordnung, in der die Menschen sich in Brüderlichkeit solidarisch erklären und gegenseitig verbunden wissen. Jeder hätte in dieser Gesellschaft gleiche Chancen, sich zu einem Vollmenschen zu entwickeln. Eine solche Gesellschaftsordnung würde nach *Fromm* das Ziel von *K. Marx* verwirklichen, indem sie die Verfremdung des einzelnen im System des Privatbesitzes verwandelt in eine Gelegenheit zur Selbstverwirklichung in einer sozialen, produktiven und sozialistischen Gesellschaft. (Vgl. *E. Fromm* 1955 und 1976)

3. E. Fromms Stellung zur Religion

E. Fromm befaßte sich viel mit anthropologischen und sozialen Bereichen religiöser Existenz. (Vgl. *E. Fromm* 1982[7] und 1976; dazu *H. Küng* 1983[2], 357-359) Die religiöse Frage ist für ihn gleichbedeutend mit der Frage nach der Humanität. Neurose könne aus einer (nur) "privaten Form der Religion" entspringen, Religiosität aber sei ein Konstitutivum der Menschen, wobei auch der Atheismus eine Form der Religiosität ist. (Vgl. *E. Fromm* 1954; *ders.* 1966; *ders.* 1976; *ders.* 1965; *ders.* 1972) Ihre Wurzeln gründen einerseits im ständigen Erleben unserer Grenzen, andererseits im (angeborenen) Bedürfnis nach einem sinngebenden, umfassenden Gedankensystem.

E. Fromm (1966, 41-49) unterscheidet die AUTORITÄRE RELIGION (Der Mensch steht ohnmächtig einem allmächtigen Gott in Angst und Schuldgefühl gegenüber, wobei Gehorsam zur wichtigsten Tugend werde) von einer HUMANITÄREN RELIGION (Sie baut auf einer durch Freude gekennzeichneten Gottesbegegnung auf und führt zu einer Seelsorge, die auf die Stärke des Menschen vertraut und diesem bei seiner Entwicklung helfen will). Entscheidend ist für *E. Fromm* nicht Gottes Anspruch auf Anbetung, Gehorsam, Verehrung, sondern die Befreiung des Menschen zu sittlich-verantwortetem Tun. (*E. Fromm* 1966, 42) Man hat *E. Fromm* daraus bisweilen den Vorwurf einer "Funktionalisierung" der Religion gemacht.

Als Beispiel einer autoritären Religion nennt *E. Fromm* die Lehre Calvins, als das einer humanitären Religion die Lehren Jesajas, Jesu, Buddhas oder des Taoismus.

> "Im Zusammenhang mit der Liebe zu Gott möchte ich klarstellen, daß meine eigene Auffassung keine theistische ist. Ich halte die Gottesvorstellung für eine historisch bedingte und bin der Ansicht, daß der Mensch in einer bestimmten historischen Periode die Erfahrung der eigenen höheren Kräfte, seine Sehnsucht nach Wahrheit und Einheit darin zum Ausdruck gebracht hat." (*E. Fromm* 1992[44], 84)
> "Gott, das bin ich, insofern ich menschlich bin." (*E. Fromm* 1992[44], 82)

Dieses Bekenntnis *E. Fromms* resultiert aus einer Sicht religiöser Entwicklung, die bisweilen an *A. Comte* erinnert, aber auch aus der Tradition der Mystik und der negativen Theologie, derzufolge man über Gott nur aussagen kann, was er *nicht* ist, sowie aus fernöstlichen Denkweisen.

Das Dialogische in der Gottesbeziehung spielt in *E. Fromms* Überlegungen zur Gottesfrage und zur Gottesliebe nicht die Rolle, die ihm in der christlichen Tradition oder bei *M. Buber* zukommt. Das dürfte *E. Fromms* Thesen manchem, der von Deismus und Aufklärung geprägt ist, besonders akzeptabel erscheinen lassen. Den Theisten aber fordert es zu kritischer Reserve heraus.

E. Fromms Lehre - einschließlich seiner Auseinandersetzung mit *H. Marcuse* - wurde von vielen aufgegriffen und weitergeführt, so von *C. Colpe*, der zwischen einer messianisch-zukunftsbezogenen und einer mythisch-zurückgewandten Religiosität unterscheidet. (Vgl. *Ch. Wulf* 1984[6], 492) Deren Wurzeln seien das Emanzipationsstreben bzw. das Ordnungsbedürfnis.

4. Kritische Hinweise

Alle diese Überlegungen sind auch Beiträge zum Gespräch zwischen Tiefenpsychologie und Theologie. Sie hatten mittelbare Auswirkungen auf den Religionsunterricht, indem sie in Ausbildung und Fachliteratur (Beispiel: *H. Fink* 1980, 69) eine Generation von Religionslehrern und deren Denken (zumindest mit-)beeinflußten. Es kann jenen nicht widersprochen werden, die wie *H. Fink* "ohne Zweifel eine gewisse Engführung" (*H. Fink* 1980, 69) konstatieren. In Religionsbüchern österreichischer höherer Schulen finden sich 1992 insgesamt 4 Zitate aus Werken von *E. Fromm*. Der direkte Einfluß *Fromms* ist aber gewiß stärker als diese direkte Einbeziehung.

Die marxistische Gesellschaftslehre von *E. Fromm* ist heute mehr denn je umstritten. (Vgl. zur Kritik: *J. Schaar* 1961) *E. Fromm* selbst zählte sich zu den "linken Psychoanalytikern" und betont, daß seine Analytische Sozialpsychologie innerhalb des historischen Materialismus einen Platz finde. (Vgl. *K. Dienelt* 1973, 114-121) Anzuerkennen ist die scharfsinnige Analyse der Einsamkeit des Menschen und seiner sozialen Bedürfnisse, sowie seine Kulturkritik, die sich gegen eine Marketing-Orientierung wendet, in der der Erfolg zum obersten Wert wird, und die sich nicht scheut, auch negative Seiten von Modeströmungen ("Emanzipation" der Frau als Gleichschaltung) zu nennen.

Die Werke "Haben oder Sein" (1991^{20}) und "Die Kunst des Liebens" (1992^{44}) haben in der westlichen Welt das allgemeine Bewußtsein der Jahre 1960-1990 mitgeprägt. Manche Passagen aus "Die Kunst des Liebens" zählen zu den schönsten und zeitüberdauernden Texten zum Thema "Liebe".

E. Fromm ist das deutlichste Beispiel für die These: Man kann heute an *S. Freud* nicht vorbei, muß durch seine Psychoanalyse hindurch, darf aber bei ihm nicht stehen bleiben.

Freuds Sichtweisen werden durch *Fromm* an zahlreichen Stellen korrigiert. (Vgl. *E. Fromm* 1979) So sieht Fr*omm* die Frau nicht nach Art eines "kastrierten Mannes". Er kritisiert, daß S. *Freud* die Sexualität nicht tief genug verstanden habe. (*E. Fromm* 1992^{44}, 49) Das Gewissen ist nicht ein als ÜBER-ICH einverleibtes Vater- oder Mutterbild, sondern eine eigenständig vom reifen Menschen auf der Basis seiner Liebesfähigkeit und seiner Vernunft hervorgebrachte Instanz. Die Quelle von Angst und Schuldgefühl sieht *E. Fromm* in der Getrenntheit eines Menschen vom Wurzelgrund der Natur und der Gesellschaft bzw. von seinen Mitmenschen... u.v.a.

Über *S. Freud* geht *E. Fromm* auch weit hinaus durch seinen umfassenden, weltweiten, philosophischen und geistesgeschichtlichen Standard und durch die Weitung des Blicks auf die Polarität "Individuum - Gesellschaft". Nicht an letzter Stelle sind *E. Fromms* hohe ethische Anforderungen positiv zu werten. Er scheut sich nicht, alte Tugenden wie Demut, Mut, Verantwortungsgefühl, Fürsorge neu zu fordern und sieht den "Glauben an die Möglichkeit der Liebe als einem gesellschaftlichen Phänomen" begründet "im wahren Wesen des Menschen". (*E. Fromm* 1992^{44}, 146)

Das Fortwirken der tiefenpsychologischen Schulen und die sog. "Gestaltkatechese"

Ein so gewaltiger geistiger Aufbruch, wie der durch die vier tiefenpsychologischen Grundrichtungen Psychoanalyse, Individualpsychologie, Analytische (Komplexe) Psychologie und Existenzanalyse, rief neben der Ausbildung weiterer Schulen eine heute kaum mehr überblickbare Differenzierung und Popularisierung hervor.

1. Popularisierung

Wer heute Verzeichnisse popularwissenschaftlicher psychologischer Literatur einsieht oder Angebote einschlägiger Kurse studiert, findet zahllose "Anwendungen" und "Auswirkungen", die sich an Schulen der Tiefenpsychologie orientieren, von "Selbsterfahrungsgruppen" und "Rebirthing" über Märchendeutung, Kommunikationstraining, Körpersprache bis zu Eheberatung und Familientherapie. Gelegentlich findet man heute sogar Grenzüberschreitungen in Richtung New Age, Esoterik, Okkultes.

Die Popularisierung findet man nicht nur in den Filmen *A. Hitchcocks*, sondern ebenso in zahllosen anderen Psycho-Thrillern und literarischen Produkten. (Vgl. auch *E. A. Kaplan* 1990)

2. Weiterentwicklung

Therapeutische und diagnostische Methoden in Medizin und Psychotherapie wurden entfaltet und führten zu einer Vielfalt neuer Schulen, wie der Neopsychoanalyse (vgl. *A. Dührssen* 1955^2), der Gestalttherapie (vgl. *F. Perls* 1980) u.v.a. (Vgl. *P.R. Hofstätter* 1959; *W. Kemper* 1959; *A. Mitscherlich* 1956; *ders.* 1963; *R. Spitz* 1959^2)

Neben den schon dargestellten Nachfolgeschulen der Psychoanalyse sei in diesem Zusammenhang auf das leider zu wenig beachtete Werk von *I.A. Caruso* verwiesen. (Vgl. *I.A. Caruso* 1957 sowie das ausführliche Verzeichnis von *Carusos* Schriften bei *P. Stöger* 1987) Sie könnten heute u.a. die Diskussion des Symbolverständnisses (vgl. *P. Stöger* 1987, 84-131) vertiefen und manche Flachheiten im theologischen Bemühen um "Inkulturation" vermeiden helfen. (Vgl. *P. Stöger* 1987, 131-180)

3. Anwendung und Ausweitung auf Anthropologie und Menschenbild

Exemplarisch für vieles und viele (vgl. *V.E.v. Gebsattel* 1954) wurde kurz auf *E.H. Eriksons epigenetische Theorie*, ferner auf die *Schicksalsanalyse* (*L. Szondi*), die *Daseinsanalyse* (*L. Binswanger*) und *E. Fromm* verwiesen. Zu erwähnen sind in diesem Zusammenhang auch die zahlreichen Auswirkungen der Tiefenpsychologie auf die Kinder- und Entwicklungspsychologie. (Vgl. *R. Kaegan* 1986)

4. Einströmen tiefenpsychologischer Methoden in Seelsorge und Katechese

Auch wenn Seelsorge und Katechese bisweilen in Kontrast oder in Opposition etwa zur klassischen Psychoanalyse stehen, sind sie ohne dieselbe kaum denkbar und wären ohne diese Opposition höchstwahrscheinlich anders verlaufen. Zu Therapieformen, die in die Seelsorge einströmten und deren Wegbereiter und Wurzel die Psychoanalyse ist, zählt man heute u.a. die *"Familientherapie"*. (Vgl. *H. Benesch* 1981 I, 190f.; *J. Baumgartner* 1990, 483-518)

Eine Weiterentwicklung der Psychoanalyse führte über die Gestalttherapie zur *Integrativen Therapie* (vgl. *K.H. Ladenhauf* 1988) sowie die *Gestaltpädagogik* (vgl. *H. Petzold - G. Brown* 1977; *V. Oaklander* 1984[2]) und die sog. *Gestalt-Katechese*. (Vgl. *A. Höfer* 1982; *A. Höfer - J. Thiele* 1982)

Zur letztgenannten Methode folgen im nächsten Abschnitt einige kritische Hinweise. Weitere tiefenpsychologisch fundierte Methoden sind das *Psychodrama* (vgl. *E. Barz* 1988) und seine Variation, das *Bibliodrama* (vgl. *A. Kiehn* u.a. 1987; *S. Laeuchli* 1988; *E.J. Korherr* 1977, 59-61; *ders.* 1991, 130; *B.F. Hofmann* 1991, 126-130), diverse psychotherapeutisch begründete *Gesprächsformen* (vgl. *W. Müller* 1992; *C. Rogers* 1972), die *Psychosomatische Basistherapie* (*B. Staehlin - J. Schmucker-von Koch* 1990) u.ä.m.

Am meisten Beachtung findet heute aber wohl das Heranziehen tiefenpsychologischer Methoden zur Interpretation biblischer Texte, kirchlicher Lebensformen und moralischer Maximen. (Vgl. das folgende Kapitel über das Werk *E. Drewermanns*!)

5. Die Gestaltkatechese - ein Beispiel des Fortwirkens tiefenpsychologischer Schulen

Tiefenpsychologische Schulen strömten in die Religionspädagogik nicht nur direkt ein (z.B.: *M. Leist* oder *J. Goldbrunner*), sondern auch über mannigfache "Umwege" und Zwischenstationen. Vor allem sogenannte "therapeutische" Richtungen von Religionsunterricht und Katechese sind durch sie beeinflußt. Eine ausführliche Auseinandersetzung damit gehört weniger in eine Religionspädagogische Psychologie, sondern eher in eine katechetische Typenlehre. So sei exemplarisch nur ein Anliegen - und auch dieses nur in einigen Aspekten - herausgegriffen: die Gestaltkatechese. Sie ist ein Kind der

Gestalttherapie (vgl. *F. Perls* 1976) und diese wiederum ein Kind der klassischen Psychoanalyse, welche aber auch mit philosophischen und psychologischen Bewegungen wie Sozialphilosophie, humanistische Psychologie u.a.m. verknüpft ist. (Vgl. zur Geschichte und zur Rezeption *K.H. Ladenhauf* 1985, 11-100.)

Die klassische Gestalttherapie ist verbunden mit dem Namen *F. Perls* (1976). Dieser bezeichnet sie auch als "Wiederbelebung des Selbst". (Vgl. *F. Perls* 1979) Sie fand u.a. durch *H. Petzold* (1973; weitere Literatur *Petzolds* verzeichnet bei *K.H. Ladenhauf* 1985, 280-285) Eingang in die pastoraltheologische Literatur. Die Gestalttherapie wurde von *K. Gastgeber* (vgl. *K. Gastgeber* 1982, 117-135) aufgegriffen und von *A. Höfer* in die österreichische Religionspädagogik eingeführt, wobei allerdings eine nicht unbeträchtliche Umdeutung erfolgte.

Mit der humanistischen Psychologie und den Gestaltpsychologen stimmt *Höfer* überein, daß die Entfaltung des Selbst zugleich die Herausbildung der eigenen geistig-seelischen Gestalt ist. Er unterscheidet sich aber nicht unwesentlich von ihnen, wenn er das "Selbst" theologisch als "Abbild Christi" versteht und damit Jesus Christus als die "Ur-Gestalt", die als konkrete und anschauliche "Gestalt" Gottes unter den Menschen zugleich Motor, Motiv und Maß für das Finden der eigenen Gestalt wird. *Höfers* Konzept wird damit in ein kerygmatisches, pastorales Denken eingebettet und ist im letzten nichts anderes als ein Bemühen um eine ganzheitliche Glaubensverkündigung hier und heute. Wie *Höfer* sich dies vorstellt, hat er mit seinen Mitarbeitern sowohl theoretisch als auch in Form von Religionsbüchern gezeigt.

> (Vgl. u.a.: *A. Höfer u.a.* 1979; *A. Höfer - J. Thiele* 1982; *A. Höfer u.a.* 1982; *A. Höfer - M. Glettler - K. Hadolt* 1985; *A. Höfer u.a.* 1977-1981; *W. Dedl* 1982; zum Ganzen vgl. *J.W. Klaushofer* 1986, dort auch Literatur zum Thema "Gestalt" und "Ganzheit"; *H. Klaushofer* 1987, 169f.)

Wie viele pädagogische Reformbestrebungen lebt auch die Gestaltkatechese aus einer Kritik an der Schule:

> "Haben sich nicht viele längst abgefunden mit der zugesperrten Lebenswelt der Schule, in der so wenig an Spontaneität, an schöpferischem Lernen, an solidarischem Handeln möglich ist?" (*A. Höfer u.a.* 1982, Vorwort)

Eine solche Kritik ist nicht neu. In nur wenigen Variationen finden wir sie als Einleitung zu *allen* Reformbestrebungen und *allem* Neuen, das in der Schulpädagogik angekündigt wurde, seit *Seneca* vor bald 2000 Jahren klagte: "Wir lernen nicht für das Leben, sondern für die Schule". (Vgl. *R. Affemann* 1976) Fast immer sind neue Konzepte Ausdruck des Bemühens, etwas Verlorenes zurückzugewinnen. In Gestaltpädagogik und Gestaltkatechese ist dies die SUCHE NACH GANZHEIT. (Vgl. *A. Höfer - J. Thiele* 1982, Untertitel) Diese Suche nach Ganzheit teilen die Gestaltheoretiker mit den Gestaltpädagogen und Gestaltkatechetikern.

K. Guss (1975a) gibt mit seinen Mitarbeitern unter pädagogischen Aspekten eine Einführung in die Gestalttheorie der "Berliner Schule". Diese "Berliner Schule" (genannt nach dem Ort des gemeinsamen Schaffens von *M. Wertheimer* und *W. Köhler*) versuchte den atomistischen und assoziationspsychologischen Strömungen der damaligen Zeit entgegenzuwirken. Im Begriff der Gestalt fanden sie ein Denkinstrument, das das Anliegen des Ganzheitlichen aufgriff. Der Sammelband will auch bewußtmachen, daß in vielen psychotherapeutischen Schulen gestalttheoretische Anschauungen eingeschlossen werden oder diesen zugrundeliegen.

K. Guss (1975b) baut auf der Gestalttheorie von *M. Wertheimer* u.a. auf, wobei er besonders der Erkenntnis *Wertheimers* großes Augenmerk schenkt, daß die Teile eines Ganzen vom Ganzen her bestimmt sind und daß das Ganze immer mehr ist als die Summe seiner Teile. *K. Guss* betont den "kritischen Realismus" eines *N. Hartmann* u.a. als erkenntnistheoretische Grundlage der Gestalttheorie und kommt zu Konsequenzen auch hinsichtlich des Werterlebens und der Werterkenntnis sowie der Selbstverwirklichung. Wenngleich die Gestalttheorie keineswegs als bloße Weiterentwicklung der Psychoanalyse verstanden werden dürfte, sieht *K. Guss* sie doch mit Recht eingebettet in Psychoanalyse, Individualpsychologie und Lerntheorien. (Vgl. *K. Guss* 1975b, 54-114)

Man zählt heute oft die von *K. Guss* und seinen Mitarbeitern skizzierte Gestalttheorie der "Humanistischen Psychologie" zu, die zwar tiefenpsychologische Aspekte und Erkenntnisse aufgreift, nicht aber primär den tiefenpsychologischen Schulen zugezählt werden kann.

A. Höfer bringt in sein Konzept der "Gestaltkatechese" eine Fülle pastoraler und religionspädagogischer Erfahrungen ein. Er will das traditionelle Glaubensgut der Kirche dem einzelnen so erschließen, daß es von diesem aufgenommen und in einem personalen Glauben realisiert werden kann. Hier entdeckt man viele Denkkategorien, die im Anschluß an *C.G. Jung* schon vor vielen Jahren *J. Goldbrunner* in die Seelsorge eingebracht hat. Er greift auch Anliegen der gegenwärtigen Symbolerziehung und eine Reihe von Vokabeln der gegenwärtigen Psychologie und Religionspädagogik (Awareness; Einstellungslernen; Identifikation; u.a.m.) auf, wobei diese sehr häufig aber in einem nur *Höfer* eigenen Sinn verwendet und z.T. auch anders akzentuiert werden. Die Grenzen eines solchen Vorgehens und einer solchen Integration müßten eher unter religionspädagogisch-theologischen als unter tiefenpsychologischen Vorzeichen gezogen werden. (Vgl. *J.W. Klaushofer* 1986)

J.W. Klaushofer würdigt das Konzept der Gestaltkatechese von *A. Höfer* im Hinblick auf eine Schulung der Katecheten (Religionslehrer), ihre Möglichkeiten, Grenzen, Widerstände und Fähigkeiten kennenzulernen und so echt und glaubwürdig in ihrem Unterricht zu sein. Neben anderen kritischen Fragen merkt *Klaushofer* aber auch an, daß "Gestaltkatechese" als Grundkonzept der "Katechese" nicht entsprechend "geschulte" Katecheten zur Überforderung führen kann. Außerdem würden die "Übungen", die gestaltkatechetisch angeboten werden - *A. Höfer* versteht sie als "Askesis" - bei "Ungeschulten" zu "Techniken" und "Methoden" führen, die man zu bestimmter Zeit einsetzt. "Beziehungsreiche" Lernmöglichkeiten und existentielle Lernsituationen sowie Möglichkeiten einer Begegnung würden dadurch aber nicht vorbereitet. Deshalb würde man von einem allgemeinen Grundkonzept einer "Gestaltkatechese" abrücken und - wie auch *A. Höfer* schon vor längerem erwähnt habe - richtiger von "gestaltkatechetischen Elementen", bzw. "gestaltpädagogischen Elementen" in der "Katechese" ausgehen müssen.

J.W. Klaushofer vermerkt mit Recht in diesem Zusammenhang auch, daß das Theoriekonzept *A. Höfers* sich laufend wandle und verwirrend sein könne. Wer Auskunft über "integrativ", "Ganzheit", "Gestalt" oder "Gestaltpädagogik" haben wolle, finde in den Ausführungen *A. Höfers* wenig. *J.W. Klaushofer* hält es für notwendig, in Zukunft eine klarere Strukturierung des Lernprozesses für einzelne Katechesen zu fordern, um durch Dokumentation von Unterrichtsbeispielen manchen Einwand gegen eine "Gestaltkatechese" zu entkräften.

> "Da ... bei der Erstellung der Schulbücher das Therapiekonzept (*A. Höfers*) noch nicht sehr weit vorangeschritten war und an der Erstellung auch Autoren mitgearbeitet haben, die keine gestaltpädagogische 'Schulung' haben, dürfte die Bezeichnung 'Schulbücher der Gestaltkatechese' (für die Glaubensbücher 5 - 8) nur sehr bedingt verwendet werden." (*J.W. Klaushofer* 1986, 841)

Weitere kritische Anfragen *Klaushofers* sind (in verkürzter und stark vereinfachter Darstellung):

> "Es ist noch durch detaillierte Situationsanalysen die Bedingung des schulischen Lernens so zu erfassen, daß man feststellen kann, inwieweit biblische Perikopen, liturgische Feiern und Symbole des Glaubens schon als 'Gestalten' in der schulischen Katechese verwendet werden können, um auch religiöse und transzendentale 'Inhalte' zu erschließen, oder ob auf Grund fehlender solcher Voraussetzungen zu diesen 'Gestalten'/'Symbolen' hinzuführen wäre." (*J.W. Klaushofer* 1986, 844)

Ein wichtiges Anliegen in den gestalttheoretischen und gestaltpädagogischen Schulen ist die SELBSTVERWIRKLICHUNG (self-actualization, self-realization).

> "Diese Tendenz zur Selbstverwirklichung wird als angeborenes Bedürfnis... angesehen, als Charakteristikum der menschlichen Natur und eben nicht als Antwort auf eine überpersönliche Forderung, der sich der Mensch beugt und die er seinen eigenen, anders gearteten Bedürfnissen und Neigungen zum Trotz zu erfüllen bestrebt ist. Zur Selbstverwirklichung bedarf es daher keiner Unterdrückung der eigenen Neigungen (vgl. *Kant*!), sondern im Gegenteil deren Förderung und Pflege, d.h. die auf Selbstverwirklichung gerichteten Kräfte liegen im Menschen selbst. Diese Tendenz zur Selbstverwirklichung einer angelegten Ordnung ist nun nichts anderes als das, was bereits als Prägnanztendenz, als Tendenz zur ausgezeichneten Endgestalt vorgestellt wurde. Da gesagt werden konnte, daß Werte und Gefordertheiten dynamische Gestalteigenschaften ausgezeichneter Strukturen sind, die sich im Zuge der Prägnanztendenz ausbilden, die man im Bereich der Entwicklung grundsätzlich ebensogut erfahrungswissenschaftlich erkennen kann, wie in der Sinneswahrnehmung, und da die Bestimmung von Erziehungszielen sich an Werten orientiert, sind wir nun berechtigt, in Selbstverwirklichung ein allgemeines Ziel menschlichen Werdens und damit der Erziehung zu sehen. Die Endzustände, welche durch eine solche Selbstverwirklichung geschaffen werden, können je nach raumzeitlichen Bedingungen verschieden sein, in strukturell-dynamischer Hinsicht sind sie identisch. Zwei unter verschiedenen sozio-kulturellen Bedingungen herangewachsene Menschen, denen eine solche Selbstverwirklichung gelungen ist, mögen über manche Dinge verschieden denken, aber sie denken selbständig; sie mögen verschiedene Gewohnheiten, Sitten, Überzeugungen, Haltungen und Religionen haben, doch

sind dies *ihre* Gewohnheiten, Sitten, Überzeugungen usw. und nicht solche, die man ihnen aufgezwungen hat; ihre Persönlichkeiten mögen noch so verschieden sein, die Struktur ihrer Persönlichkeiten aber ist gleich." (*K. Guss* 1975b, 51)

"Wenn auch der Begriff der Selbst-Verwirklichung von manchen Existentialisten benutzt wird, so wird er von ihnen doch nicht in demselben Sinne angewandt wie der, in dem ihn die Theoretiker der Selbst-Verwirklichung gebrauchen. *V.E. Frankl* ... betont ganz besonders, daß es nicht die Aufgabe des Menschen sei, 'sich selbst zu erfüllen' oder 'sich selbst zu aktualisieren', sondern 'den Sinn' zu erfüllen und 'Werte zu realisieren'... Auch *v. Gebsattel*... spricht von der Verwirklichung des 'personalen Daseins' in dem Sinne, daß eine Aufgabe erfüllt wird, die über das Individuum hinausgeht. Mit anderen Worten, während die Lösung der Theoretiker der Selbst-Verwirklichung in bezug auf das Leben immanent ist und als der Lebensprozeß selbst erlebt wird, ist die Lösung der Existentialisten transzendent und wird im Produkt oder Ergebnis des Lebens zur Wirklichkeit." (*Ch. Bühler* 1975, 57f.)

"Im Religionsunterricht geht es nicht sosehr um 'Selbstverwirklichung', wohl aber um die Aktualisierung der im jungen Menschen angelegten Fähigkeiten, seine Religion zu leben. Wir sind damit in einen Raum der Unverfügbarkeit verwiesen, der in der religiösen Tradition und der theologischen Sprache des Christentums mit 'Gnade' beschrieben wird. Die humanistische Psychologie spricht gerne von der 'Kraft des Guten' (*Carl Rogers)* und entwirft damit ein optimistisches Bild vom Menschen, der die Kraft zur Selbsterlösung in sich trägt. Zentrale Begriffe der jüdisch-christlichen Tradition aber, wie 'Sünde', 'Schuld' und 'Erlösung', bleiben in der Gestaltpädagogik bis heute weitgehend unreflektiert. Hier liegen noch besondere Defizite in der Grundlagendiskussion der gestaltorientierten Religionspädagogik, die aufzuarbeiten unerläßlich ist." (*J. Thiele* 1982, 24)

Kritisch ist angesichts solcher Aussagen von Vertretern der Gestaltkatechese wohl zu fragen, wie weit es dann schon verantwortbar ist, die Methode allgemein zu empfehlen. Daran ändern auch positive Beispiele (*E. Lachmayer* 1982; *H. Bastel* 1992) wenig. Denn was an Positivem bisher vorgelegt wurde, resultiert in der positiven Wirkung mehr aus der (nicht allein in der Gestaltkatechese verwirklichten!) Realisierung *ganzheitlicher* Verkündigung, als aus den gestalttherapeutischen Aspekten, gegen die zurecht Einwände geltend gemacht werden. (Vgl *A. Burger - H. Bucher* 1992 und die daran anschließende Diskussion in den Christlich-pädagogischen Blättern 105(1992)4-6 bzw. 106(1993)1, ferner *G. Küenzlen* 1985)

Wie die Perikope von den Zebedäussöhnen (Mk 10,42-45) bewußtmacht, steht in der Kirche nicht die Selbstbehauptung und Selbstverwirklichung im Zentrum, sondern der Dienst und die Diakonie. In diesem Zusammenhang beginnt heute ein Umdenkprozeß. Im letzten Jahrzehnt sind sowohl in christliches Erziehungsdenken als auch in die Religionspädagogik und die Seelsorge humanwissenschaftliche Methoden der Therapie und Selbsterfahrung eingeströmt. In dem von *Th. Seifert* und *A. Waiblinger* herausgegebenen Band "Therapie und Selbsterfahrung" (1986) werden neben Gestalttherapie, Gestaltungstherapie, aktiver Imagination, Meditation, Psychodrama, Telefonseelsorge, themenzentrierter Interaktion noch viele andere (im gesamten 50) solche Richtungen und Schulen dargestellt.

Sowohl von katholischer als auch von evangelischer Seite wird nun auf eine Reihe nicht ungefährlicher Auswirkungen dieses Psychobooms aufmerksam gemacht (vgl. zum Ganzen: *W. Schäffer* 1986, 190-194; *G. Küenzlen* 1985; *Th. Seifert - A. Waiblinger* 1986), wenngleich man Telefonseelsorge und Gestalttherapie etc. nicht auf dieselbe Ebene stellen sollte.

Daß im Menschen ein Ziel, eine Endgestalt durch die Schöpfung angelegt ist, ergibt sich aus dem christlich-jüdischen Schöpfungsglauben. Die Gottesebenbildlichkeit dieses Glaubens ist ja nicht nur Gabe, sondern zugleich auch Aufgabe. Dennoch bliebe ein solches Menschenbild falsch an der bedeutsamsten Stelle, wollte es nicht auch sehen, daß der Mensch von Anfang an nicht bei sich ist, daß es das Phänomen der Sünde und Entfremdung gibt, damit aber auch die Frage nach Gottesferne und Gottesnähe, Sünde und Erlösung, Schuld und Vergebung, Heil und Unheil. Und gerade diese Fragen sind im gegenwärtigen Rezeptionsstand der Gestalttherapie in die Katechese noch nicht geklärt.

Zur theologischen Abklärung von Möglichkeiten und Grenzen einer Gestaltkatechese ist daher das Spannungsverhältnis zwischen seelischer Gesundheit und Seelenheil, zwischen heiler Seele und heiler Psyche zu beachten. Psychologen und Religionspsychologen haben sich dieser Frage wohl gelegentlich gestellt, jedoch noch keineswegs in dem Ausmaß, das praktikable Unterscheidungsmerkmale und Kriterien in hinreichender Absicherung ermöglicht. (Vgl. zum Ganzen: *Ch. Meves* 1981[3])

Zur Klärung versucht *H. Fortmann* beizutragen:

> "Zu unserem Erstaunen entdecken wir, daß die Bibel genau denselben Ausdruck für die Bezeichnung des Heils verwendet, dessen sich der Therapeut bezüglich der Gesundheit bedient. Der Effekt der Erlösung nämlich wird in erster Linie als eine neue Freiheit bezeichnet... Das Gegenteil der Erlösung wird als Sklaverei bezeichnet, genauso wie die psychische Krankheit als Unfreiheit gekennzeichnet wird. Ferner wird die Erlösung als das uns geschenkte Heil dargestellt, wobei das Wort 'Heil' - ebenso wie das lateinische 'salus' - ursprünglich Ganzheit, Heilsein, Ungeteiltsein, wenn man will: Integration heißt. Ebenso bedeutet der biblische Begriff 'Friede', der eine Folge der Erlösung durch Christus ist, in allererster Linie die Einheit des Menschen, Genesung der inneren Zerrissenheit. Auch spricht die Bibel, wenn sie das Heil meint, von Genesung und Gesundheit, und von Krankheit, wenn sie das Unerlöstsein meint. Wenn Jesus laut Lukas (5,31) sagt, nicht die Gesunden bedürfen des Arztes, sondern die Kranken, so bezieht sich das im Zusammenhang mit dem nachfolgenden Satz auf die Sünder." (*H. Fortmann* 1968, 22f.)

Da Bibel und moderne Wissenschaft Gesundheit, Freiheit, Ganzheit und Heilsein in sehr ähnlichem Sinn sehen, ist es verständlich, daß *H. Fortmann* die Frage stellt:

> "Macht aber auf diese Weise eine Gesundheitsbewegung, sollte sie Erfolg haben, die Religion nicht überflüssig? Ist sie vielleicht selbst eine säkularisierte Religion? Dieses Dilemma wäre zu umgehen, indem man behauptet, alles, was wir für die Gesundheit erreichen, sei bereits Erlösung. Der Mensch wäre dann mit einem Können als Instrument in die Erlösung eingeschaltet. Das Heil verwirkliche sich durch unsere eigene Bemühung. Das Können selbst sei ein Geschenk, die Wissenschaft selbst ein Instrument der Gnade... Der Einwand gegen diese Vorstellung besteht jedoch darin, daß der eigene Charakter des Heils

und der Gnade darin keinen klar einheitlichen Standort findet. Es wäre daher erforderlich, eine andere Denkrichtung einzuschlagen, daß nämlich die in der Bibel verheißene Freiheit und Einheit mehr ist als das, was der Hygieniker meint. Seine Freiheit ist eine leere Freiheit, seine Integration eine neutrale Integration. Sie ist nicht mehr als die Fähigkeit, über etwas zu verfügen. Aber in welcher Richtung wird man von der Freiheit Gebrauch machen? Zum Guten oder zum Bösen? Das Heil hingegen ist Freiheit in Fülle, Freiheit, die in Werten konzentriert ist, Freiheit, die aus Glauben, Hoffen und Lieben besteht. Ferner ist die Freiheit der Gesundheit immer bedroht und niemals gesichert. Man kann sich jedoch immer festlaufen und unfrei werden. Das Böse blüht im buchstäblichen Sinn... Die Gesundheit als leere Freiheit dient als Vorhalle zur Freiheit des Heils, die Tugend ist." (*H. Fortmann* 1968, 23f.)

Das von *H. Fortmann* genannte Dilemma versucht *A. Höfer* zu umgehen, indem er die Selbstfindung und die Verwirklichung der eigenen Gestalt als "in der Begegnung mit der Person Jesu Christi" zu verwirklichen sieht (vgl. oben).

Im Zusammenhang mit den therapeutischen Strömungen und Richtungen in Katechetik-Religionspädagogik und Seelsorge ist wahrscheinlich auch zu beachten, daß schon *J. Goldbrunner* vor fast einem halben Jahrhundert festgestellt hat:

"Heiligkeit ist Gesundheit. Doch steht zwischen Gott und uns der Tod. Die Annäherung an Gott, den Heiligen, setzt den Menschen der Wirkung des Todes aus und seinem Gift, das Krankheit hervorruft. So scheint dem Satz: Heiligkeit ist Gesundheit! ein entgegengesetzter zu entsprechen: Streben nach Heiligkeit bringt den Leib in Krise, macht krank. Das ist eine Erfahrung aller Mystiker. Tauler drückt sie in einem Bilde aus: 'Wenn ein Mensch ausgeht, Gott zu suchen und ihn in einem geistlichen Leben einfangen will wie mit einem Netze, so wird das Netz seiner Leiblichkeit notwendig zerreißen - wie beim wunderbaren Fischfang, da das Netz die Fülle der Beute nicht mehr fassen konnte...'" (*J. Goldbrunner* 1946, 9)

Gerade diese Erfahrung der Mystik - und nicht nur der christlichen! - ist aber in den therapeutischen Schulen und Richtungen zu wenig aufgearbeitet. Es gibt gewisse Bereiche des Lebens und der menschlichen Existenz, wo sie Richtiges und Wichtiges erkennen, zu sagen und zu bieten haben. Ebenso sicher aber ist es, daß wir in ihnen jene "Scheu vor dem Kreuz" wiederfinden, die nach *J. Goldbrunner* (1946, 10) in der Lehre vom christlichen Leben oft sosehr zu kurz kommt.

Zusammenfassend kann man folgende kritische Fragen nennen, die vor einer Generalisierung des gestaltkatechetischen Konzeptes bzw. bei dessen Erprobung kritisch mit zu beachten sind:

* Sind die Religionslehrer von ihrer Ausbildung her befähigt, therapeutisch die notwendigen diagnostischen und therapeutischen Aufgaben wahrzunehmen? Wer entscheidet, was unter "Gestalt" zu verstehen ist?
* Steht hinter dem gestaltkatechetischen Konzept nicht ein wenigstens teilweise naturalistisches Menschenbild, das die Unterschiede zwischen Heil und Gesundheit allzusehr aus dem Auge verliert?
* Kann und darf man gestalttherapeutische "Prozesse" so ohne weiteres im Raum der Schule - etwa zwischen einer Geschichtestunde und einer Zeichenstunde - in Gang bringen? Wo echte "Aufbrüche" geschehen, werden ja Prozesse in Gang gesetzt, die

man nicht beliebig beim Glockenzeichen am Schluß der Religionsstunde unterbrechen kann.

* Die Schüler einer Klasse sind Schüler mit unterschiedlicher Reife und unterschiedlichen Voraussetzungen. Wie weit sind diese Voraussetzungen bei dieser - und natürlich auch bei jeder anderen! - Methode berücksichtigt?
* Welche Rolle kommt in der Bestimmung des katechetischen Weges den Eltern zu? Kann man therapeutische Methoden ohne Zustimmung der Eltern einsetzen?
* Wie korrespondieren gestalttherapeutische, gestaltkatechetische und gestaltpädagogische Methoden mit den Aufgaben des Lernortes Schule?
* Ist das Konzept unter normalen schulischen Bedingungen durchführbar?

Das gestaltkatechetische Konzept *A. Höfers* ist bemüht, therapeutisches Tun im Religionsunterricht von einer "Therapie in der Schule" abzugrenzen. Dennoch kommt die über die österreichische Gestaltkatechese vorliegende o.g. Dissertation (*J.W. Klaushofer* 1986) zur Auffassung, daß das Konzept für nicht geschulte Katecheten zu einer Überforderung führen kann. *J.W. Klaushofer* erkennt auch, daß eine unsachgemäße Durchführung im Religionsunterricht gerade jenes Ziel verfehlen muß, das die gestalkatechetische Theorie anstrebt. (*J.W. Klaushofer* 1986, 840)

Ähnliches gilt auch für den therapeutisch orientierten Religionsunterricht, den *O. Randak* konzipiert. (Vgl. *O. Randak* 1980; *G. Brandl* 1973)

So gilt gegenwärtig wohl noch das Resümee der sehr sachlichen, wohlwollenden und sachkundigen Auseinandersetzung mit der Gestaltkatechese, die *J.W. Klaushofer* vornahm. *Klaushofer* rät, man möge von einem allgemeinen Grundkonzept dieser Art abrücken, wohl aber einzelne Elemente eines "therapeutischen Religionsunterrichts" in die katechetische Praxis einbeziehen.

Unbeschadet mancher positiver Elemente der Gestaltkatechese, die anzuerkennen sind, müßte man *Klaushofers* kritische Anfragen nach einigen Seiten hin ergänzen:

* Der Ausdruck "Gestalt" in den gestaltpsychologischen, gestaltpädagogischen und gestalttherapeutischen sowie gestaltkatechetischen und auch in einschlägigen philosophischen Bereichen ist in sehr unterschiedlicher Begriffsbedeutung in Verwendung und daher "schillernd". Insofern er "Ganzheit" als anzustrebendes Ziel einer gelebten Glaubenshaltung und einer vom Glauben bestimmten Lebensausrichtung umschreibt, umschreibt er ein altes Anliegen. Insofern er aber Weg zu diesem Ziel ist, kann er niemals der einzige der Wege sein. Denn Ganzheit kann auf mehreren Wegen erreicht werden. (Vgl. *H. Zwinz* 1993a)
* Insofern *A. Höfer* schon in seiner "Biblischen Katechese" (1966) "gestaltkatechetische" Elemente gegeben sieht, das Element der "Gestalt" auch mit den "Inhalten" der Katechese in starker Verschränkung und Verwobenheit steht, ist festzustellen, daß "Gestaltkatechese" in diesem Fall nur *eine* Dimension unter vielen ausdrückt und daher ebenfalls nur als *eine* katechetische Möglichkeit unter vielen angesehen werden kann.
* Noch viel ernster zu nehmen ist aber die Tatsache, daß es nicht möglich sein dürfte, die Religionslehrer eines gesamten Landes und aller Schultypen auf ein einziges Konzept hin zu schulen - unbeschadet des Vorteils, den die Einbeziehung gestaltkatechetischer Elemente in den Religionsunterricht und eine Schulung dafür bringen kann.

* Zu bedenken ist aber auch die o.g. ungeklärte "theologische" und philosophische Frage.

Es gibt neben der sehr ausgewogenen kritischen Würdigung von *J. W. Klaushofer* noch eine Reihe von Arbeiten, die sich kritisch mit den therapeutischen - von der Psychoanalyse und Tiefenpsychologie mehr oder weniger beeinflußten - Formen des Religionsunterrichts und der Verkündigung auseinandersetzen. So zählt etwa der evangelische Sektenexperte *G. Küenzlen* von der Evangelischen Zentralstelle für Weltanschaungsfragen in Stuttgart die gesamten Richtungen der Gesprächstherapie, der Urschreitherapie, der Gestalttherapie usw. in die Reihe "sektenhafter" Selbsterlösungstendenzen.

(Vgl. *G. Küenzlen* 1985; diese Dokumentation erschien auch im Zusammenhang mit der Arbeitsgruppe "Neue religiöse Bewegungen in der Schweiz", hg. von der Schweizerischen Bischofskonferenz und vom Schweizerischen Evangelischen Kirchenbund)

Wenn auch nicht alle Theologen *Küenzlens* Vorbehalte teilen, so gilt doch wohl der Rat des sehr ausgewogen urteilenden Theologen *W. Schäffer* (1986, 190-194), der darauf hinweist, daß bei allem Positiven, das jeder Methode innewohnt, vom christlichen Menschenbild her "zumindest" einige Dinge zu beachten sind. Er stellt in diesem Zusammenhang auch den Thesen von *C. Rogers* über die Selbstverwirklichung eine christliche Alternative gegenüber. (Vgl. auch *Th. Seifert - A. Waiblinger* 1986; weitere kritische Literatur bei *G. Küenzlen* 1985)

In diesem Zusammenhang kann man wohl auch ein Wort des bekannten Theologen *H. Schlier* zitieren: "Gerade nicht im 'Bei-sich-selber-Sein', sondern im 'Bei-dem-anderen-Sein' gewinnt der Christ seine Freiheit".

Karen Horney (1885-1952), Ruth Cohn (geb. 1912), Carl R. Rogers (1902-1987) Weiterführung und Anwendungen der Psychoanalyse

1. K. Horney - Wegbereiterin für jugendliche Subkulturen

K. Horney (geb. 1885 in Hamburg, gest. 1952 in New York) kritisiert bei *S. Freud* die mechanistischen und biologistischen Ansätze seiner Lehre. Sie weist besonders *Freuds* Psychologie der Frau, in deren Mittelpunkt ja der Penisneid steht, zurück und erklärt die Psychologie der Frau hauptsächlich aus dem Mangel an weiblichem Selbstvertrauen und aus einer Überbetonung der Liebesbeziehung zum Partner heraus. Den Ödipuskomplex sieht sie nicht so sehr als Sexualaggression, sondern als Angst des Kindes vor dem elementaren Erlebnis der Strafe durch die Eltern oder der Zurückweisung bzw. Verwöhnung durch die Eltern. Aggression betrachtet sie nicht als angeborene Einstellung, wie *Freud* es tut, sondern als Verteidigungsmethode des Menschen. Auch der Narzißmus sei nicht in Wirklichkeit Selbstliebe, sondern Überbewertung des eigenen Selbst aus einem elementaren Erlebnis der Unsicherheit heraus. Andererseits schließt *Horney* sich der *Freud'schen* Betonung der unbewußten Motivation und der Lehre vom psychischen Determinismus an. Der zentrale Begriff in ihren Schriften ist die Angst. Diese entstehe aus dem Gefühl von Isolation und Hilflosigkeit einer potentiell feindlichen Welt gegenüber und lasse insbesondere das Kind eine existentielle Verunsicherung spüren. Darauf reagiere das Kind mit Aggression oder Anpassung. In jedem Fall aber will es erreichen, daß die Umwelt sich ihm wieder liebevoll zuwendet. (Vgl. *K. Horney* 1939; *W. Correll* 1976, 71-74)

K. Horney entwickelt zehn charakteristische Bedürfnisse, die sie als Folge der Versuche des Menschen sieht, die Angst zu überwinden. Weil diese Bedürfnisse irrationale Lösungen des Problems sind, nennt *Horney* sie "neurotisch":

1. das Bedürfnis nach Liebe und Anerkennung;
2. das Bedürfnis nach einem Partner, der das ganze Leben für einen selbst organisiert;
3. das Bedürfnis, sich zurückzuziehen;
4. das Bedürfnis nach Macht;
5. das Bedürfnis, andere auszunutzen;
6. das Bedürfnis nach Prestige und Überlegenheit;
7. das Bedürfnis nach persönlicher Bewunderung;
8. das Bedürfnis nach persönlicher Leistung und Brillanz;

9. das Bedürfnis nach Unabhängigkeit und Selbständigkeit;
10. das Bedürfnis nach Perfektion und Unfehlbarkeit.

Alle diese nach *Horney* neurotischen Bedürfnisse haben etwas Unerreichbares in sich, deshalb seien sie Ursachen für psychische Konflikte. (Vgl. *K. Horney* 1945) Sie münden jeweils in eine neue Frustration und in einen neuen Angstzustand. In einem späteren Werk reduzierte *Horney* die zehn Grundmotive auf insgesamt drei:

1. das Bedürfnis, auf andere Menschen zuzugehen (z.B. Liebe);
2. das Bedürfnis, von anderen Menschen wegzustreben (z.B. Unabhängigkeit);
3. das Bedürfnis, gegen andere Menschen Stellung zu beziehen (z.B. Macht).

Ein normaler Mensch integriere diese drei Strebensrichtungen, einer neurotischen Persönlichkeit gelinge dies nicht. Sie wende sich ausschließlich und übertrieben einer dieser Richtungen zu und unterdrücke die anderen. Dies sei jeweils die Folge von extremen Unsicherheits- und Angsterlebnissen, hauptsächlich während der Kindheit. Die Angst führt den Menschen dazu, eine unrealistische Einstellung zum eigenen Selbst zu entwickeln, um sich bzw. andere zu überfordern. Dadurch sind sozial bedingte Konflikte unausweichlich.

Pädagogisch ergibt sich hieraus insbesondere die hohe Einschätzung der Geborgenheit und eines intakten Elternhauses durch *K. Horney.* Aber auch während der späteren Lebensjahre sollte der junge Mensch und der Erwachsene möglichst angstfrei leben können. Dann sind, so meint *Horney* im Gegensatz zu *S. Freud* und *C.G. Jung*, Konflikte vermeidbar, denn Konfliktursachen sind nach ihr nicht angeboren, sondern sozial bedingt. (Vgl. zum Ganzen: *W. Correll* 1976, 71-74; *K. Dienelt* 1973, 22; *K. Horney* 1939; *dies.* 1945)

1.1 Kritische Hinweise

K. Horney verwirft eine Reihe von Grundpositionen der Psychoanalyse, so den triebbiologischen Ansatz oder die Auffassung von der prägenden Bedeutung früher Kindheitserlebnisse. Sie lehnt sich stark an individualpsychologische Erkenntnisse an, "daß man von individualpsychologischer Seite gegen sie den Vorwurf des Plagiats erhoben hat". (*K. Dienelt* 1973, 23) Wie die *Jung'sche* Tradition befaßten sich auch *K. Horney* und ihre Schüler mit fernöstlichen Philosophien und bereiteten so den Boden für spätere Begegnungen auch in jugendlichen Subkulturen.

Es wird *K. Horney* zugeschrieben, daß die Psychoanalyse in den USA über *S. Freud* hinauszugehen begann. (Vgl. *K. Dienelt* 1973, 93) Einen direkten Einfluß auf Pädagogik und Religionspädagogik in Europa kann man nicht feststellen, obwohl einschlägige Werke (vgl. *W. Correll* 1976, *K. Dienelt* 1973 u.a.) immer wieder auf sie hinweisen. Ähnliches gilt für andere Vertreter der Tiefenpsychologie wie etwa *H.S. Sullivan* (1892-1949), dessen "interpersonale Theorie" (*H.S. Sullivan* 1940) den Übergang zu soziologisch bedingten Schulen markiert und in dem die bei *A. Adler* begonnene und durch *K. Horney* und *E. Fromm* weitergeführte Wendung zum Sozialen einen ersten Höhepunkt erreicht. (Vgl. *W. Correll* 1976, 56-76)

Im Gegensatz zu *R. Cohn* (geb. 1912), auf deren "Themenzentrierte Interaktion" (vgl. *R. Cohn* 1980^4; *dies.* 1979; *A. Farau - R. Cohn* 1984) heute in fast jedem religionspädagogischen oder pastoraltheologischen Handbuch hingewiesen wird, oder zu Autoren wie *C.R. Rogers* (1902-1987) (vgl. *C.R. Rogers* 1979^3, *ders.* 1974), dessen Thesen religionspädagogisch heute popularisiert werden (vgl. *P.F. Schmid* 1989; *K. Baumgartner - W. Müller* 1990; *I. Baumgartner* 1990, 427-482), sodaß wir hier nicht darauf einzugehen brauchen, sind andere Schüler *S. Freuds*, *A. Adlers* oder *C.G. Jungs* (so etwa der Freudianer *W. Reich* (1897-1957) zwar in psychotherapeutischen Fachkreisen bekannt, ihre Werke wurden aber von den Erziehungswissenschaftern bzw. von der Religionspädagogik wenig rezipiert.

2. Die Themenzentrierte Interaktion nach R. Cohn

THEMENZENTRIERTE INTERAKTION (TZI) ist nach *I. Verweijen* kurz so zu beschreiben:

> "TZI (Themenzentrierte Interaktion) ist eine pädagogisch-psychologische Methode zum lebendigen Lernen in Gruppen. Sie bietet sich für alle Lern- und Arbeitsgruppen an, in denen eine Synthese von Persönlichkeitsentwicklung und sachorientiertem Arbeiten und eine bessere Kommunikation und Kooperation erreicht werden soll.
> Den philosophischen Hintergrund für *Ruth C. Cohns* System der TZI bilden folgende *Axiome*:
> 1. Die Persönlichkeit ist eine psychosomatische Ganzheit, die eine Einheit von Wahrnehmungen, Fühlen und Denken auszeichnet.
> 2. Der Mensch verfügt über die Möglichkeit zu werten, woraus ihm die humane Verpflichtung erwächst, allem Lebendigen und seinem Wachstum Ehrfurcht entgegenzubringen.
> Aus diesen Axiomen leiten sich die beiden grundlegenden *Postulate* von TZI ab:
> 1. 'Sei deine eigene 'Chairperson', d.h. sei der Leiter deiner selbst in der Gruppe.'
> 2. 'Störungen haben Vorrang' (da sie - sofern sie unbearbeitet bleiben - das Lernen in der Gruppe behindern).
> Jede Lernsituation in der Gruppe wird bestimmt durch drei *Faktoren*:
> a. Das Ich (der einzelnen TeilnehmerInnen);
> b. Das Wir (der Gruppen);
> c. Das Es (das Thema als Gegenstand der Gruppenaktivität).
> Hinzu kommen gruppenexterne Faktoren (Rahmenbedingungen, Umweltbezüge), die auf die Gruppe und ihre Lernbedingungen einwirken. Diese gruppenexternen Faktoren werden durch die Kugel ('globe'), die das Dreieck Ich-Wir-Es umschließt, symbolisiert.
> Ausgehend von der Erkenntnis, daß eine Gruppe dann zu einer Gruppe wird, wenn sie an einem gemeinsamen Thema arbeitet, hat *Ruth C. Cohn* die von ihr entwickelte Methode eine themenzentrierte genannt. Themenbearbeitung und Lernschritte sind in einer Gruppe allerdings nur dann möglich und effizient, wenn in der Gruppe laufende Interaktionen zwischen den Teilnehmern und die Situation des einzelnen Gruppenmitgliedes gleichermaßen beachtet

werden. Entsprechend ist es die Aufgabe des TZI-Gruppenleiters, eine Balance zwischen Ich-Wir-Es, zwischen intellektuellem Begreifen und emotionalem Hintergrund zu halten bzw. immer wieder herzustellen und Themen und Strukturen zu setzen, die Angst reduzieren und ein vertrauensvolles und offenes Miteinander ermöglichen." (*I. Verweijen* 1992, 2; vgl. *dies.* 1982, 280-284; *M. Kroeger* 1976[2]; *A. Biesinger* 1984/2, 85-94; 3, 223-226)

Der TZI wird im religionsdidaktischen Schrifttum oft eine Bedeutung zugemessen, die ihr nicht zukommt. Sie ist *eine* Methode unter vielen. Was an ihr wertvoll ist, wurde unter anderen Namen und in anderen Zusammenhängen sowie z.T. auch mit anderen Begründungen auch schon in älteren Methodenlehren beachtet und praktiziert.

Vielleicht muß aber das Richtige und Wichtige von Zeit zu Zeit mit neuen Namen oder mit neuen Begründungen "auf's neue" bewußt werden, damit es lebendig bleibt.

3. Klientenzentrierte Gesprächsführung nach Carl R. Rogers

C.R. Rogers wechselte von protestantisch-liberaler Theologie über psychotherapeutische Tätigkeit zur Erziehungsberatung. Er kritisierte die Psychoanalyse als zu teuer und zu zeitaufwendig und entwickelte eine Gesprächstherapie, deren Merkmale "Nondirektivität" (= die Entscheidungsfreiheit des Klienten ernst nehmen), Beachtung der Gefühlswelt, Wertschätzung, Einfühlung, Echtheit sind. In der Entwicklung dieser Methode verzeichnet *I. Baumgartner* (1990, 432) mehrere Phasen, deren Relevanz für die Seelsorge er gut erläutert (1990, 427-465) und auch kritisch hinterfragt (1990, 465-482), wobei er dankenswerterweise auch die Unterschiede zwischen theologischer Anthropologie und Sichtweisen *C.R. Rogers* gut herausarbeitet und im Anschluß an *M. Belok* (1984, 79ff.) anschaulich darstellt. (Vgl. auch *C.R. Rogers - P.F. Schmid* 1991)

Gegenüber Bemühungen, *C.R. Rogers* Humanistische Psychologie religionspädagogisch fruchtbar zu machen, sind bislang *H. Zwinz'* kritische Einwände unwiderlegt:

> "Ich behaupte, daß Rogers die österreichische Schule mit ihrer schülerorientierten Arbeitsweise ... nicht kennt. In ihr gibt es ... ein ausgewogenes Verhältnis von Wissenserwerb und musisch-kreativer Bildung - die Persönlichkeitsentwicklung und religiöse Bildung nicht zu vergessen...
> Rogers Forderung, seinen Ansatz für alle Formen menschlicher Beziehung anzuwenden, hilft niemandem: Es gibt nicht bloß eine Denkweise, Beziehung... zu fördern.
> Rogers bleibt den Beweis schuldig, daß Einzeltherapie, Gruppentherapie für Gruppen und solche für je einzelne Interessierte von Lehrern in der Schule geleistet werden können. Die Schule ist keine therapeutische Station wie ein psychiatrisches Krankenhaus ... Daß Zuwendung... ungeheure Kräfte der Selbstheilung freisetzen kann, ist nicht erst Erkenntnis Rogers..." (*H. Zwinz* 1993b)

Es gibt noch zahlreiche andere Anwendungen der Psychoanalyse und ihrer Nachfolgeschulen im Bereich der Gesprächstherapie. (Vgl. *J. Howe* 1982) Nur ein kleiner Teil ist bislang von den Methodenlehren für Religionsunterricht und Katechetik rezipiert worden.

Der Streit um Eugen Drewermann (geb. 1940)

1. Das Leben E. Drewermanns

E. Drewermann (geb. am 20. Juni 1940) studierte Philosophie in Münster, Theologie in Paderborn und Psychotherapie in Göttingen, wurde katholischer Priester und lehrte als Privatdozent Systematische Theologie an der Philosophisch-theologischen Fakultät der Universität Paderborn. Sein Promotionsstudium unter Leitung von *H. Mühlen* führte zur Studie "Strukturen des Bösen", die als das Maß einer Dissertation weit überschreitende Arbeit auf Grund vieler Gutachter zugleich als Habilitationsschrift anerkannt wurde.

E. Drewermann verstand sich als psychotherapeutisch wirkender Seelsorger und erweckte mit einem unglaublich umfangreichen Werk und durch eine intensive Vortragstätigkeit (*E. Drewermann* 1988a) die Aufmerksamkeit breiter Schichten, aber auch den Widerspruch seiner Fachkollegen aus der Theologie. (Vgl. *A. Görres - W. Kasper* 1988; *G. Lohfink - R. Pesch* 1987; *P. Müller-Goldkuhle* 1988; *A. Zottl* 1989; vgl. dazu *E. Drewermann* 1988) Zwischen 1984 und 1991 betrug die Gesamtauflage seiner Werke allein im Walter-Verlag Olten einer Verlagsmitteilung zufolge 345.000 Exemplare. 1992 lagen über 40 Publikationen vor.

1992 kam es zum Bruch mit seinem Diözesanbischof und zur Niederlegung der priesterlichen Tätigkeit durch *E. Drewermann* (30. März 1992). Seit dem Entzug der akademischen Lehrbefugnis (7. Oktober 1991) ist *E. Drewermann* Privatdozent für kulturwissenschaftliche Anthropologie im Fachbereich Soziologie an der Universität Paderborn und Psychotherapeut mit eigener Praxis.

Der Konflikt, zu dem es kommen mußte - und zwar nicht nur aus kirchendisziplinären Motiven, sondern nicht weniger aus zahlreichen offenen wissenschaftlichen Fragen - hob den "Fall Drewermann" von der sachlichen auch auf eine emotionale Ebene. Diese sollte in der wissenschaftlichen Diskussion ausgeschaltet bleiben, soweit dies bei Menschen überhaupt möglich ist. Es ist heute, da die Dinge noch im Fluß sind, nicht leicht, ein ausgewogenes Urteil zu finden, und noch weniger ist es möglich, ein endgültiges zu fällen.

Über den gegenwärtigen Stand der Diskussion, soweit es die Kirchenleitung betrifft, informiert *H.J. Rick* (1992^2), über *E. Drewermanns* Sichtweisen *J. Jeziorowski* (1992).

2. Die Lehre E. Drewermanns

Der Ausdruck "Psychoanalyse" wird von *E. Drewermann* für die gesamte Tiefenpsychologie verwendet, im Gegensatz zum allgemeinen Sprachgebrauch, der diesen Terminus nur für die *Freud'sche* Schule verwendet.

G. Fehrenbacher (1991, 17-56) betont, daß *Drewermann* eine Reihe von Denkkategorien aus der Lehre *Freuds* und andere aus der Psychologie *C.G. Jungs* übernommen hat, zugleich aber auch kritisch sich in Teilbereichen von diesen unterscheidet.

Als Schüler *S. Freuds* zeigt sich *E. Drewermann* etwa im Buch "Kleriker" (1989, 277-286), wenn er die "klerikale Opferideologie" auf einen "frühkindlichen Ursprung" zurückführt. Stark auf *S. Freud* baut *E. Drewermann* in seiner Traumlehre auf. Kritik an *Freud* übt er hinsichtlich der Tabula-rasa-Theorie des Unbewußten, der Deutung des Ödipus-Komplexes, der Spekulation über Urhorde und Vatermord u.a.m. (Vgl. *G. Fehrenbacher* 1991) Als eigenständig gegenüber *S. Freud* erweist er sich, wenn er die Erlösungslehre nicht ödipal als Auswirkung von Strafphantasien der Söhne wegen des Mordes am Vater der Urhorde erklärt, sondern als Resonanzwirkung im Kind auf das Verhalten der Mutter in den ersten Lebensjahren. Ähnlich erklärt *E. Drewermann* auch den "Rettertyp" anders als *S. Freud* mit frühkindlichen Erfahrungen der Mutter.

Wir finden aber auch Anklänge an Denkweisen *A. Adlers*, etwa dort, wo klösterliche Armutsvorstellungen mit Minderwertigkeitsgefühlen in Zusammenhang gebracht werden. Die einschlägigen Auffassungen *E. Drewermanns* über Homosexualität konvergieren mit z.B. *L. Szondis* Lehre.

Dennoch ist *E. Drewermann* als eigenständiger Denker zu bezeichnen, mit allem, was einen solchen positiv auszeichnet, aber auch mit den Begrenzungen, die bei keinem Menschenwerk fehlen. Auch die Diskussion um Person und Werk *Drewermanns*, die in Worten (Fachpresse, Boulevardpresse, Studientagungen) und Taten geführt wird (vgl. *H.J. Rick* 1992[2]; *J. Jeziorowski* 1992), ist durch diese Ambivalenz gekennzeichnet.

Das schriftlich vorgelegte Werk *E. Drewermanns* umfaßt in den 40 Publikationen viele tausend Druckseiten. Niemand kann auf wenigen Seiten den Gehalt dieses Opus zusammenfassen. So bleibt der folgende Abschnitt notwendig unvollständig, exemplarisch und auch subjektiv. Wer eine leicht lesbare Einführung und Orientierungshilfe sucht, findet sie bei *G. Fehrenbacher* (1991). *E. Drewermann* selbst bietet eine Einführung in Form von gedruckten Vorträgen (1988a).

2.1 Tiefenpsychologische Exegese und Theologie

Die drei Bände "Strukturen des Bösen" (Bd. I: Die jahwistische Urgeschichte in exegetischer Sicht; Bd. II: Die jahwistische Urgeschichte in psychoanalytischer Sicht; Bd. III: Die jahwistische Urgeschichte in philosophischer Sicht, 1981[3]) enthalten keimhaft, was *E. Drewermann* in den folgenden theoretischen und praktischen Publikationen entfaltend vorlegte: die Frage nach der Erlösung und dem Bösen. Aus ihr resultieren Bibelkommentare, Predigten, Meditationen, exegetische Werke, aber auch zunehmend kirchenkritische Schriften, wie "Der tödliche Fortschritt. Von der Zerstörung der Erde und des Menschen im Erbe des Christentums" (1981) oder "Der Krieg und das Christentum. Von der Ohnmacht und Notwendigkeit des Religiösen" (1982a).

In den drei Bänden "Psychoanalyse und Moraltheologie" (1982-1984) sieht *E. Drewermann* die Erlösung von unseren Ängsten und die Befreiung zum Lieben (unter Berufung auf Seelenbilder der Bibel) in der Selbsterkenntnis und im "Wir-selber-Werden" gegeben. Daraus resultieren bereits erste "Konfliktstoffe", etwa wenn es als Schuld angesehen wird, eine sakramentale Ehe unauflöslich aufrecht zu halten, wenn die Ehepartner einander nicht mehr in der Tiefe ihres Wesens entsprechen und einander zum Auslöser selbstzerstörender Ängste werden. In ersten Gesprächen mit dem zuständigen Erzbischof *J.J. Degenhardt* (9. und 26. September 1986, letzteres zusammen mit dem Domkapitel) klingen bereits zwei zentrale Kritiken an: 1.) bezüglich der Bewertung der Historizität in den biblischen Schriften; 2.) bezüglich der katholischen Eheauffassung.

Zu den Problemen in der Auseinandersetzung zwischen christlichem Selbstverständnis und Auffassungen *E. Drewermanns* zählt auch dessen Sicht der Schuld, wobei er z.T. an *C.G. Jung* anschließt:

> "Besonders *C.G. Jung* hat immer wieder hervorgehoben, daß die Psychotherapie nicht umhin kann, den Patienten in gewisser Weise zum *Bösen* zu verführen, um die Schattenseite des Lebens kennenzulernen und soweit als möglich zu integrieren. *C.G. Jung*: Gut und Böse in der analytischen Psychologie (1959), in: Ges. Werke X, S. 497-510. Daher erschien ihm die jahwistische Sündenfallerzählung als ein 'therapeutischer Mythus', der zeige, daß das Gute wie das Böse zum Leben gehören und in ihrer Gegensätzlichkeit dem Leben seine Energie verleihen. *C.G. Jung*: Versuch einer psychologischen Deutung des Trinitätsdogmas (1942), in: Ges. Werke XI, S. 213-214. Zweifellos meint die biblische Geschichte *theologisch* mit dem Abfall von Gott gerade nicht eine tiefere Vereinigung des Bewußtseins mit dem Unbewußten, sondern sie schildert, wie der Mensch in ein Dasein der *Angst* stürzt, innerhalb dessen die innerseelischen Spaltungsvorgänge unvermeidlich werden, die die Neurose kennzeichnen; E. Drewermann: Strukturen des Bösen, Bd. II, S. 136-139; 146-152; Bd. III, S. 137-144; 157-166. *Psychologisch* aber wird man der Meinung *C.G. Jungs* zustimmen müssen, daß die Menschen aus den Verwirrungen des Lebens nur zu sich selbst finden können, wenn sie den Mut aufbringen, u.U. in moralischem Sinne schuldig zu werden; und unendlich schwerer als die Schuld, bestimmte moralische Gesetze übertreten zu haben, ist die Schuld, am Ende womöglich durch ein Leben sittenstrenger Reinheit sich und den anderen alles schuldig geblieben zu sein. An dieser existentiellen Problematik jenseits der Moral beginnt die eigentlich *theologische* Ebene des Sprechens von Gut und Böse. Vgl. *E. Drewermann*: Von der Unmoral der Psychotherapie, oder: von der Notwendigkeit einer Suspension des Ethischen im Religiösen, Wien 1981, Arzt und Christ, Heft 3." (*E. Drewermann - I. Neuhaus* 1981, 46)

Gegen diese Sichtweise gibt es eine Reihe moraltheologischer Fragen und Bedenken anzumelden, beginnend von der vorausgesetzten Grenzlinie zwischen psychologischem und theologischem Sprechen von Schuld bis hin zur Frage, ob Menschen *trotz* oder *durch* moralische Schuld im eigentlichen Sinne zu ihrem wahren Selbst finden können.

Die Interpretation der biblischen Schriften geht davon aus, daß diese auf Befreiung, Glück und erfülltes Leben der heillosen Kreatur abzielen, was aber sowohl durch eine rein historische Schriftauslegung wie auch durch eine begrifflich arbeitende, dogmatische

Theologie nicht vermittelt und erkannt werden könne. Diese Kritik an der herkömmlichen Exegese fand einen Ausdruck in den beiden Bänden "Tiefenpsychologie und Exegese" (1984f.), in denen *E. Drewermann* gegen den "methodischen Atheismus" einer rein historischen oder dogmatischen Exegese Stellung nimmt.

E. Drewermann geht dabei von der Überzeugung aus, daß die Texte der Bibel in erster Linie nicht Geschichtsschreibung, sondern Zeugnisse aus dem Unbewußten sind. Ähnlich wie Mythen, Märchen, Sagen und Legenden zeigen sie nach *Drewermann* eine Grundverwandtschaft mit dem Traum und wollen psychische und transzendente Wirklichkeiten zum Ausdruck bringen. Diese seien mit rein historischen Kategorien nicht erfaßbar und können deshalb auch nicht historisch-kritisch erklärt werden. Vielmehr müsse der Ansatz zu ihrer Auslegung die Tiefenpsychologie sein. Die Entschlüsselung der in der Bibel gegebenen Ursymbole (Archetypen) treffe den Menschen von heute in seinen ganz persönlichen Erfahrungen. *Drewermann* legt Methoden vor, mit denen die einzelnen Textgattungen erschlossen werden können. Neben den verschiedenen psychologischen Richtungen bedient er sich auch der Ergebnisse von Literaturwissenschaft, Religionsgeschichte, Anthropologie und Mythenforschung. Dies müßte zu Umdeutungen oder zu neuen Deutungen zentraler Inhalte der christlichen Tradition führen (Jungfrauengeburt, Auferstehung, Gottessohnschaft). Solche zentralen Glaubensinhalte werden als Symbole bzw. symbolische Erzählungen verstanden, welche den Glauben an Jesus Christus mit Hilfe von Bildern, die in der Seele bereitliegen, artikulieren und aktualisieren. Zwischen den Symbolen biblischer Texte und den Bildern in unserer Seele bestehe eine Beziehung wie die zwischen Wort und Antwort. Diese vorausgesetzte Beziehung wendet *E. Drewermann* als Auslegungshilfe für das Neue Testament an. Der Kommentar zum Markusevangelium (I: Mk 1,1 - 9,13, 1987; II: Mk 9,14 - 16,20, 1988) wird in konsequenter Weiterführung der o.g. Ansätze interpretiert als Folge von Bildern unserer Erlösung. Immer mehr verlagerte sich dabei die Bedeutung vom Historischen weg in das Innerseelische.

Für seine exegetische Praxis übersetzte *E. Drewermann* unter sehr starker Anlehnung an die Übersetzung von *F. Stier* das Markusevangelium (*E. Drewermann* 1989a).

Den vorläufigen Schlußpunkt im exegetischen Werk *E. Drewermanns* bildet der 1992 erschienene erste Band des Matthäus-Evangeliums. Von 848 Seiten gelten 230 der Einführung, der Rest sind Niederschriften und predigtartige Ausführungen zu einzelnen Anliegen der Kapitel 1-7. *E. Drewermann* stellt den Band unter das Leitwort "Bilder der Erfüllung". Matthäus stehe Jesus nach Markus am nächsten. Die Bergpredigt zeige, daß Jesus in seiner Lehre von denen ausgehe, die nichts sind, nichts haben und nichts können. Damit stehe sie in Opposition zu den ungerechten gesellschaftlichen und gesetzlichen Bestimmungen unserer Zeit. *E. Drewermann* verbindet damit eine - man möchte fast sagen: bei ihm schon übliche - Kirchenkritik: Die kirchliche Auffassung, daß die Bergpredigt ein Rat, nicht ein Gebot sei, verstoße radikal gegen den Geist Jesu. Die wenigen bisherigen Rezensionen sind sehr kritisch. Als Beispiel eine Passage aus *K. Bergers* Kritik in der Literaturbeilage der Frankfurter Allgemeinen Zeitung vom 14.4.1992, S. L 19:

"Also ein fast tragisch zu nennendes Bemühen: Die halbe Weltliteratur wird aufgeboten, und doch liegt die Parallele in aller Regel 'daneben', ist die Identität des Allgemein-Menschlichen, um das es Drewermann dabei geht, zu leicht und zu pauschal behauptet. Die Ägyptologie als Beispiel: Drewermann behauptet hier nicht nur eine Gleichheit der Archetypen, sondern erklärt, die Vorstellung vom Gottessohn 'entstamme' der altägyptischen Königstheologie. Wie die Beziehung zwischen dem alten Ägypten und dem Palästina des ersten Jahrhunderts nach Christus vermittelt sein soll, ob sich Matthäus also zu Hieroglyphenstudien vor Ort aufgehalten habe, darüber verliert Drewermann kein Wort. Vielmehr behauptet er, mit Zeugung durch den Geist (ägyptisch: 'Kinder des Windes'), Auferstehung und Sitzen zur Rechten sei es ebenso gegangen. Seit dem gründlichen Aufsatz von *G. Friedrich* über die Beziehung gerade der Christologie des Matthäus zu angeblich Ägyptischem (Zeitschrift für Theologie und Kirche 80 [1983]) ist in der Bibelwissenschaft mit diesem Spuk gründlich aufgeräumt worden."

K. Berger kommt zu dem Schluß:

"Dieses umfangreiche Buch ist in jeder Hinsicht entbehrlich. Es ist, ehrlich gesagt, schrecklich. Der 'wissenschaftliche' Anmerkungsteil (fast 200 Seiten) hat die peinlich zu nennende Funktion eines Feigenblatts. Dr. Drewermann als 'größten Bibelwissenschaftler seit der Aufklärung' und 'bedeutendsten Theologen der Gegenwart' zu bezeichnen, wie es in den Journalen geschieht, besteht kein Anlaß. So wird man wohl sehr bald dazu kommen, Drewermann als das einzustufen, was er in meinen Augen ist: ein überaus erbaulicher Prediger, ein agitatorischer katholischer Modernist, ein Mann, der an die Vorurteile seines Publikums offenbar auch selbst glaubt, weshalb es ihn 'einfach mag', ein engagierter Tier- und Menschenfreund - nicht mehr, aber auch nicht weniger." (*K. Berger* 1992, L 19; vgl. *ders.* 1991; *K. Berger* ist Ordinarius für Neutestamentliche Theologie an der Evangelisch-Theologischen Fakultät der Universität Heidelberg)

Dieses Urteil gilt in seinen positiven und kritischen Teilen wohl nicht allein für *E. Drewermanns* Matthäus-Kommentar.

In diesem vertieft *E. Drewermann* seine Position in vielen Bereichen, die seine Kritiker schon an seinen früheren Publikationen bemängelt haben. Er schließt auf eine totale Diskrepanz zwischen Jesus und der Kirche, die heute "ein Zerrbild sogar der Kirche des Matthäus" (*E. Drewermann* 1992a, 37) sei. Schon die Bergpredigt sei eine "Verfälschung der Herausforderung Jesu". (*E. Drewermann* 1992a, 59) Die Gottessohnschaft sei bloß eine aus Ägypten stammende Metapher, die - würde man sie kirchlicherseits anerkennen - einer Verständigung der drei monotheistischen Religionen diente. Die im Stammbaum Jesu genannten Sünderinnen werden zum Anlaß, nicht nur das kirchliche Amt, sondern auch die US-amerikanische Politik zu kritisieren (*E. Drewermann* 1992a, 233-279), die Brotbitte des Vaterunsers soll ergänzt werden durch ein Verbot, Fleisch zu essen, und man sollte somit vegetarisch leben. Man muß dem Urteil des Wiener Exegeten *J. Kremer* zustimmen:

"Neben nicht wenigen sehr guten Beobachtungen und sprachlich ausgezeichneten Darlegungen ... stehen ... eine Menge eigenwilliger und apodiktisch vorgebrachter Behauptungen, über die jeder Bibelwissenschaftler nur den Kopf schütteln kann... Wie ist es möglich, daß ein hoch begnadeter, überdurchschnittlich gebildeter, in der Fach- und Weltliteratur belesener und mit einer großen Sensibilität für menschliche Ängste begabter Autor mit biblischen Texten, religionswissenschaftlichen sowie exegetischen Hypothesen so simplifizierend umgeht? Wie kann er seine eigenen Einsichten ohne jede Selbstkritik oder Beachtung wissenschaftlich begründeter Gegenpositionen als nahezu unfehlbare Lehre vortragen?... Was Drewermann schreibt, steht in offenem Widerspruch zur Christusverkündigung der Apostel, zur inspirierten Weitergabe der Botschaft Jesu im Matthäusevangelium und zum christlichen Glaubensbekenntnis." (*J. Kremer* 1992, 10f.)

Man könnte dazu übergehen, sich - wie bei *S. Freud* - mit der tiefenpsychologisch begründeten Religions- und Kirchenkritik als Ausdruck von Freiheit der Wissenschaft und freier Meinungsäußerung abzufinden und sie kritisch zur Kenntnis zu nehmen, wäre da nicht der Ausspruch *E. Drewermanns*, nicht nur als Psychotherapeut, sondern *auch* als Theologe und Christ zu sprechen. In diesem Fall muß er sich dem Urteil von Fachwissenschaft und Kirche stellen, und dieses kann sowohl von der Warte der Wissenschaft wie von der der Glaubenstradition her nur in einem Anmelden großer Bedenken bestehen. Und dies unbeschadet seiner Eigenschaft, ein "sehr ernst zu nehmender 'Indikator' (*E. Biser*) schwerwiegender Defizite in der kirchlichen Unterweisung (z.B. Vernachlässigung einer echten Übersetzung der oft mythischen ... Sprache der Bibel) und Pastoral (z.B. bibelfremde Gesetzlichkeit; ... Mißtrauen weckende Formen der Amtsausübung)" (*J. Kremer*, 1992, 11) zu sein.

2.2 Kirchenkritik im Namen der Tiefenpsychologie

Ehe die Schriftinterpretation durch eine Exegese des Matthäus-Evangeliums (1992a) fortgeführt wurde, setzte *E. Drewermann* auf einem anderen Gebiet seine Kirchenkritik fort durch das Buch "Kleriker - Psychogramm eines Ideals" (1989b). Als Priester-Therapeut war *E. Drewermann* bei psychischen Problemen von Amtsbrüdern und Ordenschristen wohl häufiger konsultiert worden als andere Therapeuten. Anders ist wahrscheinlich nicht zu erklären, daß er in grober Verallgemeinerung zur Auffassung kam, daß Ordenschristen, die sich an den evangelischen Räten in traditioneller Weise orientieren, dies oft unter Aufopferung ihrer Triebdynamik tun und dann nicht zu einem Leben aus dem Geist und der Liebe Christi kommen, sondern zur Verarmung der Gefühle, zu sexueller Verklemmung oder Einbuße ihres Wollenkönnens.

Zu den Grundaussagen des o.g. Werkes zählen:

* Der Klerikerstand in seiner gegenwärtigen Form macht krank.
* Dadurch büßt die Kirche die Möglichkeiten zu heilen und von Angst zu befreien ein.
* Dies erfordert, aus dem Teufelskreis der traditionellen Klerikerausbildung, die auf ein ÜBER-ICH fixiert, auszubrechen.
* Die Therapie liegt in einem neuen Verständnis der evangelischen Räte, die *E. Drewermann* aus den "primären Rollenzuweisungen der Familie", aus phasenspezifischen Einschränkungen und positiven "Therapievorschlägen" zu entfalten trachtet. (*E. Drewermann* 1989b, v.a. 655-750)
* Die Misere setze bereits bei der Rekrutierung der künftigen Kleriker an. Nicht ein therapeutisches Aufarbeiten, sondern die Verfestigung und Rationalisierung sei das Ziel. Man treibe durch das Verbot, die Liebe zu lernen, die Menschen geradezu in die

Homosexualität. (Vgl. *E. Drewermann* 1989b, 580-602) Unbelegt bleibt die von *E. Drewermann* kolportierte "Schätzung", daß ein Fünftel bis ein Viertel der Priesteramtskandidaten in irgendeiner Weise homophile Kontakte unterhalte. (Vgl. *E. Drewermann* 1989b, 598)

* Grundlage der Kleriker-Kritik ist *Drewermanns* Verständnis des Priestertums als Einheit von "Priester und Arzt". Wie an anderen Stellen seines Werkes sieht *E. Drewermann* auch hier den Priester als eine Art "schamanistischen" Therapeuten (vgl. *G. Fehrenbacher* 1991, 17-26; dort auch Hinweise auf Originalquellen), der kraft seiner visionären Fähigkeit und seiner heilenden Kompetenz Menschen um sich schart und sie zu sich selbst führt, wobei ein Sich-selbst-Finden mit einem Gott-Finden gleichgesetzt zu werden scheint.

Die gelegentlich geäußerte Meinung, daß gerade die Kritik am Zölibat die "Amtskirche" auf den Plan gerufen und deren Gegnerschaft zu *E. Drewermann* forciert habe, ist schlechthin unrichtig. Nach den o.g. Gesprächen mit Erzbischof *J.J. Degenhardt* von Paderborn (1986), der römische Aufforderungen nach Einschaltung der Glaubenskommission der Deutschen Bischofskonferenz noch mehrere Jahre hinausschob, wohl um eine Ausweitung des Konflikts nicht zu fördern, gab es gleichwohl immer wieder Gespräche und "amtskirchliche" Bemühungen, das Problem *Drewermann* ohne offizielles Verfahren einer positiven Lösung zuzuführen. Und als Erzbischof *J.J. Degenhardt* im Herbst 1989 - also bereits ein Jahr vor dem o.g. Buch "Kleriker" - die Glaubenskommission der Deutschen Bischofskonferenz um "Rat" bat, führte dies in der Folge zu einem Gespräch am 6. Juli 1990, in dessen Zentrum 4 Themen standen:
1) das Verhältnis von Offenbarung und Geschichte;
2) das Verständnis der Menschwerdung Christi;
3) das Problem des Zölibats und der Unauflöslichkeit der Ehe;
4) das Verständnis des priesterlichen Dienstes.

Es schien, daß eine positive Lösung nicht unmöglich sei. Dann aber kam es nicht einmal zu einer Einigung über das Ergebnisprotokoll und schließlich zu einem Bruch, der mit öffentlichen Stellungnahmen *Drewermanns* und als Antwort darauf mit einer Androhung der Suspendierung durch den Erzbischof begann (September 1991). Der Bruch war tief und führte am 7. Oktober 1991 zu einem Entzug der akademischen Lehrbefugnis, am 9. Jänner 1992 zu einem Verbot zu predigen und schließlich zur o.g. (vorläufigen) Niederlegung des Priesteramts durch *E. Drewermann*. Eine unmittelbare Ursache für die letzten Schritte dürfte ein Interview im "Spiegel" vom 23. Dezember 1991 gewesen sein. (Vgl. *E. Drewermann* 1992b; *P. Eicher* 1990)

Die Auseinandersetzung zwischen *E. Drewermann* und "seinem" Erzbischof *J.J. Degenhardt* sieht *J. Werbick* aber wohl zu ausschließlich nur als

"...geprägt von einem fast schon tragischen gegenseitigen Mißverstehen. Beide sprechen in je verschiedenen Sprachen, in unterschiedlichen 'Sprachspielen', und so können sie sich das vom anderen Gesagte kaum in ihres übersetzen; so muß es ihnen unverständlich, ja als Irrtum erscheinen. Bischof *Degenhardt* mißt die Äußerungen *Drewermanns* an der 'Latte' einer eher katechismusartigen, lehrsatzhaften, fast juristisch handhabbar gemachten Theologie, die andere theologische Konzepte danach beurteilt, ob sie klare Antworten geben können. Und *Drewermann* will dauernd zeigen, daß diese etwas schlichte, pragmatische

Lehramtstheologie blind bleiben muß für die eigentlich entscheidenden seelsorglich-theologischen Fragen, so wie sie ihm begegnen. Er versucht eine eher poetisch-impressionistische Theologie, die den Fragen der Menschen treu bleiben und sie nicht mit den immer schon gegebenen Antworten zudecken will. Einer Theologie, der es vor allem auf abfragbare Richtigkeiten ankommt, steht eine Theologie gegenüber, die sich der Last ungelöster Probleme stellen und die tiefe Zwiespältigkeit mancher Glaubenslehren im Blick behalten will, damit der Glaube wirklich heilsam - eben christlich - bleibe." (*J. Werbick* 1992, 212)

Die Kirchenkritik setzte *E. Drewermann* in den kommenden Jahren zunehmend fort. So wirft er in einem Interview mit *J. Altweg* am 3. Mai 1991 in der Frankfurter Allgemeinen Zeitung der Kirche vor, von einer "offensichtlichen Zerrform des katholischen Menschenbildes" auszugehen und Sexualfeindlichkeit nicht als Nebenaspekt, sondern als zentrales Element zu vertreten. Was die Katholische Kirche mit ihrer Moral der Menschheit auf den Weg gegeben habe, sei ein Zentralangriff auf die besten Kräfte der Humanität. Der Vatikan lehne sich an die autoritären Regime in der Dritten Welt an. Die Kirche beraube die Liebe der Lust, um die Seelen zu beherrschen.

Solche Vorwürfe sind aus der psychoanalytischen und marxistischen Religionskritik altbekannt.

Die Kirchenkritik findet man in fast allen theologischen Arbeiten, besonders auch in *Drewermanns* Büchern "Giordano Bruno oder: Der Spiegel des Unendlichen" (1992c), "Der tödliche Fortschritt. Von der Zerstörung der Erde und des Menschen im Erbe des Christentums" (1981) und "Der Krieg und das Christentum. Von der Ohnmacht und Notwendigkeit des Religiösen" (1982a).

2.3 Drewermanns weitere Schriften

Neben den beiden "Grundlinien" im *Drewermann'schen* Werk (exegetische Pastoral- und Kirchenkritik) hat *E. Drewermann* in einer kaum zu fassenden publizistischen Schaffenskraft eine Fülle von weiteren "Themen" bearbeitet. Zu ihnen zählen:

* die tiefenpsychologische Interpretation von Grimms *Märchen* (zahlreiche Bände, z. T. illustriert von *I. Neuhaus*);

  Auf ein Beispiel einer solchen Interpretation wurde in diesem Buch im Kapitel über *C.G. Jung* verwiesen.

* die tiefenpsychologische Deutung von *Mythen*, z.B. der Yahuna-Indianer (*E. Drewermann* 1991; *ders.* 1989);
* "Religionsgeschichtliche und tiefenpsychologische Bemerkungen zur Trinitätslehre" (1984, 115-142);
* Stellungnahmen zu Gewaltlosigkeit und zum *Dialog zwischen den Religionen* (*Dalai Lama - E. Drewermann* 1992);
* tiefenpsychologische Interpretation historischer *Persönlichkeiten* (1992c).

3. Kritische Hinweise

Es ist nicht möglich, einem so umfangreichen Werk auch nur annähernd gerecht zu werden. Auch die folgenden kritischen Hinweise sind demnach nur exemplarisch und als erster Einstieg zu verstehen.

3.1 Drewermanns Ansatz ist nicht so neu, wie es vielen scheint

In *E. Drewermanns* Arbeit geht es um die Brücke zwischen traditionellen Verkündigungsinhalten (Bibel, Ethos) und einem tiefenpsychologisch interpretierten Lebensvollzug, um eine Deutung der Bibel von einem tiefenpsychologisch verstandenen Welt- und Menschenverständnis her. Dieser Ansatz *an sich* wird auch von den meisten Kritikern *Drewermanns* positiv gewertet, unbeschadet vieler Einwände im Grundsätzlichen und in Einzelheiten.

Man sollte in diesem Zusammenhang nicht übersehen, daß *E. Drewermann* keineswegs der einzige und auch nicht der erste ist, der Brücken zwischen Theologie und Tiefenpsychologie zu bauen sucht. Beispielhaft für viele sei auf "Vorgänger" und "Kollegen" *Drewermanns* verwiesen:

> *R. Affemann* 1957; *J. Rudin* 1964[2]; *W. Bitter* 1965; *F. Froboese-Thiele* 1972; *Y. Spiegel* 1972; *H. Müller-Pozzi* 1975; *G. Heimbrock* 1977; *H. Hark* 1980; *ders. 1985*[3]; *ders. 1987*; *M. Kassel* 1980; *dies.* 1986; *H. Jaschke* 1987[3]; *ders.* 1989; *ders.* 1992; *S. Schmitz* 1988; *A. Görres - K. Rahner* 1989; *B. Staehlin - J. Schmucker-von Koch* 1990; *K. Winkler* 1992.

Gegen eine "Theologie auf Freud'scher Grundlage" nahm schon 1974 und 1975 *B. Mondin* Stellung, und zwar damals konkret gegen den niederländischen Religionspsychologen *A. Vergote*. Was dort an Einwänden vorgebracht wird (Mythos, Methaphysik, Methode, Verhältnis von Glaube und Welt), kehrt in mannigfachen Variationen in den Einwänden gegen *E. Drewermann* wieder.

3.2 Stellungnahme zu E. Drewermanns Exegese

Eine Reihe von berechtigten Einwänden gegen die tiefenpsychologische Interpretation der Bibel sind sehr ernst zu nehmen: Kann man überhaupt beschreiben, was in der Tiefe der Seele von Abraham, Mose und Jesus vor sich ging? Vor psychologisierendem "Hineininterpretieren" hat die Katechetik mit Recht seit nahezu einem Jahrhundert immer wieder gewarnt.

> "Ich rate also mit Entschiedenheit davon ab, in die religionspädagogisch-katechetische und homiletische Arbeit einen Erzählstil zu übernehmen, der Abraham, Mose oder Jesus psychologisiert, denn ich meine, dabei verschwindet deren Bedeutung für den Glauben und wird gerade dasjenige zerstört, was der Erzähler anstrebt: Gegenwärtigkeit. ...
> 'Tiefenpsychologische Schriftauslegung' ist ein anderes Thema, insofern sie voraussetzt, daß es ein 'kollektiv Unbewußtes' gibt, das - quer durch die Kulturen und Religionen und in der Tiefe jedes Menschen - Symbole und Archetypen ('das Unbewußte') entdeckt, die ins

> Bewußtsein gehoben werden wollen, und daß die schriftlichen und mündlichen Boten der biblischen Überlieferung selbst 'archetypisch' geprägt sind. Die Aussagen C.G. Jungs hierzu sind (vielleicht notwendig) mehrdeutig, für wissenschaftliche Psychologie von geringem Nutzen und manchmal geradezu fatal (Vorliebe Jungs für Mussolini und Hitler; der Archetyp 'Wotan'). Dennoch ist es berechtigt, wenn Drewermann und andere darauf verweisen, daß dogmatische Formeln und historisch-kritische Analysen an dem vorbeidenken und reden, worum es der Bibel eigentlich geht: uns zu verändern, zu befreien, über den Glauben zu erlösen. Daß dies tiefenpsychologische Auslegung leisten kann, muß allerdings erst noch (über den Zeitraum einer Mode hinaus) aufgewiesen werden. Auch hier ist 'wahr, was sich bewährt' (Ch.S. Peirce), nämlich, was bekehrt, verändert und von der Entfremdung befreit. Und um Letzteres geht es uns doch allen." (*G. Stachel* 1990, 431)

Man kann die Bibel *auch* im Licht der tiefenpsychologischen Erkenntnisse und Denkweisen sehen. Man sollte sich aber hüten, sie *nur* unter diesen Kategorien zu betrachten.

Wer die Exoduserzählung - vor allem den Durchgang durch das Rote Meer - als Bild und Symbol des Menschenlebens sieht (Geburt ist Durchgang, Jugend ist Durchgang, Tod ist Durchgang...), vermag klärendes Licht für gar manche Lebenssituationen zu gewinnen. Wer sie *nur* und ausschließlich unter diesem Gesichtspunkt - also psychoanalytisch oder archetypisch - lesen wollte, dem entginge die Grundaussage dieser Erzählung, die stark mit dem historischen Faktum Exodus verbunden ist.

Ähnliches läßt sich hinsichtlich der großen Riten und Mysterien der Religion sagen. Man kann sie *auch* als Vollzug großer Visionen und Träume der Menschheit sehen, die Erleuchtung und Heilung bringen. Wollte man sie bzw. ihre Wirkung *nur* psychologisch deuten, erläge man einem verhängnisvollen Reduktionismus im Sinne *V.E. Frankls* (s. Seite 85-122). *E. Drewermann* versucht zwar, Reduktionismen zu vermeiden. Ganz gelingt ihm dies aber nicht.

Neben zahlreichen Rezensionen beschäftigt sich eine "Streitschrift" von *G. Lohfink* und *R. Pesch* (1987) mit *Drewermanns* Bibeldeutung. *Lohfink/Pesch* werfen *Drewermann* vor, weniger theologisch als religionsgeschichtlich-tiefenpsychologisch zu arbeiten, die Offenbarung zu wenig ernst zu nehmen, dem "Archetyp" Unfehlbarkeit zuzusprechen, eine "neue" oder "alte" Selbsterlösungsreligion zu vertreten, mit biblischen Texten zu willkürlich umzugehen, sie zu privatisieren oder zum Mittel von Selbsterkenntnis und Selbstfindung zu degradieren. (Vgl. auch *F.W. Niehl* 1987, 971-973)

Schon wenige Monate nach Erscheinen dieser Streitschrift hat *E. Drewermann* sich in einer "Antwort auf Rudolf Peschs und Gerhard Lohfinks 'Tiefenpsychologie und keine Exegese'" (Untertitel) gegen die Verkennung seines Anliegens gewendet. (Vgl. *E. Drewermann* 1988) *Drewermann* betont hier, daß für ihn die Tiefenpsychologie niemals ein "Allheilmittel" sei. Im Gegenteil, sie stelle für ihn

> "...lediglich ein Instrument (dar), um die Erlösungsbedürftigkeit des Menschen außerhalb der Gemeinschaft mit Gott tiefer zu verstehen. Nur weil die Psychoanalyse unser Wissen um die Hintergründe menschlicher Not und menschlicher Tragik in unserem Jahrhundert in einem Maße vertieft hat, daß, daran gemessen, das Reden der Theologen von 'Sünde' und 'Erlösung' geradezu als oberflächliches Gerede erscheint - das de facto den Status eines

entfremdeten Bewußtseins mit den Mitteln eines autoritär verpflichtend gemachten Sprachspiels fest tradierter Begriffe ideologisch verfestigt, statt der behaupteten 'Erlösung' wirklich dienlich zu sein -, halte ich die Neurosenlehre der Psychoanalyse heute für das entscheidende Nadelöhr, um alles theologische Sprechen von Schuld und Erlösung anthropologisch richtig einzufädeln - nicht um die christliche Sündenlehre in Neurosenlehre aufzulösen, sondern um in den Zuständen aller möglichen Formen seelischer Erkrankung die eigentliche Phänomenologie dessen zu erkennen, was theologisch mit einem Leben inmitten einer Welt radikaler Gnadenlosigkeit gemeint ist. Und ebenso halte ich die therapeutischen Erfahrungen der Tiefenpsychologie für das heute wichtigste Modell zum Verständnis von Erlösung im christlichen Sinne, nicht um die Theologie zu verabschieden, sondern um ihr allererst wieder eine Zuständigkeit in den Fragen zurückzugeben, die im Leben eines Menschen über Gelingen und Mißlingen des Lebens im Ganzen zu entscheiden pflegen." (*E. Drewermann* 1988, 10f.)

Heute schon zeichnet sich ab, daß man *E. Drewermann* eine Reihe von Anregungen für die Verkündigung verdankt. (Vgl. *F.W. Niehl* 1987) Dennoch scheint die Beachtung "handwerklicher Regeln der wissenschaftlichen Zunft" (*F.W. Niehl* 1987, 972) angesichts der Verantwortung für das Wort Gottes und angesichts dessen ganzheitlicher Interpretation und Aktualisierung ein notwendiges und von *E. Drewermann* nicht immer genügend gewahrtes Anliegen.

M. Brömse sieht folgende Kristallisationspunkte der Kritik:

"In der Betonung mythischer Archetypen in der Bibel und deren Kompatibilität mit den Archetypen im Inneren des einzelnen Menschen selbst, wie sie durch die Psychoanalyse erschlossen werden, wird - so heißt es - der Bibel viel von ihrer Einzigartigkeit genommen. Zugespitzt gesagt: Aus der Begegnung mit dem ganz Fremden, mit einer Offenbarung, deren Ursprung 'extra nos' liegt, wird ein 'heilloser Autismus', der die Bibel zum Mittel narzistischer Selbstbespiegelung macht, in der ich mir nur noch selbst begegne - was auf die Dauer langweilig wird.
Die tiefenpsychologische Bestimmung des Mythos-Begriffs bei Drewermann erscheint als Verengung, die aus der objektivierbaren 'Wahrheit des Mythos' eine subjektive 'Grammatik der Seele' macht.
Religion - auch der eigene christliche Glaube - wird von einem derart bestimmten Mythos-Begriff praktisch nicht mehr unterschieden. In der Folge bekommt der christliche Umgang mit der Heiligen Schrift Züge eines willkürlichen Selbstbedienungsunternehmens." (*M. Brömse* 1989, 175)

Daraus folgert *M. Brömse*:

"Religionspädagogisch fruchtbar könnte Drewermanns Ansatz eigentlich nur dann werden, wenn Lehrer und Schüler das Risiko auch existentieller Krisen im Umgang mit sich selbst und mit dem Unterrichtsgegenstand Bibel zusammen eingehen und tragen könnten. Dazu gehört allerdings ein hohes Maß nicht nur bibelwissenschaftlicher, sondern auch psychologischer Qualifikation der Lehrer. Und es gehören dazu Bedingungen, wie sie in Schulen normalerweise heute nicht anzutreffen sind: Nämlich die räumlichen, zeitlichen und Gruppenstärken betreffenden Voraussetzungen für ein Lernen, das Schüler in der Ganzheit ihrer Persönlichkeit betrifft und nicht den Kopf zur pars pro toto macht." (*M. Brömse* 1989, 179)

M. Kassel kritisiert an *E. Drewermanns* Exegese:

"Die durch sämtliche Veröffentlichungen Drewermanns geisternde *Angst* als sowohl religionsbegründende Kraft wie auch als Impuls zu religiöser Erfahrung läßt sich weder theologisch noch tiefenpsychologisch halten. Für Drewermann ist 'das einzig wesentliche Thema der Religion die Überwindung der menschlichen Angst' ([*E. Drewermann* 1984f.] I, 12); der alttestamentliche Exodus wird auf dieser Basis interpretiert ([*E. Drewermann* 1984f.] I, 484ff.). An den Wundergeschichten insbesondere demonstriert er seine These: 'Alle Religionen...besitzen die Fähigkeit, einen Glauben zu erwecken, der auf wunderbare Art die Angst besiegt' ([*E. Drewermann* 1984f.] II, 137). Religion hat ihren Sinn darin, die Daseinsangst in das Vertrauen hinein zu überwinden. Unzählige Belege ließen sich für Drewermanns Vorstellung anführen, daß durch Religion, speziell durch ihre heilende Kraft, die Angst beruhigt oder besänftigt wird. Hinter der Beruhigungsstrategie verschwindet der ebenso wichtige tiefenpsychologische Grundsatz, daß es zur Veränderung von Menschen auch der u.U. harten Konfrontation mit der nicht zugelassenen psychischen Wahrheit über sich selbst bedarf. Zudem fehlt, daß eine tiefe religiöse Erfahrung meistens keine Beruhigung, vielmehr eine oft erschreckende Herausforderung ist, wie z.B. die biblischen Theophanien zeigen. Daß und wie hier Tiefenpsychologie und Theologie in einer engen Korrelation miteinander stehen, hätte eine 'traumanalytische Hermeneutik' darzulegen. Selbst die Absolutheit des Christentums sieht Drewermann im Bereich der Angst angesiedelt...
Mit der Bestimmung der Angst als menschlichem und religiösem Urmotor nimmt Drewermann eine *Pathologisierung* von Religion und Glaube vor. Gewiß ist nicht zu bestreiten, daß die Kirchen auch heute noch ihre institutionelle Macht angsterzeugend ausüben und daß in Religionen Angst und ihre Überwindung ein wichtiges Thema ist. Aber Angst als Konstitutivum christlicher und allgemein religiöser (mythischer) Überlieferung läßt sich mit tiefenpsychologischer Analyse nicht nachweisen...
Der Theorie-Praxisbezug in Drewermanns tiefenpsychologischer Exegese zeigt, daß seine 'traumanalytische Hermeneutik' mehr oder weniger in einer Übertragung von (einzel-)therapeutischem Prozeß auf das Verstehen - nicht den tiefenpsychologischen Vollzug - von biblischer und allgemein religiöser Symbolik besteht. Das reicht (noch) nicht für einen exegetischen Ansatz, entwickelt aus dem in diesem Jahrhundert bereitgestellten tiefenpsychologischen Wissen. Die nicht wirklich geklärten hermeneutischen Voraussetzungen haben in viele Bereiche von Drewermanns tiefenpsychologischer Exegese hinein negative Auswirkungen." (*M. Kassel* 1990, 51-53)

Weiters kritisiert *M. Kassel*, daß *E. Drewermann* das tiefenpsychologische Schlüsselproblem der Projektion zu wenig beachte und daß sein Verständnis der mythisch-religiösen Symbole zu statisch sei.

Dem Vorwurf *M. Kassels* (1990, 54), daß in dem 60 Seiten umfassenden Literaturverzeichnis der beiden Bände "Tiefenpsychologie und Exegese" (1984f.) keine einzige feministisch-theologische Arbeit zu finden sei, wird durch *Drewermanns* neuestes Buch "Botschaft der Frauen" (1992d) in etwa begegnet. Die übrigen Kritikpunkte *M. Kassels* versuchte *E. Drewermann* in einer Antwort (1990, 124-126) zu entkräften.

In "Botschaft der Frauen" (1992d) erläutert *E. Drewermann* biblische Frauengestalten (Rahel, Tamar, Ruth, Batseba, die Schwiegermutter des Petrus u.a.) geleitet von den Thesen "Der Archetyp der Frau ist Gott verwandter als das Prinzip des Männlichen" und "Das Wesenswort des Weiblichen ist zugleich das Gotteswort". Es gebe Texte im Neuen Testament, die vorzutragen eigentlich nur Frauen möglich sei. Das entscheidende Wort des Christentums an die Welt sei spezifisch eine Botschaft von Frauen. Allein sie seien fähig und würdig, den Sieg des Lebens über den Tod zu sehen und sichtbar zu machen als "Priesterinnen des Unsichtbaren". Vergleicht man solche Aussagen mit dem von *M. Kassel* (1990, 54) erhobenen Vorwurf des Verhaftetseins *Drewermanns* in "kirchlich patriarchalischen Klischees über die Frau", so erhebt sich die Frage: Hat *E. Drewermann* dazugelernt oder aber springt er auf den Zug der aktuellen Strömung des Feminismus gerade noch rechtzeitig auf?

H. Halbfas meint:

> "*Drewermann* wird vorgeworfen, die *Geschichte* zugunsten des *Mythos* aufzugeben, das Einmalige und Konkrete gegen das Universale und Ubiquitäre aufs Spiel zu setzen. Wie stehen diese Kategorien zueinander? Geht es tatsächlich um eine Alternative?
> Während die historisch-kritische Forschung noch ganz darauf konzentriert ist, das Bild Jesu ihrer Methode gemäß zu rekonstruieren, kann sich die Theologie, will sie sich nicht mit einer enggeführten Wirklichkeit begnügen, zu keiner Zeit mit diesem Modus zufriedengeben. Der historische Jesus bleibt in die Retrospektive gebannt, wenn er nicht in symbolischen Bildern überzeitliche Bedeutung gewinnt. Glaube begnügt sich nämlich niemals mit dem historischen Faktum allein, weil er dieses Ereignis, welches das Dasein Jesu ausmacht, als totale Theophanie versteht...
> Wenn Theologie sich in einer aufklärerischen Funktion nicht erschöpfen will, die mühsam zum Durchbruch gekommene historisch-kritische Methode, deren Früchte durchaus belebend sind, nicht verabsolutiert, wird sie stets auch bedacht sein, heutigen Menschen dabei zu helfen, ihr angefochtenes Leben zu meistern. Das gelingt aus den Prämissen des historischen Bewußtseins alleine nicht. Es gäbe keine New-Age-Bewegung, ließe sich das Sinnbedürfnis der Menschen bereits aus dem Vermögen der Wissenschaften befriedigen. Die Bedenken, die *Gerhard Lohfink* und *Rudolf Pesch* gegen *Eugen Drewermann* vortragen, greifen deswegen zu kurz, weil sie die Kategorie Geschichte gegen die Kategorie Mythos abdichten wollen. Ihr Argument, das tiefenpsychologisch orientierte Bibelverstehen habe zu ausschließlich den isolierten einzelnen und dessen Probleme im Blick und führe damit in einen individualistischen Engpaß, während Gemeinde und Kirche wie überhaupt die soziale Verfaßtheit des Glaubens ausgeklammert blieben, scheint ebenfalls auf eine falsche Alternative zuzuführen und greift - jedenfalls in der Form, in der es vorgetragen wurde - auf eine einseitige Argumentationsauswahl zurück." (*H. Halbfas* 1988, 119f.)

3.3 Weitere Kritikpunkte

Verfehlung des Lebenszusammenhangs

Aus den fachwissenschaftlichen Diskussionen können exemplarisch nur einige weitere Kritikpunkte angeführt werden:

Das Religionsverständnis und die Pastoralmethode *E. Drewermanns* verfehlen die Wirklichkeit des Menschen und seinen sozialen Lebenszusammenhang:

> "Drewermann geht in der Sorge um die Identität und Autonomie des Menschen an eben diesem Menschen vorbei. Wer Autonomie auf Kosten der Sozialität will, der denkt und handelt unmenschlich und un-christlich, weil er den Menschen in seine (immer und notwendig begrenzten) Eigen-Erfahrungen einsperrt und damit aus Welt und Geschichte ausschließt. Drewermann vergißt oder vermag nicht zu sehen, daß die Lebenswelt und die Erfahrungen des einzelnen immer nur *eine* Quelle seiner wahren und eigentlichen Identität sind. Lebt der Mensch denn wirklich so isoliert - ohne Umwelt und ohne soziale Mitwelt? Ist Drewermanns Glorifizierung der tiefenpsychologischen 'Archetypen' *C.G. Jungs* nicht ein Hinweis für sein 'schlechtes Gewissen' in dieser Frage? Sind doch diese 'Archetypen' (nach *C.G. Jung*) welt-geschichtliche Ablagerungen im Unbewußtsein des Menschen, die 'dem subjektiven Denken und Fühlen vorauslieg(en)' - und daher objektiv(!) gültig sein sollen.
> Muß man gegen eine solche 'Welt-losigkeit' nicht festhalten, daß das 'In-der-Welt-sein' und das Stehen innerhalb der Geschichte und Gesellschaft für das Lernen des Menschen, sein Reifen und seine Freiheit existentiell notwendig, ja sogar konstitutiv sind? Benötigt er nicht gerade dazu unbedingt eben auch immer die 'Lehre', in der ihm Welt, Mensch und Geschichte begegnet und Wissen darüber bzw. möglicher "Sinn" vermittelt wird?" (*A. Zottl* 1989, 166f.; *A. Zottl* bringt zu obigem Text eine Reihe von Anmerkungen und Quellenverweisen, auf deren Wiedergabe wir hier aus Platzgründen verzichten müssen.)

Übersehen des unterscheidend Christlichen

In Band 113 der Quaestiones Disputatae (*A. Görres - W. Kasper* 1988) richten namhafte Vertreter theologischer Disziplinen und der Tiefenpsychologie eine Reihe von Anfragen an *E. Drewermann. Drewermann* sei das unterscheidend Christliche gar nicht mehr so wichtig. Neben dem Vorwurf eines zu unkritischen Methodenbewußtseins - "Die Menschen bräuchten nur die Kunst des unverstellten Träumens wieder zu erlernen, um seelisch zu sich selbst zurückzufinden" (*E. Drewermann* 1982 I, 11) - wird *E. Drewermann* vorgeworfen, er stelle zwar fest, daß die biblischen Schriften das Verhältnis des Menschen zu Gott, das sie proklamieren, von den Religionen anderer Völker unterscheiden wollen, halte das aber für die Folge eines Machtstrebens, das er überwinden wolle. (Vgl. *A. Görres - W. Kasper* 1988, 13)

Auch *P. Hünermann*, der Tübinger Dogmatiker, hielt auf der Studientagung der Katholischen Akademie in Bayern im Februar 1992 eine "vertiefende Reflexion" für ratsam, weil sonst "das Neue der biblischen Religion gegenüber der Welt der Mythen nicht deutlich genug sichtbar wird." (Vgl. Salzburger Nachrichten vom 24.2.1992)

Die Unterbewertung des Kognitiven

Es ist zu beachten, daß auch das Kognitive zum Glauben zählt (fides quaerens intellectum) und daß sich der Glaube mit seinem sacrificium intellectus nicht durch Erklärungen mit Hilfe von Archetypen und Traumbildern - gleichsam über eine Hintertür - in "natürliche", ganz leicht verstehbare Deutungen wandeln darf. Sind nicht der "große Zulauf" und die Faszination, die von *E. Drewermann* ausgeht - und die er selbst als Beweis dafür ansieht, daß sein Weg dem modernen Menschen adäquate seelsorgliche Hilfe gibt -, doch auch eine Gefahr, es sich (allzu) leicht zu machen?

> "Gerade die von ihm eingemahnte 'Leidenschaft für den lebendigen Gott', in der es doch nicht um (objekthafte) Gotteserkenntnis, sondern zunächst um die lebendige Person (und Geschichte) des Christus in der Gestalt Jesu geht, fordert ein präzises und verantwortliches Reden und Denken - und keine theologische Agitation. Daß es sich bei Drewermanns Behauptung um eine solche Agitation handelt, liegt nicht nur in der verkürzten Redeweise seiner Polemik gegen die historisch-kritische Exegese und damit gegen rationale Theologie überhaupt, sondern darin, daß er (mit *S. Kierkegaard*, *R. Bultmann* u.v.a.) durch Existentialisierung der Offenbarung die Wahrheit des Heilsgeschehens (wieder einmal) auf den einzelnen hin derart privatisiert, daß die Authentizität individuellen Erfahrens wichtiger wird als der wahre Inhalt des Erfahrenen." (*A. Zottl* 1989, 162f.)
>
> "Verstehen, begreifen und begründen - das ist auch für den Glauben und für das Glauben nötig. Es sei denn, man meint, daß der Gott-in-Christus und sein Heil-für-uns-Menschen so geheimnis-los und so durchschaubar sind, daß sich alles ohnedies von selbst versteht. Wäre dies richtig, dann bräuchte der Glaube weder die Denkanstrengung des Menschen noch eine sprachliche Artikulation dessen, *was* nun geglaubt, gehofft und geliebt wird. Meint Drewermann wirklich, daß Gott und sein Heil so selbstverständlich sind, daß sich das präzise Nachdenken und 'Lehren' erübrigt? Passiert hier nicht eine noch tiefere Distanzlosigkeit und ein noch viel größerer Realitätsverlust als jener, den *Drewermann* einklagt?
>
> *Drewermann* hat recht: Christentum ist keine Lehre. Ebensogut könnte er sagen: Christentum ist nicht Kirche, ist nicht Sakrament, ist nicht Geschichte etc. Solche Redeweisen sind fundamentalistisch. Und sie sind ungenau. Sie täuschen Identität vor, wo es um das schlechthin Unverfügbare der Wahrheit in der verfügbaren Gestalt innerweltlicher Prozesse und um die Bedingtheit der menschlichen Lebenswelt geht. Das Problem ist freilich nicht neu - weder im Bereich der Metaphysik noch der Erkenntnistheorie noch in der Theologie. Muß man nicht festhalten, daß z.B. das 'Wort Gottes' der Bibel nur in einem abgeleiteten, sekundären Sinne 'Gottes Wort' ist? Denn: Das einzige, wirkliche 'Wort' ist nur 'der Sohn'! Ebenso muß gelten: Christentum ist keine Kirche, aber es lebt und wirkt nur als Kirche und als Sakrament. Christentum ist nicht Geschichte, aber es ist nur wirklich als Geschichte etc. So muß man eben auch sagen: Christentum *ist* keine Lehre, keine Tradition, keine Sprache etc., aber es ist lehrbar, es ist (vernünftig und argumentativ) verstehbar, weil es sonst gar nicht in die Geschichte und Kultur hinein zu vermitteln wäre. Eben wegen dieser Vermittlungs-Pflicht sind Versprachlichungen, vernünftige Distinktion und Ordnung, Einschränkung und Abgrenzung etc. vonnöten. Hier zeigt sich nochmals: Wer nur existentielle Betroffenheit oder atemlose Erschütterung will und wer meint auf argumentative Vernunft verzichten zu können, der liefert sich nicht nur der Irrationalität aus. Er wird zugleich welt-los. So gesehen gerät *Drewermanns* Attacke in bedenkliche Nähe zur Gnosis." (*A. Zottl* 1989, 170f.; *A. Zottl* belegt das Obige durch Anmerkungen, die wir aus Platzgründen hier nicht anführen können.)

3.4 Methodische und inhaltliche Vorbehalte

Die methodische Schlüsselfrage scheint zu sein, wie weit man "von einem Punkt aus", d.i. von der - im Letzten doch auch recht vieldeutigen - Tiefenpsychologie her so unterschiedliche Phänomene wie Märchen, Mythen, Zölibat, Ethos, Ordensleben etc. erklären kann, ohne in einseitigen Reduktionismus zu verfallen?

In den Diskussionen wurden folgende weitere Kritiken vorgebracht:

* *Drewermann* überschreite trotz gegenteiliger Versicherung die Kompetenzen der Psychotherapie und klammere trotz seiner Bemühung um positive Sicht der Geschlechtlichkeit das Leibliche des Menschen einschließlich dessen Sozialität und Eschatologie zu sehr aus.
* Die Schilderung des klerikalen Lebens, die *Drewermann* bietet, komme zwar in Romanen vor, sei aber heute in keinem Senimar und in keiner Ordensgemeinschaft mehr gegeben.
* *E. Drewermann* verabsolutiere nicht nur tiefenpsychologische Sichtweisen, er übersehe auch manche Erkenntnis, so etwa, daß mit der kleinkindlichen Prägung in der Familie keineswegs eine Lebensform abgeschlossen ist. Wir wissen heute, daß viele in Pubertät und Adoleszenz aus "Prägungen" ausbrechen.
* Die spirituelle, "gnadenhafte", theologische Dimension der geistlichen Berufe werde von *E. Drewermann* (zu) wenig erkannt; ebenso kämen die Gnadenlehre, die Kreuzestheologie, die Rechfertigungslehre zu wenig zu ihrem Recht.
* Kritisch sei zu fragen, ob der behauptete Zusammenhang von Trinitätslehre und archetypischer Trias von Vater, Mutter, Kind (1989b, 283) u.v.a. theologisch gerechtfertigt werden könne.
* Kritisch sei auch das Gottesbild zu hinterfragen, von dem *E. Drewermann* ausgeht, er faßt es so zusammen:

> "Ich glaube auf zwei Weisen an Gott. Ich glaube einmal daran, daß die Naturwissenschaften dabei sind, ein neues Bild auch des theologischen Denkens zu entwerfen. Sie machen die Notwendigkeit des Respekts vor einem sich selbst organisierenden System offenbar. Wir können vom Geist und von der Materie nicht mehr so sprechen, wie wir es im christlichen Abendland gewohnt waren. Wir erkennen, daß Geist eine Struktureigenschaft aller komplexen Systeme ist. Sinn stellt sich auf dem Weg der Evolution selber her. Gott ist in diesem Sinne etwas, das sich in der Welt und mit der Welt selber entfaltet. Das ist ein an den Pantheismus gemahnendes Konzept von hoher Poesie und Kreativität, auch von Weisheit, in dem das Zusammenleben des Menschen mit den Kreaturen an seiner Seite neu begriffen wird. Nach den achttausend Jahren Entwicklung seit dem Neolithikum, die den Menschen aus der Natur herausgelöst und im Menschen den Geist vom Körper abgetrennt hat, wird in Zukunft nur noch eine Religion glaubwürdig sein, die zwischen Mensch und Natur eine religiöse Sinnstiftung vornimmt und im Menschen Seele und Leib als zusammengehörende Einheit begreift; und es wird eine Religion sein, die sich nach außen nicht gewalttätig und exklusiv darstellt, sondern integrierend und dialogisch. Der zweite Punkt: Die Angst, die aufgebrochen ist dadurch, daß Menschen Individuen wurden, läßt sich niemals mehr verbannen. Sie gehört zu uns, ist Teil unserer Persönlichkeit und Freiheit, unserer Fähigkeit zur Selbstreflexion. Ich halte den Glauben an einen persönlichen Gott für ein dringendes Postulat als Antwort auf die menschliche Angst. Ich glaube, das meinte Jesus, als er uns den Mut

machen wollte, auf das Wasser zu treten und zu spüren, daß der Abgrund trägt, wenn man nur vertraut. Beide Gottesbilder - das des personalen Gottes und des systemtheoretisch-evolutiv sich entfaltenen Geistes - sind antithetisch. Aber ich halte es für möglich, daß die alte christliche Trinitätslehre fähig ist, solche Polaritäten miteinander zu verbinden." (Interview mit *J. Altwegg* in der Frankfurter Allgemeinen Zeitung vom 3.5.1991)

Hier wäre dogmatisch noch vieles abzuklären.

3.5 Positive Stimmen

Gegen seine Kritiker findet *E. Drewermann* Verteidiger, die aus unterschiedlichen Motiven für ihn Stellung nehmen. Den einen kommt die Kirchenkritik gerade recht, andere verweisen darauf, daß Vorwürfe, die heute gegen ihn gerichtet werden, schon vor Jahrzehnten im Bibel/Babel-Streit zu hören waren und nicht neu sind. (Vgl. *P.P. Kaspar* 1990, 339-343.)

H. Stehle fragt in "Die Zeit" Nr. 43 vom 18.10.1991, ob es der Würde der Kirche entspreche, das Heil in Disziplinarmaßnahmen zu suchen. Allerdings räumt *Stehle* ein,

> "...daß man es einer religiösen Institution schwerlich verargen kann, wenn sie einem Lehrer, der sich nicht oder nicht mehr mit ihr identifiziert, das Recht abspricht, in ihrem Namen zu lehren. Zwar sollten Klugheit, wenn nicht Nächstenliebe gebieten, die Toleranz für die Meinungsvielfalt nicht zu engherzig zu handhaben - zumal dort, wo akademische Freiheit auch der theologischen Nachdenklichkeit zugute kommt."

Dessen ungeachtet wird auch eine wohlwollende Beurteilung nicht übersehen dürfen, wie weit sich *Drewermann* in seinen Schriften oft vom traditionellen Selbstverständnis des katholischen Christentums entfernt.

Sachliche Kritik und objektive Diskussion wird oft belastet, dadurch daß

* die Medien in ihren Berichten häufig mit *E. Drewermann* sympathisieren, in Diktion und Wortwahl bis zur Kameraführung dessen "Rolle" als "Märtyrer" unterstreichen und so bisweilen eher Emotionen denn die Urteilskraft wecken;
* *Drewermann* selbst in (Fernseh-)Diskussionen gerne die Sprachebene wechselt und den wissenschaftlich nicht entsprechend Vorgebildeten das Zurechtfinden in der eigentlichen Problematik so erschwert. (Beispiel: Diskussion *E. Drewermann - Bischof W. Kasper* am 6.2.1992 im ZDF; dazu eine Stellungnahme *P. Schilders* in der Frankfurter Allgemeinen Zeitung vom 8.2.1992.)

Richtig sieht *E. Drewermann* vieles, das er kritisch vorbringt:

* die Bedeutung des Unbewußten nicht nur für die Religion, sondern für das Leben des Menschen an sich;
* damit verbunden die Bedeutung des Emotionalen und eine "Erkenntnis" der Grenzen rein rationaler Bemühungen im Bereich des Glaubens;
* die Notwendigkeit, in Verkündigung und Seelsorge die Brücken zwischen den tradierten Glaubenstexten und den korrespondierenden Erfahrungen, den inneren, in der Menschenseele ruhenden "Bildern" nicht zu übersehen;

* die Ablehnung und Eliminierung von Leerformeln, die zur Sterilität von Theologie und Predigt führen. (Vgl. *A. Zottl* 1989, 165)

Positiv zu werten hat man *Drewermanns* fast prophetisch anmutendes Aufmerksammachen, daß der Glaube "von innen her" plausibel zu machen sei. Er beklagt - nicht immer zu Unrecht - "die Hierarchisierung des Lebens in der katholischen Kirche" und "die Entwertung des Glaubens zu einer erfahrungslosen Lehre". (*E. Drewermann* 1989b, 39)

Die bislang gründlichsten Auseinandersetzungen leisteten *G. Lohfink* (1987), *A. Görres - W. Kasper* (1988) und jüngst *G. Fehrenbacher* (1991).

G. Fehrenbacher führt zunächst in den Grundansatz der *Drewermann'schen* Methode ein, durch tiefenpsychologische Betrachtung einen erweiterten Zugang zu religiösen Texten zu finden. Fundiert sieht er die tiefenpsychologische Schriftauslegung a) anthropologisch (Erfahrung von Krankheit und Heilung); b) theologisch (Zusammenschau von exegetischer, psychoanalytischer, philosophischer Deutung - *Kant*, *Hegel*, *Sartre*) und c) philosophisch (Deutung nach *Kierkegaard*; Angst, Verzweiflung, Glaube, Schuld). (*G. Fehrenbacher* 1991, 17-130) In einem zweiten Teil sucht *G. Fehrenbacher* die Logik dieses hermeneutischen Neuansatzes in zwei Aspekten zu fassen: a) der eine Gott und die Götter der Mythen; b) Interpretation mythennaher Texte innerhalb der biblischen Überlieferung. (*G. Fehrenbacher* 1991, 131-174)

Der umfangreiche dritte Teil setzt sich kritisch mit vier Problemen auseinander, vor die *Drewermann* seine Leser stellt: Die Pragmatik *Drewermanns*, der Stellenwert seiner historischen Kritik (Aufhebung des Geschichtlichen, *Freuds* Traumtheorie und die historische Frage), der Stellenwert tiefenpsychologischer Aussagen, vor allem die Frage nach dem Universalschlüssel "Traumpsychologie" und "Angst". Schließlich und endlich untersucht *G. Fehrenbacher* noch den Stellenwert theologischer Aussagen und die Frage des Zusammenhangs von Selbstfindung und Gottesfindung. Er kommt dabei zu Anfragen an *E. Drewermann*, die zum Teil auch schon von anderen Autoren in umfangreichen Rezensionen geäußert wurden. *Drewermann* verbinde seine Auffassung von Theologie und die von ihm angestrebte Pragmatik mit dem Hinweis auf die Botschaft Jesu, der in Gleichnissen spreche, die die einzig wirkliche gewaltfreie Form der Lehre seien. *E. Drewermann* konzentriere sich auf den therapeutischen Aspekt der religiösen Überlieferung. Er ziele vor allem auf Lebenshilfe, beanspruche aber gerade damit auch eine umfassende Gültigkeit seines Ansatzes. (*G. Fehrenbacher* 1991, 181) Dies eröffne selbstverständlich eine Reihe von Fragen, etwa ob dadurch nicht wichtige Aspekte der überlieferten Texte und gegenwärtiger Probleme ausgeblendet werden und eine "bleibend gültige" Dimension der biblischen Texte aus dem Blick gerät.

Ein weiteres Problem sieht *G. Fehrenbacher* in der "Selbstbezüglichkeit des Denkens" *E. Drewermanns*: "... die Register und Anmerkungen in seinen Publikationen seit 1980 zeigen: Der Autor, der am häufigsten zitiert wird und die meisten Thesen begründet, ist Drewermann selbst." (*G. Fehrenbacher* 1991, 182) Die Begründung *E. Drewermanns*, daß im Bereich des Religiösen und Existentiellen die symbolische Sprechweise Priorität gegenüber allen historischen und kritischen Methoden habe, beruht auf "einer ebenso voraussetzungsreichen wie problematischen psychoanalytischen Argumentation". (*G. Fehrenbacher* 1991, 191) Es geht um die Traumtheorie *Freuds*, die ja keineswegs als unangefochten und wissenschaftlich gesichert angesehen werden kann. In der Rückführung auf die tiefenpsychologischen Schlüsselbegriffe "Traumdeutung" und "Angst" erkennt *G. Fehrenbacher* eine Reihe von positiven Ansätzen, er erkennt aber auch, daß in manchen Bereichen *E. Drewermann* über *C.G. Jung* hinausgeht und das, was *L. Binswanger* "Daseinsangst" nennt, auf empirisch faßbare Angst reduziert.

Auf weitere einschlägige positive und negative Fragen *G. Fehrenbachers* gehen wir hier nicht ein, weil sie den zur Verfügung stehenden Raum sprengen würden.

In einem letzten Abschnitt behandelt *G. Fehrenbacher* die theologische Problematik des Werkes *Drewermanns*. Nach *Drewermann* ereigne sich "Offenbarung" Gottes in der Einheit (und Differenz!) von Gottfindung und Selbstfindung. Daß man alle einschlägigen Implikationen nicht so einfachhin abtun kann, macht *G. Fehrenbacher* bewußt, wenn er die Zusammenhänge *E. Drewermanns* mit Traditionen vergleicht, die auf *S. Kierkegaard* zurückgehen. Darüberhinaus macht *G. Fehrenbacher* mit Recht darauf aufmerksam, daß *Drewermann* im Gebrauch der archetypischen Bilder einer unzulänglichen Alternative verhaftet bleibt. Wenn *E. Drewermann* diese Bilder sehr stark als "in sich" christlich verstehe, so stimme das einfach nicht. "Diese Bilder sind weder christlich noch heidnisch - sie werden erst in einer bestimmten Interpretation als solche qualifiziert." (*G. Fehrenbacher* 1991, 222) *Drewermann* erkenne dies zwar an einigen Stellen. Er nimmt das Anliegen aber sicher zu wenig ernst.

Das Grundanliegen der trotz vieler Fragen letztlich doch positiven Kritik *G. Fehrenbachers* kommt in folgenden Sätzen zum Ausdruck:

> "Es wäre freilich verfehlt, aus dieser Diskussion offener Fragen zu schließen, das theologische Grundanliegen *Drewermanns* sei unklar oder gar widersprüchlich. Mit dem Hinweis auf tatsächliche oder vermeintliche Probleme wollte ich vielmehr die allzu einfache Alternative eines 'ENTWEDER - ODER' überwinden. Meine Fragen sind gedacht als Teil eines Gesprächs und gehören zu dem Versuch, *Drewermann* zu verstehen. Dieses Gespräch bleibt notwendig angesichts der immer noch wachsenden Bedeutung seines theologischen Entwurfes, in dem Form und Inhalt der christlichen Botschaft nicht mehr beziehungslos nebeneinander gedacht werden. Daß jeder Mensch erwünscht ist, wird für *Drewermann* zur Grundlage einer christlichen Theologie. Konkret heißt das: Jeder Mensch kann absichtslos in seinem Suchen und auch in seinem Scheitern ernst genommen und begleitet werden." (*G. Fehrenbacher* 1991, 223)

Darin liegt wohl eine der Wurzeln der Faszination, die *E. Drewermann* auf viele Zeitgenossen ausübt. Da aber Faszination und ein "Ankommen" bei den Lesern kein Kriterium für die Richtigkeit von Aussagen sind, verbleiben zahlreiche offene Fragen und kritische Reserven, auch wenn man *Drewermanns* Bemühen um die Menschen anerkennt und ernst nimmt.

4. Religionspädagogische Konsequenzen

E. Drewermanns Thesen und Publikationen kommen heute im Religionsunterricht und in der Erwachsenenbildung vor allem dann zur Sprache, wenn der "Fall Drewermann" in den Medien diskutiert wird oder *E. Drewermann* selbst im Fernsehen auftritt. Auch dafür müssen Religionslehrer und Seelsorger durch ein Mindestmaß an Wissen und Information gerüstet sein.

Auf Methoden oder Inhalte der Katechese und Pastoral übt das umfangreiche Werk *Drewermanns* zur Zeit noch keinen *direkten* Einfluß aus.

Es scheint dennoch nützlich, wenn Religionslehrer und Katecheten sich kritisch mit dem durch *E. Drewermann* vertretenen Anliegen auseinandersetzen. Es dürfte für lange Zeit Diskussionsgegenstand bleiben.

Anhang

Hinweis: Die klassische Religionskritik der Psychoanalyse lebt heute in einer neuen Weise im weit verbreiteten Buch des Psychoanalytikers *T. Moser* (1976) auf. Mit Bewilligung der Christlich-pädagogischen Blätter fügen wir die Auseinandersetzung des verewigten Münsteraner Religionspädagogen *A. Exeler* (CpB 92[1979]2, 76-88) mit dieser Religionskritik an. Sie ist zugleich ein Modellfall für den Stil und den Geist, in dem man heute an kritische Publikationen herangehen sollte.

Adolf Exeler: Fehlformen religiöser Erziehung und Sozialisation Anfragen an Pastoral und Religionspädagogik

Der Wirbel um das Buch von Tilmann Moser "Gottesvergiftung"[1] ist vorüber. Dennoch sind manche der Anfragen, die in diesem Buch laut werden, bleibend wichtig Darum erscheint es angebracht, nun aus einigem Abstand mehr die grundsätzlich gemeinte Sache als die aktuelle Form der Anfragen in den Blick zu fassen.[2] Ich vertrete die These, daß wir anhand dieses Buches manches erkennen können, was am landläufigen christli-

(1) Suhrkamp-Verlag, Frankfurt am Main 1976. Tilmann Moser ist Mitscherlich-Schüler und Psychoanalytiker. Er will sich in seinem Buch von der Gottesvergiftung befreien, die er durch seine Erziehung in Familie, Kirche und durch die Bibel erfahren habe. In einer "Abrechnung mit Gott" wirft Tilmann dem Gott seiner gequälten Jugend vor, ein eifersüchtiger und grausamer Gott zu sein, der den Menschen seiner Freiheit beraubt, ihn abhängig macht, seine Liebesfähigkeit beschneidet, usw.
Das Buch stellt so einen der letzten Höhepunkte einer psycho-analytischen Kritik an der Religion und religiöser Erziehung dar. Die Überlegungen von A. Exeler haben über die Auseinandersetzung mit dem Buch hinaus Bedeutung als eine der gründlichsten Auseinandersetzungen mit der psychoanalytischen Religionskritik. Wir danken dem Verfasser für die Ermöglichung des Abdrucks dieser Studie, die erstmalig in der Pastoralzeitschrift für die Diözese Münster "Unsre Seelsorge", Jahrgang 1978, erschienen ist (Anm. der Schriftleitung).

(2) Eine grundsätzliche Grenze dieses Buches soll nicht übersehen werden: In diesem Buch werden nicht so sehr die Probleme der jetzigen jüngeren Generation behandelt als vielmehr die der mittleren. Aber es ist klar, daß gerade die mittlere Generation entscheidend ist für die religiöse Erziehung der nachfolgenden. Außerdem geht es weiterhin um Grundfragen, die zeitunabhängig bedeutungsvoll sind.

chen Glauben - vielleicht sogar an unserem eigenen - schief, bedenklich und gefährlich ist. Dieses Schiefe und Bedenkliche kann wohl in vielen Fällen kaum als "Gottesvergiftung" bezeichnet werden; aber man muß doch ernstlich mit der Möglichkeit rechnen, daß durch solche Schiefheiten und Bedenklichkeiten manches Menschenleben erheblich beeinträchtigt und geschädigt wurde, statt zu seinem Eigenen freigesetzt und gefördert zu werden.

Wer die Anklagen, die in diesem Buch enthalten sind, ohne voreilige Gegenwehr in aller Ruhe zu Wort kommen läßt, kann von diesem Buch im positiven Sinne starke Anregungen empfangen, weil sich am Falschen oft besonders leicht und scharf aufzeigen läßt, wie denn das Richtige aussehen könnte und sollte.

Es geht mir bei den folgenden Überlegungen nicht um den "Fall Moser", sondern um die allgemeinen Realitäten religiöser Erziehung, und hier möchte ich die Anklagen Mosers in dem Sinne aufgreifen, daß ich sie auf zwei Sätze konzentriere, die im folgenden näher erläutert werden sollen:

1. *Es gibt eine Religion (und eine entsprechende religiöse Erziehung), die sich gegen den Menschen wendet, statt ihn zu fördern.*
2. *Es gibt eine Religion (und eine religiöse Erziehung), die wegen eines schiefen Glaubensbewußtseins deutlich feststellbare schädliche Auswirkungen hat.*

Die einzelnen Punkte sollen jeweils so behandelt werden, daß in einem Abschnitt a) die Anklage Mosers zur Sprache gebracht wird, in einem Abschnitt b) dagegen die Anfrage, die sich daraus für Pastoral und Religionspädagogik ergibt.

I. Religion, die sich gegen den Menschen wendet

1. Religion, die zur Verkrümmung des Menschen führt

a) Die Anklage

Für Moser - wie für viele Zeitgenossen - ist religiöse Erziehung überhaupt eine problematische Angelegenheit. Er erklärt sehr aggressiv, indem er in dem ganzen Buch fortwährend den Gott anredet, an den er nicht glaubt[3]: "Es ist ungeheuerlich, wenn Eltern zum Zwecke

(3) Zur Sprachform dieses Buches ist zu sagen: Der Autor spricht Gott an, um ihn sozusagen "totzubeten". "Um zu überleben, mußte dieser Mann seinen Gott töten, ihn zu einem riesigen Monstrum aufblasen und dann zerplatzen lassen." (Lothar BAIER in: FAZ 14.9.1976) - MOSER hält es für nötig, Zeugnis abzulegen gegen diesen Gott, der sein Leben vergiftet hat. "Zeugnis für dich habe ich oft genug ablegen müssen, oft unter demütigenden, aber stolz ertragenen Bedingungen; jetzt lege ich Zeugnis gegen dich ab, warum sollte ich das Unheil, das du in mir angerichtet hast, verschweigen?" (64) Weil sich dieser Gott so tief in ihn eingenistet hat, hält er es für nötig, ihn mit aller Aggressivität zu attackieren, selbst wenn es ihn - nach seiner Meinung - gar nicht gibt (vgl. 45). - Der Psychotherapeut Albert Görres weist darauf hin, daß Moser die direkte Anrede Gottes wohl weniger von literarischen Vorlagen entlehnt habe (Hiob, Augustinus' "Bekenntnisse" oder Goethes "Prometheus"); sie entstamme wohl eher der von Arthur Janov entwickelten

der Erziehung mit dir paktieren, dich zu Hilfe nehmen bei der Einschüchterung wie bei der Vermittlung fiktiver Geborgenheit. Es ist genauso ungeheuerlich, wie wenn dich Herrschende zu Hilfe nehmen bei der Knechtung ihrer Völker. Aber deine Geschichte ist ja nichts anderes als die Geschichte deines Mißbrauchs. Du bist ein Geschöpf des Mißbrauchs menschlicher Gefühle. Ich weiß, das haben dir inzwischen viele gesagt, ich will es trotzdem noch einmal vor dich hinschleudern, weil ich weiß, wie viele gleich mir noch immer an dir leiden. Für viele meiner Generation bist du jedenfalls immer noch die Quelle gebrochener Unterwürfigkeit und quälender Selbstzweifel, auch wenn sie es schon gar nicht mehr wissen." (46f)

Moser bezeichnet Gott als das große Gift, das sein Leben verdorben hat. Wiederum spricht er ihn an: "Du hausest in mir wie ein Gift, von dem sich der Körper nie befreien könnte." (9f) "Du bist in mich eingedrungen wie eine schwer heilbare Krankheit, als mein Körper und meine Seele klein waren"(10) "Ich habe unter niemandem so gelitten in meinem Leben wie unter deiner mir aufgezwungen Existenz." (11) Alles in seinem familiären Milieu war, wie er sagt, von Gott vergiftet. "Nicht nur habe ich, solange die Erinnerung zurückreicht, kaum Nahrung zu mir genommen, ohne daß darüber gebetet worden wäre. Vor allem hat das Gift die seelische Nahrung getränkt. Du warst das permanente Zusatzangebot im Lächeln der Eltern, in ihren Sorgen, und die waren riesig. Soweit ich das Menschliche, Zugewandte, Hoffnungsvolle der Eltern erfassen wollte, mußte ich dich mitessen und mittrinken, weil sie schon abgespeist worden waren mit dir oder dem Dienst an dir... Jede Nähe und Intimität war gottesverseucht..." (29f.)

Moser ist froh, daß er inzwischen widerstandsfähiger geworden ist gegenüber den "Spätfolgen deiner Herrschaft". Denn er hat angefangen, Gott "mühsam zu durchschauen" (44).

b) Die Anfrage

Was ist zu diesen massiven Anklagen - auch unabhängig vom "Fall Moser" - zu sagen? In diesem Abschnitt soll noch nicht erörtert werden, wie denn solche Fehlentwicklungen zu vermeiden wären. Es geht vielmehr zunächst um die Frage, ob es sie in einer größeren Allgemeinheit (also nicht nur im "Fall Moser") gibt. Und hier beginne ich zunächst wieder mit einer Behauptung: Es gibt tatsächlich Religion, die sich gegen den Menschen wendet, statt ihn zu fördern. Es gibt eine religiöse Erziehung, die sich auf die Entwicklung und damit auf die ganze Biographie von Menschen verheerend auswirkt. Damit ist natürlich noch gar nichts gesagt über die Häufigkeit dieses Phänomens; es dürfte schwer sein, darüber zuverlässige Angaben zu bekommen. Aber es ist ja schon schlimm genug, daß es überhaupt eine ganze Reihe von Menschen gibt, die tatsächlich durch religiöse

---

"Primartherapie". In dieser Therapie "löst das direkte laute Ansprechen der Eltern, als wären sie jetzt und hier gegenwärtig, unerwartete Erschütterungen aus". Oft werde dabei auch die Anrede der Eltern überschritten, und die Patienten gingen über zur Anrede, meist zur wütenden Anklage Gottes. Albert Görres, Die Gotteskrankeit. Religion als Ursache seelischer Fehlentwicklung, in: Wolfgang BÖHME (Hg.), Ist Gott grausam? Eine Stellungnahme zu Tilmann Mosers "Gottesvergiftung", Stuttgart 1977 - ein lesenswertes Buch.

Erziehung in ihrer menschlichen Entwicklung ernstlich behindert worden sind. Zwar läßt sich grundsätzlich behaupten und vertreten, daß der Mensch zu kurz kommt, wenn ihm nicht eine religiöse Erziehung zuteil wird. Aber faktisch gilt leider oft - auf Grund von Entartungen der Religion - das Entgegengesetzte: Menschen kommen gerade dadurch zu kurz, daß sie religiös erzogen werden. Nur allzuoft führt nämlich die faktische religiöse Erziehung zu einer Art reduzierter Existenz: Einengung, Drosselung der vitalen Kräfte, Belastung durch Schuldgefühle, Behinderung der Kräfte, die auf Eroberung und Gestaltung drängen...; die Liste der reduzierenden Wirkungen, die leider faktisch oft festzustellen sind, ließe sich leicht verlängern. Von seinem Ansatz her ist christlicher Glaube zwar ganz und gar dazu angetan, den Menschen in der Entfaltung seines Menschseins zu fördern; die Praxis aber sieht oft anders aus. Es ist angebracht, den Vorwurf Mosers und die damit gegebene Anfrage an unsere religiöse Erziehung genauer zu verfolgen, und dann zeigen sich vor allem zwei weitere Vorwürfe:

3. *Der Gott, den Moser vermittelt bekam, hindert den Menschen, sich selbst zu finden.*
4. *Er hindert ihn auch, sich den Mitmenschen zuzuwenden.*

Auch diese beiden Momente sollen genauer verfolgt werden.

2. Ein Gott, der den Menschen hindert, sich selbst zu finden

a) Die Anklage

Moser wird nach seiner Meinung erst selbstbewußt, als er anfängt, sich gegen diesen Gott zu wehren: "Für mich warst du die personifizierte Lebensfeindlichkeit, und nur mein Trotz gegen dich... hat mich gerettet." (22) "Ich habe dir so schreckliche Opfer gebracht an Fröhlichkeit, Freude an mir und anderen..." (10), "du Konkursverwalter der Liebe, des Unglücks, der mißlingenden Menschlichkeit" (12). "Du hast mir so gründlich die Gewißheit geraubt, mich jemals in Ordnung fühlen zu dürfen, mich mit dir auszusöhnen, mich o.k. finden zu können." (17)

Er hat den Widerstand gegen Gott nötig, um er selbst zu werden, um ein wirklich freier Mensch zu sein. Er ist erst frei ohne Gott. "Jetzt, da ich dir nachgehe in den Schlupfwinkeln meiner Seele, merke ich, ich kann erst frei sein, wenn ich es ganz ertragen kann, von dir nicht geliebt zu werden, selbst wenn es dich gar nicht gibt. Solange du in meiner inneren Struktur lebendig bist, werden auch Menschen die Macht haben, mich in jenes Gefühl des Verworfenseins zu stürzen." (45)

Er wirft Gott vor: "Von dir geht eine Lähmung aller Initiativen aus, ein Gefühl von Vergeblichkeit allen irdischen Tuns." (56) Seine Grundgefühle gegenüber Gott sind Wut und Trauer: "Wut über die jahrzehntelange Täuschung, die Qualen, die Zweifel, die vergeblichen Hoffnungen; Wut über die Beschämung, die mich überkommt, sobald ich mir vergegenwärtige, daß ich wie ein Bettler hinter dir hergelaufen bin, mich selbst verleugnet habe. So wie du es mit mir getan hast, könnte ein Mensch den anderen gar nicht zum Narren halten." (79) "Du warst wie eine Person, der gegenüber Erwachsenwerden wie Sünde erschien, weil Einfalt und Infantilität dir doch das liebste sind." (90) Alle Sehnsüchte des Menschen werden von diesem Gott okkupiert. "Dein Angebot ist ausgerichtet auf die tiefsten, unerfüllt gebliebenen Sehnsüchte der Menschen." (43)

Die entsprechende Frömmigkeit verursachte Wirklichkeitsferne, und dies tröstete über die Armseligkeit des Daseins hinweg. "...darin hast du es leicht gehabt, ich meine: im Beiseiteschieben der Wirklichkeit. Meine Familie hat nie viel von der irdischen Realität verstanden,

noch weniger davon, irdische Realität zu beherrschen oder auch nur sie zu beeinflussen... Du hättest gar nicht so in mir Fuß fassen können ohne die soziale Ohnmacht der Familie. Es gab kaum ein Gegengewicht gegen dich, du warst die Gegenwelt, die so viel Unverstandenes verständlich und erträglich macht." (54)
Moser illustriert diese Wirklichkeitsferne und die damit zugleich verbundene Tröstung an einer ganzen Serie von Kirchenliedern wie auch an Bibeltexten, die ihm in typisch pietistischer, individualistischer und sehr verinnerlichter Interpretation vermittelt wurde: "Im Gesangbuch wie in der Bibel fällt mir inzwischen auf, wie genau du die narzißtischen Sehnsüchte deiner Gläubigen erfaßt hast, die um so stärker sind, je miserabler ihre reale Umwelt war. Doch ebenso sind die Gefühle der Verlorenheit, die Sehnsucht nach Führung, Versorgung, ja Fütterung, Tränkung, Schutz und Beschenktwerden angesprochen, ein Katalog frühelterlicher Funktionen, die du alle natürlich viel besser ausfüllen kannst als sie, vorausgesetzt, der Empfänger ist 'einfältig und reinen Herzens'..." (85)
Die Ironie ist hier nicht zu überhören. Der Aufruf Jesu zur Einfalt und zur Reinheit des Herzens, ursprünglich gemeint als eine starke Angelegenheit, als Klarheit und Lauterkeit und ungebrochene Kraft, ist hier infantil umgebogen. Tatsächlich kann Moser an der gängigen Frömmigkeit eine ganze Reihe peinlicher infantiler Verengungen aufweisen. Und gerade diese haben zur Folge, daß der Mensch durch solche Religion und eine entsprechende Erziehung daran gehindert wird, zu sich selbst zu kommen. Solche Frömmigkeit hindert ihn daran, erwachsen zu werden. Das Singen dieser Kirchenlieder bringt den jungen Mann in einen Zwiespalt. Nur wenn er mitsingt, kann er Geborgenheit erleben; aber nur wenn er trotzig schweigt, kann er seine Selbstachtung wahren. "Wollte ich überhaupt Gefühle von Geborgenheit, Sicherheit und Übereinstimmung erleben, so mußte ich singen und glauben, wollte ich die Selbstachtung wahren, so mußte ich trotzig schweigen und mich in die Verachtung der Brüder und Schwestern retten." (74)

b) Die Anfrage

Ich meine, daß dies gar nicht so selten anzutreffen ist: Vermittlung eines ständigen Schuldgefühls, das dem Menschen niemals erlaubt, sich o.k. zu fühlen; damit verbunden eine starke Lähmung der Initiative, weil ja die Gefahren der Sünde sich in dem Maße mehren, wie man Initiativen ergreift. Ich meine, es gäbe jene durch falsche religiöse Innerlichkeit verursachte Wirklichkeitsferne, die zwar Trost vermittelt, aber gleichzeitig unfähig macht, mit den harten Realitäten in nüchterner Auseinandersetzung zurechtzukommen. Ich meine, daß es jene narzißtische, selbstbezogene Frömmigkeit gibt, die den Menschen in Infantilität festhält, statt ihn darauf hinzudrängen, ein erwachsener selbständiger Mensch zu werden. - Und was manche Kirchenlieder angeht: Wer hätte es nicht - vor allem als junger Mensch - bei sich selbst erlebt, daß es Lieder gibt, mit denen er sich mit dem besten Willen nicht identifizieren kann, bei denen er sich gezwungen sah, zu schweigen, wenn er nicht charakterlos handeln wollte? Aber wer hätte dabei nicht gleichzeitig das Gefühl gehabt, sich damit außerhalb der feiernden Gemeinde zu begeben, jedenfalls in Spannung zu ihr zu treten?

3. Ein Gott, der den Menschen hindert, sich den Mitmenschen zuzuwenden

a) Die Anklage

Moser behauptet, die "Gottesvergiftung" habe ihn am sozialen Kontakt gehindert: "Ich habe es kaum geschafft, einem Menschen gerecht zu werden." Die Religiosität, die ihm vermittelt wurde, führte dazu, nicht nur sich selbst, sondern auch die anderen Menschen gering zu schätzen. "Dein unbewußt in mir gebliebenes Bild hat alle verkleinert, verächtlich gemacht. Weil du ein ewiger Nörgler an mir warst, wurde ich zum Nörgler an den anderen." Zehn Jahre lang habe ich "die Menschen, denen ich begegnete, neben deinem Bild als schäbige Zwerge gesehen". (35) "Kein noch so freundliches Lächeln einer Frau oder eines Freundes ist an deine Macht über mich herangekommen." (35f.) Der Selbsthaß, der jungen Menschen in der Pubertät und in der Adoleszenz naturgemäß naheliegt, wurde bei Moser durch Religion verstärkt: "Du hast meinen Selbshaß verwaltet und ausgebeutet, sodaß ich keinem Menschen glauben konnte, wenn er sagte, er liebe mich. Ich ... dachte verächtlich über den Versuch, mich zu lieben. Genaugenommen war ich jahrelang auf eine zynisch-bittere Weise gerührt, wenn sich die Zuneigung einer Frau deinem göttlichen Wissen um meine Wertlosigkeit entgegenstellen wollte. Du hast einen schlimmen Mechanismus der Zerstörung von Zuneigung in mir in Gang gehalten. Fing jemand an, mich zu mögen, lieferte er mir nichts anderes als den Beweis *seiner* Wertlosigkeit." (36f.)

Die Gottesvergiftung sitzt nach seiner Meinung deshalb so tief, weil in der Erziehung die Angewiesenheit auf Gott einseitig betont wurde. Dadurch wurde bewirkt, "daß man das Leben ohne dich nicht auszuhalten glaubt". Die Angewiesenheit auf Gott aber verdeckt dann die Angewiesenheit auf die Menschen. Gott wird immer wieder als "das Fundament des Lebens" angepriesen. Demgegenüber erscheinen die Menschen völlig unwichtig. "Du hast mich dadurch von dem Versuch abgehalten, das Heil bei den Menschen zu finden, die mir vielleicht hätten helfen können." (40)

Dieser Gott bannt zwar die Ängste; aber er mindert die zwischenmenschliche Solidarität, das Gefühl der Zusammengehörigkeit. Die Kirchenlieder, die seine Eltern und seine Gemeinde sangen, vermochten, wie wir vorher schon sahen, Kinderängste zu bannen oder zu mildern; aber zugleich hinderte dies die Menschen daran, sich einander zuzuwenden. Man konnte sich einander nur zuwenden auf dem Weg über Gott. "Im Grunde hattest du also unser aller Seelen gepachtet, so daß wir ohne dich einander keine Gefühle mitteilen konnten... Die Erfahrung war eben, daß ein wirkliches Zusammengehören nur durch den Umweg über dich möglich war, und da dieses Gefühl des Zusammengehörens unentbehrlich war, wurdest auch du unentbehrlich." (60f.)

Dasselbe kommt an einer anderen Stelle des Buches noch stärker zum Ausdruck: "Deine Schrift wie deine Lieder sprechen in subtiler Weise alle Kinderängste und -sehnsüchte an, selbst die noch unerforschten, und um so stärker, je weniger sie bei realen Menschen einen Widerhall finden. Ich will dir also sagen, obwohl es dir schon oft gesagt worden ist; je mehr du von Menschen verehrt oder gefürchtet wirst, desto weniger war ihr frühes Beziehungsleben in Ordnung... Man braucht nur die Liedtexte genauer zu studieren, daran erkennt man, daß sie sämtliche in der Psychoanalyse bisher bekanntgewordene Übertragungsformen, einschließlich der narzißtischen wie der psychotischen, enthalten." (82f.)

Moser erlebt an seiner Mutter, daß sie ihre eigentlichen Probleme nicht mit ihrem Mann bespricht, sondern mit Gott. (88) Die "Gottesvergiftung" der Eltern bewirkte, "daß es Menschlichkeit nur von dir durchtränkt und deformiert gab, bis zur Unkenntlichkeit indirekt und vom freien Austausch der Gefühle weit weg stilisiert." (ebd.) Die Bedürfnisse, statt im

zwischenmenschlichen Kontakt zu reifen, werden "auf ihn übertragen" (89). "Selbst im Lied noch wurde suggeriert, daß man sich in seelischer Not nicht an Menschen wenden soll, sondern an dich, weil du der oberste Kummerverwalter sein wolltest. Denn die Kummerverwaltung machte den größten Teil deiner Existenz aus." (92)
Moser versucht, von Gott loszukommen, um sich endlich Menschen zuwenden zu können. Hier werden seine Äußerungen sehr bitter; gegen Schluß des Buches wird das Bild eines sadistischen Gottes gezeichnet, der sein Wohlgefallen hat an der Qual der Menschen. Moser formulierte: "Ich versuche, dir dieses Gottesgeschenk der seelischen Erkrankung zurückzugeben. Ich habe darunter gelitten, so gut es mir möglich war, und du hattest dein Wohlgefallen daran. Du mußt dir jetzt andere zur Wohnung suchen, weil ich ohne den ungebetenen Gast weiterleben möchte und meinen inneren Raum vielleicht für Menschen brauche, denen ich, *neben dir und mir*, zu wenig Platz gelassen habe." (98) "Und was du für dich an wunderbaren Eigenschaften gepachtet hattest, werde ich bei den Menschen wiederfinden. Wenn ich in manche Gesichter sehe, empfinde ich keinen Verlust mehr, und menschliche Gesichter werden deines ersetzen, weil deines unmenschlich war. Meine Augen lernen sehen, seit du mir nicht mehr den Horizont verdunkelst." (100f.)
Es klingt wie eine Zusammenfassung aller Anklagen, wenn Moser zum Schluß des Buches sagt: "Dich überstanden zu haben gibt mir Selbstbewußtsein; von der riesigen Krücke nicht erschlagen worden zu sein, ein Gefühl von Kraft. Zutrauen werde ich nie mehr zu dir haben können." (100)

b) Die Anfrage

Alle diese Anklagen sind Anfragen an die religiöse Erziehung: Vermittelt sie einen Gott, der den Menschen sich selbst finden läßt und der ihn dazu anregt, in Reife und Selbständigkeit sich anderen Menschen zuzuwenden? Alles, was durch religiöse Erziehung und Sozialisation an Gutem bewirkt werden soll, ist in der Erfahrung Mosers geradezu auf den Kopf gestellt. An sich sollte der Mensch auf Grund seines Glaubens zur persönlichen Reife kommen und den Realitäten des Lebens begegnen können; an sich sollte er aus dem Glauben die Kraft gewinnen, sich anderen Menschen zuzuwenden. Aber faktisch ergab sich - jedenfalls für Moser - nur die gegenteilige Wirkung. Als Anfrage an die Religionspädagogik ist dies sehr ernstzunehmen. Denn religiöse Erziehung ist immer in Gefahr, das Kostbare, das ihr mit dem Evangelium von der Befreiung, von der Förderung der Menschen und von der Menschenfreundlichkeit Gottes anvertraut ist, zu verderben und seiner Wirkung nach ins *Gegenteil* zu verkehren.

Ich weiß nicht, ob es oft vorkommt, daß ein durch falsche religiöse Erziehung geförderter Selbsthaß junge Menschen dazu führt, auch andere Menschen gering zu schätzen, und daß infolgedessen durch eine solche Einstellung die sozialen Kontakte verhindert werden. Sicher ist aber, daß in manchen Formen religiöser Erziehung die Angewiesenheit des Menschen auf Gott und die Geborgenheit "allein in Gott" mit einem so schiefen Akzent versehen wird, daß dies die Menschen daran hindert, sich einander vertrauensvoll zuzuwenden, die gegenseitige Angewiesenheit der Menschen ehrlich zuzugeben und aus der gegenseitigen Zuwendung Kraft zu gewinnen. Ich meine, es sei gar nicht so selten, daß gläubige Eheleute zwar jeweils einzeln ihre Probleme mit Gott (im Gebet) und vielleicht auch mit einem Priester besprechen, daß sie es aber vernachlässigen, miteinander offen über ihre Probleme zu sprechen, einander zu "beichten".

Gewisse Formen von Frömmigkeit können Menschen, die aufeinander angewiesen sind, dazu verführen, sich voreinander zu verstecken.

II. Religiöse Erziehung aus schiefem Glauben

Angesichts der Anfragen, die das Büchlein Mosers aufwirft, muß *auch* inhaltlich-theologisch gefragt werden. Im Bereich der inhaltlich-theologischen Fragen erweist es sich m. E. als noch anregender, diesen Anklagen und Anfragen nachzugehen. Auf zahlreichen Gebieten religiöser Erziehung - an den frühkindlichen Gesprächen und Erzählungen, aus der Bibel und aus dem Bereich des Glaubens überhaupt, an Gebeten und Liedern - läßt sich - leider - aufzeigen, wie die ursprüngliche biblische Botschaft entstellende Akzente erhalten hat, die sich in pädagogischer Hinsicht verheerend auswirken. Man kann eine ganze Reihe der klassischen theologischen Traktate daraufhin durchgehen, und man wird an vielen Stellen auf solche Entartungen stoßen. Nur auf einige solcher schiefer Akzente soll hier hingewiesen werden. Was dabei zutage tritt, ist m. E. in einem sehr ernsten Sinn religionspädagogisch alarmierend; denn solchen Fehlformen kann man in der Tat auf Schritt und Tritt begegenen, in Spruchweisheiten, Bildern, Liedern, ja sogar in offiziellen Katechismen. Wenn man einmal hellhörig geworden ist für solche schiefen Akzente, stellt man fest, wie gehäuft und wie weitverbreitet sie auftreten.

1. Zum Gottesbild

a) Die Anklage

In Mosers Darstellung sticht zunächst eine schiefe Vorstellung der Glaubensaussage von der Allgegenwart Gottes in die Augen. Aus dem Gott, "in dem wir leben, uns bewegen und sind" (Apg 17,28) wird der big brother Orwells, der große Aufseher, der "mit Gedankenlesen beschäftigt" ist (Moser 13), der auf der Lauer liegt, um ausfindig zu machen, wo einzelne Menschen sündigen; aus dem gütigen Gott, der mit seiner Zuwendung und Menschenfreundlichkeit gegenwärtig ist, wird jenes mißtrauische Wesen, das genauestens alles Verhalten der Menschen kontrolliert.

Der großartige Psalm der Geborgenheit in der Gegenwart Gottes (139: "O Gott, du prüfst mich und du durchschaust mich, ob ich mich setze oder stehe, du weißt um mich") wird für Moser zum Psalm der ständigen Überwachung. Er sagt zu diesem Psalm: "Weißt du, wieviel Drohung und Unentrinnbarkeit unter der Oberfläche dieser Lobpreisung liegen?" (42)

Eng verbunden mit dieser Vorstellung von der Allgegenwart Gottes ist die andere vom absoluten Herr-Sein Gottes. Allein der Gedanke an diesen Gott, gegenüber dem der Mensch in totaler Abhängigkeit lebt, wirkt auf diesen Menschen angsterregend (vgl. 15f.).

b) Die Anfrage

Kommt es wirklich nur selten vor, daß die Aussage über die Allgegenwart Gottes, statt zur Grundlage des Vertrauens und der Erfahrung von Geborgenheit zu werden, zu einer angstmachenden Angelegenheit entstellt wird? Man vergleiche etwa, was alles aus dem Spruch gemacht wird, der früher vielen Kindern eingeprägt wurde, untermalt durch das Bild eines großen, von einem Dreieck eingerahmten Auges: "Ein Auge ist, das alles sieht, was auch in dunkler Nacht geschieht." Dieses Zyklopenauge strömt für die meisten

Menschen nicht gerade Wärme und Güte aus. - Natürlich gibt es dieses Moment an der Glaubenswahrheit von der Allgegenwart Gottes, daß auch die Sünden vor Gott nicht verborgen bleiben; aber das andere müßte doch eindeutig den Vorrang haben. Fördernde religiöse Erziehung geschieht nur dort, wo die Angst gemindert und vielleicht sogar überwunden wird, religionspädagogisch ausgedrückt: wo das Kind den Mut bekommt, im Vertrauen auf die Zusage Gottes das Gute zu wagen. Nicht selten liegt der religionspädagogische Akzent viel zu stark auf dem Gott, der alle Fehler bemerkt und übel nimmt, statt auf dem Gott, der gewillt ist, zusammen mit dem gutwilligen Menschen die Kraft des Bösen zu überwinden; und der ein Freiheitsgefühl vermitteln will, von dem aus selbständiges Handeln erst möglich wird[4]. Der Gott, der unsere Sünden sieht, hört nicht auf, uns zu lieben, weil er uns helfen will: "Seines Herzens Verlangen geht von Geschlecht zu Geschlecht, um die Menschen vom Tod zu erretten und sie im Hunger zu nähren." (Ps 33, 11.19)

Gleichzeitig darf gefragt werden, was in der religiösen Erziehung oft aus dem "Herr-Gott" gemacht wird. Das absolute Herr-Sein Gottes kann so akzentuiert werden, daß die Vorstellung eines unberechenbaren Wesens entstand, das völlig willkürlich handelt. Ein solcher Gott kann keine Geborgenheit vermitteln, die Begegnung mit ihm ist nicht Basis des Ur-Vertrauens; im Gegenteil, dieser Gott wirkt desorientierend.

Wenn dann noch gegenüber einem solchen Gott die totale Abhängigkeit und Angewiesenheit des Menschen - zusammen mit einem drohenden Unterton - hervorgehoben wird, dann müssen Ängste entstehen. Gewiß ist es für den Menschen wichtig, um seine Abhängigkeit zu wissen, insbesondere gegenüber dem absoluten Geheimnis; aber es ist entscheidend, ob diese Abhängigkeit negativ oder positiv besetzt ist, ob sie der Grund von Ängsten ist oder der Grund von Vertrauen, Daseinsfreude, Mut und sich entfaltender Lebenskraft. Es ist ein großer Unterschied, ob die Vorstellung vermittelt wird, Gott wolle vor allem ein unterwürfiges Wesen, oder er wolle vor allem einen vertrauenden, mutigen Partner.

2. Zu Aussagen über Schuld und Sühne

a) Die Anklage

Eng verwandt mit den genannten Gottesvorstellungen sind die Aussagen einer solchen "Theologie" über Schuld und Sünde. Moser erklärt, der "Hauptkummer" seines Lebens sei verursacht worden "durch die Allgegenwart von Sünde, Schuld und Abhängigkeit von deiner Gnade... An die Kette des schlechten Gewissens hast du mich gelegt, der ewigen Unzufriedenheit mit mir selbst, des ewigen Ungenügens vor deinen Forderungen". (93)

Unter diesen Umständen wurde z.B. das Abendgebet vor allem zum Flehen um Gnade und zugleich zur Quelle von Ängsten, besonders im Zusammenhang mit der Onanie: "Jeden Abend habe ich dich um Gnade angefleht. Es gab Zeiten, da konnte ich nicht mehr schlafen, wenn ichs nicht tat, denn mit dir nicht versöhnt zu sein, war lange das Schrecklichste, was

---

(4) Vgl. M.J. LANGEVELD, Das Kind und der Glaube, dt. Braunschweig 1959, 88f. 96-105.

ich mir denken konnte. Hier sind alle nur möglichen Ängste zusammengeflossen." (97) Schließlich sah Moser beides zusammen und verstand das Beten als "Selbstbefriedigung auf einem riesigen Umweg" (98).

Gott hat sich - nach Meinung dieses Menschen - bei ihm eingenistet im Zentrum des Schuldgefühls. "Du brauchst dich nur einzunisten im Zentrum des Schuldgefühls, und schon warst du unerreichbar mächtig an diesem archimedischen Punkt der kindlichen Neurose." (98) "... an meinen Strafängsten bist du groß geworden" (37). "Fast 20 Jahre lang war es mein oberstes Ziel, dir zu gefallen. Das bedeutet nicht, daß ich besonders brav gewesen wäre, sondern daß ich immer und überall Schuldgefühle hatte." (16)

Auch die Definition von Sünde spielt in unsere Fragestellung stark hinein. Wenn Sünde als Beleidigung Gottes bezeichnet wird, dann kann dies zu Vorstellungen führen, die sich bei Moser so äußern: "... du kränkbare, empfindliche Person, die schon depressiv zu werden drohte, wenn ich mir die Zähne nicht geputzt hatte." (14) (Dann wird eine Latte von Verhaltensweisen aufgezählt, mit denen Gott nicht einverstanden ist: 14.) "Das Schlimmste", was die Erwachsenen dem Kind über Gott erzählt haben, ist dies, "daß du alles hörst und alles siehst und auch die geheimsten Gedanken erkennen kannst" (13). Man fühlt sich elend, "weil du einem lauernd und ohne Pausen des Erbarmens zusiehst und zuhörst und mit Gedankenlesen beschäftigt bist" (ebd.).

Der Satz, der Moser im Leben am meisten eingeschüchtert hat, war "die mich domestizierende, einengende, schachmatt setzende Phrase: 'Was wird der liebe Gott dazu sagen?'" (17) Dieser Satz war zur Erziehungsmacht geworden. "Du hast mir dann kaum noch Chancen gelassen, mit mir selbst ein auskömmliches Leben zu führen." (28) Ein solcher Satz, der ursprünglich der Ermutigung dienen sollte, wird zu einem Mittel der Einschüchterung. Eine bestimmte Vorstellung von der Erbsünde "wurde uns so lange eingetrichtert, bis wir von der eigenen Schlechtigkeit überzeugt waren" (93f.). "Ich war mitschuldig am Leiden Christi, weil du für mich ihn glaubtest kreuzigen lassen zu müssen: so schlecht war ich von Geburt an!" (95)

b) Die Anfrage

Joachim Scharfenberg, ein evangelischer Praktischer Theologe und Psychoanalytiker, versteht solche Aussagen als gewichtige Anfrage an das theologische Denken und die pastorale Praxis (Neue Zürcher Zeitung, 6.1.1977). Er meint, das Thema "Schuld" habe weithin in der pastoralen Praxis ein viel zu großes Gewicht. Daraus erwüchsen starke Verunsicherungen im zwischenmenschlichen Bereich, und es bestehe die Gefahr, daß die daraus sich ergebenden Gefühle in der pastoralen Praxis "rücksichtslos ausgebeutet" würden. Ob dies nur im Hinblick auf die evangelische Pastoral gilt?

Martinus Langeveld, ein holländischer Religionspädgoge, sagt zum selben Thema, solange das Schuldgefühl für wichtiger gehalten werde als das Freiheitsgefühl, könne sich keine den Menschen fördernde Religiosität entfalten. Man dürfe nie übersehen, daß die Angst im Leben des Kindes von Natur aus bereits eine sehr große Rolle spiele. Wenn nun die natürlichen Ängste noch durch religiöse Erziehung gefördert würden, müsse alles daneben geraten. [5]

---

(5) Vgl. M.J. LANGEVELD, ebd. 88-105, Schuld und Angst.

Das falsche Sprechen von Sünde vermeiden heißt nun aber nicht, gar nicht von Sünde zu sprechen; aber man muß anders von ihr reden. Erich Fromm legt dar: Wo Sünde nur als Ungehorsam verstanden wird, liegt es nahe, Gehorsam gegen göttliche und Gehorsam gegen menschliche Gebote sehr dicht beieinander zu sehen. Tatsächlich arbeiteten lange Zeit Staat und Kirche mit vereinten Kräften, um die bestehende Ordnung zu schützen. Es war dem Staat sehr willkommen, daß die Kirche jeden Ungehorsam als Sünde bezeichnete. Aber für diese Wirkung mußte ein hoher Preis gezahlt werden. Die freisetzende Kraft des Evangeliums wurde verdeckt. Erich Fromm legt dar, wie ein auf Ungehorsam konzentriertes Verständnis von Sünde den Menschen gar nicht zu sich selbst kommen läßt. Dagegen setzt er ein anderes Verständnis von Sünde: Er versteht sie als Absonderung, als egozentrisches Getrennsein des Menschen von dem, was er eigentlich sein könnte und sein sollte. Die Überwindung der Sündenmacht ist dann die Wiederherstellung des ursprünglich gemeinten Einsseins: des Menschen mit sich selbst, mit Gott und mit den anderen Menschen. [6]

Von dem Gesagten her dürfte es übrigens auch möglich sein, neue Zugänge zur Bußpraxis zu gewinnen, auch zu ihren ekklesiologischen Aspekten. Mir scheint hier folgendes bemerkenswert: Zur selben Zeit, in der die herkömmliche Bußpraxis in eine Krise geraten ist, wächst bei vielen Menschen der Sinn für die Notwendigkeit von Veränderung; man spricht von alternativem Lebensstil, von Vermenschlichung der Verhältnisse usw. Man sollte dies nicht gleich als Flucht der persönlichen Beanspruchung in Strukturfragen verdächtigen.

War es nicht so, daß der neutestamentliche Aufruf zur metanoia im Laufe der Jahrhunderte durch eine einseitig vom Gedanken des Gehorsams bestimmte kirchliche Bußpraxis allzu kleinkariert geworden war, ja sogar degenerierte? Dadurch aber verlor die ethische Orientierung der Christen nicht nur ihren Schwung, sondern auch ihre notwendigen Auswirkungen auf die menschliche Gesellschaft. Demgegenüber besteht heute zumindest die Chance, daß ein neuer Sinn für die Notwendigkeit von Umkehr wächst. Allenthalben erkennt man: So kann es nicht weitergehen und jeder muß seinen Anteil mittragen, wenn die Menschheit Hoffnung haben soll. Umkehr ist Abkehr von dem, was die Menschen kaputt macht, einzeln und in Gemeinschaft. Überwindung der Sünde bedeutet Öffnung für sinnvolles Leben

Wir sehen: Falsches Reden von Sünde und Erbsünde hat zu einem tiefsitzenden Widerstand gegen die Kirche und ihre Lehre geführt. Die Menschen fürchteten, ihr Bestes zu verlieren: die Freiheit. Das falsche Reden von Sünde und Erbsünde führte dazu, daß Menschen die Vorstellung gewannen, sie lebten in ständiger Überforderung. Das aber führt zu Entmutigung und Depression. Moser: Du bist "eine Krankheit der unerfüllbaren Normen", es ist unerträglich, "immerzu dein ewig kontrollierendes big-brother-Gesicht

(6) Vgl. Erich FROMM, Haben oder Sein. Die seelischen Grundlagen einer neuen Gesellschaft, Stuttgart 1976, 119-125; vgl. Adolf EXELER (Hg.), Die neue Gemeinde, Mainz 1967, 91-96.

über uns an der Decke zu sehen" (14). "Du hattest so viel an mir verboten, daß ich nicht mehr zu lieben war." (19)

3. Zum Erwählungsthema

a) Die Anklage

Im Bereich der christlichen Anthropologie spielt das Erwählungsthema eine bedeutsame Rolle. Jeder Glaubende darf aus der Überzeugung leben, Gott habe ihn erwählt und ihn persönlich beim Namen gerufen (Jes 43,1; Ps 64,5: Glückselig, wen du erwählst und annimmst). Zweifellos hat das Erwählungsthema eine grundlegende religionspädagogische Bedeutung. "Ich habe dich in meine Hand geschrieben." (Jes 49,16)

Jeder Mensch hat seine einmalige, unvertretbare Berufung. Diese Aussage gilt nicht nur mit Bezug auf den speziellen Bereich der kirchlichen Berufe; sie gilt für jede christliche Existenz. Jeder muß seine Berufung erkennen und ihr zu entsprechen versuchen. Jeder ist auf seine Weise Sohn und Tochter Gottes, und er ist berufen, dem einen Sohn nachzufolgen. Man wird darum gewiß nicht auf dieses Thema verzichten können. Aber selbst dieser grundlegende Gedanke kann verdorben werden, und darauf soll hier aufmerksam gemacht werden.

Wiederum wird dies deutlich bei Moser. Der Erwählungsgedanke fördert nach seiner Meinung den Narzißmus und andere Fehleinstellungen. "Zur Erwählung gehörte, daß man bei dir, jenseits aller Selbstzweifel und Identitätskämpfe, einen sicheren Platz, sichere Identität haben sollte, daß man vor aller Zeit beim Namen gerufen war, und das schmeichelte tief dem kindlichen Narzißmus; vor der Geburt schon in eine riesige Namenstafel eingemeißelt zu sein mit allen anderen, die du gerufen haben willst. Und geliebt war man, lang bevor man dafür Menschen brauchte." (74)

Ähnlich wie auch andere zeitgenössische Atheisten, die zunächst eine mehr oder weniger intensive religiöse Erziehung genossen, wie z.B. Simone de Beauvoir und Jean Paul Sartre, die in ihrer Jugend mit dem Gedanken an einen geistlichen Beruf spielten, spricht auch Moser von einer solchen Vorstellung; aber er sieht darin nur ein neues Zeichen seiner "Gottesvergiftung". "Es gab Jahre, wo ich dir mein Leben weihen wollte, wo zwischen dir und mir verhandelt wurde über einen Erwählungsvertrag. Du hast schon ganz früh mit meinem Größenwahn gespielt, ihn genährt, ihn an geheiligten Vorbildern gesteigert, die mir in deinem Namen vor Augen gehalten wurden." (10)

Moser macht sich darüber lustig, daß nach christlichem Glauben jeder einzelne auf seine einmalige Weise erwählt worden sei. Er sieht darin eine Ungereimtheit. Denn Erwählung sei ein Elitethema, und darum sei es unsinnig, von der besonderen Erwählung aller zu sprechen. Er klagt Gott an: "Weißt du, wie listig du mit den narzißtischen Bedürfnissen deiner Anhänger umgehst, wie fein dosiert du die Grade der Erwählung und der Gottesnähe verteilen kannst, wie virtuos du die Angebote von Geborgenheit, Führung, Glanz und Einzigartigkeit mischst... Du bist raffiniert und wirst dadurch mächtig, daß du die Angebote an alle anderen im dunkeln läßt und im Grunde dich jeder so ganz im stillen verehrt und verzehrt." (34)

Die Erwählungsvorstellung führt bei Moser zum Größenwahn und gleichzeitig zur Leidensgier. Er gefällt sich darin. Er meint, Gott habe ihn verführt, sich wie sein eigener Sohn zu fühlen. Der bekannte Satz: "Wir heißen nicht nur Kinder Gottes, wir sind es" (1 Joh 3,1) und der ebenfalls bekannte Vorspruch vor dem Vater unser: "Darum dürfen wir voll Vertrauen rufen: Abba, Vater" - diesen bei Moser in einer grotesken Verdrehung. Er wirft Gott vor: Du hast mich verführt, "dein Sohn sein zu wollen, eine Hoffnung, ganz tief vergraben im Unbewußten, unzugänglich, lächerlich für den Tagesverstand, aber mächtig wirksam in der

Lebensgestaltung als Größenwahn und Leidensbereitschaft, ja Leidensgier." (48) "Du hast früh schon mit meinem Größenwahn gespielt." (28) Dieser zog seine Nahrung sogar aus dem Gefühl der Gottesferne: "Wenn Gott so lange schweigt und dir ein so quälendes Suchen zumutet, hat er vielleicht große Dinge mit dir vor." (ebd.)

b) Die Anfrage

An dieser Stelle scheint es auf den ersten Blick reichlich schwierig, einen Zusammenhang der landläufigen Erziehung zu erkennen. Und doch gibt es ihn. Zunächst dies: Tatsächlich ist die besondere Erwählung aller ein grundlegendes Thema der Offenbarung: Die größte Wohltat biblischer Offenbarung ist wohl die, daß sie den Menschen das Bewußtsein vermittelt, daß jeder in unvertauschbarer Einmaligkeit existiert, in alle Ewigkeit, als einmaliges Wesen von Gott bejaht und geliebt, ohne daß dadurch der allgemeine Heilswille Gottes in Frage gestellt wäre.

Aber genau dieses für die menschliche Identität an sich grundlegend wichtige Erwählungsthema wird dort verkehrt, wo man es versteht als Bevorzugung vor anderen, statt als Beauftragung zum Dienst. Genau an dieser Stelle haben wir es mit einem sehr bedeutsamen religionspädagogischen Thema zu tun, aus dem dann auch unsere Anfrage erwächst: Wie wird - in Gebeten und Liedern, in Predigten und im Unterricht - von dem Thema "Erwählung" gesprochen? Die kleine hl. Theresia von Lisieux hat genau hier auf schlimme Entartungen solchen Sprechens hingewiesen. Sie hat aufgedeckt, was J.F. Six als "religiösen Rassismus" bezeichnet hat. [7] Gemeint ist jene Einstellung, in der die Menschen säuberlich geschieden werden in Fromme und Sünder, in Auserwählte und Verworfene, in Gläubige und Ungläubige, in Erlöste und Unerlöste. Die eine Gruppe fühlt sich über die andere erhaben und ist höchstens dazu zu bringen, daß sie sich erbarmungsvoll zu ihr herabneigt. Diese Einstellung ist der fundamentalen Solidarität der Menschen entgegengesetzt. Gegenüber einer in diesem Sinne "rassistischen" Herz-Jesu-Verehrung, die bestimmt ist von dem Gedanken, daß die Frommen für die Sünder Sühne leisten, vertritt Theresia eine ganz andere Auffassung. Sie weiß sich an einem Tisch sitzend mit den Sündern und den Ungläubigen, um in ihrer Mitte Gott zu lieben.

Das falsche Überlegenheitsbewußtsein der "Auserwählten", ein solcher religiöser "Rassismus", ist weiter verbreitet, als auf den ersten Blick sichtbar ist. Es wird z.B. begünstigt durch einen schiefen Akzent in der Lehre von der Taufe. Man kann von zwei verschiedenen Tauflehren sprechen, mit je verschiedenen religionspädagogischen Auswirkungen. Die eine betont die Absonderung und das Sich-Fernhalten von der "bösen Welt", die andere aber die größere Solidarität mit den Menschen. Zwar kann man hier nicht von einer strengen Alternative sprechen, sondern nur von deutlich-verschiedenen Akzenten. Denn natürlich zieht die Taufe eine Trennungslinie zwischen gut und böse. Aber es ist wichtig zu sehen, wie diese Trennungslinie verläuft. Nur ganz abstrakt verläuft sie zwischen verschiedenen Menschengruppen, d.h. so, daß auf der einen Seite diejenigen

---

(7) Vgl. J.F. SIX, Theresia von Lisieux. Ihr Leben, wie es wirklich war, Freiburg 1976, bes. 223, 251-266, 287, 295.

stünden, die in Gemeinschaft mit der Taufe Christi auch für sich selbst diese Taufe wahrmachen, d.h. die Dienstbereitschaft bis zum Tod, während auf der anderen Seite die zu finden wären, die nach ihrem eigenen oder gar nach einem teuflischen Programm leben. In Wirklichkeit läuft diese Trennungslinie mitten durch jeden einzelnen Menschen hindurch. Der Holländische Katechismus formuliert dies so: "Ein Teil in mir sagt: Ich will nicht dienen, ein Teil: ich diene." Man kann die Menschen nicht total auf die eine oder auf die andere Seite setzen.[8]

Die Trennungslinie geht durch uns selbst hindurch. Wir dürfen uns aufgrund der Taufe nicht als Herausgehobene verstehen; vielmehr partizipieren wir durch die Gemeinschaft mit Christus intensiver als vorher am gemeinsamen Schicksal der Welt. Wir sind berufen, für andere Menschen hilfreiche Heilszeichen zu sein, überzeugende Zeichen dafür, daß Gott die Menschen und ihre Not angenommen hat. An uns soll man das ablesen können, was Gott allen Menschen zugedacht hat. Um aber eine solche Hilfe wirksam bieten zu können, wird Solidarität vorausgesetzt.

Die Taufe bewirkt also keine Absonderung von der Welt, sondern eine Öffnung für sie, weil man in Jesus Christus und seinem Geist bereit wird, den Menschen zu dienen. Sie bewirkt zwar eine echte Abwendung von der Welt in dem Sinne, daß man sich von dem distanziert, was dem Wirken Gottes und dem Zusammenwirken mit Gott im Wege steht. Aber diese Zuwendung hat das Ziel, sich der Welt besser zuwenden zu können; es geht um eine Abwendung von den sündhaften und zerstörenden Verhaltensweisen und Strukturen zugunsten der gesunden und zukunftsträchtigen.[9] Von den verschiedenen Tauftheologien aus kann sich ein falsches Erwählungsbewußtsein und ein falsches Überlegenheitsgefühl ebenso ergeben wie ein geschärftes Bewußtsein der Verantwortung und der Gemeinsamkeit der Aufgaben mit allen Menschen guten Willens. Bis in die Tauflieder und die Vorlagen für die Taufkatechese hinein ließen sich diese Möglichkeiten verfolgen.

4. Zur Erlösungslehre

Sogar die Christologie kann zur Quelle von Fehlformen religiöser Erziehung werden. Besonders naheliegend ist dies im Bereich der Erlösungslehre.

a) Die Anklage

Im religionspädagogischen Bereich hat lange Zeit - in trivialisierter Form - jene Satisfaktionstheorie eine Rolle gespielt, die im 11. Jahrhundert von Anselm von Canterbury entwickelt wurde. Gemeint ist die folgende Vorstellung: Gott wurde durch die Sünde der Menschen unendlich beleidigt, darum konnte diese Beleidigung auch nur durch eine unendliche Sühne wiedergutgemacht werden. Zu einer solchen Sühneleistung war kein Mensch imstande. Diese Sühne konnte nur ein Mensch leisten, der zugleich Gott war. Darum sendet

(8) Vgl. Glaubensverkündigung für Erwachsene. Deutsche Ausgabe des Holländischen Katechismus, Freiburg 1969, 278-281.

(9) Vgl. meinen Aufsatz: Taufe als Lebensthema, in: Diakonia 1971, 3-15, bes. S.11.

Gott seinen Sohn, damit er Mensch wird, und dieser vollbringt nun das Werk der Sühne.[10]
Im Zuge religionspädagogischer Vereinfachung (Beispiele gibt es dafür in Überfülle) wird durch eine solche Erlösungslehre Gott als Sadist dargestellt, der sich erst versöhnt zeigt, nachdem sein Sohn eines grausamen Todes gestorben ist.
Genau diese Form der Erlösungslehre wird von Moser direkt angesprochen und zum Punkt der Anklage erhoben. Moser meint spöttisch, Abraham habe gerade noch Glück gehabt, daß er seinen Sohn nicht zu opfern brauchte: "Bei deinem eigenen Sohn warst du dann ungenierter und hast deinem Sadismus freien Lauf gelassen." (20) Man habe ihn das Staunen darüber gelehrt, "weil du für mich armen Sünder deinen einzigen Sohn geopfert hast"; aber dies Staunen habe nur zur größeren Selbstverachtung beigetragen: "Wie schlecht muß ich sein, daß es einer solchen Inszenierung bedarf, um mich zu erlösen!"
Moser meint, an diesem Gottesbild müsse doch etwas falsch sein; aber keiner sage es: "Seltsam, seltsam - keiner von den Predigern hat je Verdacht geschöpft, daß vielleicht nicht mit uns, sondern mit dir etwas nicht stimmt, wenn du vor lauter Menschenliebe deinen Sohn schlachten lassen mußtest. Und uns gibst du ihn dann zu trinken und zu essen, wie es heißt, zur Versöhnung." (21)

b) Die Anfrage

Angesichts so greifbarer negativer Auswirkungen einer schiefen Erlösungslehre erhebt sich die Frage, was denn getan werden könne, um solche Schiefheiten zu vermeiden.

Zunächst halte ich es für unumgänglich notwendig, daß die Prediger und auch die Religionslehrer mit aller Deutlichkeit die verheerenden Auswirkungen einer trivialisierten Satisfaktionstheorie zur Sprache bringen. Darüber hinaus aber scheint es dringend notwendig zu sein, die Erlösung anders darzustellen, nämlich als Durchbruch zu einer anderen Existenzweise, die nicht von Absonderung bestimmt ist, sondern von der Verbundenheit, von Liebe, Hingabe und Engagement. Dieses Engagement erhält seine Bestätigung durch Gott in der Auferweckung Jesu. Damit aber ist zugleich allen, die an Christus glauben, in Glaube und Taufe die Möglichkeit angeboten zum Aufbruch in eine neue, von der einengenden Wirkung der Sünde befreiten Existenzweise.[11]

Genau an dieser Stelle ist vielleicht der springende Punkt zu sehen, an dem die religiöse Erziehung, die Moser "genoß", genauso krankte wie die religiöse Erziehung vieler Zeitgenossen, die mit dieser Erziehung hadern: Hier wurde ein Gott vermittelt, der kleinhält, der vertröstet, der falsche Innerlichkeit und totale Angepaßtheit fordert und fördert; ein Gott der Initiative und Selbständigkeit - in seinem Namen - gar nicht erst aufkommen läßt. Die unseligen Auswirkungen einer solchen "Erziehung" können deutlich machen, wie entscheidend wichtig ein anderer Ansatz ist: Gott als den sehen zu lehren, der die Menschen, die er liebt und fördern will, stets von neuem zum Aufbruch

---

(10) Vgl. dazu Gottfried BITTER, Erlösung. Die religionspädagogische Realisierung eines zentralen theologischen Themas, München 1976. Vgl. auch die kritischen Bemerkungen zur Satisfaktionstheorie und ihrer katechetischen Verarbeitung bei Joseph RATZINGER, Einführung in das Christentum, München 1968, 187-189; vgl. auch Hans KÜNG, Christ sein, München ^{2}1974, 411-413.

(11) Anregungen dazu bei Gottfried BITTER, a.a.O. 231-257.

ruft; der stets von neuem aus verschiedenen Formen der Sklaverei befreit; der den Menschen durch die Kraft seines Geistes zur Entfaltung seiner Fähigkeiten anregt, im Dienst an seinen Brüdern; ein Gott, der den Menschen zu sich selbst kommen läßt, indem er ihn über sich hinaus lockt, zur Nächstenliebe und zur Gottesliebe; ein Gott, der den Menschen als Partner und Freund gewinnen will.

Nur an einigen Punkten in diesem Aufsatz wurde aufgezeigt, wie sich die Äußerungen eines Zeitgenossen, der sich aufgrund seiner religiösen Erziehung über eine verheerende "Gottesvergiftung" beklagt, als wichtige, über den einzelnen "Fall" weit hinausreichende Anfrage an Pastoral und Religionspädagogik erweisen können. Vielleicht darf man das Aufgezeigte in folgendem Sinne generalisieren: Es kann für die Menschen der Kirche heilsam sein, wenn sie auf das hinhören, was den "anderen" am Glauben und an der Kirche nicht paßt, was sie stört, blockiert oder in Wut bringt. Nicht alles, was die anderen "stört", gehört zum unvermeidlichen Ärgernis des Evangeliums; manches kann auch von den Leuten der Kirche selbst verschuldet sein, und dann könnte eine große Hellhörigkeit viel dazu beitragen, Pastoral und Religionspädagogik von unnötigen Belastungen zu befreien.

Benützte und weiterführende Literatur

ADAM E.: Die österreichische Reformpädagogik 1913-38. Beiträge zur Geschichte der Pädagogik, Bd. I, Wien-Köln 1981.

ADLER A. - FURTMÜLLER C. - WEXBERG E. (Hg.): Heilen und Bilden, München 1922².

ADLER A. - JAHN E.: Religion und Individualpsychologie. Eine prinzipielle Auseinandersetzung über Menschenführung, Wien-Leipzig 1933 (=1933b) u. Frankfurt 1975.

ADLER A.: Das Problem der Homosexualität: erotisches Training und erotischer Rückzug, Leipzig 1930 (=1930a).

ADLER A.: Der Arzt als Erzieher, in: Ärztliche Standeszeitung 3(1904)13, 4-5; 14, 3-4; 15, 4-5.

ADLER A.: Der Sinn des Lebens, Wien-Leipzig 1933 (=1933a) u. Frankfurt 1973.

ADLER A.: Die Individualpsychologie als Weg zur Menschenkenntnis und Selbsterkenntnis, in: NEUMANN J. (Hg.): Du und der Alltag: eine Psychologie des täglichen Lebens, Berlin 1926, 1982.

ADLER A.: Individualpsychologie (Alfred Adler), in: FRANKL V.E. - GEBSATTEL V.E. - SCHULTZ J.H. (Hg.): Handbuch der Neurosenlehre und Psychotherapie, Bd. III, München-Berlin 1959, 221ff.

ADLER A.: Individualpsychologie in der Schule: Vorlesungen für Lehrer und Erzieher, Leipzig 1929 u. Frankfurt 1973.

ADLER A.: Individualpsychologie, in: SAUPE E. (Hg.): Einführung in die neuere Psychologie, Osterwieck-Harz 1926.

ADLER A.: Kurze Bemerkungen über Vernunft, Intelligenz und Schwachsinn, in: ADLER A. (Hg.): Internationale Zeitschrift für Individualpsychologie 6(1928), 267-272; heute in: ANSBACHER H. (Hg.): Psychotherapie und Erziehung. Ausgewählte Aufsätze, Bd. I: 1919-1929, Frankfurt 1982.

ADLER A.: Menschenkenntnis, Leipzig 1927 u. Frankfurt 1966.

ADLER A.: Praxis und Theorie der Individualpsychologie. Vorträge zur Einführung in die Psychotherapie für Ärzte, Psychologen und Lehrer, München 1920 u. Frankfurt 1974.

ADLER A.: Studie über die Minderwertigkeit von Organen, Wien 1907.

ADLER A.: Technik der Individualpsychologie, 2 Bde., München 1930 u. Frankfurt 1974.

ADLER A.: Über den nervösen Charakter: Grundzüge einer vergleichenden Individualpsychologie und Psychotherapie, Wiesbaden 1912 u. Frankfurt 1972.

ADLER A.: Über individualpsychologische Erziehung, in: ders.: Praxis und Theorie der Individualpsychologie. Vorträge zur Einführung in die Psychotherapie für Ärzte, Psychologen und Lehrer, München 1920 (=1920a).

ADLER A.: Wo soll der Kampf gegen die Verwahrlosung einsetzen? Soziale Praxis, Wien 1921; nachgedruckt in: ADLER A. - FURTMÜLLER C. - WEXBERG E. (Hg.): Heilen und Bilden, München 1922² u. Frankfurt 1973.

ADLER A.: Zur Psychologie des Marxismus, in: NUNBERG H. - FEDERN E. (Hg.): Protokolle der Wiener psychoanalytischen Vereinigung, 3 Bde., Frankfurt 1976-1979.

AFFEMANN R.: Der Mensch als Maß der Schule, Freiburg-Basel-Wien 1976.

AFFEMANN R.: Psychologie und Bibel. Eine Auseinandersetzung mit C.G. Jung, Stuttgart 1957.

AICHHORN A.: Erziehungsberatung und Erziehungshilfe, Reinbeck 1959.

AICHHORN A.: Verwahrloste Jugend. Die Psychoanalyse in der Fürsorgeerziehung, Leipzig-Wien-Zürich 1925¹ u. Bern-Stuttgart 1957⁴.

ALLERS R.: A Critical Study of Freudian Psychoanalysis, 1940.

ALLERS R.: Das Werden der sittlichen Person, Freiburg 1929.

ALLERS R.: Heilerziehung bei Abwegigkeit des Charakters. Einführung, Grundlagen, Probleme und Methoden, Köln 1936.

ALT F. (Hg.): C.G. Jung. Von Mensch und Gott. Ein Lesebuch, Olten-Freiburg 1989.
ALT F. (Hg.): C.G. Jung. Von Traum und Selbsterkenntnis, Olten-Freiburg 1987.
ALT F.: Das C.G. Jung Lesebuch, Olten-Freiburg 1983.
ALT F.: Von Religion und Christentum. Einsichten und Weisheiten, Olten-Freiburg 1988.
ALTWEGG J.: Warum sind Sie Katholik, Herr Drewermann? Interview mit Eugen Drewermann, Frankfurter Allgemeine Zeitung vom 3.5.1991, 4-7.
AMMAN R.: Traumbild Haus. Von den Lebensräumen der Seele, Reihe Träume als Wegweiser, Olten-Freiburg 1987.
AMMANN R.: Heilende Bilder der Seele. Das Sandspiel - der schöpferische Weg der Persönlichkeitsentwicklung, München 1989.
AMMON G.: Psychoanalytische Pädagogik, Hamburg 1973.
ANDERTEN K.: Traumbild Wasser. Von der Dynamik unserer Psyche, Reihe Träume als Wegweiser, Olten-Freiburg 1986.
ANSBACHER H.L. - ANSBACHER R. (Hg.): Alfred Adlers Individualpsychologie. Eine systematische Darstellung seiner Lehre in Auszügen aus seinen Schriften, München-Basel 1982.
ANSBACHER H.L. - ANTOCH R. (Hg.): Psychotherapie und Erziehung. Ausgewählte Aufsätze (von A. Adler), Bd. I: 1919-1929; Bd. II: 1930-1932; Bd. III: 1933-1937, Frankfurt 1982/1983.
ANSBACHER H.L. - ROWENA R. (Hg.): The Individual-Psychology of Alfred Adler, New York 1956.
ASPER K.: Verlassenheit und Selbstentfremdung, Olten-Freiburg 1987[2].
ASPER K.: Von der Kindheit zum Kind in uns. Lebenshilfe aus dem Unbewußten, Olten-Freiburg 1988.
BAACKE D. - SCHULZE Th. (Hg.): Aus Geschichten lernen, München 1979.
BAIT H. von: Symbolik des Märchens, 3 Bde., Bern 1975[5].
BALMER H. u.a. (Hg.): Die Psychologie des 20. Jahrhunderts, 15 Bde., Zürich 1976-1981.
BARZ E.: Selbstbegegnung im Spiel. Einführung in das Psychodrama, Zürich 1988.
BASTEL H.: Versuch einer Stellungnahme zu Burger/Bucher, Gestalt"therapie", in: CPB 105(1992)4, 203f.
BAUMGARDT U.: König Drosselbart und C.G. Jungs Frauenbild. Kritische Gedanken zu Anima und Animus, Freiburg-Olten 1987.
BAUMGARTNER I.: Pastoralpsychologie. Einführung in die Praxis heilender Seelsorge, Düsseldorf 1990.
BAUMGARTNER K. - MÜLLER W.: Beraten und begleiten. Handbuch für das seelsorgliche Gespräch, Freiburg-Basel-Wien 1990.
BECKER P.: Sinnfindung als zentrale Komponente seelischer Gesundheit, in: LÄNGLE A. (Hg.): Wege zum Sinn. Logotherapie als Orientierungshilfe, München 1985.
BEHNKE B.: Psychoanalyse in der Erziehung. Die kindliche Entwicklung aus der Sicht psychoanalytisch orientierter Pädagogik, München 1972.
BELOK M.: Humanistische Psychologie und Katechese, Dissertation, Münster 1984.
BENESCH H.: dtv-Wörterbuch zur Klinischen Psychologie, 2 Bde., München 1981.
BERGE J.: Erziehungsschwierigkeiten und ihre Überwindung, Bern-Stuttgart 1959[2].
BERGER K.: Historische Psychologie des Neuen Testaments, Stuttgart 1991.
BERGER K.: Zum Ketzer reicht es nicht. Eugen Drewermanns Matthäuskommentar, in: Literaturbeilage der Frankfurter Allgemeine Zeitung vom 14.4.1992, Nr. 89, L 19.
BERNE E.: Was sagen Sie, nachdem Sie 'Guten Tag' gesagt haben? Psychologie des menschlichen Verhaltens, München 1975.
BERNETT W.: Inhalte und Grenze der religiösen Erfahrung. Eine Untersuchung der Probleme der religiösen Erfahrung in Auseinandersetzung mit der Psychologie C.G. Jungs, Bern-Stuttgart 1955.
BERNFELD S.: Kinderheim Baumgarten. Bericht über einen ernsthaften Versuch mit neuer Erziehung, Berlin 1921.
BERNFELD S.: Kinderheim Baumgarten. Ein Versuch zur Freisetzung des Kindes unter außergewöhnlicher Bedrängnis (1920), in: HOOF D.: Die Schulpraxis der Pädagogischen Bewegung des 20. Jahrhunderts, Bad Heilbrunn 1969, 81-92.
BERNFELD S.: Sisyphos und die Grenze der Erziehung, Frankfurt a.M. 1967.
BESSER R.: Leben und Werk von Anna Freud, in: EICKE D. (Hg.): Die Psychologie des 20. Jahrhunderts, Bd.II, Zürich 1977, 130-181.
BETTELHEIM B.: Die Kinder der Zukunft. Gemeinschaftserziehung als Weg einer neuen Pädagogik, Wien-München-Zürich 1971 (amerikan. Erstaufl. 1969).
BETTELHEIM B.: Kinder brauchen Märchen, München 1980, 1985[8].
BIESINGER A. - VIRT G.: Religionsgewinn durch religiöse Erziehung, Salzburg 1986.
BIESINGER A.: Lebendiges Lernen in der Katechese, in: CPB 97(1984)1, 6-9; 2, 85-95; 3, 223-226.
BINSWANGER L.: Ausgewählte Vorträge und Aufsätze, Bd. I: Zur phänomenologischen Anthropologie, Bern 1947; Bd. II: Zur Problematik der psychiatrischen

Forschung und zum Problem der Psychiatrie, Bern 1955.
BINSWANGER L.: Der Mensch in der Psychiatrie, Pfullingen 1957.
BINSWANGER L.: Grundformen und Erkenntnis menschlichen Daseins, München 1962, 1973[5].
BIRK K.: Sigmund Freud und die Religion, Münster-Schwarzach 1970.
BIRNBAUM F.: Die individualpsychologische Versuchsschule in Wien (= XX., Staudingerg. 6), in: ADLER A. (Hg.): Internationale Zeitschrift für Individualpsychologie 10(1932), 176-183.
BITTER W. (Hg.): Psychotherapie und religiöse Erfahrung, Stuttgart 1965.
BITTNER G. - REHM W.: Psychoanalyse und Erziehung. Ausgewählte Beiträge aus der Zeitschrift für psychoanalytische Pädagogik, Bern-Stuttgart 1964.
BITTNER G.: Psychoanalyse und soziale Erziehung, München 1967.
BITTNER G.: Zur psychoanalytischen Dimension biographischer Erzählungen, in: BAACKE D. - SCHULZE Th. (Hg.): Aus Geschichten lernen, München 1979, 120-128.
BLEIDICK U.: Die Individualpsychologie in ihrer Bedeutung für die Pädagogik. in: FELDMANN E. (Hg.): Pädagogik der Gegenwart, Bd. IV, Mühlheim 1959.
BLOCH E.: Das Prinzip der Hoffnung, 1953, Frankfurt 1959.
BOG R.: Die Hexe. Schön wie der Mond, häßlich wie die Nacht (Zauber der Mythen), Stuttgart-Zürich 1987.
BÖSCHEMEYER U.: Die Sinnfrage in Psychotherapie und Theologie. Die Existenzanalyse und Logotherapie Viktor E. Frankls aus theologischer Sicht, Berlin 1976.
BOSS M.: Psychoanalytik und Daseisanalytik, Bern 1957.
BOSZMANN D. - SAUER G. - DESZECKER K.: Wann wird der Teufel in Ketten gelegt? Kinder und Jugendliche stellen Fragen an Gott, Lahr-München 1984.
BOTTOME Ph.: Alfred Adler: A Biography, New York 1939.
BRANDL G.: Die therapeutische Funktion des Religionslehrers, in: CPB 86(1973)1, 40.
BRENNER Ch.: Grundzüge der Psychoanalyse, Frankfurt 1972[8].
BROCHER T.: Gruppendynamik und Erwachsenenbildung. Zum Problem der Entwicklung von Konformismus oder Autonomie in Arbeitsgruppen, Braunschweig 1971[2].
BROCKMANN D.: Ganze Menschen - Ganze Götter. C.G. Jung in der feministischen Theologie, Paderborn 1991.
BRÖMSE M.: Und das Wort ward Fleisch, in: Religion heute (Dez. 1989)3/4, 174-179.
BRUDER-BEZZEL A.: A. Adler. Die Entstehungsgeschichte einer Theorie im historischen Milieu Wiens, Göttingen 1983.
BRUDER-BEZZEL A.: Die Geschichte der Individualpsychologie, Frankfurt 1991.
BRUDER-BEZZEL A.: Zur Geschichte der Individualpsychologie A. Adlers, in: LÜCK E.H. - GRÜNEWALD H. u.a.: Sozialgeschichte der Psychologie, Opladen 1987.
BRUNNER R. - KAUSEN R. - TITZE M. (Hg.): Wörterbuch der Individualpsychologie, München-Basel 1985.
BUBER M.: Schuld und Schuldgefühl, Heidelberg 1958.
BUCHER A.A.: Bibel-Psychologie. Psychologische Zugänge zu biblischen Texten, Stuttgart 1992.
BUCHHOLZ-KAISER A.: Das Gemeinschaftsgefühl bei Alfred Adler im Vergleich zur Therapie der Psychosen bei Frieda Fromm-Reichmann, in: BUCHHOLZ-KAISER A.: Individualpsychologische Bildungsarbeit, Zürich 1991.
BÜHLER Ch.: Das Märchen und die Phantasie des Kindes, Leipzig 1929[1], 1961[2].
BÜHLER Ch.: Die Rolle der Werte in der Entwicklung der Persönlichkeit und in der Psychotherapie, Stuttgart 1975.
BURGER A. - BUCHER H.: Gestalt"therapie", Gestaltpädagogik, Gestaltideologie, in: CPB 105(1992)2, 95-98.
BURGER A.: Die Lehrer als Erzieher. Hans Zulliger und Oskar Spiels Aktualität und Bedeutung in der Schulpraxis für die heutige Erziehung, Zürich 1992.
BÜRKLE H. u.a.: Tiefenpsychologische Deutung des Glaubens, Freiburg 1988.
BUTOLLO W.: An den Grenzen der Psychotherapie, in: LÄNGLE A. (Hg.): Wege zum Sinn. Logotherapie als Orientierungshilfe, München 1985.
BÜTTNER CH. - FINGER-TRESCHER U. - SCHERPNER M.: Psychoanalyse und soziale Arbeit, Reihe Psychoanalytische Pädagogik, Bd. V, Mainz 1990.
BÜTTNER G.: Von Stoodt zu Halbfas, in: Religion heute 1(1985), 9-16.
CARTER R.E.: Die Notwendigkeit von Freiheit, in: LÄNGLE A. (Hg.): Wege zum Sinn. Logotherapie als Orientierungshilfe, München 1985.
CARUSO I.A.: Aspekte der Psychoanalyse, Stuttgart 1962.
CARUSO I.A.: Bios, Psyche, Person. Eine Einführung in die

allgemeine Tiefenpsychologie, Freiburg-München 1957.

CARUSO I.A.: Psychoanalyse und Synthese der Existenz, Freiburg 1952.

CHRISTOFFEL J.: Neue Strömungen in der Psychologie von Freud und Jung. Impulse von Frauen, Olten-Freiburg 1989.

COHN R.: Themenzentrierte Interaktion: Ein Ansatz zum Sich-Selbst- und Gruppenleiten, in: Die Psychologie des 20. Jahrhunderts, Bd. VIII, München 1979, 873-883.

COHN R.: Von der Psychoanalyse zur themenzentrierten Interaktion. Von der Behandlung einzelner zu einer Pädagogik für alle, Stuttgart 1975 u. 1980[4].

COLES R.: Erik H. Erikson: The Growth of His Work, Boston 1970.

CORRELL W.: Persönlichkeitspsychologie, Donauwörth 1976.

DAHMER H.: Psychoanalyse und historischer Materialismus, in: Psyche 24(1970), 172ff.

DALAI LAMA - DREWERMANN E.: Der Weg des Herzens. Gewaltlosigkeit und Dialog zwischen den Religionen, Olten-Freiburg 1992.

DEDL W. u.a.: Tore zum Glück, Klagenfurt 1982.

DEIFEL E.: Bedeutung und Grenzen einzelwissenschaftlicher Bibelexegese, in: CPB 104(1991)6, 266-268.

DIENELT K.: Das Menschenbild der Seelenheilkunde. Zu dem Buch von V.E. Frankl, in: Der österreichische Mittelschullehrer XI(1959)7/8, 2ff.

DIENELT K.: Die Existenzanalyse V.E. Frankls und ihre Bedeutung für die Erziehung, in: Die Deutsche Schule 55(1963)12, 605ff.

DIENELT K.: Erziehung zur Verantwortlichkeit. Die Existenzanalyse V.E. Frankls und ihre Bedeutung für die Erziehung, Wien 1955.

DIENELT K.: Von der Metatheorie der Erziehung zur "sinn"-orientierten Pädagogik. Rechtfertigung und Aufgabe der Pädagogischen Anthropologie in unserer Zeit, Frankfurt a.M. 1984.

DIENELT K.: Von der Psychoanalyse zur Logotherapie. Tiefenpsychologie und Pädagogik. Eine einführende Übersicht, München 1973.

DIENELT K.: Von Freud zu Frankl. Die Entwicklung der Tiefenpsychologie und deren Anwendung in der Pädagogik, Wien 1967.

DIETERICH M.: Handbuch Psychologie und Seelsorge, Wuppertal-Zürich 1989.

DREIKURS R.: Die Anfänge der Gruppentherapie in Wien, in: Wiener Medizinische Wochenschrift 41(1958), 845-848.

DREIKURS R.: Die Individualpsychologie Alfred Adlers, in: STERN E. (Hg.): Die Psychotherapie in der Gegenwart, Zürich 1958.

DREIKURS R.: Grundbegriffe der Individualpsychologie, Stuttgart 1969.

DREWERMANN E. - NEUHAUS I.: Das Eigentliche ist unsichtbar. Der Kleine Prinz von Antoine de Saint-Exupéry tiefenpsychologisch gedeutet, Olten-Freiburg 1991[4].

DREWERMANN E. - NEUHAUS I.: Das Mädchen ohne Hände. Grimms Märchen tiefenpsychologisch gedeutet, Olten-Freiburg 1981.

DREWERMANN E. - NEUHAUS I.: Der goldene Vogel, Grimms Märchen tiefenpsychologisch gedeutet, Olten-Freiburg 1982 u. 1991[8].

DREWERMANN E. - NEUHAUS I.: Die Kristallkugel, Grimms Märchen tiefenpsychologisch gedeutet, Olten-Freiburg 1991[5].

DREWERMANN E. - NEUHAUS I.: Frau Holle. Grimms Märchen tiefenpsychologisch gedeutet, Olten-Freiburg 1984.

DREWERMANN E. - NEUHAUS I.: Marienkind III, Grimms Märchen tiefenpsychologisch gedeutet, Olten-Freiburg 1990[4].

DREWERMANN E. - NEUHAUS I.: Schneeweißchen und Rosenrot, Grimms Märchen tiefenpsychologisch gedeutet, Olten-Freiburg 1991[7].

DREWERMANN E. - NEUHAUS I.: Voller Erbarmen rettet er uns. Die Tobit-Legende tiefenpsychologisch gedeutet, Freiburg 1985, 1990[5].

DREWERMANN E.: An ihren Früchten sollt ihr sie erkennen. Antwort auf Rudolf Peschs und Gerhard Lohfinks "Tiefenpsychologie und keine Exegese", Olten 1988.

DREWERMANN E.: Botschaft der Frauen. Das Wissen der Liebe, Olten-Freiburg 1992 (=1992d).

DREWERMANN E.: Brüderchen und Schwesterchen, Grimms Märchen tiefenpsychologisch gedeutet, Olten-Freiburg 1990[2].

DREWERMANN E.: Das Eigentliche ist unsichtbar. Eine tiefenpsychologische Deutung des Kleinen Prinzen, Freiburg 1992.

DREWERMANN E.: Das Markus-Evangelium in der Übersetzung von Eugen Drewermann, Olten-Freiburg 1989 (=1989a)

DREWERMANN E.: Das Markus-Evangelium, Bd. I: Bilder von der Erlösung, Olten-Freiburg 1987, 1990[6], Bd. II: Bilder von der Erlösung, Olten-Freiburg 1988, 1990[3].

DREWERMANN E.: Das Matthäus-Evangelium. Erster Teil. Bilder der Erfüllung, Olten-Freiburg 1992 (=1992a).

DREWERMANN E.: Der Herr Gevatter / Der Gevatter Tod / Fundevogel, Olten-Freiburg 1991[2].

DREWERMANN E.: Der Krieg und das Christentum. Von der Ohnmacht und Notwendigkeit des

Religiösen, Freiburg 1982 u. 1984² (=1982a).
DREWERMANN E.: Der offene Himmel. Predigten zum Advent und zur Weihnacht, hg. von Bernd Marz, Düsseldorf 1990 (=1990a).
DREWERMANN E.: Der tödliche Fortschritt. Von der Zerstörung der Erde und des Menschen im Erbe des Christentums, Freiburg 1981.
DREWERMANN E.: Der Trommler, Grimms Märchen tiefenpsychologisch gedeutet, Olten-Freiburg 1990³.
DREWERMANN E.: Die kluge Else / Rapunzel, Grimms Märchen tiefenpsychologisch gedeutet, Olten-Freiburg 1990⁴.
DREWERMANN E.: Die Kristallkugel, Grimms Märchen tiefenpsychologisch gedeutet, Olten-Freiburg 1991⁵.
DREWERMANN E.: Giordano Bruno oder: Der Spiegel des Unendlichen, München 1992 (=1992c).
DREWERMANN E.: Ich steige hinab in die Barke der Sonne. Alt-Ägyptische Meditationen zu Tod und Auferstehung in Bezug auf Joh 20/21, Olten-Freiburg 1989.
DREWERMANN E.: Kleriker - Psychogramm eines Ideals, Olten 1989 (=1989b).
DREWERMANN E.: Leben das dem Tod entwächst. Predigten zur Passions- und Osterzeit, Düsseldorf 1991 (=1991a).
DREWERMANN E.: Milomaki oder vom Geist der Musik. Eine Mythe der Yahuna-Indianer. Mythen der Völker tiefenpsychologisch gedeutet, Olten-Freiburg 1991.
DREWERMANN E.: Psychoanalyse und Moraltheologie, Bd. I: Angst und Schuld, Mainz 1982, Bd. II: Wege und Umwege der Liebe, Mainz 1983, Bd. III: An den Grenzen des Lebens, Mainz 1984.
DREWERMANN E.: Religionsgeschichtliche und tiefenpsychologische Bemerkungen zur Trinitätslehre, in: BREUNING W. (Hg.): Trinität. Aktuelle Perspektiven der Theologie, Freiburg-Basel-Wien 1984, 115-142.
DREWERMANN E.: Strukturen des Bösen. Die jahwistische Urgeschichte in exegetischer, psychoanalytischer und philosophischer Sicht, 3 Bde., Paderborn 1977f., 1989², Sonderdruck 1991³.
DREWERMANN E.: Tiefenpsychologie und Exegese, Bd. I: Die Wahrheit der Formen. Traum, Mythos, Märchen, Sage und Legende; Bd. II: Die Wahrheit der Werke und der Worte. Wunder, Vision, Weissagung, Apokalypse, Geschichte, Gleichnis, Olten-Freiburg 1984f., Sonderausgabe Olten 1991.
DREWERMANN E.: Über die Unsterblichkeit der Tiere. Hoffnung für die leidende Kreatur. Vorwort von Luise Rinser, Olten-Freiburg 1990² (=1990²a).
DREWERMANN E.: Was uns die Zukunft gibt. Vom Reichtum des Lebens, hg. von A. Heller, Olten-Freiburg 1991 (=1991b).
DREWERMANN E.: Wort des Heils - Wort der Heilung. Von der befreienden Kraft des Glaubens, 3 Bde., Düsseldorf 1988 (= 1988a).
DREWERMANN E.: Worum es eigentlich geht. Protokoll einer Verurteilung, München 1992 (=1992b).
DREWERMANN E.: Zur Kritik von Frau Kassel, in: rhs 33(1990)2, 124-126.
DREWERMANN E.: Zwischen Staub und Sternen. Predigten für Gottsucher, Düsseldorf 1991 (=1991c).
DÜHRSSEN A.: Psychogene Erkrankungen bei Kindern und Jugendlichen. Einführung in die allgemeine und spezielle Neurosenlehre, Göttingen 1955².
EBERENZ U.: Das Menschenbild in der Psychoanalyse, in: Heilpädagogik 16 (1973)4, 342-349.
EDINGER E.F.: Schöpferisches Bewußtwerden. C.G. Jungs Mythos für den modernen Menschen, München 1986.
EGLI H.: Das Schlangensymbol. Geschichte - Märchen - Mythos, Olten-Freiburg 1982.
EICHER P. (Hg.): Der Klerikerstreit. Die Auseinandersetzung um Eugen Drewermann, München 1990.
EICKE D. (Hg.): Die Psychologie des 20. Jahrhunderts, Bd. 3; Zürich 1977.
ENGELMANN E.: Psychotherapie, in: HORNEY W. - RUPPERT J.P. - SCHULTZE W. (Hg.): Pädagogisches Lexikon, Gütersloh 1970, Bd. 2, Sp. 684f.
ERASMO W.: Rezension von A. Biesinger - G. Virt: Religionsgewinn durch religiöse Erziehung, Salzburg 1986, in: CPB 100(1987)5, 300.
ERASMO W.: Rezension von E. Ringel - A. Kirchmayr: Religionsverlust durch religiöse Erziehung. Tiefenpsychologische Ursachen und Folgerungen, Wien 1986⁴, in: CPB 99(1986)3, 234-235.
ERASMO W.: Zur Einführung in die katechetische Symboldidaktik, in: CPB 104(1991)1, 41-44.
ERIKSON E.H.: Der junge Mann Luther. Eine psychoanalytische und historische Studie, Frankfurt 1975.
ERIKSON E.H.: Kindheit und Gesellschaft, Stuttgart 1961 u. 1971⁴.

ERIKSON E.H: Identität und Lebenszyklus. Drei Aufsätze, Frankfurt 1973.

EXELER A.: Fehlformen religiöser Erziehung und Sozialisation - Anfragen an Pastoral und Religionspädagogik, in: CPB 92(1979)2, 76-88.

EYSENCK H.J.: The Behaviour Therapy and the Neuroses, London 1960.

FABRY J.B.: Das Ringen um Sinn. Logotherapie für den Laien, Stuttgart 1973.

FARAU A. - COHN R.: Gelebte Geschichte der Psychotherapie, Stuttgart 1984.

FEHRENBACHER G.: Drewermann verstehen. Eine kritische Hinführung, Olten-Freiburg 1991.

FERENCZI S.: Psychoanalyse und Pädagogik (1908), in: Bausteine zur Psychoanalyse, Bd. III (1939), Bern-Stuttgart 1964.

FINK H.: Voraussetzungen religiöser Erziehung im engeren Sinn, in: FINK H. u.a.: Themen der Religionspädagogik I, Wien-München 1980, 68-72.

FOERSTER F.W.: Psychoanalyse und Pädagogik, in: Österreichische Rundschau 35(1913).

FOERSTER F.W.: Psychoanalyse und Seelsorge, in: Evangelische Freiheit 9(1909).

FORDHAM F.: An Introduction to Jung's Psychology, London 1953.

FORDHAM F.: Eine Einführung in die Psychologie C.G. Jungs, mit einem Vorwort von C.G. Jung, Zürich-Stuttgart 1959.

FORTMANN H.: Geistige Gesundheit und religiöses Leben. Ein Beitrag zur pastoralen Psychotherapie, Freiburg 1968.

FRAAS H.-J.: Glaube und Identität, Göttingen 1983.

FRANKL V.E. - GEBSATTEL V.E. von - SCHULTZ J.H. (Hg.): Handbuch der Neurosenlehre und Psychotherapie, 5 Bde., München-Berlin 1959-61, Neuauflage 2 Bde., 1972.

FRANKL V.E.: ...trotzdem Ja zum Leben sagen. Ein Psychologe erlebt das Konzentrationslager, München 1986^5.

FRANKL V.E.: Ärztliche Seelsorge, Wien 1966^7 und Frankfurt 1983.

FRANKL V.E.: Bergerlebnis und Sinnerfahrung, Innsbruck-Wien 1992.

FRANKL V.E.: Das Leiden am sinnlosen Leben. Psychotherapie für heute, Freiburg-Basel-Wien 1977^2 (=1977a).

FRANKL V.E.: Das Menschenbild der Seelenheilkunde. Drei Vorlesungen zur Kritik des dynamischen Psychologismus, Stuttgart 1959.

FRANKL V.E.: Der leidende Mensch. Anthropologische Grundlagen der Psychotherapie, 2.erw.Aufl. von "Anthropologische Grundlagen der Psychotherapie", Bern 1984^2 (=1984^2a).

FRANKL V.E.: Der Mensch auf der Suche nach Sinn, zit.n. FRANKL V.E.: Psychotherapie für den Laien, Freiburg-Basel-Wien 1977, 15-25 (=1977c); auch in: FRANKL V.E.: Der leidende Mensch, Bern 1984, 9-19.

FRANKL V.E.: Der Mensch auf der Suche nach Sinn. Zur Rehumanisierung der Psychotherapie, Freiburg 1972.

FRANKL V.E.: Der Mensch vor der Frage nach dem Sinn. Eine Auswahl aus dem Gesamtwerk, München 1979^5 (=1979^5a).

FRANKL V.E.: Der Pluralismus der Wissenschaften und die Einheit des Menschen, in: KOESTLER A. - SMYTHIES J.R.: Das neue Menschenbild, Wien 1970 und in: FRANKL V.E.: Der Mensch vor der Frage nach dem Sinn. Eine Auswahl aus dem Gesamtwerk, München 1979^5 (=1979^5b).

FRANKL V.E.: Der unbedingte Mensch. Metaklinische Vorlesungen, Wien 1949.

FRANKL V.E.: Der unbewußte Gott, Wien 1948 u. München 7. veränd. Aufl. 1988^7.

FRANKL V.E.: Der Wille zum Sinn und seine Frustration durch die moderne Industriegesellschaft, in: Hemmende Strukturen in der heutigen Industriegesellschaft, Zürich 1969, 45ff.

FRANKL V.E.: Der Wille zum Sinn, in: FRANKL V.E.: Der Wille zum Sinn. Ausgewählte Vorträge über Logotherapie, 3. erw. Aufl. Bern 1982 (=1982^3c).

FRANKL V.E.: Der Wille zum Sinn. Ausgewählte Vorträge über Logotherapie, Bern-Stuttgart-Wien 1972 u. 3. erw. Aufl. Bern 1982 (=1982^3a).

FRANKL V.E.: Die Existenzanalyse und die Probleme der Zeit, in: FRANKL V.E.: Logos und Existenz, Wien 1951 (=1951b).

FRANKL V.E.: Die Psychotherapie im Alltag. Sieben Radiovorträge, Berlin-Zehlendorf 1952.

FRANKL V.E.: Die Psychotherapie in der Praxis, Wien 1961^2.

FRANKL V.E.: Die Sinnfrage in der Psychotherapie, München 1981 (=1981a).

FRANKL V.E.: Dimensionen des Menschseins, in: Jahrbuch für Psychologie und Psychotherapie I (1953), 186-194.

FRANKL V.E.: Eine autobiographische Skizze, in: FRANKL V.E.: Die Sinnfrage in der Psychotherapie, München 1981 (=1981a), 143-172.

FRANKL V.E.: Grundriß der Existenzanalyse und Logotherapie, in: FRANKL V.E.: Logotherapie und Existenzanalyse, München 1987, 57-184 (=1987b).

FRANKL V.E.: Grundriß der Existenzanalyse und Logotherapie, in: FRANKL V.E. - GEBSATTEL V.E. von - SCHULTZ J.H. (Hg.): Handbuch der Neurosenlehre und Psychotherapie III, München-Berlin 1959, 663ff.

FRANKL V.E.: Homo patiens, in: FRANKL V.E.: Der leidende

Mensch. Anthropologische Grundlagen der Psychotherapie, Bern 1984[2], 161-241 (=1984[2]b).
FRANKL V.E.: Homo patiens. Versuch einer Pathodizee, Wien 1950.
FRANKL V.E.: Kritische Bemerkungen zur psychosomatischen Medizin, in: Ärztliche Praxis VII(1955) 13 u. 14.
FRANKL V.E.: Logos und Existenz, Wien 1951 (=1951a).
FRANKL V.E.: Logotherapie und Existenzanalyse, München 1987 (=1987a).
FRANKL V.E.: Logotherapie und Existenzanalyse. Versuch einer Synopsis, in: Wiener Zeitschrift für Nervenheilkunde, 15(1958), 65ff.
FRANKL V.E.: Pathologie des Zeitgeistes. Rundfunkvorträge über Seelenheilkunde, Wien 1955.
FRANKL V.E.: Psychotherapy on Its Way to Rehumanization, in: FRANKL V.E.: Der Wille zum Sinn. Ausgewählte Vorträge über Logotherapie, 3. erw. Aufl. Bern 1982 (=1982[3]b).
FRANKL V.E.: Theorie und Therapie der Neurosen, München 1970[3].
FRANKL V.E.: Vom Sinn und Wert des Lebens, in: FRANKL V.E.: Die Sinnfrage in der Psychotherapie, München 1981 (=1981b).
FRANKL V.E.: Wissenschaft und Sinnbedürfnis, zit.n.: Conturen Nr. 38A, 11 (1990), 5-15.
FRANKL V.E.: Zeit und Verantwortung, Wien 1947.
FREUD A.: Das Ich und die Abwehrmechanismen, London 1952[2], München 1980.
FREUD A.: Einführung in die Technik der Kinderanalyse, Wien 1927[1], London 1948[3], München-Basel 1966[4].
FREUD A.: Psychoanalyse für Pädagogen, Bern-Stuttgart-Wien 1971[5] (1935[1]).
FREUD A.: Wege und Irrwege in der Kinderentwicklung, Stuttgart 1968.
FREUD S. - PFISTER O.: Briefe 1909 - 1939, Frankfurt 1963.
FREUD S.: Abriß der Psychoanalyse, Frankfurt a.M. 1953.
FREUD S.: Das Unbehagen an der Kultur, GW XIV, London 1952, 419-506.
FREUD S.: Der Mann Moses und die monotheistische Religion, GW XVI, London 1952, 101-246 u. Frankfurt 1989[6], 25-134.
FREUD S.: Die Zukunft einer Illusion, GW XIV, London 1952, 323-380.
FREUD S.: Drei Abhandlungen zur Sexualtheorie, Wien 1946[7].
FREUD S.: Eine Kindheitserinnerung des Leonardo da Vinci, GW VIII, London 1945, 1964[4], 127-211.
FREUD S.: Gesammelte Werke, 18 Bde., Frankfurt 1952-1968.
FREUD S.: Studienausgabe, 10 Bde., Frankfurt 1971-1976.
FREUD S.: Totem und Tabu, GW IX, London 1944.
FREUD S.: Über eine Weltanschauung, in: ders.: Neue Folge der Vorlesungen zur Einführung in die Psychoanalyse, GW XV, London 1944, 170ff.
FREUD S.: Vorlesungen zur Einführung in die Psychoanalyse 1917, GW XI, London 1969[5].
FREUD S.: Vorrede zu "Probleme der Religionspsychologie" von Dr. Theodor REICK, GW XII, London 1947, 325-330 u. Frankfurt 1989[6], 15-18.
FREUD S.: Zur Gewinnung des Feuers, GW XVI, London 1950, 1-9 u. Frankfurt 1989[6], 19-24.
FREUD S.: Zwangshandlungen und Religionsübungen, GW VII, London 1941, 129-142 u. Frankfurt 1989[6], 7-14.
FRIEDEMANN A.: Schicksalsanalytische Gesichtspunkte in der Psychotherapie, in: FRANKL V.E. - GEBSATTEL V.E. von - SCHULTZ J.H. (Hg.): Handbuch der Neurosenlehre und Psychotherapie, Bd. III, München-Berlin 1959, 335ff.
FROBOESE-THIELE F.: Träume als Quelle religiöser Erfahrung, Darmstadt 1972.
FROMM E. u.a.: Zen-Buddhismus und Psychoanalyse. Frankfurt 1972.
FROMM E.: Analytische Sozialpsychologie und Gesellschaftstheorie, Frankfurt/M. 1970.
FROMM E.: Anatomie der menschlichen Destruktivität, Reinbeck 1977.
FROMM E.: Das Christusdogma und andere Essays. München 1965.
FROMM E.: Das Menschliche in uns, Zürich 1967.
FROMM E.: Die Entdeckung des gesellschaftlichen Unbewußten. Zur Neubestimmung der Psychoanalyse, Weinheim 1990.
FROMM E.: Die Kunst des Liebens, Berlin 1989.
FROMM E.: Die Kunst des Liebens, Frankfurt-Berlin 1992[44], 1. Aufl. 1956.
FROMM E.: Haben oder Sein, München 1991[20], 1. Aufl. 1979.
FROMM E.: Haben und Sein, Stuttgart 1976.
FROMM E.: Märchen, Mythen und Träume, Zürich 1956.
FROMM E.: Marx's Concept of Man, New York 1961.
FROMM E.: Psychoanalyse und Ethik, Konstanz 1954 (Man for himself, New York 1947).
FROMM E.: Psychoanalyse und Religion, Zürich 1966 u. 1982[7].

FROMM E.: Sigmund Freuds Psychoanalyse. Größe und Grenzen, ... 1979.
FROMM E.: The Revolution of Hope, New York 1968.
FROMM E.: The Sane Society, New York 1955.
FROMM E.: Von der Kunst des Zuhörens. Therapeutische Aspekte der Psychoanalyse, Weinheim 1991.
FROMM-REICHMANN F.: Intensive Psychotherapie, Stuttgart 1959.
FÜCHTNER H.: Psychoanalytische Aspekte der Erziehung in der Grundschule, in: ROST D.H.: Erziehungspsychologie für die Grundschule. Studientexte zur Grundschuldidaktik, Regensburg 1982, 44-64.
FUNKE G.: Heilung - trotz Leiden, in: LÄNGLE A. (Hg.): Wege zum Sinn. Logotherapie als Orientierungshilfe, München 1985.
FURTMÜLLER C. - WEXBERG E.: Zur Entwicklung der Individualpsychologie, Frankfurt 1973.
GASQUERES E.A.: Kranksein - dennoch leben? In: LÄNGLE A. (Hg.): Wege zum Sinn. Logotherapie als Orientierungshilfe, München 1985.
GASTGEBER K.: Pastorale Krisenberatung nach der Gestalttherapie, in: GASTAGER H. (Hg.): Hilfe in Krisen. Wege und Chancen einer personalen Krisenintervention, Wien 1982, 117-135.
GAY P.: "Ein gottloser Jude". Sigmund Freuds Atheismus und die Entwicklung der Psychoanalyse, Frankfurt 1988.
GEBSATTEL V.E. von: Prolegomenon einer medizinischen Anthropologie, Berlin-Göttingen-Heidelberg 1954.
GOLDBRUNNER J.: Heiligkeit und Gesundheit, Freiburg 1946.
GOLDBRUNNER J.: Individuation. Die Tiefenpsychologie von C.G.Jung, Freiburg 1949.
GOLDBRUNNER J.: Personale Seelsorge, Freiburg 1954.
GOLDBRUNNER J.: Quellen religiöser Erfahrung, Freiburg-Basel-Wien 1977.
GOLDBRUNNER J.: Realisation, Freiburg 1966.
GOLDBRUNNER J.: Religiöse Grunderfahrungen, Freiburg-Basel-Wien 1977 (=1977a).
GOLDBRUNNER J.: Seelenführung. Die Bedeutung der Tiefenpsychologie für die Seelsorge, in: KatBl 76(1951)2, 62-68.
GÖRRES A. - KASPER W. (Hg.): Tiefenpsychologische Deutung des Glaubens? Anfragen an Eugen Drewermannn, Reihe: Quaestiones Disputatae 113, Freiburg-Basel-Wien 1988.
GÖRRES A. - RAHNER K.: Das Böse. Wege zu seiner Bewältigung in Psychotherapie und Christentum, Freiburg 1989.
GRABER G.H.: Gesammelte Schriften, 2. Bd.: Tiefenpsychologie von Mann und Frau, München 1976.
GRABER G.H.: Seelenspiegel des Kindes. Einblick in die tiefenpsychologische Erziehung und Kinderanalyse, Zürich 1946.
GRAF-NOLD A.: Der Fall Hermine Hug-Hellmuth. Eine Geschichte der frühen Kinder-Psychologie, München-Wien 1988.
GRODDECK G.: Das Buch vom Es, Wiesbaden 1961.
GROM B.: Die Archetypenlehre. Zur Sakralisierung des Unbewußten, in: Stimmen der Zeit, 206(1988)9/10, 604-612.
GROOTHOFF H. - STALLMANN M. (Hg.): Pädagogisches Lexikon, Stuttgart 1961.
GROSS E.: Tiefenpsychologische Aspekte der Erziehung I, Dimensionen der Pädagogik 15, Düsseldorf 1975.
GUARDINI R.: Sigmund Freud und die Erkenntnis der menschlichen Wirklichkeit, in: Jahrbuch für Psychologie und Psychotherapie, Heft 1/2, 1957.
GUSS K.: Gestalttheorie und Erziehung, Darmstadt 1975 (=1975a).
GUSS K.: Psychologie als Erziehungswissenschaft, Stuttgart 1975 (=1975b).
HAAG H.: Tiefenpsychologisches Bibelverständnis. Zur Diskussion um Eugen Drewermann, Neue Züricher Zeitung vom 18./19.6.1989.
HAAS G.: Die Weltsicht von Teilhard und Jung. Gegensätze, die sich vereinen, Olten-Freiburg 1991.
HABERMAS J.: Erkenntnis und Interesse, Frankfurt 1968.
HALBFAS H.: Das dritte Auge. Religionsdidaktische Anstöße, Düsseldorf 1982.
HALBFAS H.: Das Universale und das Konkrete. Zum Streit um Eugen Drewermanns Bibelhermeneutik, in: KatBl 113(1988)2, 119-125.
HARING C. - LEICKERT K.H.: Wörterbuch der Psychiatrie und ihrer Grenzgebiete, Stuttgart-New York 1968.
HARK H. (Hg.): Lexikon Jungscher Grundbegriffe. Mit Originaltexten von C.G. Jung, Olten-Freiburg 1988.
HARK H.: Der Traum als Gottes vergessene Sprache. Symbolpsychologische Deutung biblischer und heutiger Träume, Olten-Freiburg 1982 u. 1985[3].
HARK H.: Religiöse Neurosen, Stuttgart 1984.
HARK H.: Religiöse Traumsymbolik. Die Bedeutung der religiösen Traumsymbolik für die religiöse Erfahrung, Frankfurt 1980.
HARK H.: Traumbild Baum. Vom Wurzelgrund der Seele, Reihe Träume als Wegweiser, Olten-Freiburg 1986.
HARK H.: Vom Kirchentraum zur Traum-Kirche. Träume tiefenpsychologisch gedeutet, Olten-Freiburg 1987.
HARSCH H.: Das Schuldproblem in Theologie und Tiefenpsychologie, Heidelberg 1965.

HEIMBROCK G.: Phantasie und christlicher Glaube. Zum Dialog zwischen Theologie und Psychoanalyse, München-Mainz 1977.
HEISTERKAMP G.: Individualpsychologie in der Grundschule, in: ROST D.H.: Erziehungspsychologie für die Grundschule, Bad Heilbrunn 1982, 133-164.
HEYER G.R.: Komplexe Psychologie (C.G. Jung), in: FRANKL V.E. - GEBSATTEL V.E. von - SCHULTZ J.H. (Hg.): Handbuch der Neurosenlehre und Psychotherapie, Bd. III, München-Berlin 1959, 285ff.
HINTERLEITHNER W.: Menschenbild und Machtübertragung. Eine Würdigung der Psychologie L. Szondis, in: Wissenschaft und Weltbild 11(1958)1, 39ff.
HIRBLINGER H.: Pubertät und Schülerrevolte. Gruppenphantasien und Ich-Entwicklung in einer Schulklasse - eine Falldarstellung, Mainz 1992.
HOCHSTETTER W.K.: Die psychoanalytischen Grundlagen der Erziehung. Darstellung mit Quellentexten, Starnberg, 2.erw.Aufl. 1972.
HÖFER A. - GLETTLER M. - HADOLT K.: Religionspädagogik und Gestaltpädagogik, Reihe 'Im Blickpunkt' 2, hg. v. Religionspädagogischen Institut Graz, 1985.
HÖFER A. - THIELE J.: Spuren der Ganzheit. Impulse für eine ganzheitliche Religionspädagogik, München 1982.
HÖFER A. u.a.: Die neuen Glaubensbücher. Einführung in die integrative Religionspädagogik. 5. - 8. Schulstufe, Graz-Wien-Köln 1979.
HÖFER A. u.a.: Gestalt des Glaubens. Beispiele aus der Praxis gestaltorientierter Katechese, München 1982.
HÖFER A. u.a.: Glaubensbuch 5 - 8, Graz-Wien-Köln 1977-1981.
HÖFER A.: Biblische Katechese, Salzburg 1966.
HOFMANN B.F.: Ein Bibliodrama vorbereiten, in: CPB 104(1991)3, 126-130.
HOFSTÄTTER P.R.: Die amerikanischen Tochterschulen der Psychoanalyse, in: FRANKL V.E. - GEBSATTEL V.E. von - SCHULTZ, J.H. (Hg.): Handbuch der Neurosenlehre und Psychotherapie, Bd. III, München-Berlin 1959, 507ff.
HOFSTÄTTER P.R.: Einführung in die Tiefenpsychologie. Erkenntnis und Besinnung, Bd. I, Wien 1953².
HOMANS P.: Freud und Tillich als Marksteine auf dem Weg zu einer Religionspsychologie; Übersetzung aus dem Amerikanischen, in: NASE E. - Scharfenberg J. (Hg.): Psychoanalyse und Religion, Darmstadt 1977, 311-342.
HOMANS P.: The Dialogue between Theology and Psychology, Chicago-London 1968.
HORNEY K.: Neue Wege der Psychoanalyse, München o.J.
HORNEY K.: New Ways in Psychoanalysis, New York 1939.
HORNEY K.: Our Inner Conflicts, New York 1945.
HORNEY W. - RUPPERT J. - SCHULTZE W. (Hg.): Pädagogisches Lexikon, 2 Bde., Gütersloh 1970.
HOSTIE R.: C.G. Jung und die Religion, München 1957.
HOWE J. (Hg.): Therapieformen im Dialog. Anwendung und Integration von Gesprächstherapie, Psychoanalyse und Verhaltenstherapie, München 1982.
HUBER W.: Die psychoanalytische Pädagogik in Österreich von 1933-38, in: ADAM E. (Hg.): Die österreichische Reformpädagogik 1913-38. Beiträge zur Geschichte der Pädagogik, Bd.I, Wien-Köln 1981.
Internationale Zeitschrift für Individualpsychologie, Bd. I 1916; Bd. II 1923-24; Bd. III-XV 1925-37; Bd. XVI-XX 1947-51.
JAKOBI J.: Der Weg zur Individuation, Zürich 1965.
JAKOBI J.: Die Psychologie von C.G. Jung, Frankfurt 1987.
JAKOBY M.: Auch Psychotherapeuten sind Menschen. Übertragung und menschliche Beziehung in der Jung'schen Analyse, Olten-Freiburg 1987.
JASCHKE H.: "Aus der Tiefe rufe ich, Herr, zu Dir." Psychotherapie aus den Psalmen, Freiburg 1989.
JASCHKE H.: Dunkle Gottesbilder. Psychotherapeutische Hilfen bei religiösen Neurosen, Freiburg 1992.
JASCHKE H.: Psychotherapie aus dem neuen Testament, Freiburg-Basel-Wien 1987³.
JELLOUSCHEK H.: Semele, Zeus und Hera. Die Rolle der Geliebten in der Dreiecksbeziehung (Zauber der Mythen), Stuttgart-Zürich 1987.
JEZIOROWSKI J.: Eugen Drewermann - der Streit um den Glauben geht weiter, Gütersloh 1992.
JONES E.: Das Leben und Werk von Sigmund Freud, 3 Bde., Bern 1960.
JORDAHL D.: Psychotherapeuten denken religiös. Eine überraschende Bilanz, Olten-Freiburg 1990.
JUNG C.G.: Seminare Traumanalyse. Nach Aufzeichnungen des Seminars 1928-1930, hg. v. MCGUIRE W., Olten-Freiburg 1990.

JUNG C.G.: Analytical Psychology. Its Theory and Practice, London 1986.
JUNG C.G.: Analytische Psychologie und Erziehung, Heidelberg 1927.
JUNG C.G.: Beziehungen der Psychotherapie zur Seelsorge, in: KADINSKY D.: Die Entwicklung des Ich beim Kinde. Ein Beitrag zur analytischen Kinderpsychologie, Bern-Stuttgart 1964.
JUNG C.G.: Beziehungen der Psychotherapie zur Seelsorge, Zürich-Stuttgart 1932, 1948.
JUNG C.G.: Briefe, 3 Supplementbände zu den Gesammelten Werken (= GW/B),
Band I: Briefe 1906-1945, Olten-Freiburg 1972 u. 1981
Band II: Briefe 1946-1955, Olten-Freiburg 1972 u. 1980
Band III: Briefe 1956-1961, Olten-Freiburg 1973 u. 1980
JUNG C.G.: Das Böse, Zürich-Stuttgart 1961.
JUNG C.G.: Das C.G. Jung Lesebuch (ausgewählt von Franz Alt), Olten-Freiburg 1986 (=1986a).
JUNG C.G.: Dictionary of Analytical Psychology, London 1987.
JUNG C.G.: Die Archetypen und das Kollektive Unbewußte, Olten-Freiburg 1975.
JUNG C.G.: Einige Aspekte der modernen Psychologie 1930, in: NIEHUS-JUNG M. - HURWITZ-EISNER L. - RIKLIN F. (Hg.): Gesammelte Werke, Bd. XVI, Zürich-Stuttgart 1958, 30-37.
JUNG C.G.: Erinnerungen, Träume, Gedanken von C.G. Jung, hg. von Aniela Jaffé, Zürich 1962 u. Olten-Freiburg 1990[7].
JUNG C.G.: Gesammelte Werke (= GW), Olten 1921-1983:
Bd. I: Psychiatrische Studien, 1966 u. 1981.
Bd. II: Experimentelle Untersuchungen, 1979.
Bd. III: Psychogenese der Geisteskrankheiten, 1968 u. 1979.
Bd. IV: Freud und die Psychoanalyse, 1969 u. 1979.
Bd. V: Symbole der Wandlung, 1952 u. 1981.
Bd. VI: Psychologische Typen, 1921 u. 1981.
Bd. VII: Zwei Schriften über Analytische Psychologie, 1964 u. 1981.
Bd. VIII: Die Dynamik des Unbewußten, 1967 u. 1982.
Bd. IX/1: Die Archetypen und das kollektive Unbewußte, 1976 u. 1983.
Bd. IX/2: Aion. Beiträge zur Symbolik des Selbst, 1951 u. 1983.
Bd. X: Zivilisation im Übergang, 1974 u. 1981.
Bd. XI: Zur Psychologie westlicher und östlicher Religion, 1963, 1971 u. 1983.
Bd. XII: Psychologie und Alchemie, 1944, 1952 u. 1980.
Bd. XIII: Studien über alchemistische Vorstellungen, 1978 u. 1982.
Bd. XIV: Mysterium coniunctionis (2 Halbbände u. Ergänzungsband), 1955 u. 1978.
Bd. XV: Über das Phänomen des Geistes in Kunst und Wissenschaft, 1971 u. 1979.
Bd. XVI: Praxis der Psychotherapie, 1958 u. 1979.
Bd. XVII: Über die Entwicklung der Persönlichkeit, 1972 u. 1982.
Bd. XVIII: Das symbolische Leben, 1981.
Bd. XIX: Bibliographie, 1983.
JUNG C.G.: Gesammelte Werke, Sonderausgabe hg. von Lilly Jung-Merker, Elisabeth Rüf und Leonie Zander, 20 Bde., Olten-Freiburg 1991.
JUNG C.G.: Grundsätzliches zur praktischen Psychotherapie, in: NIEHUS-JUNG M. - HURWITZ-EISNER L. - RIKLIN F. (Hg.): Gesammelte Werke, Bd. XVI, Zürich-Stuttgart 1958, 1-20.
JUNG C.G.: Grundwerk (= G), hg. von Helmut Barz u.a., 9 Bde., Olten-Freiburg 1984-1985.
Bd. I: Grundfragen zur Praxis, 1984.
Bd. II: Archetypen und Unbewußtes, 1984.
Bd. III: Persönlichkeit und Übertragung, 1984.
Bd. IV: Menschenbild und Gottesbild, 1984.
Bd. V: Traumsymbole des Individuationsprozesses, 1984.
Bd. VI: Erlösungsvorstellungen in der Alchemie, 1984.
Bd. VII: Symbol und Libido, 1985.
Bd. VIII: Heros und Mutterarchetyp, 1985.
Bd. IX: Mensch und Kultur, 1985.
JUNG C.G.: Über die Psychologie des Unbewußten, Zürich 1943, Zürich 1958[6].
JUNG C.G.: Vom Leiden und Heilen. Einsichten und Weisheiten, hg.v. Franz ALT, Olten-Freiburg 1991 (=1991a).
JUNG C.G.: Von Gut und Böse. Einsichten und Weisheiten, hg.v. Franz ALT, Olten-Freiburg 1990 (=1990a).
JUNG C.G.: Von Mensch und Gott. Ein Lesebuch (ausgewählt von Franz Alt), Olten-Freiburg 1989.
JUNG C.G.: Von Religion und Christentum, Einsichten und Weisheiten, hg.v. Franz ALT, Olten-Freiburg 1989[3].
JUNG C.G.: Von Sexualität und Liebe. Einsichten und Weisheiten, hg.v. Franz ALT, Olten-Freiburg 1989[3] (=1989[3]a).
JUNG C.G.: Von Sinn und Wahn-Sinn. Einsichten und Weisheiten, hg.v. Franz ALT, Olten-Freiburg 1988 (=1988a).
JUNG C.G.: Von Traum und Selbsterkenntnis. Einsichten und Weisheiten, hg.v. Franz ALT, Olten-Freiburg 1989[4].
JUNG C.G.: Von Vater, Mutter und Kind. Einsichten und Weisheiten, hg.v. Franz ALT, Olten-Freiburg 1990[2].

JUNG C. G.: Psychologie und Religion, Zürich 1940.
JUNG C. G.: Psychologische Typen, Zürich 1960⁹.
JUNG C. G.: Psychology and Western Religion, London 1988.
JUNG C. G.: Seminare Kinderträume, hg. v. JUNG L. - MEYER-GRAS M., Olten-Freiburg 1987.
KAEGAN R.: Die Entwicklungsstufen des Selbst. Fortschritte und Krisen im menschlichen Leben, München 1986.
KAGAN J. - HAVEMAN E.: Psychology: An Introduction, New York 1976³.
KAISER A.: Das Gemeinschaftsgefühl - Entstehung und Bedeutung für die menschliche Enwicklung. Eine Darstellung wichtiger Befunde aus der modernen Psychologie, Zürich 1981.
KAPLAN E.A.: Psychoanalysis and Cinema, London 1990.
KASPAR P.P.: Der Fall Drewermann, in: KatBl 115(1990)5, 339-343.
KASSEL M.: Bibel und Tiefenpsychologie. Eine Sichtung des Streits um Eugen Drewermann, in: rhs 33(1990)1, 48-57.
KASSEL M.: Biblische Urbilder. Tiefenpsychologische Auslegung nach C.G. Jung, München 1980.
KASSEL M.: Das Auge im Bauch. Erfahrungen mit tiefenpsychischer Spiritualität, Olten-Freiburg 1986.
KAST V.: Die Dynamik der Symbole. Grundlagen der Jung'schen Psychotherapie, Olten-Freiburg 1990.
KAST V.: Mann und Frau im Märchen. Eine tiefenpsychologische Deutung, Olten-Freiburg 1983.
KAST V.: Sisyphos. Der alte Stein - der neue Weg (Zauber der Mythen), Stuttgart-Zürich 1986.
KAST V.: Traumbild Auto. Von unserem täglichen Unterwegssein, Reihe Träume als Wegweiser, Olten-Freiburg 1987.
KAST V.: Traumbild Wüste. Von Grenzerfahrungen unseres Lebens, Reihe Träume als Wegweiser, Olten-Freiburg 1986.
KAST V.: Wege aus Angst und Symbiose. Märchen psychologisch gedeutet, Olten-Freiburg 1982.
KAUFMANN R.: Die Krise des Tüchtigen. Paulus und wir im Verständnis der Tiefenpsychologie, Olten-Freiburg 1983.
KEILBACH W.: Tiefenpsychologie und religiöses Erleben, in: ders.: Religiöses Erleben, Paderborn 1973, 68-87.
KEINTZEL R.: C.G. Jung - Ergebnisse seiner Psychologie, Bonn 1977.
KEINTZEL R.: C.G. Jung. Retter der Religion? Auseinandersetzung mit Werk und Wirkung. Reihe Unterscheidung. Christliche Orientierung im religiösen Pluralismus. Mainz-Stuttgart 1991.
KEINTZEL R.: Das sogenannte Unbewußte in der theologischen Diskussion, in: CONDRAU G. (Hg.): Die Psychologie des 20. Jahrhunderts, Bd. XV, München 1976ff., 146-157.
KEMPER W.: Psychoanalyse. Gegenwärtiger Stand und Entwicklungstendenzen in Lateinamerika, in: FRANKL V.E. - GEBSATTEL V.E. von - SCHULTZ J.H. (Hg.): Handbuch der Neurosenlehre und Psychotherapie, Bd. I, München-Berlin 1959, 226ff.
KESTENBERG J.S. - KESTENBERG-AMIGHI J.: Kinder zeigen, was sie brauchen. Wie Eltern kindliche Signale richtig deuten, Salzburg 1991.
KIEHN A. - LAEUCHLI S. u.a.: Bibliodrama, Stuttgart 1987.
KLAUSHOFER H.: Zum Konzept einer "Gestaltkatechese", in: CPB 100(1987)3, 169f.
KLAUSHOFER J.W.: Verkündigung und Gestalt. Katechese (Religionsunterricht) am Beispiel Albert Höfers, Dissertation, Salzburg 1986.
KLEIN M.: Das Seelenleben des Kindes und andere Beiträge zur Psychoanalyse, Stuttgart 1962.
KLEIN M.: Psychoanalyse des Kindes. Beiträge zur Kinderpsychotherapie, Bd. X, München-Basel 1971².
KLESSMANN M.: Identität und Glaube. Zum Verhältnis von psychischer Struktur und Glaube, München 1980.
KLUSSMANN R.: Psychoanalytische Entwicklungspsychologie. Neurosenlehre, Psychotherapie. Eine Übersicht, Berlin-Heidelberg-New York 1988.
KOHUT H.: Die Heilung des Selbst, Frankfurt 1979.
KOHUT H.: Die Zukunft der Psychoanalyse, Frankfurt 1975.
KOHUT H.: Formen und Umformungen des Narzißmus, in: Psyche 20(1966), 561-587.
KOHUT H.: Narzißmus, Frankfurt 1973.
KOLBE Ch.: Heilung oder Hindernis. Religion bei Freud, Adler, Fromm, Jung und Frankl, Stuttgart 1986.
KORHERR E.J.: Das Menschheitsdrama im mythischen Spiel, in: CPB 104(1991)3, 130f.
KORHERR E.J.: Methodik des Religionsunterrichts, Wien 1977.
KORHERR E.J.: Pädagogische Psychologie für Theologen. Entwicklungspsychologische Grundlagen, Graz 1990.

KORHERR E.J.: Religionspädagogik. Materialien zur Pädagogik, Wien 1974.
KOVACS G.: Der Sinn der Arbeit, in: LÄNGLE A. (Hg.): Wege zum Sinn. Logotherapie als Orientierungshilfe, München 1985.
KREMER J.: "Ein anderes Evangelium". Rezension des Buches von E. Drewermann, Das Matthäusevangelium, in: Kathpress Nr. 100 (25.5. 1992), 10f.
KREUZER F.: Im Anfang war der Sinn. Von der Psychoanalyse zur Logotherapie. Franz Kreuzer im Gespräch mit Viktor E. Frankl, Wien 1982.
KROEGER M.: Themenzentrierte Seelsorge, Stuttgart-Bern-Köln-Mainz 1976^2.
KRÜLL M.: Freud und sein Vater, München 1979.
KÜENZLEN G.: Humanistische Psychologie - Psychoboom und Weltanschauung, in: Werkmappe "Sekten und religiöse Sondergemeinschaften in Österreich", Dokumentation 1/85, Wien 1985, 1-22.
KÜHN R.: Freiraum durch Selbstdistanzierung, in: LÄNGLE A. (Hg.): Wege zum Sinn. Logotherapie als Orientierungshilfe, München 1985.
KÜNG H.: Existiert Gott? Antwort auf die Gottesfrage der Neuzeit, München 1983^2.
KÜNKEL F. u.a.: Grundbegriffe der Individualpsychologie und ihre Anwendung in der Erziehung, Berlin o.J.
KÜNKEL F.: Charakter, Einzelmensch und Gruppe, Leipzig 1933 u. Stuttgart 1976.
KÜNKEL F.: Charakter, Wachstum, Erziehung, Leipzig 1931 u. 1976.
KÜNKEL F.: Die Arbeit am Charakter. Die neue Psychotherapie in ihrer Anwendung auf Erziehung, Selbsterziehung und seelische Hilfeleistung, Berlin 1951 u. Konstanz 1960.
KÜNKEL F.: Einführung in die Charakterkunde. Auf individualpsychologischer Grundlage, Leipzig 1928.
KÜNKEL F.: Jugendcharakterkunde. Theorie und Praxis des Erwachsenwerdens, Schwerin 1930.
KÜNKEL F.: Technik der Erziehung, Leipzig 1929.
KURZ W.K.: Seel-Sorge als Sinn-Sorge, in: LÄNGLE A. (Hg.): Wege zum Sinn. Logotherapie als Orientierungshilfe, München 1985.
KURZ W.K.: Suche nach Sinn. Seelsorgliche, logotherapeutische, pädagogische Perspektiven. Ausgewählte Aufsätze. Studien zur Theologie, Bd. 5, Würzburg 1991.
LACHMAYER E.: Schüler schreiben Psalmen. Schulbeispiel, in: HÖFER A. u.a.: Gestalt des Glaubens. Beispiele aus der Praxis gestaltorientierter Katechese, München 1982, 74-78.
LADENHAUF K.H.: Integrative Gestalttherapie in der pastoralpsychologischen Weiterbildung: Grundlagen und Konzepte des Grazer Modells 'Hochschulkurs für Pastoralpsychologie: Weiterbildung in integrativer Gestalttherapie für beratende Seelsorge und Praxisbegleitung', Dissertation, Graz 1985.
LADENHAUF K.H.: Integrative Therapie und Gestalttherapie in der Seelsorge. Grundfragen und Konzepte für die Fortbildung und Praxis, Paderborn 1988.
LAEUCHLI S.: Die Bühne des Unheils. Das Menschheitsdrama im mythischen Spiel, Stuttgart 1988.
LAGACHE D. - PONTALIS J.B.: Das Vokabular der Psychoanalyse, Paris 1967.
LAIBLIN W. (Hg.): Märchenforschung und Tiefenpsychologie, Darmstadt 1972.
LÄNGLE A. (Hg.): Wege zum Sinn. Logotherapie als Orientierungshilfe, München 1985 (= 1985a).
LÄNGLE A.: Orientierung am Sinn, in: LÄNGLE A. (Hg.): Wege zum Sinn. Logotherapie als Orientierungshilfe, München 1985 (= 1985b)
LÄNGLE A.: Sinnvoll leben, St. Pölten-Wien 1987.
LAUER W.: Glaube und menschliches Schicksal. Zum Glaubensverständnis der Schicksalsanalyse Szondis, in: GRÜNDEL J. u.a. (Hg.): Humanum. Moraltheologie im Dienst des Menschen, Düsseldorf 1972, 116-130.
LAZARSFELD S.: Technik der Erziehung, Leipzig 1929.
LEHRPLAN für den katholischen Religionsunterricht an AHS, kommentierte Ausg., hg. v. Interdiözesanen Amt für Unterricht und Erziehung, Wien-Salzburg 1983.
LEIST M.: Kein Glaube ohne Erfahrung, Kevelaer 1972.
LENK E.: Die unbewußte Gesellschaft, München 1983.
LEPP I.: Psychoanalyse des modernen Atheismus, Würzburg 1963.
LERSCH P.: Aufbau der Person, München 1954.
Lexikon der Pädagogik, 4 Bde., Freiburg i.Br. 1952-54 (Ergänzungsbd. 1964), neubearb. Aufl. 1970 u. 71, 4 Bde.
LOHFINK G. - PESCH R.: Tiefenpsychologie und keine Exegese, eine Auseinandersetzung mit Eugen Drewermann, Stuttgart 1987.
LÜCK H.E.: Zur Geschichte der Psychoanalyse, in: LÜCK E.H. - GRÜNEWALD H. u.a.: Sozialgeschichte der Psychologie, Opladen 1987.
LUKAS E.: Auch dein Leben hat Sinn. Logotherapeutische Wege zur Gesundung, Freiburg-Basel-Wien 1980.
LUKAS E.: Auch deine Familie braucht Sinn. Logotherapeutische Hilfen in Ehe und Erziehung, Freiburg-Basel-Wien 1981.

LUKAS E.: Von der Trotzmacht des Geistes. Menschenbild und Methoden der Logotherapie, Freiburg-Basel-Wien 1986.
LÜTHI M.: Das europäische Volksmärchen, Bern 1946[1], 1968[2].
MAURER B.: Gott als Archetypus, in: Zeitschrift f. Religionspädagogik (1975)4, 205-213.
MEERWEIN F.: Neuere Überlegungen zur psychoanalytischen Religionspsychologie, in: NASE E. - SCHARFENBERG J. (Hg.): Psychoanalyse und Religion, Darmstadt 1977, 343-369, Erstveröffentlichung in: Zeitschrift für Psychosomatische Medizin und Psychoanalyse 17(1971), 363-380.
MEIER C.A.: Die Bedeutung des Traumes, Olten-Freiburg 1979[3].
MEISSNER W.: Psychoanalysis and Religious Experience, New Haven-London 1984.
MENG H. - SCHNEIDER E. (Hg.): Zeitschrift für psychoanalytische Pädagogik, 1926-37.
MESSING M.: Von Buddha bis Jung, Olten-Freiburg 1991.
MEVES Ch.: Erziehen lernen aus tiefenpsychologischer Sicht, München 1975[5].
MEVES Ch.: Seelische Gesundheit und biblisches Heil, Freiburg 1979 u. Freiburg-Basel-Wien 1981[3].
MEYER zu Utrup K.: Gestalthomiletik. Wie wir heute predigen können, Stuttgart 1986.
MILLER J.: Katholische Beichte und Psychotherapie, Innsbruck-Wien 1947.
MITSCHERLICH A. (Hg.): Entfaltung der Psychoanalyse. Das Wirken Sigmund Freuds in der Gegenwart, Stuttgart 1956.
MITSCHERLICH A.: Auf dem Weg zur vaterlosen Gesellschaft, München 1963.
MITSCHERLICH A.: Kritische Anmerkungen zur Problementfaltung in der Tiefenpsychologie, in: Psyche V(1951)4.
MITSCHERLICH A.: Widerstand und Einsicht. Zu Sigmund Freuds Anliegen in der Psychoanalyse, in: Studium Generale 3(1950), 358ff.
MONDIN B.: Theologie auf Freud'scher Grundlage, in: L'Osservatore Romano, deutsche Ausgabe, 5(14.2.1975)7, 8; ital. Fassung vom 10.7.1974.
MOSER T.: Gottesvergiftung, Frankfurt 1976.
MÜLLER E.: Die Psychologie des Volksmärchens, o.O. 1928.
MÜLLER L.: Der Held. Jeder ist dazu geboren (Zauber der Mythen), Stuttgart-Zürich 1987.
MÜLLER W. (Hg.): Psychotherapie in der Seelsorge, Düsseldorf 1992.
MÜLLER-GOLDKUHLE P.: Das Gespräch muß weitergehen. Anmerkungen zu Eugen Drewermann und seinen Kritikern, in: Herder Korrespondenz 42(1988), 531-536.
MÜLLER-POZZI H.: Gott - Erbe des verlorenen Paradieses. Ursprung und Wesen der Gottesidee im Lichte psychoanalytischer Konzepte, in: Wege zum Menschen 33(1981), 191-203.
MÜLLER-POZZI H.: Psychologie des Glaubens, München-Mainz 1975.
NASE E. - SCHARFENBERG J. (Hg.): Psychoanalyse und Religion, Darmstadt 1977.
NEILL A.S.: Erziehung in Summerhill, München 1965.
NEILL A.S.: Theorie und Praxis der antiautoritären Erziehung, München 1965.
NEUMANN E.: Tiefenpsychologie und Ethik, Zürich 1949.
NEUMANN E.: Ursprungsgeschichte des Bewußtseins, Olten-Freiburg 1971.
NIEHL F.W.: Wie tiefenpsychologisch darf die Exegese sein? In: KatBl 112(1987)12, 971-973.
NIGG W.: Drei große Zeichen, Olten 1974[2].
NIPKOW K.E.: Erwachsenwerden ohne Gott? Gotteserfahrung im Lebenslauf, München 1987.
NOHL H.: Gedanken für die Erziehungstätigkeit des Einzelnen mit besonderer Berücksichtigung der Erfahrungen von Freud und Adler, in: ders.: Pädagogik aus dreißig Jahren, Frankfurt 1949.
NUBER U.: "Wahre Leidenschaft kann sich nicht an Normen halten". Ein Gespräch mit der Sigmund Freud-Enkelin Sophie Freud über ihre Untersuchung menschlicher Leidenschaften, die Familie Freud und die Psychoanalyse, in: Psychologie heute 15(1988)10, 34-39.
NUNBERG G. - FEDERN E. (Hg.): Protokolle der Wiener psychoanalytischen Vereinigung, 3 Bde., Frankfurt 1976-1979.
OAKLANDER V.: Gestalttherapie mit Kindern und Jugendlichen, Stuttgart 1984[2].
OBERTHÜR R.: Angst vor Gott? Über die Vorstellung eines strafenden Gottes in der religiösen Entwicklung und Erziehung, Religionspädagogische Perspektiven 4, Essen 1986.
OBRIST W.: Archetypen. Kultur- und Naturwissenschaften bestätigen C.G. Jung, Olten-Freiburg 1990.
OLIVIER Ch.: Jokastes Kinder, München 1989.

ORGLER Ch.: Die existenzanalytische Anthropologie als ätiologischer Erklärungsbeitrag für psychopathologische Prozesse. Der existenzanalytische Fragebogen, Diplomarbeit an der Grund- und Integrativwissenschaftlichen Fakultät der Universität Wien, Wien 1988, 5-53.

PANNENBERG W.: Anthropologie in theologischer Perspektive, Göttingen 1983.

PEARSON G.H.J.: Psychoanalysis and the Education of the Child, New York 1954.

PERLS F. - HEFFERLINE R.F. - GOODMAN P.: Gestalt-Therapie. Wiederbelebung des Selbst, Stuttgart 1979 (amerik. Erstaufl. 1951).

PERLS F. - HEFFERLINE R.F. - GOODMAN P.: Gestalttherapie. Lebensfreude und Persönlichkeitsentfaltung, Stuttgart 1979 (amerik. Erstaufl. 1951).

PERLS F.S.: Das Ich, der Hunger und die Aggression. Die Anfänge der Gestalt-Therapie, Stuttgart 1978.

PERLS F.S.: Gestalt, Wachstum, Integration, Paderborn 1980.

PERLS F.S.: Gestalt-Therapie in Aktion. Konzepte der Humanwissenschaften, Stuttgart 1976[2].

PERLS F.S.: Grundlagen der Gestalt-Therapie. Einführung und Sitzungsprotokoll, München 1976.

PERRY Ch.: Auf die innere Stimme hören. Pastoralpsychologische Praxis nach C.G. Jung, Freiburg 1992.

PETZOLD H. - BROWN G. (Hg.): Gestalt-Pädagogik, Konzepte der integrativen Erziehung, München 1977.

PETZOLD H.: Gestalttherapie und Psychodrama, Kassel 1973.

PFISTER O.: Das Umdenken der Tiefenpädagogik, in: Die neue Erziehung 10(1928).

PFISTER O.: Die psychoanalytische Methode, Leipzig-Berlin 1913.

PFISTER O.: Was bietet die Psychoanalyse dem Erzieher? Leipzig-Berlin 1917; 3. Aufl. unter dem Titel: Die Psychoanalyse im Dienste der Erziehung, Leipzig 1929.

PIONTELLI A.: From Fetus to Child, London 1992.

POUPLIER M.: Traumbild Fisch. Vom Leben in der Tiefe unserer Seele, Reihe Träume als Wegweiser, Olten-Freiburg 1986.

PREUL R.: Religion - Bildung - Sozialisation, Gütersloh 1980.

PSYCHE. Zeitschrift für Psychoanalyse und ihre Anwendungen.

RAFFAY A. von: Traumbild Unterwelt. Von den dunklen Göttern der Tiefe, Reihe Träume als Wegweiser, Olten-Freiburg 1986.

RAHNER K. - VORGRIMMLER H.: Kleines Konzilskompendium. Sämtliche Texte des Zweiten Vatikanums, Freiburg-Basel-Wien 1987[20].

RANDAK O.: Therapeutisch orientierte Religionspädagogik, Düsseldorf 1980.

RAPAPORT D.: Die Struktur der psychoanalytischen Theorie, Stuttgart 1959.

RASCHE J.: Prometheus. Der Kampf zwischen Sohn und Vater (Zauber der Mythen), Stuttgart 1988.

RATTNER J.: Alfred Adler zu Ehren, Berlin 1986.

RATTNER J.: Alfred Adler, Reinbeck 1972.

RATTNER J.: Individualpsychologie. Eine Einführung in die tiefenpsychologische Lehre von A. Adler, München 1963.

RATTNER J.: Klassiker der Tiefenpsychologie, München 1990.

RATTNER J.: Psychotherapie und Psychohygiene im Geiste Alfred Adlers, Berlin 1991.

RATTNER J.: Tiefenpsychologie und Religion, München 1987.

RATTNER J.: Was ist Tugend, was ist Laster? Tiefenpsychologie und Psychotherapie als angewandte Ethik, München 1989.

REBELL W.: Psychologisches Grundwissen für Theologen, München 1988.

REHM W.: Die psychoanalytische Erziehungslehre. Anfänge und Entwicklung, München 1968.

RICK H.-J. (Hg.): Dokumentation zur jüngsten Entwicklung um Dr. Eugen Drewermann, Paderborn 1991 u. 1992[2].

RICOEUR P.: Der Atheisimus der Psychoanalyse Freuds, in: NASE E. - SCHARFENBERG J. (Hg.): Psychoanalyse und Religion, Darmstadt 1977, 206-218; Erstveröffentlichung in: Concilium 2(1966), 430-435.

RICOEUR P.: Die Interpretation. Ein Versuch über Freud, Frankfurt 1974[2].

RIEDEL I.: Bilder in Therapie, Kunst, Religion, Reihe: Symbole, Stuttgart 1988a.

RIEDEL I.: Demeters Suche. Mütter und Töchter (Zauber der Mythen), Stuttgart-Zürich 1986.

RIEDEL I.: Farben. In Religion, Gesellschaft, Kunst und Psychotherapie, Reihe Symbole, Stuttgart 1987.

RIEDEL I.: Formen. Kreis, Kreuz, Dreieck, Quadrat, Spirale, Reihe Symbole, Stuttgart 1988 (=1988b).

RIEDEL I.: Traumbild Fuchs. Von der Klugheit unserer Instinkte, Reihe: Träume als Wegweiser, Olten-Freiburg 1986.

RIENER E.: Von Freud zu Frankl, CPB 63(1949), 199f.

RIESZ G.: Traumbild Feuer. Von der elementaren Wandlungskraft, Reihe Träume als Wegweiser, Olten-Freiburg 1986.

RINGEL E. - KIRCHMAYR A.: Religionsverlust durch religiöse Erziehung. Tiefenpsychologische Ursachen und Folgerungen, Wien 1985, 1986[4].

RINGEL E. - LUN W. van: Die Tiefenpsychologie hilft dem Seelsorger, Wien 1953.

RINGEL E.: Religiöse Probleme in der Psychotherapie vom individualpsychologischen Standpunkt, in: BITTER W. (Hg.): Psychotherapie und religiöse Erfahrung, Stuttgart 1965, 87-96.

RINGEL E.: Tiefenpsychologie heute. Zum 100. Geburtstag Alfred Adlers, in: Wissenschaft und Weltbild 23(1970)2, 99ff.

RINGELE B.: Tilmann Mosers 'Gottesvergiftung'. Über die Ursprünge der Religion, RPP Bd. 2, Essen 1984.

ROGERS C.R. - SCHMID P.F.: Person-zentriert. Grundlagen von Theorie und Praxis. Mit einem kommentierten Beratungsgespräch von Carl Rogers, Mainz 1991.

ROGERS C.R.: Die nicht-direktive Beratung, München 1972.

ROGERS C.R.: Encounter-Gruppen: Das Erlebnis menschlicher Begegnung, München 1974.

ROGERS C.R.: Lernen in Freiheit, München 1979[3].

RUDIN J.: C.G. Jung und die Religion, in: BITTER W.: Psychotherapie und religiöse Erfahrung, Stuttgart 1965.

RUDIN J.: Psychotherapie und Religion, Olten-Freiburg 1964[2].

RUDIN J.: Religion und Erlebnis. Ein Weg zur Überwindung der religiösen Krise, Freiburg-Olten 1963.

SANDNER D.: Zur Psychologie des religiösen Verhaltens, in: KatBl 98(1973)12, 759-768.

SAUER G.: Traumbild Schlange. Von der Vereinigung der Gegensätze, Reihe Träume als Wegweiser, Olten-Freiburg 1986.

SCHAAR J.: Escape from Authority: The Perspectives of Erich Fromm, New York 1961.

SCHÄFFER W.: Menschsein und Glaube, in: BAUMGARTNER K. u.a.: Glauben lernen, leben lernen. Beiträge zu einer Didaktik des Glaubens und der Religion. Festschrift für Erich Feifel, St. Ottilien 1986, 185-208.

SCHARFENBERG J.: Einführung in die Pastoralpsychologie, Göttingen 1985.

SCHARFENBERG J.: Einige Probleme religiöser Sozialisation im Lichte neuerer Entwicklungen der Psychoanalyse, in: Wege zum Menschen 26/1974

SCHARFENBERG J.: Freud und die Religion, in: BITTER W. (Hg.): Psychotherapie und religiöse Erfahrung, Stuttgart 1965, 54-72.

SCHARFENBERG J.: Menschliche Reifung und christliche Symbole, in: Concilium 14/1978.

SCHARFENBERG J.: Narzißmus, Identität und Religion, in: Psyche 27(1973), 27.

SCHARFENBERG J.: Sigmund Freud und seine Religionskritik als Herausforderung für den christlichen Glauben, Göttingen 1968.

SCHLEDERER F.: Erziehung zu personaler Existenz. V.E. Frankls Existenzanalyse und Logotherapie als Beitrag zu einer anthropologisch fundierten Pädagogik, Dissertation, München 1964.

SCHLOSSER J.: Urbilder - Schlüssel zum Kirchenjahr. Hilfen zur christlichen Festgestaltung, Regensburg 1981.

SCHMID P.F.: Personale Begegnung: Der personzentrierte Ansatz in Psychotherapie, Beratung, Gruppenarbeit und Seelsorge, Würzburg 1989.

SCHMIDBAUER W.: Mythos und Psychologie, München 1970.

SCHMIDT R. (Hg.): Die Individualpsychologie Alfred Adlers. Ein Lehrbuch, Frankfurt 1989.

SCHMITZ S.: In Menschen der Bibel sich wiederfinden. Tiefenpsychologische Zugänge. Vorwort von E. Drewermann, Olten-Freiburg 1988.

SCHOLL N.: Kleine Psychoanalyse christlicher Glaubenspraxis, München 1980.

SCHRAML W.J.: Einführung in die Tiefenpsychologie, Stuttgart 1968.

SCHÜTZ R.: Religion - eine Illusion? Die Psychoanalyse Freuds, Religion-Studienstufe Heft 5, Stuttgart 1971.

SCHWARZENAU P.: Archetyp und Gottesbild. Zum Verhältnis von Theologie und Jung'scher Tiefenpsychologie, in: Religion heute (1984)2, 70-72.

SCHWEIZER F.: Lebensgeschichte und Religion. Religiöse Entwicklung und Erziehung im Kindes- und Jugendalter, München 1987.

SEELMANN K.: Adlers Individualpsychologie, in: EICKE D. (Hg.): Die Psychologie des 20. Jahrhunderts, Bd. III; Zürich 1977, 552-632.

SEELMANN K.: Sexualität und Erziehung. Zum Verständnis der sexuellen Entwicklung und Fehlentwicklung von Kind und Jugendlichem, München 1973[7].

SEELMANN K.: Woher kommen die kleinen Buben und Mädchen? München 1970[17], Wien 1965.

SEIFERT Th. (Hg.): Reihe Weisheit im Märchen, 22 Bde., Stuttgart 1982ff.

SEIFERT Th. - WAIBLINGER A. (Hg.): Therapie und Selbsterfahrung. Einblick in die wichtigsten Methoden, Stuttgart 1986.

SEIFERT Th.: Weltentstehung. Die Kraft von tausend Feuern

(Zauber der Mythen), Stuttgart-Zürich 1986.
SIMMS G.: Viktor E. Frankl - Wegweiser unserer Zeit, in: LÄNGLE A. (Hg.): Wege zum Sinn. Logotherapie als Orientierungshilfe, München 1985.
SIMON A.: Verstehen und Helfen, die Aufgabe der Schule, München 1951².
SOLMS-RÖDELHEIM W.: Psychoanalyse in Österreich, in: EICKE D. (Hg.): Die Psychologie des 20. Jahrhunderts, Bd. 2, Zürich 1976, 1180-1191.
SONNEMANN U.: Die Daseinsanalyse in der Psychotherapie, in: FRANKL V.E. u.a.: Handbuch der Neurosenlehre und Psychotherapie III, München-Berlin 1959, 589ff.
SPERBER M.: A. Adler - oder das Elend der Psychologie, Wien-Zürich 1970.
SPERBER M.: Individuum und Gemeinschaft. Versuch einer sozialen Charakterologie, Stuttgart 1978.
SPIEGEL Y.: Psychoanalytische Interpretation biblischer Texte, München 1972.
SPIEGELBERG H.: Die Rolle der Phänomenologie in Viktor Frankls Logotherapie und Existenzanalyse, in: LÄNGLE A. (Hg.): Wege zum Sinn. Logotherapie als Orientierungshilfe, München 1985.
SPIEL O.: Am Schaltbrett der Erziehung, Wien 1947 u. Bern-Stuttgart-Wien 1979.
SPIEL O.: Die Bedeutung des Familienmilieus für die Entwicklung mit besonderer Berücksichtigung der Geschwisterreihe, in: LANG Ludwig: Neue Wege zur Schülerkenntnis, Wien 1951², 62ff.
SPIEL O.: Psychische Hygiene im Schulalter, Wien 1952.
SPIEL W.: Die Bedeutung Alfred Adlers für die Gegenwart. 40 Jahre Österreichische Gesellschaft für Individualpsychologie, München 1987.
SPITZ R.: Die Entstehung der ersten Objektbeziehungen, Stuttgart 1959².
SPITZ R.: Vom Säugling zum Kleinkind. Naturgeschichte der Mutter-Kindbeziehung im 1.Lebensjahr, Stuttgart 1974⁴.
SPRANGER E.: Lebensformen. Geisteswissenschaftliche Psychologie und Ethik der Persönlichkeit, Halle/Saale 1930⁷.
STACHEL G.: Abraham, Mose oder Jesus psychologisieren? Zum Leserbrief von A. Wiebe, in: KatBl 115(1990)5, 430f.
STAEHLIN B. - SCHMUCKER-von KOCH J.: Heilwerden von Grund auf. Psychotherapie aus dem Glauben. Grundlegung und Praxis. Geleitwort von Siegenthaler-Zuber Gertrud,Freiburg 1990.
STECHER R.: Vom Wachsen des Kindes in die Welt des Guten und des Heiligen. Zwischen Indoktrination und Versäumnis, in: NIEGL A. (Hg.): Frühe Kindheit. Fundament des menschlichen Lebens, St. Pölten-Wien 1985, 91-98.
STEFFEN U.: Taufe. Ursprung und Sinn des christlichen Einweihungsritus, Reihe Symbole, Stuttgart 1988.
STEIN M.: Leiden an Gott Vater. C.G. Jungs Therapiekonzept für das Christentum, Stuttgart 1988.
STENGER H.: Verwirklichung des Lebens aus der Kraft des Glaubens, Freiburg 1989².
STEPHAN I.: Die Gründerinnen der Psychoanalyse. Eine Entmythologisierung Sigmund Freuds in zwölf Frauenportraits. Stuttgart 1992.
STERN K.: Die dritte Revolution, Salzburg 1956.
STERN P.J.: Carl Gustav Jung - Prophet des Unbewußten. Eine Biographie, München 1977.
STÖGER P.: Personalisation bei Igor Caruso. Die Psychoanalyse als Instrument der Befreiung, Freiburg-Basel-Wien 1987.
SULLIVAN H.S.: Conception of Modern Psychiatry, New York 1940.
SZONDI L.: Experimentelle Triebdiagnostik. Tiefenpsychologische Diagnostik im Dienste der Psychopathologie, Kriminal- und Berufspsychologie, Charakterologie und Pädagogik, 2 Bde., Bern 1947.
SZONDI L.: Mensch und Schicksal. Elemente einer dialektischen Schicksalswissenschaft (ANANKOLOGIE), in: Wissenschaft und Weltbild 7(1954)1/2, 15ff.
SZONDI L.: Schicksalsanalyse, Basel 1948 u. 1965³.
SZONDI L.: Triebpathologie I, Bern 1952.
THAIDIGSMAN E.: Identitätsverlangen und Widerspruch, München-Mainz 1983.
THEMENHEFT: Tiefenpsychologische Bibelauslegung, in: Bibel und Kirche (1983)3, 89-119.
THIELE J.: Erziehung aus dem Geheimnis von Ostern. Zur Praxis gestaltorientierter Religionspädagogik, in: HÖFER A. u.a.: Gestalt des Glaubens. Beispiele aus der Praxis gestaltorientierter Katechese, München 1982, 11-25.
THOMAE H.: Vorbilder und Leitbilder der Jugend, München 1965.
TILLICH P.: Psychoanalyse und Religion, in: ders.: Begegnungen, GW XII, Stuttgart 1971, 333.
TITZE M.: Frankl und die Individualpsychologie, in: LÄNGLE A. (Hg.): Wege zum Sinn. Logotherapie als Orientierungshilfe, München 1985.
TITZE M.: Lebensziel und Lebensstil. Grundzüge der Teleoanalyse nach Alfred Adler, Leben lernen 43, München 1979.
TITZE M.: Ziel ist Gemeinschaft, in: PETZOLD H. (Hg.): Wege zum Menschen, Paderborn 1984.
TRESCHER H.-G. - BÜTTNER Ch. (Hg.): Jahrbuch für Psychoanalytische Pädagogik 2, Mainz 1990.
TRILLHAAS W.: Die innere Welt, München 1973.

VAIHINGER H.: Die Philosophie des "Als-Ob", Leipzig 1927[10].
VERGOTE A.: Religionspsychologie, Olten-Freiburg 1970.
VERWEIJEN I.: Themenzentrierte Interaktion, in: CPB 95(1982)4, 280-284.
VERWEIJEN I.: TZI-Österreich. Mitglied von WILL-International, Seminare 1992, Salzburg 1992.
WAIBLINGER A.: Große Mutter und göttliches Kind. Das Wunder in Wiege und Seele (Zauber der Mythen), Stuttgart-Zürich 1986.
WANNER W.: Signale aus der Tiefe, Gießen-Basel 1975.
WEGENER-STRATMANN: C.G. Jung und die östliche Weisheit. Perspektiven heute, Olten-Freiburg 1990.
WEHR D.S.: Jung and Feminism. Liberating Archetypes, London 1990.
WEHR G.: C.G. Jung und das Christentum, Olten-Freiburg 1975.
WERBICK J.: Zum Konflikt um Eugen Drewermann, in: Katechetische Blätter 117(1992)3, 212-217.
WEXBERG E.: Individualpsychologie. Eine systematische Darstellung, Leipzig 1930 u. Stuttgart 1987.
WHITE V.: Gott und das Unbewußte, Zürich-Stuttgart 1956.
WICKI B.: Erziehung im Spannungsfeld von Intention und Wirkung, in: LÄNGLE A. (Hg.): Wege zum Sinn. Logotherapie als Orientierungshilfe, München 1985.
WINKLER K.: Werden wie die Kinder? Christlicher Glaube und Regression, Mainz 1992.
WIT de J. - VEER van der G.: Psychologie des Jugendalters, Donauwörth 1982.
WUCHERER-HULDENFELD A.: Marx und Freud, in: ThPQ 122(1974)1, 14-23.
WUCHERER-HULDENFELD A.: Postulatorischer Atheismus: Über die Bedeutung der Religionskritik in der Psychoanalyse, in: Wort und Wahrheit 22(1967), 193-202.
WULF Ch. (Hg.): Wörterbuch der Erziehung, München 1984[6].
WÜTHRICH K. - GAUDA G.: Botschaften der Kinderseele. Puppenspiel als Schlüssel zum Verständnis unserer Kinder, München 1990.
YERUSHALMI Y.H.: Freud's Moses. Terminable and Interminable, New Haven 1991.
ZARNCKE L.: Psychologie und Glaube. Eine Auseinandersetzung mit den Systemen der Tiefenpsychologie, Berlin 1960.
ZOLLINGER H. (Hg.): C.G. Jung im Leben und Denken unserer Zeit. Vorträge zum 100. Geburtstag an der ETH Zürich, Olten-Freiburg 1975.
ZOTTL A.: Glaube als kollektive Vernunft. Eine notwendige Ergänzung zu Eugen Drewermann, in: Internationale katholische Zeitschrift, 18(1989)2, 162-176.
ZULLIGER H.: Bausteine zur Kinderpsychotherapie und Kindertiefenpsychologie, Stuttgart 1957.
ZULLIGER H.: Das Kind in der Entwicklung, Bern 1969.
ZULLIGER H.: Der Umgang mit dem kindlichen Gewissen, Bern 1952.
ZULLIGER H.: Die Pubertät der Knaben, Bern-Stuttgart-Wien 1969.
ZULLIGER H.: Die Pubertät der Mädchen, Bern-Stuttgart-Wien 1972.
ZULLIGER H.: Einführung in die Kinderseelenkunde, Bern - Stuttgart 1967.
ZULLIGER H.: Gespräche über Erziehung, Bern-Stuttgart 1963[2].
ZULLIGER H.: Heilende Kräfte im kindlichen Spiel, Stuttgart 1952 (=1952a).
ZULLIGER H.: Horde - Bande - Gemeinschaft, Stuttgart 1961.
ZULLIGER H.: Psychoanalytische Erfahrungen aus der Volksschulpraxis, Bern 1921.
ZULLIGER H.: Schwierige Kinder, Bern 1951.
ZULLIGER H.: Über symbolische Diebstähle von Kindern und Jugendlichen, Biel (Bern) 1956[2].
ZULLIGER H.: Umgang mit dem kindlichen Gewissen, Frankfurt 1989.
ZWINZ H.: Darstellung, Würdigung und Kritik der Gestaltpädagogik, in: CPB 106(1993)1 (= 1993a), in Druck.
ZWINZ H.: Zur Diskussion mit der Humanistischen Psychologie, in: CPB 106(1993)1 (=1993b), in Druck.